低碳食品物流系统论

谢京辞／著

科 学 出 版 社

北 京

内 容 简 介

缺乏相关理论方法规范物流系统中产生的碳排放是我国低碳食品物流发展缓慢的一个重要原因。本书以系统思想和可持续发展理论为指导，运用系统分析、实证分析和模型构建等方法研究低碳食品物流系统。主要包括中国食品物流碳足迹核算与低碳度评价、中国农产品进出口贸易物流的社会网络分析与国际碳足迹核算、食品物流系统低碳行为选择、低碳食品物流网络优化等。本书对于深化完善食品物流可持续发展的理论、模型和方法，促进食品物流系统低碳发展有重要理论价值和现实意义。

本书适合经济管理、物流与供应链管理、环境管理等领域的研究和教学人员、研究生、企业管理人员和相关政府部门人员等阅读参考。

图书在版编目（CIP）数据

低碳食品物流系统论 / 谢京辞著. -- 北京 : 科学出版社, 2025. 9.
ISBN 978-7-03-082308-3

Ⅰ. F407. 826. 5

中国国家版本馆 CIP 数据核字第 20254ZB522 号

责任编辑：陶 璇/责任校对：王晓茜
责任印制：赵 博/封面设计：有道设计

科学出版社 出版
北京东黄城根北街 16 号
邮政编码：100717
http://www.sciencep.com
北京建宏印刷有限公司印刷

科学出版社发行 各地新华书店经销
*
2025 年 9 月第 一 版 开本：720×1000 1/16
2025 年11月第二次印刷 印张：18 3/4
字数：368 000

定价：198.00 元

序　一

在全球气候变化日益严峻的时代背景下，低碳发展已成为世界各国的共同选择和必然趋势。近年来，随着经济社会的快速发展和人民生活水平的显著提升，中国在应对气候变化方面展现出了负责任大国的担当，积极制定并实施各项减排政策措施，推动经济社会发展全面绿色转型。谢京辞教授撰写的《低碳食品物流系统论》一书的出版，正是在这一重要历史节点上，为推动食品物流领域的绿色发展提供理论支撑和实践指导的重要学术成果。

食品物流系统作为连接生产与消费、城市与乡村、国内与国际的重要纽带，其低碳化发展不仅关系到行业自身的可持续发展，更对整个国民经济的绿色转型具有重要意义。长期以来，学术界和实务界对食品物流系统的研究主要集中在效率优化、成本控制、服务质量等传统领域，而对其环境影响特别是碳排放问题的系统性研究相对薄弱。这种理论研究的滞后，在一定程度上制约了食品物流行业向低碳模式的转型升级。

该书的出现填补了这一重要的理论空白。作者以敏锐的学术洞察力和深厚的理论功底，将低碳发展理念与食品物流系统有机结合，构建了系统完整的理论分析框架。该书不仅从理论高度阐释了低碳食品物流系统的内涵特征和发展规律，更从实践层面提出了切实可行的实现路径和优化策略，体现了理论创新与实践指导的有机统一。

在理论创新方面，该书构建了中国食品物流碳足迹核算体系，为量化评估食品物流系统的环境影响提供了科学工具。通过建立低碳度评价指标体系，为衡量食品物流系统的绿色化水平提供了标准化的评价方法。在农产品国际贸易物流研究中，运用数理分析方法，揭示了国际碳足迹转移的复杂机制，为全球食品供应链的碳管理提供了新的理论视角。在方法论方面，该书综合运用了定量分析与定性分析相结合、理论研究与实证分析相结合的研究方法。通过构建数学模型，对复杂的食品物流系统进行量化分析；通过实地调研和案例分析，验证理论模型的有效性和实用性。这种严谨的研究方法确保了研究结论的科学性和可靠性。

从学术价值来看，该书不仅在食品物流领域提出了创新性的理论观点和方法体系，更在跨学科研究方面做出了有益探索。将系统论、可持续发展理论、网络理论、行为经济学等多个学科的理论和方法有机结合，为相关领域的研究提供了新的思路和方法。特别是在碳足迹核算与低碳度评价方面，该书提出的理论框架和计算方法具有重要的学术创新价值。

从实际应用价值来看，该书为不同层面的读者提供了有针对性的指导。对于政府决策部门而言，书中关于碳足迹核算方法、低碳度评价体系、政策激励机制等内容，可以为制定相关政策法规、建立碳管理制度提供科学依据；对于食品物流企业而言，书中的网络优化模型、行为选择分析、减排技术路径等内容，可以为企业制定低碳发展战略、优化运营管理提供参考；对于学术研究人员而言，该书构建的理论框架和研究方法，为进一步深入研究提供了坚实基础。

当前，中国正处于经济社会发展全面绿色转型的关键时期，食品物流系统作为重要的经济部门和碳排放源，其低碳化发展对于实现国家减排目标具有重要意义。该书的出版恰逢其时，为推动中国食品物流系统的绿色转型提供了重要的理论支撑和实践指导。随着国家对碳减排要求的不断提高和社会环保意识的持续增强，相信该书将在推动食品物流行业低碳发展方面发挥重要作用。

作为一部兼具理论深度和实践价值的学术专著，该书不仅在学术研究上有所创新和突破，更重要的是为食品物流行业的低碳发展指明了方向。相信通过阅读该书，政府管理部门将对食品物流系统的碳管理有更加科学的认识，企业管理者将对低碳发展策略有更加清晰的把握，学术研究人员将对相关理论方法有更加深入的理解，从而共同推动中国食品物流系统在低碳化道路上行稳致远，为建设美丽中国、实现可持续发展贡献力量。

朱庆华
上海交通大学安泰经济与管理学院讲席教授、副院长
中国系统工程学会可持续运营与管理系统分会主任委员
2025 年 8 月

序　二

随着人们生活水平提高、消费结构变化和食品贸易全球化的拓展，食品物流活动日益复杂，其对能源消耗和碳排放的压力也日趋明显。食品物流的低碳化转型发展对保障国家生态安全、促进可持续发展具有基础性、紧迫性和全局性的特殊意义。《低碳食品物流系统论》从系统视角出发，深入研究食品物流系统的碳足迹核算、低碳度评价、低碳行为选择、低碳物流网络优化等关键问题，为我国食品物流系统低碳化发展提供了兼具学术深度和实践价值的方法体系与解决方案。

全书从系统思维和可持续发展理念出发，超越概念蓝图，以严谨科学的实证分析与模型解析贯穿全书。在“中国食品物流碳足迹核算与低碳度评价研究”部分，作者结合我国食品物流行业的实际情况，借助 LCA 和 PSR 评价模型构建了一套兼具科学性与实用性的食品物流碳排放核算与评价体系。在“中国农产品进出口贸易物流的社会网络分析与国际碳足迹核算”部分，作者将研究视野拓展至全球供应链维度，利用社会网络分析剖析贸易物流信息，聚焦典型农产品开发碳排放与预测模型，为我国优化贸易布局、平衡贸易碳责任与经济利益提供科学借鉴。在“食品物流系统低碳行为选择”部分，作者进一步拉近了理论与实践的距离，以中泰水果贸易为例，构建二项 Logit 模型对贸易物流现实情况展开分析并提出跨境物流低碳建议；从信任理论、TPB 出发探究消费者短链食品偏好，并利用 fsQCA 进行组态分析；构建双渠道生鲜供应链博弈模型，分析消费偏好对企业决策的影响，为设计有效的激励、约束和协调机制提供了理论依据与策略启示。在“低碳食品物流网络优化”部分，作者以多目标优化理论为核心，将成本与环境因素纳入统一框架，优化物流网络布局，为降低全链条碳排放提供了可落地的解决方案。

从碳足迹核算的“精准度量”，到贸易网络的“全球视野”，再到行为选择的“市场洞察”与网络优化的“未来规划”，《低碳食品物流系统论》构建了一套完整的低碳食品物流系统研究体系，具有重要的理论价值和现实意义。在理论方面，该书深化和完善了食品物流低碳发展的理论内涵与方法体系。其构建的碳足迹核算方法和低碳度评价体系、全球贸易网络分析框架、低碳行为选择理论、低碳物流网络优化模型等，都是对现有物流管理、供应链管理、环境管理等领域理论的重要补充和创新发展，为相关研究者后续学术研究奠定了坚实基础。在实践方面，该书深度契合国家“双碳”目标和国际减碳共识，不仅为政府相关部门制定科学、精准、可落地的食品物流低碳发展政策提供了强有力的决策支持工具，还为企业评估自身物流碳足迹、识别降碳潜力、优化物流网络设计、提升绿色品牌形象等提供了系统、可操作的指导。

食品物流系统低碳转型任重而道远，挑战与问题层出不穷。该书的出版，既为当下实践提供了理论指导与行动指引，也将激发更多学者与实践者围绕食品物流产业“降碳、减污、扩绿、增长”目标持续探索创新。作者以其深厚的学术积淀和对国家战略需求的准确把握，为读者呈现了这样一部具有前瞻性、系统性和实用性的力作。我们有理由相信，这部凝聚着智慧与心血的著作，必将在中国乃至全球食品物流系统的绿色低碳转型征程中发挥积极作用。

孟庆春

山东大学管理学院二级教授

中国优选法统筹法与经济数学研究会网络科学分会理事长

2025 年 8 月

前　言

二氧化碳等温室气体排放引发的气候变暖是全球面临的巨大环境挑战。“十四五”规划在2035年目标中提出“广泛形成绿色生产生活方式，碳排放达峰后稳中有降”，在“持续改善环境质量”中指出“实施以碳强度控制为主、碳排放总量控制为辅的制度，支持有条件的地方和重点行业、重点企业率先达到碳排放峰值”。

食品业作为国民经济的基础产业，关乎人类生存，也是国家安全重点储备物资，其特殊性决定其不可替代。食品业温室气体排放占全球的26%，主要包含畜牧业与渔业、农作物生产、土地占用和食品供应链（食品出产到消费者餐桌），其中食品供应链占比达18%。然而，全球食品业的CO_2排放增长迅速，其中食品消费对环境的影响在所有消费领域中也是最强的，过度消费与食物浪费问题严重。中国作为新兴经济体国家，由于资源与能源的约束，不能模仿西方发达国家的模式，食品业的低碳可持续发展才是未来中国的必然选择。

本书以系统思想和可持续发展理论为指导，运用系统分析、实证分析和模型构建等方法研究低碳食品物流系统，主要包括中国食品物流碳足迹核算与低碳度评价、中国农产品进出口贸易物流的社会网络分析与国际碳足迹核算、食品物流系统低碳行为选择、低碳食品物流网络优化等主要内容。本书对于深化完善食品物流可持续发展的理论、模型和方法，促进食品物流系统低碳发展有重要理论价值和现实意义。

本书主体内容来源于作者主持的相关国家级、省部级课题及其指导学生的毕业论文，其中潘友道、孙一然、刘妍、刘建建、霍鑫、侯昕、王艺棚、苏杏绮等同学收集整理了相关基础数据与资料。感谢国家自然科学基金面上项目（71772106），教育部人文社会科学研究一般项目（24YJA630108、17YJCZH198、12YJCZH227），山东省自然科学基金面上项目及山东省自然科学基金青年项目（ZR2023MG035、ZR2017MG012、ZR2010GQ011），山东省社会科学规划研究一般项目（22CGLJ23）及山东大学所提供的资助，使得项目开展过程中的调研、论证有经费的支持，为本书顺利完成提供了条件。

书稿完成之际，研究生王梓彤、施永妍等同学不辞辛苦，对全书的格式、文字、文献等进行了逐一校对，一并感谢。同时，还要特别感谢科学出版社副总编辑马跃在本书立项、编辑、出版过程中的辛勤付出。最后要感谢深爱着我的妻子和父母，他们主动负责家务和照料孩子，给我腾出很多时间，使我能专心写作，顺利完成本书。

由于本人学识有限，论著不免存在若干局限和不足，将来仍需就某些不足和问题进行深入探讨。本书的不足之处，望各位老师、同行和专家给予批评与指正。

山东大学　谢京辞

2025 年 5 月

目　录

第1章 绪　论

1.1 研究背景与问题

二氧化碳等温室气体排放引发的气候变暖是全球面临的巨大环境挑战。“十四五”规划在2035年目标中提出“广泛形成绿色生产生活方式，碳排放达峰后稳中有降”，在“持续改善环境质量”中提出“实施以碳强度控制为主、碳排放总量控制为辅的制度，支持有条件的地方和重点行业、重点企业率先达到碳排放峰值”。

食品业作为国民经济的基础产业，关乎人类生存，也是国家安全重点储备物资，其特殊性决定其不可替代。Poore和Nemecek（2018）曾在*Science*杂志发表关于食品产业对环境的影响研究，发现食品业温室气体排放占全球的26%。主要包含畜牧业与渔业、农作物生产、土地占用和食品供应链（食品出产到消费者餐桌），其中食品供应链占比达18%。然而，全球食品业的CO_2排放增长迅速，其中食品消费对环境的影响在所有消费领域中是最强的，过度消费与食物浪费问题严重。中国作为新兴经济体国家，由于资源与能源的约束，不能模仿西方发达国家的模式，食品业的可持续发展才是未来中国的必然选择。

以食品物流中的运输为例，英国环境、食品和乡村事务部（Smith et al.，2005）权威发布的资料显示：1978年以来通过陆路运输食品的数量年平均增长率为23%，单次的平均运输距离的增长已超过50%，食品运输占整个英国国内陆路运输（单位：吨·千米）的30%之多，其他欧美发达国家的食品运输所表现的特征和英国相似。目前，我国尚缺乏权威的全国性食品运输数据，部分研究只能依靠区域性数据进行推算。以北京为例，2008～2012年食品运输呈现逐年增长趋势：运输距离增大到676.65千米，增长19.3%；人均距离增大到18.42千米，增长54%；周转量加了一倍，达到56亿吨·千米（陈文辉等，2016）。国际方面，国际海运和航空运输产生的温室气体排放并未计入各国排放清单和《京都议定书》减排目标。然而，受规模经济等要素的溢出效应影响，食品海运价格自1980年以来持续下降，到2000年已降至1980年的约70%。航空货运价格也每年下降3%～4%，从而便利了跨国跨境食品物流。

国内外食品生产和消费市场的快速增长，导致消费者与食品生产的物理距离和心理距离不断拉大。这种“距离”不仅体现在地理位置上，更体现在消费者对食品品质和安全方面的担忧上。基于远距离运输所产生的污染以及对国民健康的不利影响，在欧洲的农业组织和环境保护组织的推动下，爆发了减少食物里程运动，提倡当地食品应地产地销，减少环境负荷。食物里程涵盖了食品物流生命周期的全过程的运输距离：从食品原料到食品加工厂；从食品加工厂到物流仓库；再从物流仓库经由批发商到零售商；再经销售终端到消费者的餐桌上所发生的距离总和。食物里程越长，意味着在食品流通过程中所消耗的能源越多，产生的碳排放越大。

现阶段，如何度量和评价食品物流中碳排放及采用有效的策略减排已成为当今社会重点关注的问题，如何借助政府、企业、消费者等多方协作对食品物流进行全方位、立体化的研究已演变为一个值得关注的研究方向（陈文辉等，2016）。同时，企业的经营目标也已从单纯追求经济效益，扩展到综合考虑环境及社会可持续发展的多维度目标。未来，食品企业不仅要面对消费者偏好由“吃得好”向“吃得低碳”的转变，还要考虑食品物流系统的不确定性，从而实现经济、环境和社会的多目标权衡与可持续运营。本书从上述现实问题出发，重点研究低碳食品物流系统涉及的碳足迹核算与低碳度评价、低碳行为选择及优化配置等问题。

1.2　研究意义

本书从理论上结合我国食品物流的特点，对低碳食品物流系统进行深入研究，为发展低碳食品物流提供参考模型和分析方法，对企业和社会发展具有较高的理论价值与现实意义，具体意义表现如下。

（1）理论方面：以低碳食品物流系统为研究对象，以环境保护与可持续发展理论为基础，结合生命周期评价理论，通过大量市场调研和数据收集，借助可拓分析、非集计模型分析、统计建模和系统建模等多种方法，科学度量和评价物流全生命周期的碳足迹，厘清食品物流低碳化的运作机理，探讨低碳化行为选择与优化方案。为科学解决食品物流低碳化问题提供理论和方法支持，进一步丰富绿色物流与供应链研究的理论内涵。

（2）实践方面：通过探讨低碳食品物流系统中的碳足迹核算与低碳行为选择策略，促进行业和企业物流的可持续发展。优化食物里程、选择低碳物流模式等方式，可以增强食品物流的环境效益，对企业节能减排、减少资源消耗、建设资源节约型和环境友好型社会等都具有重要意义。

1.3　研究思路与内容

本书根据当前低碳物流管理实践的需要，选择具有实际意义和理论研究价值的食品作为研究对象，系统运用应用统计与计量模型、生命周期评估法（life cycle assessment，LCA）、可拓分析、博弈分析、多属性决策与多目标优化等多种分析方法定量刻画食品物流的碳足迹核算与低碳度评价、低碳行为选择与优化，开展综合性研究。借鉴国内外有关低碳物流研究的最新成果，结合我国的具体国情，解决我国食品物流所遇到的低碳化运作问题。

研究沿着市场调研、文献分析与集成归纳→理论分析→应用研究的思路展开。市场调研、文献分析与集成归纳主要指对相关部门进行调研，把握食品物流的现状，在把握最新研究动态的基础上进行集成归纳；理论分析是指进行食品物流碳足迹核算与低碳度评价研究、农产品进出口贸易物流的社会网络分析与国际碳足迹核算、低碳行为选择与优化、低碳食品物流网络优化；应用研究指在理论分析的基础上提出实施方案，应用于实践的领域。具体研究方案如图1.1所示。

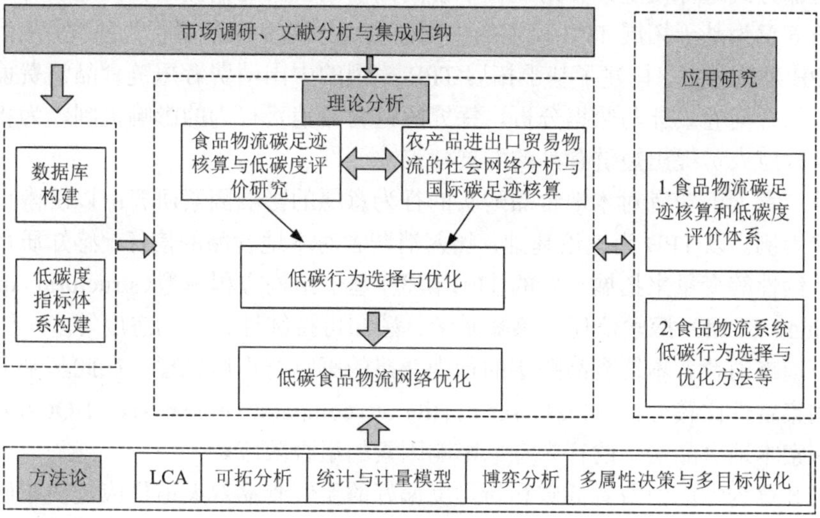

图1.1　技术路线图

主要研究内容如下。

第1章为绪论。介绍研究背景与问题、研究意义、研究思路与内容、研究方法，以及主要创新点等。

第2章为理论与文献综述。对后续分析所应用到的复杂网络理论、随机效用理论、TPB（theory of planned behavior，计划行为理论）和斯塔克尔伯格博弈理论的原理及具体方法进行了梳理与总结。随后分别从食品物流系统，食物里程、本地食品与食品短链，以及食品消费行为偏好三个方面进行文献综述。

第 3 章为中国食品物流碳足迹核算与低碳度评价研究。以 LCA 为基础，综合运用联合国政府间气候变化专门委员会（Intergovernmental Panel on Climate Change，IPCC）碳排放系数法，构建食品物流系统碳足迹核算模型。基于“压力-状态-响应”（pressure-state-response，PSR）评价模型，建立食品物流系统低碳指标体系。运用可拓法进行案例分析，综合评价国内外两个食品物流系统的低碳化程度。

第 4 章为中国农产品进出口贸易物流的社会网络分析与国际碳足迹核算。运用社会网络分析等方法，对“一带一路”中农产品贸易物流密切国家进行定量分析。在此基础上，结合食物里程理论与实践的发展，利用联合国粮食及农业组织的面板数据就亚洲进口小麦展开实证研究，重点测度亚洲进口小麦的食物里程，构建亚洲进口小麦的碳排放及其预测模型。

第 5 章为中泰水果贸易的物流运输方式选择研究：以曼谷到广州为例。在对中泰水果物流运输进行分析的基础上，以曼谷至广州水果贸易为例建立二项 Logit 物流运输方式选择模型，并为改善中泰两国水果物流运输提出相关建议与对策。

第 6 章为基于拓展 TPB 模型的中国消费者短链食品消费行为研究。从信任理论、TPB 理论出发，构建了基于拓展 TPB 模型的中国消费者短链食品消费偏好的模型。结合问卷设计与数据分析，探究短链食品消费行为的影响机制，为相关从业者和政府人员提出短链食品的发展建议。

第 7 章为消费者对本地食品购买的行为意愿的影响因素研究：以济南市低温奶消费为例。以 TPB 为理论基础，加入消费者对本地食品的信任、感知质量与感知可持续性等变量来拓展原始的 TPB 模型，基于结构方程模型（structural equation modeling，SEM）探索信任、感知质量、感知可持续性、行为态度等多个影响因素对济南市消费者本地食品购买的行为意愿的影响与作用机理。在此基础上，利用模糊集定性比较分析（fuzzy set qualitative comparative analysis，fsQCA）的方法，探索本地食品购买的行为意愿影响因素的组合效应。

第 8 章为考虑消费者低碳和新鲜度偏好的生鲜食品双渠道供应链决策研究。考虑消费者低碳和新鲜度偏好，生鲜食品市场需求受销售价格、碳减排量及生鲜新鲜度的影响。在由生产商和零售商组成的两级生鲜食品供应链系统中分别构建了零售商双渠道、生产商双渠道及混合双渠道等三种双渠道供应链销售模式，研究其最优定价及碳减排决策，探讨消费者低碳偏好系数、生鲜新鲜度、渠道偏好系数对供应链最优决策、需求及利润的影响，并对三种双渠道销售模式进行对比分析。

第 9 章为考虑碳排放的山东省参与“一带一路”的食品出口物流网络优化研

究。主要采用复杂网络理论结合优劣解距离（technique for order preference by similarity to an ideal solution，TOPSIS）方法对食品出口内陆物流枢纽候选城市进行评价与筛选，再采用多目标优化与非支配排序遗传算法Ⅱ（non-dominated sorting genetic algorithms Ⅱ，NSGA-Ⅱ）来建模求解，以运输成本、碳排放成本和建设成本作为目标函数构建“一带一路”背景下的食品出口物流网络模型。

第 10 章总结与展望。全面总结本书的研究成果并对后续研究进行展望。

1.4 研究方法

本书主要应用的研究方法如下。

（1）文献研究法。文献研究法是通过检索、收集相关研究的文献资料，并对其进行分析总结概括，深刻理解研究对象的性质、研究进展及存在的问题，从中找到自己的研究切入点。通过梳理总结有关食品物流系统，食物里程、本地食品与食品短链以及食品消费行为偏好的文献资料，确定研究方向，为研究内容提供相应理论与方法参考。

（2）访谈与问卷调查法。通过专家或半结构访谈获取食品物流系统相关问题、影响因素、相关权重等决策信息，通过设计、发放及回收问卷，为实证研究及系统建模提供相应材料及数据支撑。

（3）实证研究法。通过市场调查发放问卷或者搜集二手统计资料获取研究数据，主要通过 SEM 与计量经济分析等方法进行实证研究验证相关理论，并分析变量间的因果关系，从而确定低碳食品物流系统相关研究的影响因素与机制。

（4）系统建模与仿真。借助经济学、优化决策及博弈的相关理论，对具体的定性问题进行定量描述，将实际问题用数学模型表述，构建低碳食品物流系统决策模型。为了验证模型的有效性及分析的正确性，利用系统仿真方法进行相应模拟分析。

1.5 主要创新点

本书的具体创新之处如下。

（1）构筑“距离”视角下食品物流碳足迹核算与低碳度评价框架。厘清食品物流碳排放分布，并对该系统进行科学的碳排放度量和低碳化程度评价，界定碳排放体系指标的具体含义。把食物里程指标创造性地引入我国低碳食品物流系统中，为制定农业物流政策提供了一种新的分析工具，为食品物流业将来的节能减排政策的制定提供新思考。

（2）揭示考虑低碳等可持续要素的供应商、消费者行为与供应链渠道选择决策机制。厘清出口商选择物流运输方式的影响因素，构建进口水果的离散选择模型。通过对本地食品和食品短链消费行为的分析，可以更好地唤醒消费者的可持续消费意识，并为相关政府部门制定推动食品可持续消费的政策提供依据。创新性地将消费者低碳偏好和新鲜度偏好同时纳入生鲜食品双渠道供应链决策研究，探讨渠道行为选择，推动物流与供应链科学的理论创新。

（3）在“一带一路”背景下，提出考虑碳排放的食品出口物流网络优化方法。采用 TOPSIS 分析与多目标规划相结合的方法研究山东省食品出口物流网络优化，并将碳排放成本和“一带一路”政策优惠系数等要素纳入“一带一路”背景下的食品出口物流网络优化模型，为低碳食品物流系统提供优化方法支撑。

第 2 章 理论与文献综述

2.1 相 关 理 论

2.1.1 复杂网络理论

1. 基本概念

在实际生活中，存在着各种各样的复杂网络，如社交关系网络、交通网络、生物网络等。复杂网络理论就是研究这些网络之间的共性以及处理它们的普适方法的理论。复杂网络是指具有自组织、自相似、吸引子、小世界、无标度等部分或全部性质的网络。其复杂性主要表现在结构复杂性、网络进化性、连接多样性、动力学复杂性、节点多样性和多重复杂性融合等方面。

（1）结构复杂性。复杂网络的结构复杂主要体现在节点数目巨大，网络结构呈现多种不同特征。例如，以个体为节点的人类社会网络，其规模可以达到数十亿个节点。

（2）网络进化性。复杂网络中的节点或连接会不断产生和消失。例如，在万维网中，网页或链接会随时出现或断开，导致网络结构不断发生变化。

（3）连接多样性。节点之间的连接权重存在差异，且有可能存在方向性。例如，在人际关系网络中，不同的人际关系强度不同，连接权重也不同。

（4）动力学复杂性。节点集可能属于非线性动力学系统，节点状态随时间发生复杂变化。例如，在电力供应网络中，节点之间的能量传输会导致连接权重的变化，进而影响整个网络的性能。

（5）节点多样性。复杂网络中的节点可以代表任何事物。例如，人际关系构成的复杂网络节点代表单独个体，万维网组成的复杂网络节点可以表示不同的网页。

（6）多重复杂性融合。以上多重复杂性相互影响，导致更为难以预料的结果。例如，设计一个电力供应网络需要考虑其进化过程，进化过程决定网络的拓扑结构。

2. 特征

复杂网络的特征主要有小世界性、无标度性、社区结构、高阶相互作用等。

（1）小世界性。复杂网络的小世界性指节点之间的平均最短路径长度较短，且具有较高的聚类系数。这种特性使得网络中的大多数节点虽然大部分时间不相连，但通过少数几个中间节点就能连接到任何其他节点，如社交网络中的“六度分隔现象”。

（2）无标度性。复杂网络的无标度性指其节点的度分布服从幂律分布。网络中仅有少数节点的度较大，即拥有大量连接，这部分节点也被称为中心节点或关键节点，而大多数节点只与少数节点相连。这种分布特征使得复杂网络在面对随机故障时具有较高的鲁棒性，但在面对有针对性的攻击时却十分脆弱。

（3）社区结构。社区结构是由纽曼（Newman）在 2002 年首次提出，定义为由部分顶点构成的子图，子图内部的顶点之间连接紧密，与外部顶点的连接则相对松散。复杂网络中也存在这样的结构，部分节点按照某种规则或属性聚集在一起形成社区，社区内的节点联系紧密，而不同社区内的节点联系松散。这意味着复杂网络中存在一定程度的异质性和层次性。例如，在包含多家公司员工的社会网络中，不同公司可视为不同社区，员工更多地与本公司的同事交流，而不是与其他公司的员工交流。

（4）高阶相互作用。复杂网络的高阶相互作用指网络中多个节点之间的相互作用，不仅仅是传统的两两节点之间的交互。例如，在社交网络中，一个事件可能涉及多个用户的同时参与，形成高阶交互。这意味着复杂网络中存在非线性和反馈机制。

3. 网络表示与测度

在复杂网络理论中，可以用点的集合与边的集合构成的图来表示网络。其中，点的集合用 P 表示，边的集合用 E 表示，那么图 V 就能够表示为 $V=(P,E)$。为了更好地理解和分析复杂网络的结构与功能，通常使用节点度、节点强度、度分布、介数、平均路径长度、聚类系数、加权聚类系数、连通分量、网络模体和网络熵等指标对网络进行测度。

（1）节点度。节点度指与该节点相连的其他节点的数目。在有向图中，节点的度分为出度和入度。节点的度越大，表示该节点在网络中越重要。

（2）节点强度。节点强度指一个节点所有连接边的权重之和。在加权网络中，节点强度是节点度的加权版本。

（3）度分布。度分布指网络中节点的度的分布情况。度分布体现了网络的整体结构特征。常见的度分布有泊松分布、幂律分布等。

（4）介数。介数包括点介数和边介数，分别表示最短路径经过某个节点或边的次数。该指标反映了节点或边在网络中的影响力和重要性。

（5）平均路径长度。平均路径长度指网络中所有节点对之间最短路径长度的平均值。它反映了网络中信息传递的效率。

（6）聚类系数。聚类系数衡量网络中节点的邻居之间相互连接的紧密程度。高聚类系数表明网络中存在大量的三角形结构，即朋友的朋友也是朋友。

（7）加权聚类系数。加权聚类系数指在加权网络中，考虑边的权重后重新计算的聚类系数，是聚类系数的加权版本。

（8）连通分量。连通分量指在网络中，每个节点都可以通过路径到达其他节点的最大子网络。该指标描述网络中连通的子图部分，对于理解网络的连通性和稳定性具有重要意义。

（9）网络模体。网络模体指在网络中反复出现的子结构。识别网络模体有助于发现网络的基本构建模块和功能单元。

（10）网络熵。网络熵是用来衡量网络结构复杂度的指标。熵越高，则网络结构越复杂。

2.1.2　随机效用理论

1. 效用及效用理论

效用是微观经济学的基础理论，它是指消费者对商品或服务的满足程度。伯努利（Bernoulli）在其 1738 年发表的《风险测度的一种新理论的说明》中提出边际效用递减假设，首次提及效用这一概念。它所描述的效用含义与当前微观经济学所研究的效用概念一致，即对人们的有用程度。

经济学家大多采用效用理论来表述消费者或决策者在理性前提下如何分配资源以获得最大满足。在现在的应用中，效用已经大大超出它本身所具有的经济概念。例如，效用可以作为一种描述消费者对风险的态度的度量，即表示消费者或决策者的风险倾向。不同决策者在面对相同选择时获得的效用不同，这就体现了不同个体在风险倾向上的差异。

2. 随机效用理论的概念及内涵

随机效用理论认为，个体始终会趋向于选择效用最大的选项。但是，决策者并不能够准确识别效用，因此，效用通常被看作随机变量。从这个角度出发，某一选项的选择概率可以表示为该选项的效用大于等于该选择集中其他所有选项效用的概率，通过假设这些随机效用的联合分布，就可以推导出选择概率。其表达式形式为

$$P\left(i|C_n\right)=\Pr\left(U_{in}\geqslant U_{jn}\right)，\text{对所有}j\in C_n \tag{2.1}$$

其中，C_n 为选择集；n 为选项个数；i 和 j 分别为选择集 C_n 中的一个选项，且 $i\neq j$；$P\left(i|C_n\right)$ 为从选择集 C_n 中选择选项 i 的概率；U_{in} 为选项 i 的随机效用；U_{jn} 为选项 j 的随机效用。

随机效用理论中的随机性可以从两个方面加以解释。一方面，个人的效用在同一条件下本质上是随机的，即便是对待选择的问题有了充分的认识也不可能避免这种随机性。另一方面，尽管在同一条件下，个人的效用是确定的，但由于观测者不可能观测出影响效用的全部因素，因此效用也被认为是随机的。

曼斯基（Manski）提出，随机因素由四种不同的来源构成：不可观测的属性、不可观测的固有差异、测量误差和不完美的信息。通常可以把随机效用表达为由可观测的（或系统的）和不可观测的两部分组成的总效用：

$$U_{in}=V_{in}+\varepsilon_{in} \tag{2.2}$$

其中，V_{in} 为效用中的确定部分（可观测因素）；ε_{in} 为随机项（不可观测因素）。

根据效用最大化理论，即决策者往往会选择效用最大的方案，我们可以把随机效用中的选择概率表示成：

$$P\left(i|C_n\right)=\Pr\left(V_{in}+\varepsilon_{in}\geqslant V_{jn}+\varepsilon_{jn}\right)，\text{对所有}j\in C_n \tag{2.3}$$

3. 随机效用理论的特点

从理论思想及模型结构的组成，可总结出随机效用理论具有以下三个特点。

（1）当决策者无法获得准确翔实的备选方案信息，或者不能对备选方案信息有很好把握时，容易造成方案选择结果的不确定性。

（2）决策者个人所感知到的效用最大方案可能与理论上效用最大的方案不一致。

（3）效用函数中的随机函数项可较好地对决策者个人属性的千差万别、其他较难度量的因素以及难以避免的测量误差做出合理解释。

2.1.3 TPB 理论

TPB 在消费者行为领域得到较多的使用，在解释与预测食品消费领域也发挥着重要作用。TPB 源于社会心理学，是在理性行为理论（theory of reasoned action，TRA）的基础上发展起来的。

1. TRA 理论

Fishbein 和 Ajzen（1975）提出的 TRA 是研究消费者行为最具有影响力的理论之一。TRA 界定了影响行为的变量，从个体角度分析了行为决策过程的影响因素。

TRA 是一种因果模型，见图 2.1。在 TRA 模型中，行为态度与主观规范影响消费者的行为意愿，而消费者的行为意愿又会影响其行为。其中，行为态度指消费者对行为结果认识以及价值的估计；主观规范指消费者对准则的认识、与他人意见保持一致的动机水平。

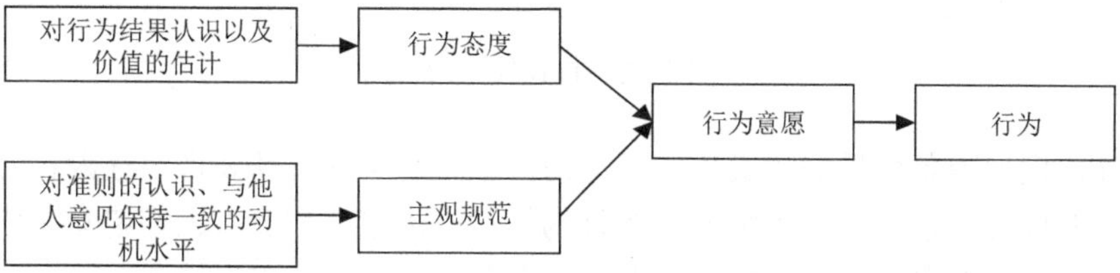

图 2.1　TRA 模型图

TRA 的基本观点为消费者的行为意愿来源于行为态度与主观规范，并作用于行为。其基本假设是消费者大多数行为都是在理性控制下进行的，个体会通过加工信息，考虑行为后果来做出最终的行为决策。

TRA 不同于以往学者仅将行为态度作为影响消费者行为的唯一因素的观点，提出了行为态度与主观规范作用于行为意愿，再作用于行为的模型，具有更可靠的适用性。社会行为领域的多项研究也验证了 TRA 的解释与预测能力，如在信息系统采纳、网络平台及信息服务使用方面的研究（张一涵和袁勤俭，2018）。

但是，TRA 也存在一定的不足。TRA 模型在基本假设中仅认为个人理性意志可以决定最终的行为，并没有考虑到现实的限制条件。在现实中，消费者最终的行为决策并不完全取决于其意志，还受到各种资源、时间、能力等不同方面的约束。因此，为了拓展 TRA 的适用性，Ajzen（1985）在 TRA 的基础上提出了更加成熟的 TPB。

2. TPB 理论模型

Ajzen（1985）在 TRA 的基础上，结合期望价值理论，从信息加工的视角，构建了解释和预测人类在特定情境下行为的新模型——TPB。之后，Ajzen（1991）详细地解释了 TPB 框架中影响个体行为的因素，也意味着 TPB 的正式建立。

TPB 认为除了行为态度与主观规范影响行为意愿以外，消费者对不受意志控制的现实条件的感知，即感知行为控制变量，也会对行为意愿产生影响。TPB 的基本观点是消费者的行为意愿来源于行为态度、主观规范与感知行为控制的影响，而最终的行为则受到行为意愿和感知行为控制的共同影响。TPB 的模型结构如图 2.2 所示。

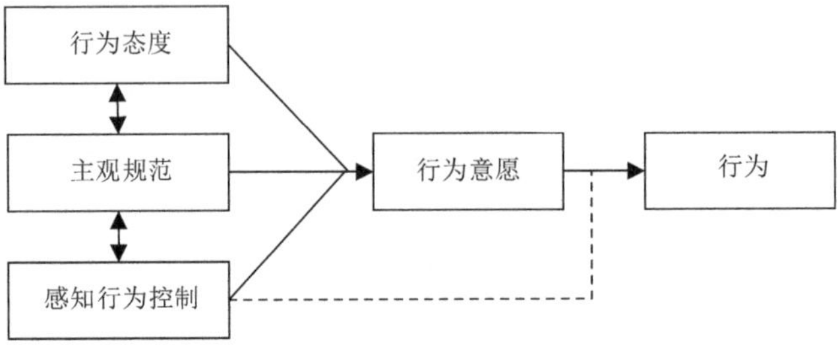

图 2.2　TPB 模型图

TPB 模型中各变量的含义如下：行为指个人的实际行动表现。行为意愿作为 TPB 中的核心要素，捕捉了影响个体行为的动机因素，代表着人们愿意去尝试，计划花费努力去实施行为的程度。大体上来看，行为意愿水平越高，消费者进行某一行为的可能性越高。行为态度是个体对考虑中的行为持有的正面或负面、积极或消极、喜爱或厌恶的评价。主观规范属于社会因素，代表个体在选择是否进行某一行为时感知到的社会压力，反映了社会整体或者身边重要人群对个体行为的影响。感知行为控制代表着个体进行某项行为时感知到的简单或困难程度，它反映了过去经验、预测到的困难和障碍。一般来讲，更正面的行为态度、更高的主观规范与感知行为控制，会引起更强的行为意愿，也更可能进行考虑中的行为（Ajzen，1991）。

行为态度、主观规范与感知行为控制在预测行为意愿过程中的相对重要性会随着不同行为和情境而有所差异。因此，在一些情境下可能会出现只有行为态度对行为意愿有显著影响，在其他时候行为态度和感知行为控制对行为意愿有显著影响，而在另外一些情境下，三个因素全部对行为意愿产生影响。另外，Ajzen（1991）还提到个体会对行为产生差异化的信念。这些不同的信念可以影响行为态度、主观规范与感知行为控制，进而影响最终行为。不同的个体特征和社会文化差异也会带来差异化的信念与行为偏好。

3. TPB 理论的应用

TPB 是在社会心理学领域发展起来的，相比于其前身 TRA，它在一定程度上能更有效地理解和解释人们的行为意愿与行为。TPB 也在各个学术领域得到广泛应用，特别是社会行为领域。例如，绿色消费行为（劳可夫和吴佳，2013）、旅行行为（邱宏亮，2017）、线上购买的行为意愿（邵文玲，2013）、交通出行（鞠鹏等，2016）等。在食品消费领域，很多研究证明了该理论在解释与预测消费者食品购买的行为意愿与行为的有效性（薛永基等，2016；Dowd and Burke，2013；Vermeir and Verbeke，2008）。

在不同背景中应用 TPB 时，除模型中五大变量外，也可添加其他背景变量，这将极大丰富人们对消费者行为的理解（Fishbein and Ajzen，2011）。TPB 中背景变量的选择取决于具体研究的行为和人口（Dorce et al.，2021）。

虽然 TPB 应用领域很广，但在具体应用时仍然有其限定的适用范围。

（1）TPB 的研究范围仅限于个体行为及理性行为，集体行为如游行，情感驱使的行为如愤怒时的行为，不属于 TPB 的研究范围。

（2）TPB 的研究范围仅限于特定情境下具有特定目标的个体行为，而非一般的泛化行为，如读书。

（3）TPB 要求影响因素针对相同的行为要素进行定义和评价，即行为态度、主观规范与感知行为控制必须针对同一个具体行为进行定义和衡量。

2.1.4 斯塔克尔伯格博弈理论

1. 斯塔克尔伯格博弈模型

斯塔克尔伯格博弈是一种博弈双方具有主从关系的动态博弈。博弈主导方首先做出有利于自身目标的决策，跟随者根据主导方的决策做出自身决策。主导方进行决策时，已经充分了解到跟随者会如何进行决策（于谨凯等，2008）。

斯塔克尔伯格博弈模型的数学表达式为

$$\begin{gathered}\max_{x} F(x,y) \\ \text{s.t. } (x,y)\in \Omega_1 \\ \max_{y} G(x,y) \\ \text{s.t. } (x,y)\in \Omega_2\end{gathered} \tag{2.4}$$

其中，$F(x,y)$ 为领导者目标函数；x 为领导者决策变量；Ω_1 为领导者约束条件集；$G(x,y)$ 为跟随者目标函数；y 为跟随者决策变量；Ω_2 为跟随者约束条件集。

2. 逆向归纳法

斯塔克尔伯格博弈模型通常用逆向归纳法进行求解。逆向归纳法是一种求解完全且完美信息动态博弈的基本方法。其核心思想是“向前展望，向后推理”（张影，2009），根据最终决策进行反方向倒推，求出每一阶段的决策并使博弈中的每个参与者实现利润最大化，直到得到所有最优决策为止。

逆向归纳法的具体步骤为：①从动态博弈的最后一个阶段或最后一个子博弈开始分析。②假设其他参与者的选择是理性的，根据当前阶段的选择，找出自己的最优策略。③逐步倒推，直到初始阶段，最终得到整个动态博弈的均衡策略。

2.2　食品物流系统

2.2.1　低碳食品物流系统与碳减排

1. 低碳物流系统

低碳物流是近些年学者广泛关注的研究热点，Bojarski 等（2009）采用 LCA 建立了一个考虑环保成本后的供应链模型。Sundarakani 等（2010）运用拉格朗日盒模型和欧拉盒模型建立了减少供应链中碳排放的量化模型，并运用解析有限差分法分析了一个最典型的实际供应链碳排放优化案例。Hua 等（2011）考虑了碳排放权交易机制的影响，设计了可以用于存货碳足迹管理的最优订货量模型。Hitchcock（2012）从法律和商业压力方面探讨了推动低碳与绿色供应链的原因。Rizet 等（2012）探讨了英国、法国与比利时等西欧国家供应链中的碳排放和能源消耗问题，以典型案例为依托比较了供应链条上产生的碳排放，发现海洋运输和消费环节的碳排放高于仓储与公路运输环节。Tang 等（2015）分析了减少运输频率以达到减少碳排放的低碳物流系统。国内低碳物流的发展仍在起步阶段，尚未形成完善的理论体系，对物流系统中碳排放的分布、科学度量及其运作策略等方面都存在模糊认识（陈剑，2012）。国内相关学者对低碳物流的运作优化（李进，2015；杨建华等，2014）、企业行为与供应链契约（李媛和赵道致，2014，2015）、供应链合作与协同（张汉江等，2015；吴义生，2014）等方面进行了深入探讨，主要通过数学规划方法（博弈论、多目标模糊规划等）进行分析。另外，徐丽群（2013）设计了包含碳减排责任划分与成本分摊模块的低碳供应链系统框架。穆东（2015）从物流资源整合角度探讨了物流低碳化策略。在物流绩效评价方面，有些学者分析了低碳考核的原则和相关指标体系，应用数据包络分析法（data envelopment analysis，DEA）、熵权 TOPSIS、灰色系统理论和网络层次分析法（analytic hierarchy process，AHP）相结合等方法进行了深入探讨（丁志刚和徐琪，2013；伍星华等，2015）。

2. 低碳食品物流系统

在低碳食品物流系统方面，Cholette 和 Venkat（2009）以红酒分销物流运作为背景案例，探讨了不同的供应链结构设计对碳排放的影响，并针对红酒行业的特点建立了与运输路径及仓储行为相关的碳排放计算模型。该领域真正引起学术界关注是 2014 年在 *International Journal of Production Economics* 杂志上发表的可持续食品供应链管理特刊，主要探讨了在战略、运营和科技水平方面的最新进展

（Li et al.，2014）。Ting 等（2014）以红酒为例，通过挖掘物流数据来确保可持续食品供应链中的食品质量和安全问题。Marletto 和 Sillig（2014）从交通地理的视角分析了意大利灌装西红柿物流系统中的环境影响。Ala-Harja 和 Helo（2014）选择食品行业的三个典型案例，主要从拣货作业、运输、仓储和配送方面探讨绿色供应链的决策。Meneghetti 和 Monti（2015）从物流技术角度为冷冻自动化仓库的可持续性设计开发了最优化运作模型服务于绿色食品供应链。Kreidenweis 等（2016）以巴西和德国进行粮食贸易为例，开发了低碳食品外包的优化模型。

3. 食品系统碳减排

碳足迹作为研究产品或服务碳排放的一种重要方式，是在生态足迹概念的基础上提出的新兴研究热点，其概念尚未达成统一的国际标准。较为普遍的定义是 Wiedmann 和 Minx（2008）提出的，他们认为碳足迹是指某项活动产生的直接或间接的 CO_2 排放总量或某种产品生命周期内累积所产生的 CO_2 排放总量的度量。活动主体可以是个体、群体、政府、企业、行业等，产品可以是商品或者服务。

1）碳排放评价

在食品系统碳排放评价方面，LCA（惠博文等，2022；Hor et al.，2021）、TOPSIS（Wang et al.，2021）、可拓法（Wang et al.，2018）等方法被广泛应用。惠博文等（2022）以 LCA 理论为基础，系统阐述了碳足迹分析模型和食品产业链排放源。Arrieta 和 González（2019）评估了烹饪对牛肉、小麦面包、大豆的能源和碳足迹的影响，发现尽管大豆碳排放效率高于牛肉，但烹饪阶段的引入缩小了二者的差距，可见烹饪阶段在一定程度上降低了食品碳排放效率。

2）驱动因素

在碳排放驱动因素研究方面，设施、技术改善率，食品消费量，化石能源消耗量，食品加工阶段用水量，人口年龄结构以及受教育水平等因素被认为是食品系统中碳排放的驱动因素（杨旺舟，2022；de Carvalho et al.，2021；Mayton et al.，2020；Rohmer et al.，2019；Wang et al.，2019）。吉雪强和张跃松（2023）在探究长江经济带种植业碳排放效率空间关联网络动因时，发现空间邻接关系、交通运输水平、政府农业重视水平等是重要影响因素。Parashar 等（2020）基于解释结构模型和交叉影响矩阵相乘法将政策法规、可追溯性等识别为控制食品系统碳足迹的关键因素。部分学者探究驱动因素在空间上的异质性，徐小雨等（2023）通过对东北三省农业碳排放进行分析，发现农业碳排放效率驱动因素在全局和局部方面表现出异质性：农业机械率为东北三省整体决定力最高的驱动因素，而吉林省的主导因素则是农产品规模和城镇化率，此外，农业产业结构和农业机械率的空间交互因子对东北三省碳排放效率都起到决定性作用。

3）空间分析

在食品系统碳排放空间分析方面，现有研究主要围绕时空格局、驱动因素以及农业生态效益与粮食安全系统的协同关系等展开。尽管更多的研究集中于农业视角，但也为本书的开展提供了思路与方法。吴昊玥等（2021）认为我国农业碳排放效率达 0.778，具有较大减排潜力，随后运用空间杜宾模型发现其具有较强的正向溢出效应，并将农业产业结构、财政支农力、农业投资强度识别为负向影响因素。Li Z 和 Li J D（2022）对中国主要食品进行了空间动态分析，探讨了粮食生产碳排放强度的影响机制和空间溢出效应，发现碳排放强度随着空间集聚而下降；技术是降低碳排放强度的主要因素，而技术效率、城市化、产业结构、农业集聚和农业贸易开放则可以通过空间溢出机制传递到邻近地区。杨旺舟（2022）发现中国农村居民食品消费人均碳排放量存在空间集聚效应，但集聚程度呈下降趋势，由于碳排放结构中升降因素叠加，人均碳排放量的增速不明显。Wang 等（2022）运用空间自相关模型等方法对农业生态效益与粮食安全系统的协同关系进行了研究，揭示了耦合协调度的演化驱动机制，发现农业生态效益与粮食安全之间呈现出空间正相关性，且正向溢出效应逐渐增强。叶田阳和常志有（2023）在研究农产品出口结构对碳排放影响的空间溢出效应时发现，该影响效应受到邻接国家与文化地理的空间效应影响，且在不同空间矩阵下表现不同。Han 等（2018）通过对 2015 年前中国 30 个省区市的农业碳排放数据进行分析，探讨了农业碳排放的耦合和脱钩效应及基本驱动因素，发现中国中部地区农业碳排放和农业经济增长之间的耦合程度高于西部地区。

上述文献表明，低碳食品物流问题已引起了国内外学术界、业界的广泛关注，尤其近几年来，许多学者已逐步开展了相关理论与实践研究。随着低碳理念的深入人心，一些全新的低碳物流模式不断涌现。同时，为进一步提高碳减排效果，一些学者从全生命周期角度探究食品系统碳减排问题，许多学者关注食品系统碳排放评价与驱动因素的研究，其中技术改善率、可追溯性、农业产业结构和农业机械率等在食品系统碳减排中起着重要作用。近年来，学者不再局限于单纯寻找驱动因素，而是开始探究这些因素在整体与局部、不同时间段之间的异质性，甚至开始分析各个因素之间的交互作用对食品系统碳减排的影响。

2.2.2　可持续食品供应链

全球供应链已成为当前世界经济最显著特征（王静，2022）。气候变化与碳减排要素融入国际贸易体系与竞争格局，推动着全球供应链的可持续转型。跨国公司的碳中和目标，迫切要求构建企业的绿色低碳供应链体系（商务部国际贸易经济合作研究院课题组等，2022）。因此，全球供应链的可持续管理成为全球供应链治理的重要研究方向之一（吴建军和吕莹，2022）。

在可持续食品供应链方面，Smith（2008）提出发展可持续食品供应链应关注企业社会和环境绩效。Mogale 等（2020）为可持续粮食供应链配送系统开发一个旨在同时降低成本和二氧化碳排放的双目标决策支持模型。Rohmer 等（2019）在食品系统中建立了考虑饮食因素的可持续供应链多目标（成本和各种环境方面）优化设计模型。Suryawanshi 等（2021）运用混合整数规划模型对食品杂货业务的运营成本进行优化，采用蒙特卡罗模拟方法进行灵敏性分析以识别风险、需求不确定性和易腐性的影响，为食品供应链中的浪费问题提供了解决方案，提高了供应链的可持续性。Jouzdani 和 Govindan（2021）开发了多目标数学规划模型优化食品供应链运营成本、能源消耗和交通拥堵问题，以乳制品供应链为例，研究了可持续三重底线的相互关系和相互作用。在食品冷链设计和运营中，研究多集中在供应链环节间的优化与决策，以便于更好地在成本、碳排放和质量之间进行权衡（Fan et al.，2021；Granillo-Macías，2021；Paciarotti et al.，2022）。

Notarnicola 等（2017）则探讨了 LCA 对可持续食品系统的支持作用。Govindan（2018）建立了食品供应链中的可持续消费和生产的概念模型，为全面系统分析供应链奠定了基础。Stranieri 等（2019）针对食品供应链，研究了企业社会责任活动对该供应链关系重组的影响。Melkonyan 等（2020）探索不同类型的分销网络在食品供应链最“后一公里”的可持续性表现，应用系统动力学模拟和多准则决策辅助进行的案例研究表明基于群体物流概念的分销网络是最具有可持续性的选择。Pohlmann 等（2020）对以巴西家禽食品供应链进行案例研究，结果表明焦点公司在供应链的垂直整合运作中起着重要的战略作用。Krishnan 等（2021）依托供应链运作参考模型（supply chain operations reference，SCOR），研究供应链成员间合作减少浪费的问题，以改善食品供应链的可持续性。Kumar 等（2022）应用混合的德尔菲-解释结构建模法（Delphi-interpretative structural modeling method，Delphi-ISM）和模糊决策试验与评估实验室法（fuzzy-decision-making trial and evaluation laboratory，fuzzy-DEMATEL）解决食品供应链弹性评价问题，并识别出主要影响因素。Pachar 等（2022）为一家零售食品公司构建了一个基于两阶段网络 DEA 技术的绩效测量模型，用于测量可持续经营和经营活动对零售公司经营绩效的联合影响。Causil 和 Morais（2023）创新性地提出了一个基于价值中心法（value-focused thinking，VFT）和灵活交互式权衡（the flexible and interactive trade-off，FI Trade-off）的食品供应商排序模型，用于解决食品供应商低碳选择问题。

Wu 和 Huang（2018）着手用商务智能分析手段调查可持续食品供应链。Camaréna（2020）则是以文献回顾的方式，揭示了使用人工智能实现食品供应链可持续转型的机遇和挑战。Kamble 等（2020）将供应链可见性和供应链资源作为发展数据分析能力与实现可持续绩效的主要驱动力，为农业供应链提供数据驱动的可持续绩效评价框架。物联网的引入，不仅优化了监测食品垃圾的产生以及食品部门能源和水的使用，而且优化了食品制造的资源效率（Jagtap et al.，2021）。Latino 等（2021）提出以农业 4.0 范式推动农业食品的可持续发展。Mangla 等（2021）以牛奶供应链为例，探讨了区块链技术在促进社会可持续性（促进农村发展、提高牛奶质量、保障动物健康等）方面的潜在效果。周雄勇和许志端（2022）从技术角度，基于动态能力理论，认为食品企业的数字追溯实践对可持续发展绩效的经济绩效、环境绩效和社会绩效均有显著的正向影响。

Wang 等（2019）关注食品生产的质量管理问题，探索如何实现质量、时间和碳排放三个目标之间的权衡。Gokarn 和 Choudhary（2021）针对生鲜食品供应链存在的食品损失和浪费现象，使用解释结构模型识别出监管机构和食品政策以及市场基础设施是减少浪费、实现可持续发展目标的关键因素，进而为企业管理和政策制定提供指导。Moreno-Miranda 和 Dries（2022）通过文献综述分析了农业食品供应链可持续性评价的现状，在此基础上将协调维度纳入只包含环境、经济、社会三个维度的传统评估框架中，从而为农业食品供应链制定了一个更加全面的可持续性评估框架。

归结起来，近年来随着可持续发展理念的深入人心，供应链的可持续发展问题已引起了国内外学术界、业界的广泛关注。可持续食品供应链的研究拓展了可持续供应链的研究领域。学者不仅关注可持续食品供应链的经济和环境效益，还深入探讨了新理念、新策略、新技术等在可持续食品供应链管理中的作用，为食品供应链的可持续发展探寻可行路径。

2.3　食物里程、本地食品与食品短链

2.3.1　食物里程

1. 食物里程概念引入

食物里程越来越受到社会各界的关注，并对农业生产、人们的生活和国际贸易产生了重大影响，因此许多学者开始对食物里程进行分析。该指标最早由英国的 Lang 和 Colin（1993）提出，从运输量和运输距离的角度考虑，在欧美和日本等发达国家和地区影响甚广。他们指出，相较于从外国进口，消费地产食品有利于减少碳排放，此指标能有效衡量食品运输对环境的影响。Paxton（1994）以英国为例应用食物里程指标探讨了食品远距离运输的危险性。Pirog 等（2001）对美国艾奥瓦州食品消费的里程进行了分析，发现其从 20 世纪 70 年代开始一直增长。OECD（2002）在研究报告中指出蔬菜大棚栽培使消费者一年四季能吃到新鲜水

果和蔬菜的同时，也造成了食品远距离运输，给地球环境带来巨大的压力。Pretty 等（2005）、Kissinger（2012）、根本志保子（2006）分别就英国、加拿大和日本国内的食物与蔬菜进行了食物里程的研究。谢京辞和久保雅義（2007）、Xie 和 Kubo（2008）在研究粮食的海洋物流系统时，突破直线距离的制约，利用港口之间的航海距离，着重对亚洲和非洲国家的小麦与谷物国际海上运输进行了食物里程的测算，并对其产生的碳排放进行了系统评价。国内学者对食物里程的关注是近些年才开始，之前多关注国际贸易中的隐含碳和碳标签问题，研究较为深入（齐晔等，2008；吴林海等，2011）。周培勤（2010）最早在国内的《环境保护》杂志介绍食物里程，从文化的角度阐述食物里程在欧美饮食中形成的时尚问题。帅传敏等（2011）则探讨了食物里程和碳标签对世界农产品贸易的影响等问题。郭华等（2012）在研究大流通背景下北京外埠蔬菜供应时空格局及效应时，发现当城市食品得到更高程度保障时，城市食物供应半径越来越大，食物里程不断增加。黄经南等（2014）以武汉市为例，研究我国大城市的食物里程并从规划角度提出减少食物里程及其环境影响的建议。

2. 食物里程概念拓展

当然，食物里程的概念也在不断地拓展，由原来单纯的食品运输距离，发展到所产生的碳排放以及远距离运输所带来的环境负荷增加导致的不可持续发展问题。2005 年，英国环境、食品与农村事务处（Department for Environment，Food and Rural Affairs，DEFRA）在报告中详细论述了食物里程的意义，指出从环境的可持续性来看，食物里程关乎英国的食品生产、经济发展和环境保护的发展，提出可以形成一种新的可持续发展的战略思想来确保英国食品、环境和农业生态的安全；英国农业技术协会（Agricultural Equipment Association，AEA）将食物里程及其产生的碳排放作为一种可持续发展的指标，并展开英国食物里程的实证研究（Smith et al.，2005）。Avetisyan 等（2014）则通过比较消费进口食品和当地食品的碳排放探讨消费地产食品的环境友好程度。López 等（2015）开发了多地区投入产出模型，从食物里程、碳足迹及全球价值链的角度评估其在西班牙农产品国际贸易的重要性。谢京辞（2014a）重点度量亚洲进口小麦的食物里程，在此基础之上构建亚洲进口小麦的碳排放及其预测模型，发现小麦运输量与食物里程有很强的相关关系，食物里程所带来的碳排放呈上升趋势；谢京辞（2014b）、谢京辞等（2015）则以我国粮食国际物流、出口农产品物流中发生的食物里程及其碳排放为研究对象，开发了食物里程及其碳排放的度量模型，并进行了实际测算。van Passel（2013）为了评估食品产业的可持续性，提出把食物里程拓展到食品物流领域的研究框架，但对具体的运作没有提出普适性的理论和方法，尤其是缺乏利用数理方法探讨其中的运作机制和策略。另外，环境负荷的高低和运输方式有直接的关系，卡车运输比船舶运输的碳排放要高很多，与食物里程相关的运输模式选择也日渐成为低碳化运作研究的重点问题之一。Leandro 等（2004）通过应用非集计数据分析了西班牙公路和海洋运输模式之间的选择决定。Woodburn（2003）以英国为例，评价运输模式从公路转为铁道运输后环境负荷的减少情况，并对英国铁路部门改善货物经营方式提出适应化措施。Kim 等（2011）运用 DEA 和探索性因子分析两种方法评价韩国交通部门由公路向铁路运输转换的环境政策。近些年，兴起了一种食品短链的食品物流模式，供应链的长短体现在空间距离、时间、加工环节及价值增值等方面，来自中国（檀学文和杜志雄，2010，2015）、意大利（Mastronardi et al.，2015；Giampietri et al.，2016）、土耳其（Aysoy et al.，2015）、法国（Aubry and Kebir，2013；Aubert and Enjolras，2016）的相关实证研究表明，此模式对于推动可持续食品物流和供应链的发展有重要意义。

3. 食物里程的低碳行为认知

随着食物里程作为可持续发展指标的影响日益扩大，探讨食物里程的低碳行为认知问题日渐成为一个新的趋势。Sirieix 等（2008）基于消费者的行为调查，分析了法国对食物里程的接受程度和存在的问题。Weber 和 Matthews（2008）研究了美国食物里程和食物选择的气候影响。Coley 等（2009，2011）从食物的地产地销、食物里程和二氧化碳排放三个方面对英国消费者通过当地农家直营店与大量流通的超市系统购买食品行为进行比较分析，发现英国消费者在七千米以内开车购买农家直营店的商品在食物里程和碳排放上有比较优势，并在后续研究验证了英国公众对食物里程的熟知度。Kemp 等（2010）在科利（Coley）研究的基础上，侧重研究英国消费者对以上三方面的关注程度。Grunert 等（2014）则针对西欧主要国家，考察消费者对食品生产的可持续标签的理解和应用，发现消费者转为购买环境友好食品需要提高对可持续标签的关注水平。Lang 等（2014）通过对美国食品商店进行调研，发现消费者有意愿获取食物里程较短的本地商品，并愿意付出一定的费用购买。Son 和 Lim（2013）从食物里程角度研究了缔结中韩自由贸易协定的行为选择；Lee 等（2014）在纳入食物里程要素情景下，评估了韩国购买本国产品及从中国和美国进口大米的消费者价值。Ballingall 和 Winchester（2010）则着重考虑了食物里程对世界经济的福利改变情况。Grebitus 等（2013）研究了消费者对消费食品所发生食物里程的支付意愿。Caputo 等（2013a，2013b）开发了理论模型分析食物里程标签的福利影响情况，后来又同时考虑反映食品运输生态足迹的食物里程标签和碳标签，将二者同时纳入消费者支付意愿选择模型，发现食物里程标签和碳标签有很强的相关性，消费者在某些时候更倾向于关注碳标签。Feldmann 和 Hamm（2015）对当地食物的感知和喜好行为进行了综述，指出跨国家的比较、不同产品类型、个人和社会习惯的影响等方面存在研究缺口。Hiroki 等（2016）对新西兰消费者对本地生产的食品的偏好进行了分析。Gracia 和 de-Magistris（2016）则对欧盟市场出现的包括食物里程、碳足迹信息、原产地等所有食品标签进行消费者偏好检验，给出了各种标签的偏好排序。

文献表明欧美等发达国家对食物里程及其碳排放的研究日益深入，着重关注本国居民对进口食品碳排放过大所造成的过重环境负荷。在环保意识日益增强的背景下，和碳排放较低的地产地销的食品相比，研究消费者的购买行为变化逐渐成为评价食品物流对环境影响的重要指标，这对促进当地农业生产和提高粮食自给率具有重要意义。近年来，国内才开始关注食物里程，目前的研究主要停留在介绍和定性描述，缺乏系统性研究方法，且食物里程的定量研究尚未与国际接轨。尤其是将食物里程拓展到低碳食品物流的研究较为稀缺。然而，中国经济的高速发展带来了食品类（如大豆）进口的增长，而国内食品生产又不均衡，导致远距离运输大量存在。因此，有必要从国家层面考虑食品里程对环境的影响，即从生产、运输、仓储、流通加工以及废弃等整个物流环节出发，构建中国特色的食品物流低碳系统。总之，食物里程的研究已由从狭义的距离概念拓展为广义的吨·距离、碳排放、运输模式与效率，并融入了环境、社会和经济外部成本的含义。食物里程有发展为食品物流系统可持续发展评价指标的趋势。

2.3.2　本地食品

1. 本地食品的定义

本地食品目前并不存在统一的定义，它随着不同地区、不同文化或者不同研究呈现一定的差异性。总体来看，本地食品主要可以分为三种不同类型的定义：政治边界、地理距离与有机（Cappelli et al.，2022）。

其中，本地食品的政治边界角度的定义最广为接受，地理距离次之，有机角度较少。从政治边界来看，本地食品指来自消费者所居住的城市、州或地区（Kalábová et al.，2013；Hempel and Hamm，2016a）。在这种意义上，本地食品也可以被定义为外国食品的对立面。在某些地区，本地食品与该地区的传统或具有地理标志的食品相关。从地理距离来看，本地食品是用食品与消费者的地理距离来描述的，消费者和本地食品生产者可以通过较少环节的中间商甚至直接接触来进行交易（Feldmann and Hamm，2015；Adams D C and Adams A E，2011）。从有机的角度来看，有些国家和研究中，本地食品和有机食品是相通的（Denver and Jensen，2014）。

本地食品具有以下特点：①本地食品生产者与消费者空间距离较近，具体划定范围可能会出现一定差异；②本地食品生产者多数规模较小，并采用有机农业耕作体系；③本地食品通过农贸市场、社区支持农业、路边小摊、零售杂货店、食品合作社等渠道向消费者供应；④本地食品在食物生产、配送与消费过程中具有一定社会、经济和环境的可持续性（Kumar and Smith，2018）。

2. 本地食品与可持续消费

1994 年，联合国环境规划署（United Nations Environment Programme，UNEP）第一次对“可持续消费”的概念进行了说明。可持续消费指的是提供消费的服务和产品能够保障大家的基本需要，改善大家的整体生活水平，减少使用自然资源和毒性材料，极大地减少提供消费的整个过程中出现的废弃资源和被污染的资源，不影响后代的需要与持续存在（王建明，2011）。此外，在《变革我们的世界：2030 年可持续发展议程》中，联合国发布了十七条可持续发展目标，其中第十二条为采用可持续的消费和生产模式。可持续性的三大重要方面为环境、社会和经济，它们被称为可持续的三大支柱（Sjostrom and Bakens，1999；Bernardi et al.，2017）。

作为可持续消费问题的子领域，可持续食品消费已受到学者的广泛讨论与研究。可持续食品消费应该满足安全、政治和环境要求，如：每个人的安全、健康和营养饮食；为农民、加工商和零售商提供切实可行的生计；动物福利；环境保护；生物多样性保护；节能；最小浪费（Gorgitano and Sodano，2014）。可持续食品消费的例子主要有购买当地生产的食品和有机生产的食品，增加植物性食品，减少肉类消费，以及选择当季食品（Hoek et al.，2004；MacDiarmid，2014）。

一些研究指出本地食品消费促进环境、社会和经济三方面的可持续发展。Barlagne 等（2015）指出，发展本地食品是实现弹性食品系统的可持续发展的有效途径。本地食品的支持者认为，通过刺激当地经济，食用当地食物有利于健康，并增强社区的可持续性（Yang and Leung，2020）。同时，可持续发展也是许多地区当地粮食生产的重要目标（Rikkonen et al.，2013）。Chen 等（2020）的研究将有机食品和当地食品都纳入了可持续食品系统。

但在当前研究中，本地食品和环境可持续性之间的关系仍存在一定争议。一些学者表示，目前没有严格的证据表明本地食品与环境可持续性之间存在强相关关系。其中，Farris 等（2019）研究中的受访者将当地食物主要与短运输距离联系在一起，但不一定与环境友好或可持续生产联系在一起。Holmes 和 Yan（2012）指出当地食物可以用可持续或有机的方式生产，但也可以使用非有机的方法生产。

但在许多关于消费者对本地食品态度的相关研究中，出现了较多将本地食品与可持续性关联的情况。Hempel 和 Hamm（2016b）发现本地食品的概念与可持续食品的属性有关，消费者对此更容易理解。在 Oravecz 等（2020）的研究中，消费者更加关注食品安全和可持续性与本地食品消费的关系。这表明如果消费者意识到可持续性和当地食品之间的联系，以及对可持续性问题有一定了解，可能会使得消费者更倾向于购买当地食品。

3. 本地食品购买的行为意愿影响因素相关研究

通过梳理相关文献，关于本地食品购买的行为意愿的影响因素的研究主要包括三个方面：心理因素、产品属性与个体特征。

1）心理因素

学者将本地食品购买的行为意愿与行为看作一种心理学行为，借助定性调查或心理学理论，来研究利他动机与利己动机等方面的心理因素变量对消费者本地食品购买的行为意愿的影响。

在本地食品心理特征方面的影响因素中，关于消费者感知到本地食品在社会、环境和经济方面的可持续性优势的研究较为突出。Adams 和 Salois（2010）的研究指出社会、环境和经济方面的可持续性主要指对农民和当地社区的支持，对环境的友好性以及对本地经济发展的促进。支持与消费者近距离的本地食品生产者以及对农民公平回报的担忧，促使越来越多的消费者购买当地食品（Zepeda and Deal，2009；Onken and Bernard，2010）。此外，研究还发现食品供应链中的问题，如影响气候变化的产品运输和加工对环境的影响，可能会引导消费者购买当地食品。在国内，李子键和朱战国（2017）研究了国内消费者本地食品购买的行为意愿的形成机理，发现消费者的本地食品感知质量、感知可持续价值，显著正向影响着其消费态度以及购买的行为意愿。

在过去的几年里，由于人们对全球化食品体系的信任丧失，以及生产者和消费者之间的脱节，消费者对食品系统的信任已经减弱，因此更短距离的食品供应链可以缩小农民和消费者之间的差距，增强消费者对本地食品的信任（Mazzocchi et al.，2020）。美国密苏里州的一项研究表明，经常购物并且住在农贸市场附近的消费者往往更信任当地的食品系统，并探索了不同类型的信任对于消费者的影响（Chen et al.，2019）。Aprile 等（2016）的研究支持这一观点，因为直接从农民或生产者那里购买产品可以向消费者保证产品的来源。在另一项研究中，消费者因为信任倾向于直接从农民或通过小型分销商购买产品，而不是从大型连锁店购买（Rikkonen et al.，2013）。Pícha 和 Skořepa（2018）发现喜欢当地食物的受访者更倾向于从环境友好且对社会负责的生产者那里购买食品。

少部分研究基于 TPB 探索了行为态度、主观规范、感知行为控制等变量对本地食品消费行为的影响。Kumar 和 Smith（2018）基于 TPB，探索了行为态度、主观规范与感知行为控制以及环境关注、对当地经济的关注等因素对本地食品购买的行为意愿，发现消费者对本地食品的行为态度与主观规范对其行为意愿有显著的正向影响。Giampietri 等（2016）的研究发现态度、主观规范和感知行为控制都在消费者对短链食品购买意图中发挥关键作用。Brune 等（2022）研究了美国的消费者在公共与私人领域内进行本地食品消费的影响因素，发现主观规范可以有力地促进集体行动，而促进私人行为的策略应侧重于缓解购买当地食物的感知障碍。

此外，还有一些研究探讨了不同文化背景下，消费者对本地食品的差异化态度和购买的行为意愿。挪威当地人的爱国主义影响了对本地食物的偏好（Skallerud and Wien，2019）。Zhang 等（2020）研究了集体主义和个人主义价值观、土食主义和尝新心态分别对中国与丹麦消费者当地食品态度和行为意愿的影响。

2）产品因素

产品属性方面，部分研究借助定性调查或选择实验方法等，通过研究考察了不同价格、外观和质量等产品特征如何影响消费者对本地食品的选择。

Martinez（2010）发现消费者通常将安全、新鲜度、味道和营养等属性与本地食品联系起来。He 等（2021）指出消费者认为本地食品具有更高的安全性与营养。de Bauw 等（2019）研究了德国消费者对不同生产方式、价格和产地（当地与非当地）西红柿的支付意愿，发现消费者愿意为“当地”食品标签支付更高的溢价。

本地食品的感知质量是影响消费者购买决策的重要因素。大多数研究调查的消费者认为当地食品在许多质量特征上优于其他食品（Brown，2003；Roininen et al.，2006）。Onozaka 等（2010）在研究消费者的本地食品认知时，发现消费者对本地食品的新鲜度非常看重，他们经常认为具有更高水平新鲜度的本地食品具有更高的质量水平。Beingessner 和 Fletcher（2020）在研究中指出本地食品更高的新鲜度水平对于消费者身体健康有很大益处，这得益于本地食品的全程运输距离较短，更好地保障了本地食品的新鲜度水平。此外，Onken 和 Bernard（2010）发现感知新鲜度和较高质量是影响消费者购买当地食品的重要因素。

在 Carroll 等（2013）的研究中，消费者更关注本地食品的具体位置属性，而不是生产方法。Gracia（2014）研究指出西班牙消费者对于“本地种植”类型的食品具有积极的评价。Fan 等（2019）的研究发现西蓝花当地种植的信息对美国消费者质量感知和支付意愿都有积极影响。Mkedder 等（2021）的研究采用刺激-反应模型，分析了感知质量和感知价格作为刺激因素对本地奶制品购买的行为意愿的影响。

同时，也有部分地区的研究显示，有些消费者对本地食品没有格外偏好。例如，Printezis 和 Grebitus（2018）的研究发现，消费者不愿意为在农贸市场出售的当地食品支付溢价。另外，de Bauw 等（2019）的研究表明，消费者认为本地食品的透明度和安全性相对较低。

3）个体特征

在个体特征方面，许多研究在探索本地食品购买的行为意愿时也会纳入消费者的性别、年龄、收入和受教育程度等因素进行考量，不同人口统计特征的消费者通常也会对本地食品的购买的行为意愿产生差异化影响。

在大多数关于消费者本地食品的购买行为的研究中，人口统计学变量被用于解释研究结果，并确定个人特征对消费者态度和行为的影响。虽然部分研究未发现显著的相关性，但大量实证研究表明，人口统计学变量对消费者态度具有显著的影响（Zepeda and Li，2006；Åsebø et al.，2007）。一些研究结果显示生活在农村地区的老年人、收入较高的人对当地食物持更支持的态度（Carpio and Isengildina-Massa，2009；Cholette et al.，2013；Mirosa and Lawson，2012）。Henseleit 等（2007）在研究中将该现象归因为老年人与家乡的联系更紧密，且年轻人因便利性而更偏好加工食品。然而，Pelletier 等（2013a）的一项研究发现，黎巴嫩的年轻消费者对当地食物持更积极的态度，因为他们在社会和政治上更了解自己的食物选择。另有研究证实，性别对购买当地食物的可能性有显著影响，因为女性比男性更有可能购买当地食物（Loureiro and Umberger，2003；Bellows et al.，2010）。然而，Illichmann 和 Abdulai（2013）的研究发现，德国消费者中男性比女性更愿意购买本地食物和有机食品。关于消费者居住地的影响，Chambers 等（2007）无法确定城市和农村消费者之间的态度差异，但发现受过高等教育的消费者更了解可持续发展的概念进而购买本地食品，且他们认为通过购买本地食品可以对社会有所贡献。

通过以上有关消费人口统计特征对消费者本地食品消费行为的研究发现，不同国家与地区的群体呈现出不同的偏好，这与当地的经济、文化等生活环境密切相关。

通过对上述文献的梳理总结，可以看到，在本地食品消费行为领域存在许多相关的研究。学者已对影响本地食品购买的行为意愿的多种因素进行了广泛研究，包括消费者对本地食品质量和可持续性的偏好，但相关研究仍存在以下几点不足。

（1）关于本地食品消费行为的研究大多集中在发达经济体，对新兴经济体国家本地食品消费行为的研究较少。通过文献梳理，可以看到国外有大量关于消费者食品消费行为的研究，在本地食品消费方面的研究至 2019 年整体呈现不断增长趋势。由于新冠疫情影响，在 2020 年与 2021 年，文献研究出现下降趋势。其中，大部分的研究在美国、意大利、德国和加拿大等发达经济体国家（Cappelli et al.，2022）。因此，探索中国及其他新兴经济体国家消费者对于本地食品的消费行为具有重要意义，可以更好地补充本地食品消费领域的相关研究。

（2）关于本地食品购买的行为意愿影响因素的文章大多集中探讨消费者对于本地食品在经济、社会和环境方面的可持续性，以及质量等方面的偏好，但是将其与 TPB 结合的研究仍有待探索。许多学者利用 TPB 解释和预测消费者的食品消费行为，特别是有机消费、绿色消费等领域。作为个体消费行为的一种，本地食品消费行为也适于利用 TPB 探索，部分研究显示了消费者的行为态度、主观规范等对本地食品的消费行为产生影响。但是，在结合本地食品消费的特定情境下影响消费者的背景变量方面，现有研究尚需进一步拓展。因而，本书纳入了消费者在本地食品消费情景下所关注的感知质量、感知可持续性与信任变量，拓展原始的 TPB，进一步探索本地食品购买的行为意愿的影响因素与影响机理。

（3）本地食品购买的行为意愿的影响因素主题的相关研究，集中探索影响因素对行为意愿的净效应，而对诸多影响因素的组合效应研究尚待补充。考虑到本地食品购买的行为意愿是复杂的社会化研究，行为意愿的产生往往涉及多个影响因素的同时作用，而许多研究只涉及了单个影响因素对行为意愿的净影响，因此探索本地食品购买的行为意愿影响因素的组合效应，可以更加全面地研究本地食品消费行为。

2.3.3　食品短链

食品短链理念自提出之后，在国外发展已有 20 余年，相关的研究成果丰硕。中国在食品短链问题上的研究学者比较少，且多集中在理念描述领域。下面从食品短链概念的发展、效用、对生产者的影响以及影响食品短链发展的要素四个角度进行综述。

1. 食品短链概念的发展

食品短链概念的探讨由来已久，一般从消费者和生产者之间距离的缩短来解释（Morris and Buller，2003），而距离又可以从食物里程（Sellitto et al.，2018）、食品加工环节（Ilbery and Maye，2005）和食品信息附着（Marsden et al.，2000）等角度进行定义。

食物里程的缩短简单地说就是减少食物运输的距离。例如，从比较的角度来说，省内消费本省产的蔬菜相对于消费省外产的蔬菜来说就属于食品短链。较少环节的食品加工生产相对于较多环节的食品加工生产，也属于食品短链。例如，吃苹果相对于吃苹果果酱来说，就属于食品短链。食品信息附着的角度也是一个比较的概念，Marsden 等（2000）认为短链有“再社会化”食品的能力，表现为产品从生产者到达消费者手中时所附加信息的明确性和有效性。

2. 食品短链的效用

首先，随着消费者需求的多样化发展和对质量等要求的提高，食品短链可以更好地满足部分消费者对食品质量和安全，以及对食品个性化的需求（Ilbery and Maye，2005；Tregear et al.，2007）。还有部分学者探讨了食品短链对农村、城市边缘地带经济以及农产品产地经济的积极影响（Aubry and Kebir，2013；O’Neill，2014；Mundler and Laughrea，2016；Nicholson et al.，2011）。学者普遍认为食品短链的发展一方面可以让食品生产地区，主要为城市周边区域，为城市消费者提供更具地区特色和安全保证的健康食品，另一方面可以更好地带动城市周围边缘地区和农村的经济发展，这也是城市反哺农村的一种表现。

从社会发展和环境保护角度看，食品短链具有鼓励本地化消费和缩短食物里程等特性，可以有效地促进区域交流，建立生产者与消费者之间的信赖关系。同时，食品短链减少了不必要的运输距离，加之短链食品的低碳化生产的要求，为环境保护做出有效贡献。赵玻和葛海燕（2014）从流通体系发展的角度进行研究，认为食品供应短链的发展可以增加相应地区的农业收入和就业机会，同时短链食品自身的特性，也会带来良好的环境效应，并增加消费者和生产者的互动，减少消费者与生产者之间的信息不对称，对增强社区凝聚力和建设和谐社会具有重要意义。

另外也有学者从食品市场的可持续性（Gava et al.，2014），以及短链食品对人类身体健康的影响（Francesco et al.，2015；Mastronardi et al.，2015）的角度进行了更为细致的专业化分析。学者认为本地化食品消费是食品市场的重要组成部分，虽然经济全球化和技术的进步在一定程度上降低了本地化产品的地位，但本地化食品仍然在食品市场扮演着重要角色，始终具有较高的消费者忠诚度。本地化的食品一般拒绝标准化、大规模化的现代化生产，部分学者相信，有机化、传统化的食品生产更有益于人类的身体健康。林杜娟（2013）探讨了国内食品安全危机背景下食品供应链的发展方向，认为食品短链的出现为国内的食品安全和信赖危机提供了新的解决思路。

3. 食品短链对生产者的影响

食品生产者是整个食品链条中最基础也是最重要的一部分，但由于食品加工生产环节等的加长，生产者的利益被不断压缩和剥削，部分生产者进行了不道德的生产，加重了消费者对生产者的不信赖，形成了恶性循环。

一方面，学者重新审视了农产品生产者在食品短链中的地位，认为应通过经济补贴或税收优惠等政策，给予本地农产品生产者更多支持（Aggestam et al.，2017）。对此，也有部分学者从政府支持、宣传，以及短链食品自身特性优势等方面探讨了食品短链如何增加食品生产者的收益，并强调了增加食品生产者效益对于国家经济和社会稳定的重要性（Verhaegen and van Huylenbroeck，2001；Aysoy et al.，2015）。

另一方面，学者也注意到了食品生产者和消费者之间存在着信息不对称等导致的信赖危机问题，并强调重建消费者和生产者之间的信赖的必要性（Scozzafava et al.，2014；Verneau et al.，2014；Panico et al.，2017）。对此，部分学者分析了食品短链（如本地化生产、简化加工和直接交流）在促进食品生产者与消费者建立信任关系方面的优势（D'Amico et al.，2014；de Magistris et al.，2015）。

4. 影响食品短链发展的要素

部分学者通过实证分析探讨了影响食品短链发展的因素，主要包括消费者消费观、国家政策引导、食品生产者生产意愿（Sellitto et al.，2018），多集中在消费者短链食品选择影响因素的研究和分析。例如，通过选择行为分析（逻辑回归）的方法对消费者行为进行分析；构建基于 TPB 的回归方程，对影响消费者行为的关键因素进行分析等。殷戈和朱战国（2016）运用离散选择模型对影响农户参与食品短链的因素进行分析，认为中间商数量、农产品销售价格和农户人际关系三个变量都对农户是否选择加入食品短链模式有显著的影响。

综合分析现有的食品短链相关的文献，可以发现以下结论。

由于国内对于食品短链的研究相对国外来说起步较晚，因此多数的研究重点仍旧落在理论探讨上，缺乏相应的实证研究。国内对于消费者的短链食品购买行为研究仍存在一定的空白，需要进行本土化的深入研究。考虑到国内食品市场环境和实际可利用资源，运用 TPB 模型对消费者的食品短链消费行为进行实证分析是一个较优的选择。此外，众多学者对于 TPB 模型的研究和应用也证明了 TPB 模型及拓展 TPB 模型在包括食品消费领域的众多领域中的有效性。

消费者、食品生产者及经销商信任关系仍处于一个不断发展的过程中。虽然随着科学技术等的进步，消费者可以通过更多的途径来了解和获取相关食品的信息，但这也在一定程度上影响了消费者对所消费食品的真实性的判断。为了降低消费者疑虑，提升消费者的满意度，充分的信息沟通是必需的，这也是建立信任关系的基础。

2.4 食品消费行为偏好

消费者偏好是指消费者对一种商品的喜好程度（陆雄文，2013）。消费者购买商品时，会根据个人偏好和需求对可供消费的商品进行排序，进而做出购买决定。一般而言，消费者对某商品的偏好程度越高，该种商品的需求量也就越高（李凯和陈浩，2011）。因此，产品经营者在向消费者销售产品时，可以根据消费者的偏好，结合自身经营状况和产品特点，设计合理的经营方式，引导消费者进行消费，从而获得最佳收益（李凯等，2016）。

2.4.1 行为选择研究

对于行为选择研究，Koppelman 和 Bhta（2006）认为离散选择模型可用于分析和预测决策者从一组有限的相互排斥的选项中选择一个方案。离散选择模型在行为选择中有较为广泛的应用，因为许多行为本质上是离散的或定性的；也就是说，它们对应于一组备选方案中的一个。Ben-Akiva 和 Lerman（2018）认为，个体的选择模式是追求其效用最大化。

Logit 模型是交通规划领域中最常用的行为选择模型。Logit 建模的目标是找到最佳拟合和最简约的模型来描述结果变量与一组自变量之间的关系。Logit 和线性回归模型之间的主要区别在于 Logit 中的结果变量是二项的。有很多关于出行行为方面的研究利用了二项 Logit 模型。Shen 和 Wang（2012）对美国谷物在卡车和轨道上的运动进行研究，他们采用公共的货运分析框架数据库、美国公路和网络以及 TransCAD，还有运输建模能力的地理信息系统进行研究。二项 Logit 模型和回归模型都使用相同的通用变量集，包括模式分割概率、商品权重、价值、网络旅行时间和燃料成本。王雯静和干宏程（2010）则针对世博会期间的出行方式选择，开展了引导私家车主改乘地铁的调查研究。

现有文献显示，行为选择研究多采用离散选择模型，而 Logit 模型因其优势在出行方式选择等研究中得到广泛应用。第 5 章是针对物流运输方式选择进行的研究，在本质上与出行方式选择类似，以上文献对本书中 Logit 模型的应用提供了一定的参考和理论支持。

2.4.2　消费者低碳偏好

低碳经济的发展，使得消费者对于产品的碳排放量有了一定关注，消费者对于低碳产品的偏好也成了影响供应链运营的重要因素。消费者低碳意识的增强使得越来越多的消费者在购买决策中将产品的碳排放作为考量因素。

Grebitus 等（2013）研究了消费者对消费食品所发生食物里程的支付意愿。Caputo 等（2013b）开发理论模型分析食物里程标签的福利影响情况，将食物里程标签和碳标签纳入消费者支付意愿选择模型中，发现食物里程标签和碳标签有很强的相关性，消费者某些时候更倾向于关注碳标签。Grunert 等（2014）对西欧主要国家消费者对食品可持续标签的理解和应用情况进行了研究，结果表明，提高消费者对可持续标签的关注度，有助于其购买环境友好型食品。

Lang 等（2014）通过对美国食品商店进行调研，发现消费者有意愿获取食物里程较短的本地商品，并愿意付出一定的费用购买。Feldmann 和 Hamm（2015）对当地食物的感知和喜好行为进行了综述，指出跨国家的比较、不同产品类型、个人和社会习惯的影响等方面存在研究缺口。Hiroki 等（2016）对新西兰消费本地食品的偏好进行分析。Gracia 和 de-Magistris（2016）则对欧盟市场出现的包括食物里程、碳足迹信息、原产地等所有食品标签进行消费者偏好检验，给出了各种标签的偏好排序。Kumar 和 Smith（2018）研究发现对环境和当地经济的关注程度有效影响消费当地食物的行为。de Bauw 等（2019）分析了消费当地食品的健康、社会、经济和环境效益。Kallas 等（2019）以消费阿根廷本地蜂蜜为例，从消费属性与支付意愿方面分析了食品短链的发展情况。

全球食品体系的出现引起了消费者对食品透明度和安全性的担忧（Birch et al.，2018）。Joya 等（2022）探讨了马来西亚对消费西红柿在食品安全的支付意愿、收入、年龄与教育水平对结果的影响不同。关于消费者食品选择偏好的研究，Indrawan 等（2021）采用离散选择实验，分析了印度尼西亚消费者家禽肉类消费属性，发现消费者最关注产品新鲜度、政府认证以及原产地标签。Yeh 等（2021）则对欧盟（德国、英国和挪威）的消费者进行了跨国比较研究，结果表明，有机食品消费者的主要关注点是价格，其次是原产地和生产方式。

可持续消费是改变粗放式生产的必然选择，可以促进人类与生态环境、社会的互惠互利、和谐发展（Govindan et al.，2019）。Birkenberg 等（2021）探讨了在缓和气候变化方面碳中和标签吸引咖啡消费者的潜力。Lin 和 Nayga（2022）通过美国消费者的在线调研分析了绿色身份标签、环境信息和亲环境食品选择中的机制。Baldi 等（2021）通过分析公众对环境保护与自然的态度，以可持续西红柿为例，在英国和意大利进行市场调研，探讨如何重塑消费者的行为。Bangsa 和 Schlegelmilch（2020）对可持续产品属性与消费者决策的关系进行系统综述，发现大部分研究假设消费者遵循线性和理性决策过程，研究多集中在环境方面，忽略了社会方面，在消费文化上经济转轨国家与发达国家间明显不同。Osman 等（2021）以可持续食品菜单选择为例，开发与设计三个心理学实验，探讨碳税、补助金与助推三种影响要素及其交互对可持续消费倾向的影响。关于消费者食品选择偏好的研究，Caspersen 和 Navrud（2021）关注最后一公里配送的环境可持续性。de Bauw 等（2022）的研究则对比利时消费者蔬菜供应偏好进行了多因素分析，考察了季节性、产地、有机标签、生态评分以及价格等因素的影响，结果表明，生态评分、价格和产地对消费者选择的影响程度相当，而有机标签的影响相对较弱。Sonntag 等（2023）探讨了德国消费者对食品可持续性标签的选择行为，发现可持续性标签的存在不会降低另一个可持续性标签的边际效用，并且负面标签对支付意愿的影响不能被正面标签所补偿。

2.5 文献评述

上述文献回顾表明，低碳食品物流问题已引起了国内外学术界、业界的广泛关注，尤其近几年来，许多学者已逐步开展了相关理论与实践研究。随着低碳和可持续物流系统的理论与创新实践的发展，新的低碳物流系统模式不断涌现，对低碳物流系统中的政府、企业与消费者等参与主体多有涉及。当前研究热点主要集中于可持续性，并在运营优化、绩效评价等方面深入探讨，进而延伸至低碳物流系统、全球供应链与贸易网络的可持续发展等领域。

可持续食品物流系统研究在可持续物流研究的基础上，进一步拓展了研究领域。考虑到食品的特殊属性及其重要性，该领域的研究涵盖环境、经济与社会三个维度，并重点关注与“食物里程”“碳排放”“低碳生态标签”“本地化”“食品短链”“可追溯性”相关的食品安全、营养健康及劳动就业等议题。同时，食品企业供应链运营管理、消费者行为偏好以及企业与消费者互动等方面也成为研究重点。研究方法日益呈现多元化趋势，如优化建模、绩效评价、案例研究、实证研究和大数据分析等方法均被广泛应用。

通过对国内外文献研究动态的梳理，得出以下结论。

（1）低碳食品物流系统的运营管理特色提炼不够。行业不同在低碳物流系统运营管理上则表现不同，区分行业提炼特色是其核心要义。现有文献表明制造业领域的低碳物流系统研究较多，企业往往更多关注其经济方面的价值。但鉴于新形势下要考虑企业社会责任来提升企业美誉度，现在也越来越关注可持续发展。制造业的研究成果，特别是研究经济方面的管理问题，可对食品产业有所借鉴，为低碳物流系统的实现提供了有价值的解决办法。食品产业的可持续性特征尤为明显，其环境、经济和社会价值都表现突出。然而，目前基于“三重底线”框架下的低碳食品物流系统研究仍较为薄弱，“食品”特色提炼不明显。

（2）缺乏融入新时代情景下的中国食品企业全球供应链运营研究。中国为处于经济转型期的大国，食品消费端的消费偏好已由“吃得饱”向“吃得好”转变，食品结构发生了显著变化。供给端需要根据国内国际“双循环”调整，食品进口激增。食品企业除了应对食品供应链本身具有的跨时空与多维度特征，还要面对新时代食品消费文化、碳达峰、碳中和、贸易争端等挑战。此外，食品可持续供应链优化研究中未系统考虑消费者的低碳偏好以及海运全球供应链的影响，在数量和深度上都存在很大的探索空间，这也为我们探讨这一新的研究领域中的问题提供了有利机会。

（3）低碳食品物流系统的碳足迹核算尚显不足。低碳食品物流系统的碳足迹核算研究多聚焦于碳排放量的计算和评估，但缺乏对整个食品供应链中碳足迹的全面分析。碳足迹的核算不仅需要考虑直接排放，还应包括食品生产、加工、运输、储存和消费等环节的间接碳排放。同时，对于食品的 LCA 研究还不够深入，需要进一步完善以反映食品从田间到餐桌的整个过程中的环境影响。此外，应加强对中国农产品进出口贸易的社会网络分析与国际碳足迹核算的研究，以揭示国际贸易对食品物流碳足迹的影响，为食品产业的可持续发展提供科学依据和实践指导。

（4）消费者行为研究的深度与广度有待加强。尽管已有研究开始关注消费者对低碳食品物流系统的认知、态度和行为，但多数研究仍停留在表面，缺乏深入挖掘消费者内在动机和心理过程的实证研究。消费者作为食品供应链的终端，其行为偏好直接影响低碳食品的市场接受度和推广效果。因此，未来的研究需要更多地采用心理学、行为经济学等多学科交叉的方法，深入分析消费者决策过程中的各种因素，以及这些因素如何影响消费者对低碳食品的偏好和购买行为。

基于上述分析，本书以系统思想和可持续发展理论为指导，结合我国食品消费属性特点，推动碳达峰、碳中和与可持续发展的多目标的实现，综合运用 LCA、可拓法、网络分析、离散选择计量方法、博弈论、机器学习、多准则决策等方法和技术研究低碳食品物流系统，提升食品企业全球供应链可持续运营水平，促进食品物流系统低碳发展。

第 3 章 中国食品物流碳足迹核算与低碳度评价研究

3.1 引　言

在全球气候变化的背景下，低碳发展已成为各国应对环境挑战的关键战略。中国作为世界上最大的发展中国家和食品消费大国，其食品物流行业的碳排放问题日益凸显，对食品物流碳足迹的核算与低碳度评价研究显得尤为迫切。食品物流作为连接食品生产和消费的重要桥梁，涵盖了从农田到餐桌的多个环节，包括农产品的种植、食品采购、加工、储存、运输、配送等多个过程。这些环节不仅涉及大量的能源消耗，还伴随着温室气体的排放，对气候变化产生显著影响。精确核算食品物流的碳足迹，不仅有助于了解碳排放的来源和规模，更能为制定有效的减排策略提供数据支持。

然而，食品物流碳足迹的核算并非易事。由于涉及的环节众多，数据收集难度大，核算方法复杂多样，准确核算食品物流的碳足迹成为一项挑战。尽管有一些集中核算方法已被诸多学者应用于实践研究，但国际上并未形成关于食品物流系统统一的核算标准，这也在一定程度上增加了核算的难度和不确定性。研究并开发一套适用于中国食品物流的碳足迹核算方法，对于推动食品物流行业的低碳发展具有重要意义。

低碳度评价研究则是在食品物流碳足迹核算的基础上对食品物流碳排放情况的综合评估。通过对食品物流的低碳度进行评价，可以比较不同物流方案的碳排放效率，进而选择更为环保的物流方式。这不仅有助于制定针对性的减排措施，还能引导社会各界采取更加环保、节能的生产方式，实现资源的节约和高效利用。同时，这也有助于提高公众的环保意识，并为政府制定环保政策和经济发展规划提供重要依据。

国内外学者已经应用 LCA（Virtanen et al.，2011）、IPCC 碳排放系数法（孙建卫等，2010）等方法对各系统碳排放进行了精确核算，基于上述核算数据，可拓法、熵值法、AHP 等评价方法被用于对水资源、煤炭资源等低碳度、可持续性评价问题的研究（Wang et al.，2019；周会敏等，2015）。尽管目前在食品物流碳足迹核算与低碳度评价方面已取得了一些研究成果，但针对中国食品物流行业的研究还相对较少。碳足迹核算为低碳度评价提供了基础数据和量化指标，使得低碳度评价更具科学性和准确性。低碳度评价则基于碳足迹核算的结果，对低碳发展的现状和潜力进行深入分析，为制定有效的低碳政策和措施提供依据。通过碳足迹核算和低碳度评价的结合，可以更有效地推动低碳经济的发展，应对全球气候变化挑战。

本章旨在通过深入研究，结合中国食品物流行业的实际情况，提出一套适用的碳足迹核算方法和低碳度评价体系，为政府制定相关政策和企业实施减排措施提供科学依据。通过这一研究，可以更好地了解食品物流的碳排放情况，推动食品物流行业的绿色低碳发展，为应对全球气候变化贡献中国力量。同时，这也将为中国食品产业的可持续发展提供新的思路和方向，进而促进经济、社会和环境的协调发展。

3.2　基于 LCA 的食品物流系统碳足迹核算

3.2.1　LCA 概述

LCA 这一方法论起源于 1969 年，当时美国中西部研究所受可口可乐公司之托，对其饮料容器的全生命周期进行了深入的追踪与定量分析。这一研究从原材料的采掘开始，一直追踪到废弃物的最终处理，全面展现了产品对环境的影响。自那时起，LCA 便成为评估产品或服务从“摇篮到坟墓”整个生命周期内环境影响的重要工具。

随着全球对环境问题的日益关注，LCA 的应用也得到了广泛应用和标准化。国际上针对 LCA 的应用发布了多个标准，旨在规范并推动这一方法论的进一步发展。其中，英国标准学会（British Standards Institution，BSI）发布的《PAS 2050：2008 商品和服务在生命周期内的温室气体排放评价规范》（简称 PAS 2050）标准在业界具有广泛的认可度和影响力，为产品碳足迹的核算提供了明确的指导。此外，国际标准化组织（International Organization for Standardization，ISO）发布的 ISO 14040 和 ISO 14044 标准也为 LCA 的实施提供了详尽的框架与流程。世界资源研究所（The World Resources Institute，WRI）发布的《温室气体核算体系：企业核算与报告标准》则更侧重于温室气体排放的核算与报告。

在 LCA 的实施过程中，ISO 14040 标准将其划分为四个相互关联的部分：目标与范围制定、清单分析、影响评估和结果解释。这四个部分共同构成了 LCA 的完整框架，确保了评估的全面性和准确性（图 3.1）。其中，目标与范围制定是 LCA 的起点，它明确了评估的对象、边界和目的，为后续的分析提供了指导。清单分析则是 LCA 的核心，通过对产品或服务全生命周期中的资源消耗、能源使用以及排放物进行详细的记录和分析，为评估其环境影响提供了数据支持。影响评估则是对清单分析结果的进一步处理，通过一定的方法和模型，将环境影响量化并表达出来。最后，结果解释阶段则是对整个评估过程的总结和提炼，为决策者提供了关于产品或服务环境影响的直观信息。

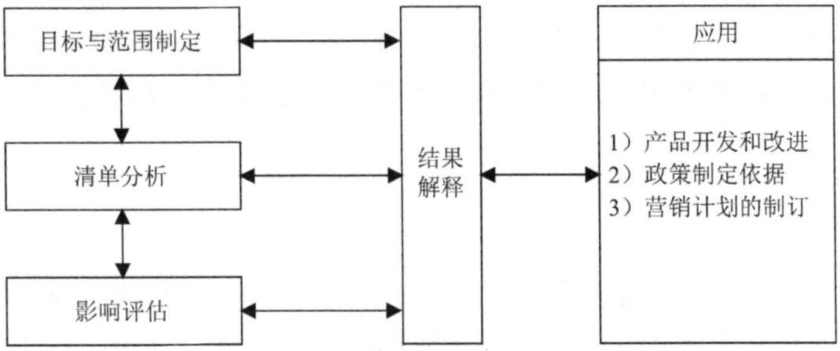

图 3.1　LCA 评价框架（ISO 14040，2006 年版）

然而，对于食品物流系统碳足迹的研究而言，其关注点主要集中在生命周期清单分析（life cycle inventory analysis，LCI）过程，即目标和范围制定以及清单分析过程。这是因为食品物流系统涉及多个环节和复杂的供应链，其碳足迹的核算需要精确地追踪和记录各个环节中的碳排放情况。通过明确目标和范围，研究者可以确定评估的边界和重点，从而确保数据的准确性和完整性。清单分析则是对这些数据进行详细的分析和处理，以揭示食品物流系统在整个生命周期中的碳排放特征和规律。这一过程对于制定有效的减排措施和优化物流流程具有重要意义。

1. 目标与范围制定

目标与范围制定是 LCA 的起始步骤，其重要性不言而喻。在这一阶段，研究的目的与原因需要被明确阐述，以确保后续分析能够准确反映研究的初衷。同时，研究范围的确定也至关重要，它涵盖了系统的功能、功能单位、边界以及数据质量要求等多个方面。通过明确这些要素，可以确保研究的深度和广度都符合预定的目标。

根据 PAS 2050 的规定，系统的边界设定尤为关键。这些边界通常包括：①原材料，即农业的排放（包括农耕牧渔中产生的温室气体）；②能源；③生产资料；④制造和供应；⑤运作处所；⑥运输；⑦仓储；⑧使用；⑨处置等。这些环节确保了研究能够全面反映产品或服务在整个生命周期内的环境影响。

2. 清单分析

清单分析是 LCA 中的核心环节，其主要目的是进行数据收集，并通过一系列计算，为后续的影响评估提供准确的输入输出数据。这一阶段通常涉及大量的数据处理和计算，因此也是整个分析过程中最为复杂的部分。

在清单分析过程中，需要关注输入和输出两方面的资源。输入资源主要包括物料和能源，这些资源的消耗直接影响了环境的负荷。输出资源除了产品本身外，还包括向大气、水和土壤排放的物质，这些排放物对环境的影响也是不容忽视的。在计算能源时，需要考虑使用的各种形式的燃料与电力，以及能源的转化和分配效率。

3. 影响评估

该阶段主要是运用清单分析的结果评价潜在的重大的环境影响的过程，是对清单分析中所识别出来的对环境负荷产生的影响的描述与评价，具体包括三个部分：分类（清单分析数据结果与环境影响类别对应）、模式建立（根据影响类别建立清单数据的处理模式）、集合（结合具体案例研究，在有意义时尽可能将结果集合化）。

4. 结果解释

结果解释是 LCA 的最后阶段，它主要是将清单分析和影响评估的发现与研究目的、范围进行综合分析，得出结论与建议。这一过程是一个对研究范围不断评价与改进的动态过程，旨在确保研究结果的准确性和有效性。研究结果可为决策者提供指导，以优化环境管理和促进可持续发展。

根据 PAS 2050 标准，一般产品或服务碳足迹的核算思路可以概括为以下几个步骤。

（1）建立产品或服务的生命周期流程图，以全面考虑“从摇篮到坟墓”的所有流程环节。

（2）根据研究目的确定系统边界，即确定产品或服务生命周期的各个环节，该过程具有一定主观性，可以根据研究目的及现实情况进行调整。

（3）收集数据，根据 IPCC 碳排放系数法计算公式可知，在收集数据时需要收集两类数据，即活动量和对应的碳排放因子。

（4）利用上述数据计算产品或服务的碳足迹。

这一核算思路为食品物流系统碳足迹的研究提供了具体的操作指南，有助于准确评估该系统在生命周期内的碳排放情况，为制定有效的减排措施提供科学依据。

3.2.2　食品物流系统碳足迹核算模型

1. 食品物流系统碳足迹核算的对象、目标与范围的定义

该部分是核算研究中的基石，为后续的分析和评估提供了明确的方向与框架。在这一阶段，需要清晰地界定核算的对象、目标和范围，确立功能单元，并明确系统边界。

1）碳足迹核算对象

温室气体作为影响全球气候变化的重要因素，在学术研究与政策制定中均占据举足轻重的地位。当前，世界上公认的温室气体主要包括《京都议定书》所明确要求的六种气体，分别是二氧化碳（CO_2）、甲烷（CH_4）、氧化亚氮（N_2O）、氢氟碳化物（HFCs）、全氟碳化合物（PFCs）以及六氟化硫（SF_6）。这六种气体因其独特的化学特性，对地球的温室效应作用显著，因此被国际社会广泛认定为主要的温室气体。

为了统一各国在温室气体排放方面的核算与报告标准，IPCC 制定了《国家温室气体清单指南》，该指南是基于上述六种气体来设计碳排放核算的具体方法与步骤。这一指南为各国提供了统一的核算框架，使得全球范围内的温室气体排放数据更具可比性和科学性。值得注意的是，随着科学技术的进步和对温室气体认识的深化，一些原本未被广泛关注的温室气体也逐渐进入人们的视野。例如，三氟化氮（NF_3）在 2008 年被《联合国气候变化框架公约》（United Nations Framework Convention on Climate Change，UNFCC）正式添加到监管气体范围内，这一举措进一步丰富了全球温室气体的监管范畴。

在我国，为了应对气候变化的挑战并推动绿色低碳发展，政府于 2016 年实施了现行国家标准：《工业企业温室气体排放核算和报告通则》。这一标准明确将上述七种气体（包括新纳入的三氟化氮）作为标准中的温室气体，为工业企业的温室气体排放核算和报告提供了明确的指导。

食品物流系统涉及的相关气体主要包括二氧化碳（CO_2）、甲烷（CH_4）、氧化亚氮（N_2O），而实际核算过程中，为了便于比较和分析，通常会将上述温室气体的总量通过一定的指数转换为二氧化碳当量进行上报。这种转换方法能够更直观地反映各种温室气体对全球气候变暖的潜在贡献，从而有助于政策制定者更加精准地制定减排措施和应对策略（徐丽笑和王亚菲，2022）。

2）研究目标和范围

在食品物流系统碳足迹核算研究中，研究目标是通过收集和分析相关数据，量化该系统在整个生命周期内的碳足迹。

在核算范围方面，碳排放的构成相当复杂，可以细分为直接碳排放和间接碳

排放两大类。直接碳排放主要源自公司拥有或控制的排放源，这些排放源直接与生产活动相关，如设备的运行、原料的加工等。而间接碳排放则是指公司活动导致的，但排放行为实际上发生在其他公司拥有或控制的排放源上，这种排放通常与供应链、外部采购等因素紧密相关。为了更精确地界定和识别这些直接与间接排放源，为不同行业和类型的企业、机构提供明确指导，国际上推出了《温室气体核算体系：企业核算与报告标准》。如图 3.2 所示，该标准针对温室气体核算设定了三个清晰的范围，每个范围都有其特定的定义和涵盖的内容。

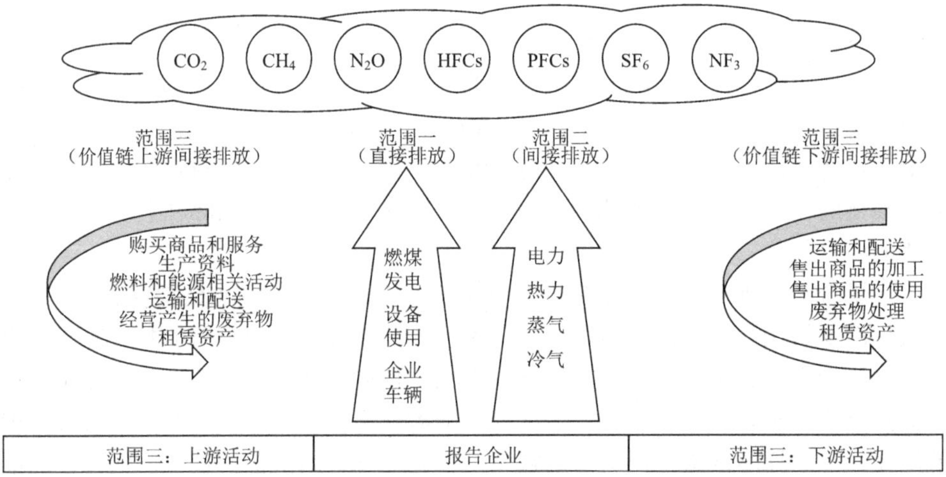

图 3.2　碳足迹核算范围

范围一，即直接排放，主要指的是由公司自身拥有或控制的排放源产生的排放。这些排放源通常与生产活动直接相关，如公司在生产过程中所消耗的能源、使用的原材料以及运输原料、产品和废弃物等所产生的排放。此外，无组织排放也是范围一内的一个重要部分，它涉及生产过程中因设备泄漏、操作不当等原因导致的无意排放。

范围二，主要关注的是电力产生的间接排放。这部分排放主要源于企业所购买的外部电力，虽然排放行为发生在电力生产设施中，但企业作为电力消费者，其活动间接导致了这些排放的产生。具体来说，这包括电力传输和配送过程中的间接排放，以及其他与电力相关的间接排放，如电力生产过程中的化石燃料燃烧等。

范围三，涵盖了价值链上游和下游间接排放，这是一个相对更为广泛的范畴。它主要包括购买商品和服务、生产资料、燃料和能源相关活动、运输和配送、经营产生的废弃物、租赁资产、售出商品的加工、售出商品的使用等过程中所产生的排放。此外，废弃物处理也是范围三内的一个重要环节，包括废物的收集、运输和处理过程中产生的温室气体排放。

在食品物流系统中，各个环节的活动都与上述碳排放范围紧密相关。食品物流系统各环节活动所属范围如图 3.3 所示，食品系统中的农业、生产属于范围一，直接涉及燃煤发电、设备使用和企业车辆等产生直接碳排放的环节。食品系统中的预冷则通常与电力消耗相关，属于范围二，因为它涉及电力驱动的冷却设备。而运输、储存、销售、消耗和废弃物处理活动则涵盖了范围三的内容，这些活动不仅涉及外部供应商和合作伙伴，还涉及产品的整个生命周期，因此产生的间接排放也较为复杂和多样。

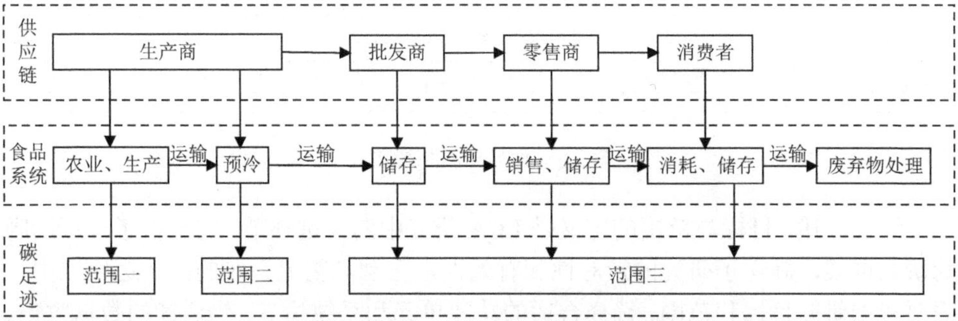

图 3.3　食品物流系统碳足迹核算范围

通过明确碳排放的三个范围，可以更加精准地分析和评估食品物流系统各环节产生的碳排放情况，为制定有效的减排措施提供科学依据。

3）功能单元

功能单元的选择对于 LCA 研究至关重要。在食品物流系统中，一个系统可能同时具有多个功能，但在具体的研究中，需要根据 LCA 的目标和范围来选择一个或几个关键功能进行研究（ISO 14040，2006 年版）。功能单元的主要作用是提供一个参考单位，使得相关的输入和输出数据得以标准化，从而确保研究结果的可比性。在食品物流系统的碳足迹研究中，通常采用食品的质量作为功能单元，但也可以根据研究需要，选择食品的经济价值、营养价值或土地面积作为功能单元。有时，为了更全面地评价食品的环境影响，也可能采用多功能单位进行评价，这样可以提供更丰富的信息，有助于更好地解释 LCA 研究中的环境结果（Abeliotis et al.，2013）。

4）系统边界

系统边界的确定对确保 LCA 研究的准确性和完整性具有重要意义。食品物流系统是一个复杂的网络，涉及生产商、批发商、零售商、消费者以及供应链上的其他成员。然而，在实际的研究中，需要根据具体的研究对象和数据获取情况，对系统边界进行适当的简化或细化。例如，可以排除那些对总体碳足迹贡献小于

1%的项目，以及由人类活动或消费者购买行为造成的碳排放。此外，根据 PAS 2050，动物作为交通工具产生的碳足迹也应从系统边界中排除。通过这样的处理，图 3.4 清晰地界定了食品物流系统的边界，为后续数据收集和分析提供了便利。

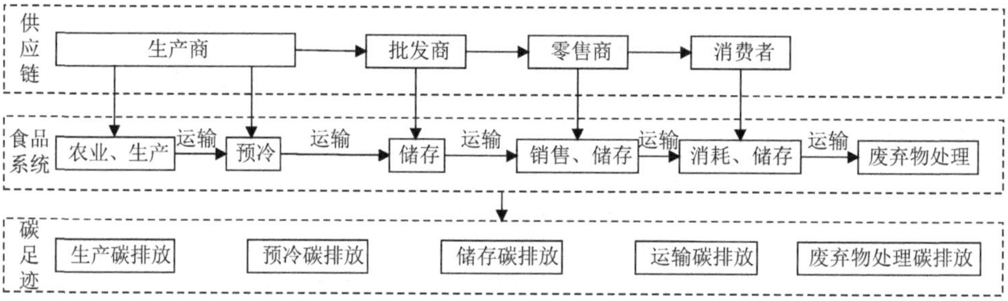

图 3.4　食品物流系统边界

综上所述，目标与范围的定义是 LCA 研究中的关键环节，它提供了一个清晰的研究框架，确保了研究的针对性和有效性。在食品物流系统的碳足迹研究中，需要根据研究目标和范围，选择合适的功能单元和系统边界，为后续的数据收集、清单分析和影响评估奠定坚实的基础。

2. *碳足迹核算方法*

碳排放的核算体系，从研究的角度出发，可以细致划分为四个核心组成部分。①基于国家或地区的核算。这一层次着眼于宏观层面，主要对某一国家或整个区域的碳排放总量进行统计和分析，以便把握整体碳排放趋势和制定相应的减排政策。这一核算方式通常涉及对各类能源消费、工业生产、交通运输等领域的碳排放数据进行整合和计算。②基于项目或部门的核算。这一层次更加细化，旨在针对特定的项目或部门进行碳排放的精确计量。例如，对某一新建电厂、高速公路项目或某一特定工业部门的碳排放进行核算，有助于了解这些具体活动对碳排放的贡献程度，从而为决策者提供有针对性的减排建议。③基于企业或组织的核算。这一层次关注企业或组织层面的碳排放情况，通过对企业或组织在生产、运营过程中的能源消耗、原料使用等数据进行核算，可以评估企业或组织的碳排放水平，进而推动其采取更加环保的生产方式和管理措施。④基于产品或服务的核算。这一层次从微观层面出发，对特定产品或服务在其全生命周期内的碳排放进行核算。这包括原材料采集、生产加工、运输销售以及最终废弃物处理等各个环节的碳排放，有助于全面了解产品或服务的碳足迹，为消费者提供更加环保的购买选择。

在国际上，关于碳排放的核算方法有多种，其中较为常见的有 LCA、IPCC 碳排放系数法、环境投入产出法（environmental input-output method，EIO）等。

这些方法各具特色，研究视野各有侧重。例如，IPCC 碳排放系数法主要基于各种能源和活动的碳排放系数进行核算，具有数据易获取、操作简便的特点；EIO 则通过构建投入产出模型来分析经济活动中各环节的碳排放情况，适用于企业或部门层面的分析；LCA 则注重产品或服务全生命周期内的碳排放，提供了更加全面和细致的核算结果。这些方法在使用过程中各有所长，互为补充，共同构成了碳排放核算的丰富体系。

1）LCA

LCA 作为一种自下而上的分析方法，旨在全面测量一个产品或服务在其整个生命周期内所产生的温室气体量。这种方法通过系统、准确的方式，对产品的各个方面进行详尽的评估，从而揭示其对环境的具体影响。由于其适用于产品或服务等微观层面的碳排放核算，因此被广泛应用于各类实际场景。然而，值得注意的是，LCA 在实施过程中所需的数据量较大，且计算过程相对复杂。此外，由于数据、模型、方法和情景等因素的不确定性，该方法在应用过程中需要充分考虑各种潜在的影响因素。尽管如此，LCA 依然是一种精确计算碳排放的综合手段，对于全面理解产品或服务的碳足迹具有重要意义。

在 LCA 的应用方面，多位学者进行了深入研究，包括国家层面食物链对气候评价（Virtanen et al.，2011）、省市层面食品消费碳足迹评价（张丹等，2016；吴燕等，2012）、单一品类食物碳足迹评价（Nijdam et al.，2012；Pelletier et al.，2013b；Svanes and Aronsson，2013；Ribal et al.，2019）等方面。

2）IPCC 碳排放系数法

IPCC 碳排放系数法作为一种广泛应用的碳排放核算方法，也称为排放因子法。该方法主要基于国家或地区的核算需求而提出，由世界气象组织（World Meteorological Organization，WMO）与 UNEP 共同组建的 IPCC 提出。其核心原理在于通过能源消耗量与相应能源的二氧化碳排放因子相乘，从而得出碳排放量。这种方法在数据难以直接获取且活动相对复杂的碳足迹计算中尤为适用。

具体来说，IPCC 碳排放系数法的计算公式为

$$\text{碳排放量} = \text{活动量（AD）} \times \text{二氧化碳排放因子（EF）} \times \text{全球变暖趋势（GWP）} \tag{3.1}$$

活动量（AD）通常指的是导致温室气体排放的生产或消费活动的数量，如化石燃料的消耗量、石灰石原料的使用量、净购入的电量和蒸气量等。这些活动量是评估碳排放量的基础数据。二氧化碳排放因子（EF）是与活动水平数据相对应的系数，它包括了单位热值含碳量或元素碳含量、氧化率等参数，用以表示单位生产或消费活动所产生的温室气体排放系数。这些系数可以从 IPCC 编制的温室气体排放清单中获取，它们反映了不同活动对碳排放的贡献程度。全球变暖趋势（GWP）是一个衡量不同温室气体对全球变暖贡献的指标，其数值可参考 IPCC 提

供的数据。通过考虑 GWP，可以对不同温室气体的排放进行标准化处理，以便进行综合比较和分析。

IPCC 碳排放系数法的优点在于其核算范围广泛，能够全面考虑各种化石燃料燃烧导致的温室气体排放。同时，该方法的数据获取相对方便，计算过程也较为简便，适用于大规模的数据处理和快速分析。然而，该方法也存在一定的缺陷。它主要适用于直接能源的碳排放测算，对于间接能源的碳排放以及生产过程中的其他排放源可能无法准确核算。此外，二氧化碳排放因子的确定通常基于一定的假设和平均数据，没有充分考虑到世界各国各地区在装备、技术、能源等方面的差异性，这可能导致核算结果存在一定的误差。

在实际应用中，IPCC 碳排放系数法通常不单独使用，而是与其他方法综合使用，以提高核算的准确性和可靠性，例如，与投入产出分析（孙建卫等，2010）、能源平衡表（刘竹等，2011）结合等。这些研究都充分展示了 IPCC 碳排放系数法在实际应用中的灵活性和适用性。

随着网络技术的快速发展，碳足迹计算器作为一种简便的核算工具逐渐普及。这种计算器依靠网络信息技术开发，通过输入相关的生活数据，可以快速计算出个人或家庭在日常生活中所产生的碳排放量。其计算原理基于上述的核算方法，但操作更为简单易懂，使得更多的人能够参与到碳足迹的核算和减排行动中来。碳足迹计算器的普及，不仅提高了公众对碳排放问题的认识，也为推动低碳生活方式的普及提供了有力支持。除此以外，EIO 也被广泛应用于碳足迹核算中。

表 3.1 分析了各种方法的适用范围以及优缺点。

表 3.1　碳足迹核算方法对比

方法	含义	适用范围	优点	缺点
IPCC 碳排放系数法	通过能源消耗量与相应能源碳排放因子的乘积得到碳排放量	国家或地区	核算全面；数据获取方便；计算简单	仅能核算直接碳排放；国家或地区间的核算存在偏差
EIO	从产品或服务终端开始向顶层逐步研究	企业或组织	整体系统性；不存在边界问题；能够计算直接和间接排放量	数据不易收集；计算复杂；计算存在偏差
LCA	测量一个产品或服务在整个生命历程中产生的温室气体量	产品或服务	考虑全面、综合	需处理数据不确定性的问题；数据较多

鉴于食品物流系统主要聚焦于食品这一特定的微观层面，且 LCA 以其核算的全面性和综合性而著称，因此，该方法特别适用于食品物流系统具体的总体碳排放计算。在本节中，将选取 LCA 作为研究工具，深入探讨食品物流系统的碳足迹

核算问题，具体原因如下。

（1）食品物流系统涉及从食品生产、加工、储存、运输到销售等多个环节，每个环节都可能产生碳排放。因此，要准确核算食品物流系统的碳足迹，必须综合考虑这些环节的影响。LCA 考察产品或服务整个生命周期，能够全面覆盖食品物流系统的各个环节，从而提供更为准确的碳排放核算结果。

（2）LCA 不仅关注直接排放，还考虑间接排放，如能源使用和原材料采购过程中产生的碳排放。这使得 LCA 能够更全面地反映食品物流系统的碳排放情况，为制定有效的减排措施提供科学依据。

（3）LCA 还强调数据的系统性和准确性，要求详细记录和分析各个环节的碳排放数据。这有助于更深入地了解食品物流系统碳排放的来源和分布，为优化物流流程、降低碳排放提供有力支持。

3. 食品物流系统碳足迹核算分析

本节将特别关注食品物流系统的直接碳足迹。直接碳足迹是指那些由直接能源（如电、柴油、汽油、煤等）使用所产生的碳排放，它直接反映了能源利用对气候变化的贡献。为了准确计算食品物流系统的直接碳足迹，根据预先设定的系统边界，将食品物流过程划分为六个主要阶段：预冷、运输、装卸、储存、销售和废弃物处理。每个阶段都有其特定的能源消耗和排放特性，因此，需要针对每个阶段进行详细的碳足迹核算分析。

具体来说，清单分析的过程包括以下几个步骤：首先，根据每个阶段的特性，确定需要收集的数据类型，如能源消耗量、能源类型、运输距离、运输方式等；然后，通过查阅相关文献、实地调查或数据库查询等方式，收集数据；接着，利用碳排放系数法或相关计算公式，将能源消耗量转化为碳排放量；最后，将每个阶段的碳排放量进行汇总，得到整个食品物流过程的碳足迹。

为了更直观地表示这一过程，使用如下公式进行计算：

$$E_t = \sum_{i=1}^{6} E_i \tag{3.2}$$

其中，E_t 为整个食品物流过程的碳足迹；E_i 为第 i 个过程中的碳排放。

通过式（3.2），可以将复杂的食品物流系统简化为一个易于理解和比较的数值，为后续的影响评估和决策提供重要依据。

1）预冷

在食品的生产与流通过程中，为确保食品质量并便利其运输，一些特定类型的食品，尤其是新鲜食品，在生产完成后需经过冷藏或冷冻处理。这一过程被称为食品预冷。预冷的目的是迅速降低食品的温度至适宜的存储水平，从而保持食品的新鲜度和营养价值。在预冷环节中，需要依赖制冷设备，会产生一定的能源消耗，进而产生碳排放。

对于需要进行预冷的食品，其碳排放主要源自预冷设备的运作。当食品进入预冷阶段时，通过高效的制冷系统，食品的温度会迅速降低至所需的冷藏或冷冻温度。这一过程中，制冷设备需要消耗大量的电能或其他形式的能源，这些能源的消耗最终转化为碳排放。

值得注意的是，并非所有食品都需要经过预冷处理。例如，那些在生产过程中就需要在低温条件下进行加工的食品，如低温牛奶和速冻面条等，它们在生产线上就已经完成了必要的冷却过程，因此不再需要额外的预冷步骤。同样，那些在室温条件下运输和销售的食品，如部分干货和罐头食品，也无须进行预冷。

本节通过下述公式准确计算食品预冷阶段的碳排放量

$$Q_1 = M_1 \times \Delta T \times C_1 \tag{3.3}$$

$$E_1 = Q_1 \times C \tag{3.4}$$

其中，Q_1为食品预冷所释放的热能；M_1为购买食品的总质量；ΔT为预冷前后的温度差；C_1为食物的比热容；C为碳排放的热能系数。

通过式（3.3）和式（3.4）可以得出食品预冷阶段所产生的具体碳排放量，从而为后续的碳足迹分析和环境影响评估提供重要依据。

综上所述，食品预冷作为食品流通中的关键环节，其碳排放量的计算对于全面评估食品生命周期内的环境影响具有重要意义。通过采用科学的计算公式和充分考虑各种因素，能够更准确地衡量食品预冷阶段的碳排放，为制定有效的减排措施和推动可持续发展提供有力支持。

2）运输

运输阶段在食品物流系统中占据着举足轻重的地位，其所产生的碳排放更是不可忽视。在这一阶段，易腐食品需要依赖冷藏车从预冷中心安全运输至冷藏仓库，以确保食品在运输过程中保持其原有的质量和口感。在这一过程中，运输设备和制冷系统必须紧密结合，协同工作，以维持食品所需的低温环境。

运输过程中的碳排放主要来源于两个方面：一是运输设备在运行过程中消耗的能源，二是制冷系统为了维持低温环境而产生的能源消耗。对于易腐食品而言，制冷系统的能耗尤为显著，因为需要在整个运输过程中持续工作，以确保食品的新鲜度。而在常温下运输的食品，其碳排放则主要来自运输设备本身的能源消耗。通常采用燃料消耗法和距离法两种计算方法。

（1）燃料消耗法。燃料消耗法是以美国联邦政府为代表的一种核算方法，基于车辆行驶过程中消耗的燃料量来计算碳排放。该方法通过收集各种燃料的热能释放量、密度、碳含量以及氧化率等关键参数，利用特定的计算公式，将燃料消耗量转化为碳排放量。这种方法能够较为准确地反映车辆实际行驶过程中的碳排放情况。

$$E_2 = \sum_{m=1}^{n} Q_{2m} \times \mathrm{FD}_m \times \mathrm{CA}_m \times \mathrm{FO}_m \times \frac{44}{12} \tag{3.5}$$

其中，Q_{2m} 为第 m 种燃料所释放的热能；FD_m 为第 m 种燃料的密度；CA_m 为第 m 种燃料的碳含量；FO_m 为第 m 种燃料的氧化率。

（2）距离法。距离法以日本环境部的计算方法为代表，根据运输过程中的相关运输信息，如运输里程、车辆平均油耗水平等，来计算碳排放。这种方法相对简单，适用于大规模、标准化的运输过程。通过收集运输车辆的行驶里程、平均燃油消耗量以及燃料的单位热值和碳含量等数据，利用特定的计算公式，可以快速估算出运输阶段的碳排放量。

$$Q_{2m} = D_m \times A_m \tag{3.6}$$

$$E_2 = \sum_{m=1}^{n} Q_{2m} \times c_m \times \mathrm{CA}_m \times \frac{44}{12} \tag{3.7}$$

其中，Q_{2m} 为第 m 种燃料所释放的热能；D_m 为运输车辆使用的总里程；A_m 为燃油消耗量，即运输车辆的平均燃油消耗量；c_m 为第 m 种燃料的单位热值；CA_m 为第 m 种燃料的碳含量。

无论是燃料消耗法还是距离法，都有其适用的范围和局限性。在实际应用中，需要根据具体情况选择合适的计算方法，并结合实际数据进行修正和调整，以确保碳排放核算的准确性和可靠性。通过对运输阶段碳排放的精确核算，可以更好地了解食品物流系统对气候变化的影响，为制定有效的减排措施提供科学依据。

3）装卸

在食品物流过程中，装卸是不可或缺的重要环节，涉及食品的转移和搬运。装卸作业可以通过人工和机械两种方式进行，然而，在评估碳排放时，主要关注机械装卸所产生的直接影响。以常见的装卸设备——铲车为例，其碳排放量的计算显得尤为重要。

铲车在装卸作业中扮演着关键角色，其能耗情况直接关系到碳排放量的多少。如果铲车使用燃料作为动力源，可以采用运输过程中的燃料消耗法来计算其碳排放。这种方法基于燃料消耗量和燃料的碳排放系数，能够较为准确地反映铲车在运行过程中产生的碳排放。

然而，现代铲车越来越多地采用电力作为动力源，这种情况下，碳排放量的计算方式则有所不同。具体来说，可以根据叉车的不同操作阶段，如驾驶、吊装和转向，分别计算其碳排放量，每个阶段都涉及不同的功率和时间参数。

叉车驾驶：

$$E_{31} = P_{31} \times T_{31} \times C_e \tag{3.8}$$

叉车吊装：

$$E_{32} = P_{32} \times T_{32} \times C_e \tag{3.9}$$

叉车转向：

$$E_{33} = P_{33} \times T_{33} \times C_e \tag{3.10}$$

$$E_3 = E_{31} + E_{32} + E_{33} \tag{3.11}$$

其中，P_{31} 为叉车驾驶的功率；T_{31} 为叉车运行的时间；P_{32} 为叉车提升的功率；T_{32} 为叉车提升的时间；P_{33} 为叉车转向的功率；T_{33} 为叉车转向的时间；C_e 为电力的碳排放系数。

最终，将叉车各个操作阶段的碳排放量相加，即可得到整个装卸过程中由叉车产生的总碳排放量。这种计算方法既考虑了叉车在不同操作阶段的能耗差异，又能够全面反映装卸作业对碳排放的贡献。通过精确计算铲车的碳排放量，可以更好地了解装卸作业对环境的影响，并为优化食品物流过程中的能源利用和减排措施提供科学依据。

4）储存

在食品物流系统中，储存环节占据着举足轻重的地位。食品在出售前需要被妥善保存在仓库中，以确保其质量和口感不受损害。对于冰鲜和冷冻食品而言，制冷设备是不可或缺的，它们通过维持低温环境来延长食品的保质期。而对于常温食品，虽然不需要制冷设备，但同样需要一定的储存设备来保持环境的干燥，防止食品受潮或变质。

在储存设备的运行过程中，电力是其主要的能源消耗形式。制冷设备、通风设备、照明设备等都需要电力来驱动，从而维持储存环境的稳定性和适宜性。然而，电力的消耗不仅增加了运营成本，还会产生碳排放，对环境造成一定的影响。

本节通过下列公式计算储存环节的碳排放量：

$$Q_4 = T_4 \times P_4 \times \frac{M_1}{M} \tag{3.12}$$

$$E_4 = Q_4 \times C_e \tag{3.13}$$

其中，Q_4 为食物储存所消耗的电力；T_4 为存储设备的运行时间；P_4 为存储设备的运行功率；M_1 为所购食品的质量；M 为仓库中所有产品的总体质量。

这一计算过程不仅考虑了电力消耗的直接碳排放，还通过引入质量比值的方式，使计算结果更加精确和符合实际情况。通过对储存环节碳排放量的精确计算，可以更好地了解食品物流系统在储存过程中的环境影响，并为制定有效的减排措施提供科学依据。通过优化储存设备的运行效率、采用更环保的能源替代方案以及合理规划仓库布局等措施，可以有效减少储存环节的碳排放，推动食品物流系统的可持续发展。

5）销售

在食品的销售环节，食品展示柜是不可或缺的设备，它们为消费者提供了直观的食品选择和购买体验。对于常温食品而言，展示柜主要消耗的是照明用电，这部分碳排放相对较少，可以忽略不计。然而，对于冷藏和冷冻食品来说，情况则大不相同。

冷藏和冷冻展示柜需要持续运行制冷系统，以保持食品所需的低温环境。这一过程中，展示柜会消耗大量的电力，从而产生显著的碳排放。因此，在食品销售过程中，碳排放的主要来源便是这些冷藏和冷冻展示柜的耗电。

通过下列公式准确计算食品销售过程中的碳排放量：

$$Q_5 = P_5 \times T_5 \times \frac{\mathrm{MS}_1}{\mathrm{MS}} \tag{3.14}$$

$$E_5 = Q_5 \times C_e \tag{3.15}$$

其中，Q_5 为食品销售所消耗的电力；P_5 为展示柜的运行功率；T_5 为展示柜的运行时间；MS_1 为展示柜中待研究的食品的质量（体积）；MS 为展示柜中所有食品的总质量（体积）。

这一计算过程不仅考虑了展示柜的实际运行情况，还通过引入质量或体积的比值，使得计算结果更加精确和符合实际情况。通过对食品销售过程中碳排放量的精确计算，可以更好地了解这一环节对环境的影响，并为制定有效的减排措施提供科学依据。同时，这也提醒在食品销售过程中，应尽可能采用节能高效的展示柜设备，减少电力消耗，从而降低碳排放，实现可持续发展。

6）废弃物处理

在食品物流的全过程中，废弃物处理是一个不可避免的环节，而这一环节同样伴随着碳排放的产生。随着食品流通的进行，会产生一定量的食物垃圾，这些垃圾的处理方式多种多样，包括填埋、焚烧、堆肥以及露天倾倒等。不同的处理方式不仅影响着环境的卫生状况，同时也对碳排放有着显著的影响。

本节通过下列公式准确核算废物处理过程中的碳排放量：

$$E_6 = \sum_{x=1}^{4} W_x \times C_x \tag{3.16}$$

其中，W_x 为使用第 x 种废弃物处理方法处理的食品的质量；C_x 为第 x 种废弃物处理方法的碳排放系数。

通过式（3.16），可以较为精确地计算出废弃物处理环节对碳排放的贡献。

最后，运用式（3.4）将计算得出食品物流系统的碳排放量。这一模型不仅考虑了食品从生产到消费各个环节的碳排放，还特别关注了废弃物处理这一容易被忽视的环节。通过该模型，可以清晰地了解食品物流过程中各环节碳排放情况，为制定针对性的减排措施提供理论支持。

3.3 食品物流系统低碳度评价研究

3.3.1 PSR 框架下的低碳度评价指标构建

1. PSR 模型概述

PSR 模型是一个由 OECD 和 UNEP 共同提出并深入发展的评价指标体系，它在环境科学领域具有广泛的应用价值，主要用于量化评估人类活动对生态环境的实际影响程度。这一模型由三个核心部分组成，即压力指标、状态指标和响应指标，三者共同构成了一个全面而系统的分析框架，下面将对三个指标展开详细介绍。

（1）压力指标。它主要反映了人类经济和社会活动对环境产生的各种直接或间接影响。这些影响可能源于工业生产、交通运输、城市建设等多个方面，表现为环境污染、资源消耗、生态破坏等形式。通过对这些压力指标进行量化和分析，可以清晰地了解人类活动对环境的实际压力大小，从而为制定环境保护政策提供科学依据。

（2）状态指标。它关注的是特定时间阶段内环境的状态和变化。这些指标可以反映环境的健康状况、生态系统的完整性、自然资源的丰度等关键信息。通过对状态指标的分析，可以了解环境在受到人类活动影响后的实际状况，进而评估环境保护措施的效果。

（3）响应指标。它主要关注的是社会和个人如何采取行动来应对人类活动对环境的负面影响。这些响应可能包括政策制定、技术创新、公众参与等多种形式，旨在减轻、阻止、恢复和预防环境问题的发生。响应指标的评估有助于了解环境保护措施的实施情况和效果，从而不断优化和完善环境保护策略。

低碳物流作为一种新兴的经济发展形态，其核心目标是通过降低物流输运过程中的碳排放量，实现经济发展和环境保护的双赢。这一目标的实现离不开技术和管理手段的创新，同时也需要有效的评价体系来监测和评估其进展与成效。PSR 模型作为一种成熟的评价指标体系，能够全面而系统地评估低碳物流在压力、状态和响应三个方面的表现，因此，基于 PSR 模型构建食品物流低碳度评价指标具有重要的科学性和实用性。

目前，PSR 模型已被广泛应用于生态系统健康评估（Sun et al.，2019），水、能源和食品的安全（Gu et al.，2022），环境风险（Gómez et al.，2019），环境治理绩效（Peng et al.，2020）等领域。这些应用不仅验证了 PSR 模型的有效性和适用性，也为其在食品物流低碳度评价中的应用提供了有益的参考和借鉴。

2. 基于 PSR 模型的食品物流系统低碳指标体系

通过文献梳理，结合食品物流的实际情况，选取具有代表性的指标，并根据专家意见和数据的可得性进行了适当的增减和调整。最终，形成了表 3.2 所示的食品物流系统的低碳指标体系。

表 3.2　食品物流系统的低碳指标体系

准则	指标		作者
压力	c1	化石能源消耗	de Carvalho 等（2021） Mayton 等（2020） Valdez-Vazquez 等（2017） Ramirez-Contreras 和 Faaij（2018） Rohmer 等（2019）
	c2	农业和食品加工阶段的水消耗	de Carvalho 等（2021） Mayton 等（2020） Rohmer 等（2019）
状态	c3	食品安全事件的数量	de Carvalho 等（2021） Ramirez-Contreras 和 Faaij（2018） Rohmer 等（2019） Djekic 等（2018） Halb 和 Adamowski（2019）
	c4	食品产量	Wang 等（2019） 宋宝娥和马天山（2014） Wang 等（2018）
	c5	食品消费量	Wang 等（2019） 宋宝娥和马天山（2014） Wang 等（2018）
响应	c6	废弃物处理费用	de Carvalho 等（2021） Valdez-Vazquez 等（2017） Ramirez-Contreras 和 Faaij（2018）
	c7	员工的低碳意识培训率	宋宝娥和马天山（2014） Wang 等（2018） de Carvalho 等（2021）
	c8	设施、技术改进	Wang 等（2019） 宋宝娥和马天山（2014）

该指标体系共包含化石能源消耗、农业和食品加工阶段的水消耗、食品消费量、员工的低碳意识培训率等 8 个二级指标，从压力、状态以及响应三个方面对

食品物流系统进行了综合评价。这一体系既体现了 PSR 模型的核心思想，又充分考虑了食品物流的特性和需求，具有较高的科学性和实用性。

3.3.2 复杂系统的评价方法——可拓法

可拓法是由著名学者蔡文提出的一种多元分析方法，在学术界引起了广泛的关注和应用（蔡文，1999）。这种方法不仅具有深厚的理论基础，而且在实践应用中展现出强大的适应性和灵活性。作为一种广泛使用的评价方法，可拓法将矛盾问题形式化，通过定性和定量的双重角度，对复杂问题进行分析和解决。其核心在于通过构建和评价物元模型，将现实世界中的复杂问题抽象化，进而通过一系列数学工具和方法进行量化分析。

在可拓法的应用过程中，主要包括评价标准的确定和排序、物元的确定、相关性计算和等级评估等关键步骤。首先，评价标准的确定和排序是评价工作的基础，决定了评价的方向和重点。其次，物元的确定是对评价对象进行抽象和建模的过程，直接影响到评价的准确性和有效性。再次，相关性计算则是评价过程中的核心环节，通过对评价对象与评价标准之间的关联程度进行量化，为后续的等级评估提供依据。最后，等级评估则是根据相关性计算结果，对评价对象进行综合评价和分类。

为了进一步完善和拓展可拓法的应用范围，众多学者还尝试将可拓法与其他方法相结合。例如，通过引入非对称接近度准则（刘洋等，2022），可以更好地处理评价对象之间的非对称关系；结合变功率理论（李世辉等，2019），可以对评价结果进行动态调整和优化；借助灰色关联度算法（房亚东等，2020），可以提高评价的准确性和可靠性；TOPSIS（薛黎明等，2018）、模糊理论（Shan et al.，2021）、属性层次模型（attribute hierarchical model，AHM）（Ma et al.，2018）以及熵权法（Song et al.，2020）等方法的引入，也为解决复杂系统的评价问题提供了新的思路和方法。

在食品物流系统低碳问题的评价中，可拓法同样具有显著的优势。由于食品物流系统是一个典型的复杂系统，涉及多个环节和多个利益相关者，因此传统的 AHP、网络分析过程法、理想解法等方法往往难以全面、准确地反映系统的实际情况。而可拓法在处理事物之间的不相容性方面更加科学合理，能够充分考虑各种因素的相互影响和制约关系，从而得出更加客观、全面的评价结果。因此，在食品物流系统低碳评价中，可拓法具有广阔的应用前景和重要的实践价值。

1. 物元的确定

在可拓法的应用中，物元的确定是一个至关重要的步骤。物元主要由节域、经典域和待评价物元三个核心部分构成，它们共同构成了可拓评价的基础框架。

1）节域

节域是用来描述所有待评价物元在某个评价指标下的取值范围。具体来说，节域是由三个元素组成的，即物元集合、评价指标集合以及对应的取值范围集合。

$$R_p=\left(N_p,C_j,V_p\right)=\begin{bmatrix} N_p & c_1 & \left(a_{1p},b_{1p}\right) \\ & c_2 & \left(a_{2p},b_{2p}\right) \\ & \vdots & \vdots \\ & c_n & \left(a_{np},b_{np}\right) \end{bmatrix} \tag{3.17}$$

其中，C_j 为第 j 个评价指标，它用于刻画待评价物元在某个特定方面的特性；V_p 为所有待评价物元在第 j 个评价指标下的取值范围，它反映了待评价物元在该指标上的变化区间；在取值范围 V_p 中，a_{jp} 为取值范围的最小值，b_{jp} 为取值范围的最大值。这些元素共同构成了节域的数学表达式，为后续的评价工作提供了重要的参考依据。

2）经典域

经典域是指某个评价等级在某个评价指标下的取值范围。与节域类似，经典域也是由三个元素组成的，即评价等级集合、评价指标集合以及对应的取值范围集合。

$$R_k=\left(N_k,C_j,V_k\right)=\begin{bmatrix} N_k & c_1 & \left(a_{1k},b_{1k}\right) \\ & c_2 & \left(a_{2k},b_{2k}\right) \\ & \vdots & \vdots \\ & c_n & \left(a_{nk},b_{nk}\right) \end{bmatrix} \tag{3.18}$$

其中，C_j 为第 j 个评价指标；N_k 为第 k 个评价等级，用于对待评价物元进行分类；V_k 为第 j 个评价指标在第 k 个评价等级下的取值范围，反映了该指标在不同评价等级下的变化区间；在取值范围 V_k 中，a_{jk} 为取值范围的最小值，b_{jk} 为取值范围的最大值。经典域的建立有助于更准确地理解和把握评价等级的划分标准，为后续的评价工作提供有力的支持。

3）待评价物元

待评价物元是进行实际评价的对象。待评价物元由待测等级、评价指标集合以及对应的取值集合组成。

$$R_i=\left(N_0,C_j,V_j\right)=\begin{bmatrix} N_0 & c_1 & v_1 \\ & c_2 & v_2 \\ & \vdots & \vdots \\ & c_n & v_n \end{bmatrix} \tag{3.19}$$

其中，N_0 为待测等级，即需要评价的食品物流碳排放等级；C_j 为第 j 个评价指标，用于刻画待评价物元在特定方面的特性；V_j 为待评价物元在第 j 个评价指标下的实际取值，它反映了待评价物元在该指标上的实际情况。通过对待评价物元的分析和计算，可以得出其在各个评价指标下的得分情况，进而确定其所属的评价等级。

综上所述，物元的确定是可拓法评价过程中的关键环节。通过明确节域、经典域和待评价物元的定义与计算方法，可以为后续的评价工作提供坚实的理论基础和有力的技术支撑。

2. 相关性计算和等级评估

在进行物元分析时，相关性计算和等级评估是至关重要的环节。它们不仅有助于深入了解评价对象与不同评价等级之间的关联程度，还能为后续的决策和规划提供有力的依据。

1）计算距离与单指标的关联度

首先，需要计算评价对象与各个评价指标之间的单指标关联度。这一步骤的核心在于计算数值与取值范围之间的距离，进而确定评价对象在各个评价指标下的关联度。

$$K_i\left(V_j\right)=\begin{cases}\dfrac{\rho\left(V_i,V_k\right)}{\rho\left(V_i,V_p\right)-\rho\left(V_i,V_k\right)}, & \rho\left(V_i,V_p\right)-\rho\left(V_i,V_k\right)\neq 0\\ -\rho\left(V_i,V_k\right)-1, & \rho\left(V_i,V_p\right)-\rho\left(V_i,V_k\right)=0\end{cases} \tag{3.20}$$

$$\rho\left(V_i,V_p\right)=\left|v_i-\frac{1}{2}\left(a_{jp}+b_{jp}\right)\right|-\frac{1}{2}\left(b_{jp}+a_{jp}\right) \tag{3.21}$$

$$\rho\left(V_i,V_k\right)=\left|v_i-\frac{1}{2}\left(a_{jk}+b_{jk}\right)\right|-\frac{1}{2}\left(b_{jk}+a_{jk}\right) \tag{3.22}$$

其中，$\rho\left(V_i,V_p\right)$ 为数值 V_i 与取值范围 V_p 间的距离；$\rho\left(V_i,V_k\right)$ 为数值 v_i 与取值范围 V_k 间的距离。

这些距离的计算基于数值与取值范围中点的差值，并考虑了取值范围的大小。通过计算这些距离，能够得出评价对象在各个评价指标下的关联度，进而了解其在不同评价等级上的分布情况。

2）多指标关联度

在计算得到单指标关联度后，需要进一步考虑多指标关联度。通过将各个评价指标的单指标关联度进行加权求和得到的多指标关联度，反映了待评价系统整体与五个评价等级之间的相关程度。

$$K_i(V)=\sum_j\omega_j K_i\left(V_j\right) \tag{3.23}$$

其中，ω_j 为各评价指标的权重，反映了不同评价指标在整体评价中的重要程度。

通过计算多指标关联度 $K_i(V)$，能够全面了解待评价系统整体在不同评价等级上的分布情况，进而确定其所属的评价等级。$K_i(V)$ 越高，说明该评价对象的评价等级越高。

相关性计算和等级评估是可拓法评价过程中的关键环节。通过计算单指标关联度和多指标关联度，能够深入了解评价对象与不同评价等级之间的关联程度，为后续的决策和规划提供有力的依据。同时，这一步骤也有助于识别评价对象在各个评价指标上的优势和劣势，从而有针对性地提出改进和优化措施。因此，在进行可拓法评价时，应充分重视相关性计算和等级评估，确保评价结果的准确性和有效性。

3.3.3　案例——基于 PSR 模型和可拓法的中国食品物流低碳度评价

1. 案例介绍与数据简介

选取寿光蔬菜物流系统（案例 A）和英国蔬菜物流系统（案例 B）（宋宝娥和马天山，2014）作为评价对象，进行深入的比较和分析。这两个案例的选取旨在探讨不同地域和文化背景下，蔬菜物流系统在低碳化方面的差异与共性。本章收集并整理了这两个案例的食品物流系统低碳指标体系的实证数据，如表 3.3 所示。数据不仅涵盖了物流系统的各个环节，还充分考虑了低碳化目标下的各项关键指标，提供了丰富的研究素材。

表 3.3　案例数据

指标	含义	案例 A	案例 B
c1	化石能源消耗/元	4.795×10^5	1.329×10^5
c2	农业和食品加工阶段的水消耗/元	16.952×10^4	4.853×10^4
c3	食品安全事件的数量/件	6	3
c4	食品产量/元	3.110×10^7	2.390×10^7
c5	食品消费量/元	6.000×10^7	5.864×10^7
c6	废弃物处理费用/元	3.286×10^4	0.901×10^4
c7	员工的低碳意识培训率	98.7%	98.8%
c8	设施、技术改进	92.3%	99.7%

资料来源：依据宋宝娥和马天山（2014）以及 Yakovleva 等（2012）的研究改编

为了使两个案例使用的各等级范围保持一致，特别控制了案例的规模。在数据处理过程中，采用了统一的标准，将农业生产阶段总产量每 10^8 元所对应的数值作为比较基础。这样做有助于消除规模差异对评价结果的影响，确保比较结果的客观性和准确性。

本部分的实证研究旨在验证所构建的低碳指标体系的可行性。通过对寿光蔬菜物流系统和英国蔬菜物流系统的实证数据分析，可以检验指标体系在实际应用中的有效性和适用性。同时，这一研究也为使用推广法比较两个评价对象提供了有益的参考方案。通过比较两个案例在低碳化方面的表现，可以发现各自优点和不足，为进一步优化蔬菜物流系统提供有力的支持。

2. 权重确定

在构建评价体系时，权重的确定是一个至关重要的环节。权重反映了各个指标在整体评价中的重要程度，对于确保评价结果的准确性和科学性具有重要意义。目前，确定指数权重的方法多种多样，其中主观加权法和客观加权法是两种常用的方法。

主观加权法主要依赖于专家的经验和判断，通过专家打分或问卷调查等方式来确定指标的权重。然而，这种方法受到主观意愿和现有案例数据量的影响，可能存在较大的主观性和不确定性。相比之下，客观加权法则基于实际数据和统计规律来确定权重，更具客观性和可靠性。

客观加权法中，最优-最差法（best-worse-method，BWM）、变异系数法和熵权法等都是常用的方法。考虑到熵权法能够通过熵值来判断指标的离散程度，并且适用于样本数量较少、数据结构较为复杂的情况，本节选择采用熵权法来确定指标权重，既考虑了实际数据的客观性，又确保了评价结果的准确性和科学性。

熵权法的基本原理是，根据各指标值的变异程度来确定其权重。在信息论中，熵是对不确定性的一种度量，熵值越小，说明指标值的变异程度越大，即该指标在综合评价中的影响也越大，因此应赋予较大的权重。通过计算各指标的熵值，可以得到各指标的权重，从而构建出更加科学、合理的评价体系。

具体步骤如下。

第 1 步：构建多目标决策矩阵。

$$X=\begin{bmatrix} x_{11} & \cdots & x_{1n} \\ \vdots & x_{ij} & \vdots \\ x_{m1} & \cdots & x_{mn} \end{bmatrix} \tag{3.24}$$

其中，x_{ij} 为第 i 个食品物流系统的第 j 个标准的值。

第 2 步：对 X 进行归一化处理，得到矩阵 $Y=\left(y_{ij}\right)_{m\times n}$，其中：

$$y_{ij}=\frac{x_{ij}}{\sum_{i=1}^{m}x_{ij}} \tag{3.25}$$

第 3 步：计算第 j 个指标的熵值。

$$H_j = -K\sum_{i=1}^{m} y_{ij} \ln y_{ij} \tag{3.26}$$

$$K = \frac{1}{\ln n} \tag{3.27}$$

第 4 步：计算第 j 个指标的变异系数。

$$h_j = 1 - H_j \tag{3.28}$$

第 5 步：计算第 j 个指标的权重。

$$\omega_j = \frac{h_j}{\sum_{j=1}^{n} h_j} \tag{3.29}$$

基于表 3.3 的案例数据，进一步对指标权重进行了详细分析，并将结果呈现在表 3.4 中。从表 3.4 中可以清晰地看出，在 8 个评估指标中，指标 c6 的权重达到了 0.134，位列所有指标之首。这一结果充分表明，在低碳食品物流系统中，指标 c6 所代表的因素具有至关重要的影响，因此，企业需要对其给予足够的重视和关注。

表 3.4　指标权重

指标	权重
c1	0.133
c2	0.133
c3	0.124
c4	0.120
c5	0.119
c6	0.134
c7	0.119
c8	0.119

紧随其后的是指标 c1 和 c2，它们的权重均为 0.133，与指标 c6 相差无几。这意味着这两个指标在低碳食品物流系统中同样扮演着重要的角色。企业需要深入研究和理解这两个指标，并采取相应的措施来优化和提升它们的表现，从而进一步提高整个物流系统的低碳化水平。

然而，与指标 c6、c1 和 c2 相比，指标 c5、c7 和 c8 的权重相对较低，均为 0.119。说明这三个指标对低碳食品物流系统的影响相对不太明显。尽管如此，企业也不能忽视这些指标，因为它们在某些特定情况下可能对系统性能产生重要影响。因此，企业需要根据实际情况对这些指标进行适度的关注和管理。

此外，表 3.4 还显示了其他两个指标的权重，即指标 c3 和 c4，它们的权重分别为 0.124 和 0.120。虽然这两个指标的权重没有排在前三位，但它们的权重也相对较高，说明它们对低碳食品物流系统的影响也不容忽视。企业需要综合考虑所有指标的权重，制定全面而有效的低碳化策略。

综上所述，通过对表 3.4 中指标权重的分析，可以得出以下结论：在低碳食品物流系统中，企业需要重点关注指标 c6、c1 和 c2，并适度关注其他指标。通过制定科学、合理的运营策略，企业可以进一步优化和提升整个物流系统的低碳化水平，从而实现可持续发展目标。

3. 基于可拓法的食品物流低碳度评价

1）评价标准的确定和排序

在本节研究中，食品物流系统低碳程度的状态，分为五个等级（Ⅰ～Ⅴ级）。变量 N1 代表碳排放最低的食品物流系统（Ⅰ级）；N1 到 N5 的评价逐渐降低；N5 代表食品物流系统的碳排放最高（Ⅴ级）；结合 N1 到 N5 的范围，得到 Np，代表节域，即从理论最小到理论最大。

本节结合现实数据以及专家意见来确定各等级的范围，考虑到食品物流系统的特点，如高时效性、大比例的新鲜食品，以及覆盖农业生产阶段、食品加工阶段和销售阶段。专家小组的背景见表 3.5。表 3.6 展示了各个指标在各评价等级下的具体范围。

表 3.5 专家小组背景

专家	职位	职责
A	教授	从事物流管理相关研究
B	副教授	从事与优化和评估有关的研究
C	邮政管理局官员	负责物流业务监管相关职责

表 3.6 评价标准划分

评级	N1（Ⅰ）	N2（Ⅱ）	N3（Ⅲ）	N4（Ⅳ）	N5（Ⅴ）	Np	单位值
c1	（0,2）	（2,3）	（3,4）	（4,5）	（5,6）	（0,6）	10^5 元
c2	（0,5）	（5,8）	（8,11）	（11,14）	（14,17）	（0,17）	10^4 元
c3	（0,2）	（2,3）	（3,4）	（4,5）	（5,6）	（0,6）	次
c4	（6,4）	（3,4）	（2,3）	（1,2）	（0,1）	（0,6）	10^7 元
c5	（7,4）	（3,4）	（2,3）	（1,2）	（0,1）	（0,6）	10^7 元
c6	（0,1.5）	（1.5,2）	（2,2.5）	（2.5,3）	（3,3.5）	（0,3.5）	10^4 元
c7	（99.5,100）	（99,99.5）	（98.5,99）	（98,98.5）	（97.5,98）	（97.5,100）	1%
c8	（96,100）	（95,96）	（94,95）	（93,94）	（92,93）	（92,100）	1%

2）数据结果与结果分析

使用式（3.18）～式（3.22）计算了单指标相关度和多指标相关度，如表 3.7 所示。

表 3.7　单指标相关度和多指标相关度结果

指标	$K_1(V_j)$		$K_2(V_j)$		$K_3(V_j)$		$K_4(V_j)$		$K_5(V_j)$	
	案例 A	案例 B	案例 A	案例 B	案例 A	案例 B	案例 A	案例 B	案例 A	案例 B
c1	−0.699	1.020	−0.598	−0.335	−0.398	−0.557	0.205	−0.668	−0.145	−0.734
c2	−0.996	0.031	−0.995	−0.029	−0.992	−0.393	−0.984	−0.559	−0.952	−0.653
c3	−1.000	−0.250	−1.000	0	−1.000	0	−1.000	−0.250	−1.000	−0.400
c4	−0.236	−0.403	0.039	−0.203	−0.037	0.195	−0.277	−0.140	−0.422	−0.368
c5	0	0.136	−0.667	−0.621	−0.750	−0.716	−0.800	−0.773	−0.833	−0.811
c6	−0.893	1.988	−0.857	−0.400	−0.786	−0.550	−0.571	−0.640	−0.786	−0.700
c7	−0.400	−0.368	−0.200	−0.143	0.200	0.200	−0.143	−0.200	−0.368	−0.400
c8	−0.925	−0.700	−0.900	−0.925	−0.850	−0.940	−0.700	−0.950	−0.700	−0.957
$K_i(V)$	−0.654	0.216	−0.656	−0.327	−0.584	−0.350	−0.532	−0.525	−0.651	−0.630

如表 3.7 所示，案例 A 的低碳程度处于Ⅳ级，多指标相关度的最大值为-0.532。Ⅳ级与Ⅲ级之间的数值距离为 0.052，低于Ⅳ级与Ⅴ级之间的数值距离，因此，案例 A 的低碳程度有向Ⅲ级发展的趋势。具体来说，案例 A 在食品消费量（c5）和食品产量（c4）这两个标准上表现较好，分别处于等级Ⅰ和Ⅱ。然而，在农业和食品加工阶段的水消耗（c2）、食品安全事件的数量（c3）和设施、技术改进（c8）这三项标准中，它处于最差的Ⅴ级。基于此，案例 A 需要在低碳方面进行更多的投资以减少水的消耗，引进先进的低碳设施和技术，并注重加强对食品安全问题的控制。

同时，案例 B 的低碳程度为Ⅰ级，多指标相关度的最大值为 0.216。其中，案例 B 在食品消耗量（c5）、废弃物处理费用（c6）和设施、技术改进（c8）三个标准上表现最好，均为Ⅰ级。不过，案例 B 在农业和食品加工阶段的水消耗（c2）、食品产量（c4）和员工的低碳意识培训率（c7）三个标准上仍有一定的改进空间。基于此，案例 B 需要更多的低碳投入来减少水的消耗，加强员工的低碳意识培训，并注重提高食品产量。

总的来说，案例 A 和案例 B 在指标 c5 上都得到了很高的评价，但在指标 c2 上的表现都不是很好。值得注意的是，尽管案例 A 的整体表现比案例 B 差，但案例 A 在食品产量（c4）指标上得到的评分比案例 B 高。

3.4 本章小结

本章详细解析了食品物流系统碳排放的核算与评价方法。在核算部分，以LCA为基础明确了食品物流系统碳足迹的核算对象、目标与范围，并将食品物流系统划分为多个环节，在每个环节内运用IPCC碳排放系数法进行碳足迹核算，构建食品物流系统碳足迹核算模型。在评价部分，基于PSR评价模型，建立了包含多个二级指标的食品物流系统低碳指标体系，并运用可拓法进行了案例分析，综合评价了两个食品物流系统的低碳化程度。这一系列分析为食品物流系统的碳排放管理提供了科学依据和有效工具，能够促进食品物流系统的绿色发展和低碳转型。

第4章　中国农产品进出口贸易物流的社会网络分析与国际碳足迹核算

4.1　引　　言

近年来，国际社会面临日益突出的环境问题，特别是二氧化碳等温室气体排放引起广泛关注。从1992年UNFCC到1997年《京都议定书》，再到2009年哥本哈根气候变化大会，关于温室气体排放权益的争论从未停止。人类生存所必需的各种农产品的生产、加工、流通直到最终消费的整个供应链系统都和自然环境息息相关，如何实现农业可持续发展，减少生产、流通过程中的能源消耗以及碳排放已成为各国政府、国际组织和农产品贸易商关注的重点问题。目前，我国农业面临同样的问题，亟须对农产品碳排放问题进行研究。

同时，在经济全球化的背景下，农产品贸易范围迅速扩大，和贸易紧密关联的交通运输是温室气体排放增长最快的部门之一。一方面，国际航空和海洋运输过程中产生的温室气体，没有包含于各个国家的排放列表和《京都议定书》的减排目标中，造成这部分节能意识的淡薄；另一方面，农产品的海洋运输价格从1980年开始一直走低，2000年海运价格甚至降低到1980年的70%左右，航空费用每年也以3%～4%的速度减少，运费的降低促进了农产品国际贸易的增长。农产品的国际贸易也促进了农产品跨国公司开展全球范围的原料采购，专业化的分工促使生产工厂布局在世界各地，农产品供应链在水平一体化和垂直一体化的影响下寻求最优资源配置，形成了全球农产品供应链一体化发展的态势。

但农产品贸易国际化的趋势导致农产品供应链越来越复杂，管理者的决策也愈加困难。“一带一路”为沿线农产品贸易提供了巨大的潜在市场，是我国农产品贸易的重要增长点。通过社会网络以及其他方法对“一带一路”沿线国家的贸易网络结构及变化规律进行分析，不仅可以得出“一带一路”沿线国家之间农产品贸易关系的密切连接程度，也可以分析出“一带一路”农产品贸易网络中的核心国家，以及贸易网络的稳定性等特征，从而为“一带一路”沿线国家贸易物流分析提供依据，并讨论分类国家的贸易类型，以便决策者可以更好地进行农产品贸易行为决策，促进我国与“一带一路”沿线国家的农产品贸易往来，并为国际碳核算提供贸易往来信息。

食物里程（food miles）指食品消费量与生产地到消费者的餐桌（从田野到餐桌）所发生距离的乘积指标，涵盖了食品供应链生命周期的全过程所发生的距离：从食品原料到食品加工厂；从食品加工厂到物流仓库；再从物流仓库经由批发商到零售商；再经销售终端到消费者的餐桌上所发生的距离总和。食物里程越长，意味着在食品流通过程中所消耗的能源越多，产生的碳排放越大。因此，食物里程可以用来评价食物对环境负荷的影响，不论采用哪种运输方式，只要食物里程越大，消耗的燃料就越多，从而温室气体排放越多，对可持续发展越不利。因此，本章在基于贸易物流视角分析国家间贸易情况的基础上，结合食物里程理论与实践的发展，利用联合国粮食及农业组织的面板数据对亚洲进口小麦展开实证研究，重点测度亚洲进口小麦的食物里程，构建亚洲进口小麦的碳排放及其预测模型，从而为亚洲进口小麦的碳排放提供科学的评估和预测。研究结果将为政策制定者和相关企业制定减排策略提供理论依据，同时为消费者提供低碳食品选择参考，促进农业和食品产业的绿色可持续发展。

4.2 中国农产品进出口贸易的社会网络分析

4.2.1 中国与“一带一路”沿线国家农产品贸易物流分析

1. *贸易物流分析的界定*

1）贸易属性的分析研究

在贸易物流领域，对贸易属性的分析始终占据重要地位。商务部每年都会对不同国家间的贸易数据进行分类统计。然而，由于不同数据源提供的贸易数据类型存在差异，如商务部发布的数据主要集中在商品类型和贸易额上，而海关数据库则提供了更为多样化的数据类型，因此，深入研究不同数据类别之间的相关性，并对影响贸易数据的因素进行分析，对于揭示有利于我国的贸易物流信息具有重要意义。

2）贸易国家之间的联系分析

贸易国家间联系的分析一直是贸易物流分析的重要组成部分。这是因为针对某种贸易类别，贸易行为在很大程度上与国家之间的关系紧密相关。通过对贸易国家间联系的分析，不仅可以揭示整体贸易市场往来情况，而且可以识别出贸易市场中居于核心地位的国家，以及与我国来往更密切的国家。通过分析，我们还可以了解到我国在国际贸易中的地位及贸易上升潜力。此外，针对贸易密切国家，我们应把握市场，保持良好合作，对于贸易关系不密切的国家，应探究其背后原因并挖掘其贸易潜力。

3）贸易国家属性分类

贸易国家属性分类同样也是贸易物流分析中必不可少的一部分。世界上绝大多数的国家都与我国有着或多或少的贸易往来。虽然每个国家的国情及贸易形势不同，但多数国家在各种因素或条件方面具有一定相似性，导致其贸易结构等特征也具有一定相似性。因此，将国家根据贸易情况进行分类，可以在一定程度上减少贸易物流分析的复杂性。

2. 贸易数据来源

中国与 60 余个“一带一路”沿线国家的农产品贸易数据的获取途径有很多种，如商务部、农业农村部的公开数据，UN Comtrade 国际贸易数据库等。本书采用 2015 年中国进出口的海关统计数据与 UN Comtrade 国际贸易数据库数据，其中，4.2.1 节采用了 2015 年海关进出口数据，4.2.2 节和 4.2.3 节采用了 UN Comtrade 国际贸易数据库中的数据。

1）海关进出口数据库数据类型

海关进出口数据就是各个国家海关进行进出口贸易统计时所产生的不同类型，但均是与进出口数据有关的统计数据，相较于其他来源的贸易数据，海关数据具有真实性及全面性等特点。

本节选用 2015 年中国海关进出口数据进行分析，海关进出口数据与 UN Comtrade 所获得的贸易数据不同，前者的源数据是 TXT 文本数据，如图 4.1 所示，数据每一行代表一次进出口记录，进出口数据共一千五百余万条记录。每条记录从前到后共有 49 位，包含十种数据类型，分别为：海关区、进/出口商所在地、企业类型、原产国/最终消费国、出发国家/到达国家、运输方式、HScode、贸易单位、贸易量、贸易额。这些数据类型主要可以分为三个数据维度：地点数据、企业数据和商品及数量数据。

```
0111013630230258543709901000000000020000000000566
0111013630230258544700009000000000010000000000139
0111013630230259031499001000000000030000000033516
0111013650250258504409901000000000020000000000416
0111013650250258517707009000000000030000000002286
0111013650250258517709009000000000015000000065591
0111013650250258544421109000000000020000000002743
0111019111010356111200009000000000040000000000201
0111019111010356209200009000000000030000000000076
0111019111011054901990009000000134130000000439066
0111019111011058413190001000000000036000000007560
0111019111011058523492001000000000050000000098230
0111019111011058543709901000000000010000000003750
0111019111011059015800001000000000010000000009500
0111019111011059027201901000000000010000000155900
0111019111011059027809901000000000020000000066269
0111019111011059031499001000000000010000000037000
0111019111011059031809001000000000020000000054829
0111019111011059031900009000000000014000000035100
```

图 4.1　2015 年海关进出口数据源数据（部分）

（1）地点数据。地点数据主要包括涉及商品流通的地理位置信息，如海关区、原产国/最终消费国、出发国家/到达国家三种数据类型。其中海关区数据类型（表4.1）表示商品进口或者出口的海关，如北京、太原等。原产国/最终消费国数据类型（表4.2）对于进口商品表示商品最初生产的国家，对于出口商品表示商品最终到达的国家。出发国家/到达国家数据类型（同见表 4.2）对于进口商品表示商品发出地所在国家，对于出口商品表示商品到达的国家。

表 4.1 海关区对应代码（部分）

代码	海关所在城市
01	北京
02	天津
04	石家庄
05	太原
06	满洲里
07	呼和浩特
08	沈阳
09	大连
15	长春
19	哈尔滨

表 4.2 原产国/最终消费国、出发国家/到达国家等对应代码（部分）

代码	国家和地区名称
100	亚洲
101	阿富汗
102	巴林
103	孟加拉国
104	不丹
105	文莱
106	缅甸
107	柬埔寨
108	塞浦路斯
109	朝鲜

（2）企业数据。企业数据指的是与进出口企业相关的数据，包括进/出口商所在地、企业类型与运输方式。进/出口商所在地数据类型（表 4.3）表示进出口企业所在的地理位置，其位置精确到了地理行政区级别。企业类型数据类型（表 4.4）

表示进出口企业的类型，包含国有企业、私营企业等。运输方式数据类型（表 4.5）表示企业为其商品选择的运输方式，包括水路运输、航空运输、邮件运输等方式。

表 4.3　进/出口商所在地对应代码（部分）

代码	进/出口商所在地
11013	中关村国家自主创新示范区（东城园）
11019	东城区
11023	中关村国家自主创新示范区（西城园）
11029	西城区
11039	崇文区
11049	宣武区
11053	中关村国家自主创新示范区（朝阳园）
11059	朝阳区
11063	中关村国家自主创新示范区（丰台园）
11069	丰台区

表 4.4　企业类型对应代码（部分）

代码	企业类型
1	国有企业
2	中外合作企业
3	中外合资企业
4	外商独资企业
5	集体企业
6	私营企业
7	个体工商户
8	报关企业
9	其他企业

表 4.5　运输方式对应代码（部分）

代码	运输方式
2	水路运输
3	铁路运输
4	公路运输
5	航空运输
6	邮件运输
H	边境特殊海关监管区
T	试验区
W	物流中心
X	物流园区

（3）商品及数量数据。商品及数量数据包括 HScode、贸易单位、贸易量、贸易额四种数据类型。其中 HScode 数据类型（表 4.6）表示一件具体商品的编码。HScode 对应 HS 制度，是编码协调制度的简称，这种制度是一种运用最广泛的编码制度，具有一定的系统性与完整性。全球有超过九成的国际贸易采用这一编码制度。贸易单位数据类型（表 4.7）表示进出口商品贸易量的单位，包括千克、公升等。贸易量、贸易额这两种数据类型均为数值型数据，分别表示进出口商品的贸易量和贸易额，贸易量的单位见表 4.7，贸易额的单位默认为美元。

表 4.6　HScode 的对应代码（部分）

HScode	商品
01012100	改良种用马
01012900	其他马，改良种用除外
01013010	改良种用驴
01013090	其他驴，改良种用除外
01019000	骡
01022100	改良种用家牛
01022900	其他家牛，改良种用除外
01023100	改良种用水牛
01023900	其他水牛，改良种用除外
01029010	改良种用其他牛

表 4.7　贸易单位的对应代码（部分）

代码	单位名称
01	N=物品数量
01	ST=套
02	PAR=对
04	M=米
05	SM=平方米
06	CM=厘米
07	L=公升
09	KG=千克
21	HD=百
31	TH=千

2）UN Comtrade 国际贸易数据库数据类型

UN Comtrade 国际贸易数据库中的数据是各个国家向联合国统计司提供的本国年度的官方商品进出口数据。可以通过登录 UN Comtrade 国际贸易数据库网站，下载符合自己要求的农产品贸易数据，并可以从以下几个方面进行数据筛选：年份（单次最多选择 5 年）、贸易流向（包括进口、出口、再进口、再出口等）、数据报告国（单次最多选择 5 个国家）、贸易国（单次最多选择 5 个国家）、商品编码数据（HS 编码或 STIC 编码），然后输出所筛选时间内国家之间的贸易额。图 4.2 为 UN Comtrade 国际贸易数据库的部分源数据。

Year	Trade Flow Code	Trade Flow	Reporter	Partner	Commodity Code	Commodity	Trade Value (US$)
2017	2	Export	China	Cambodia	1	Animals; live	59365
2017	2	Export	China	Lao People's Dem. Rep.	1	Animals; live	500
2017	1	Import	China	Viet Nam	1	Animals; live	2356250
2017	2	Export	China	Viet Nam	1	Animals; live	5999506
2017	1	Import	China	Thailand	1	Animals; live	65510
2017	2	Export	China	Thailand	1	Animals; live	238457
2017	2	Export	China	Brunei Darussalam	2	Meat and edible meat offal	386724
2017	2	Export	China	Cambodia	2	Meat and edible meat offal	524766
2017	1	Import	China	Thailand	2	Meat and edible meat offal	11959
2017	1	Import	China	Brunei Darussalam	3	Fish and crustaceans, molluscs and other aquatic invertebrates	2583799
2017	2	Export	China	Brunei Darussalam	3	Fish and crustaceans, molluscs and other aquatic invertebrates	1143330
2017	1	Import	China	Cambodia	3	Fish and crustaceans, molluscs and other aquatic invertebrates	969638
2017	2	Export	China	Cambodia	3	Fish and crustaceans, molluscs and other aquatic invertebrates	8104
2017	2	Export	China	Lao People's Dem. Rep.	3	Fish and crustaceans, molluscs and other aquatic invertebrates	7366
2017	1	Import	China	Viet Nam	3	Fish and crustaceans, molluscs and other aquatic invertebrates	228812434
2017	2	Export	China	Viet Nam	3	Fish and crustaceans, molluscs and other aquatic invertebrates	111514219

图 4.2　UN Comtrade 国际贸易数据库源数据（部分）

3. “一带一路”沿线国家农产品贸易情况

1）研究范围确定

（1）国家范围确定。“一带一路”并不是特指某些国家，而是倾向于跨区域的经济合作理念。本书选择 65 个“一带一路”沿线国家作为样本国家进行分析。

（2）农产品类型确定。选择 HS 编码制度下的商品数据，农产品选择其中的 1～4 章（包含 24 类），分别为：活动物及动物产品；植物产品；动植物油、脂及其分解产品等；食品饮料等。选用 2015 年中国与 65 个“一带一路”沿线国家的进口额与出口额数据进行分析。

2）关联规则分析

2015 年海关进出口数据库中数据类型众多，通过对出口货物品类、运输方式、企业类型、最终消费国家等数据类型进行关联规则分析，可以更为直观地了解海关进出口数据库中数据类型之间的关联性，并可以从数据类型关系的角度进行贸易物流分析（魏素豪，2018）。

A 平台选择及使用

使用 Weka 平台进行关联规则分析，即怀卡托智能分析环境（Waikato Environment for Knowledge Analysis，WEKA），该平台是一种使用 Java 语言编写的数据挖掘机器学习软件，包括处理标准数据挖掘问题的绝大多数方法。

关联规则挖掘通过规则的支持度和置信度进行兴趣度度量，在支持度-置信度框架中，设置合适的支持度和置信度，通过算法寻找同时满足这两个阈值的关联规则，即数据库中的强关联规则。

B 数据关联规则分析

将预处理后的中国出口“一带一路”沿线国家的海关数据作为数据集，采用关联规则对贸易数据属性进行数据挖掘，以企业类型、运输方式、货物品类、最终消费国家及贸易额五种数据类型为研究对象，进行多维关联规则分析。

使用 Weka 的 Preprocess 功能对所选数据集进行离散化，使数据集符合关联规则挖掘的基本条件。然后，使用 Associate 功能中的 Apriori 算法，选择“outputItemSets”输出频繁集。

对中国出口“一带一路”沿线国家的贸易数据属性进行关联规则分析，设置“支持度=10%，置信度（Confidence）=60%”，以提升度 Lift 为验证值，即 Lift>1，则关联规则有效；Lift<1，则为无效规则。输出最佳规则见表 4.8。

表 4.8　输出的最佳关联规则

序号	关联规则	置信度	支持度
1	企业类型=6 最终消费国=1 225 769 ==> 运输方式=25 423	0.94	1.14
2	最终消费国=1 227 545 ==> 运输方式=27 090	0.94	1.14
3	HScode=206 442 ==> 运输方式=25 908	0.92	1.12
4	HScode =79 980 ==> 企业类型=68 518	0.85	1.19
5	运输方式=2 H=77 953 ==> 企业类型=66 680	0.84	1.17
6	最终消费国=122 运输方式=27 090 ==> 企业类型=6	0.76	1.07
7	最终消费国=1 227 545 ==> 企业类型=65 769	0.76	1.07
8	最终消费国=1 227 545 ==> 企业类型=6 运输方式=25 423	0.72	1.24
9	HScode =79 980 ==> 企业类型=6 运输方式=26 680	0.67	1.16

通过对输出的关联规则进行分析可得贸易物流信息。例如，规则 1 表示，如果私营企业出口农产品到马来西亚，有 94%的可能选择水路运输；规则 2 表示，出口农产品到马来西亚，有 94%的可能选择水路运输；规则 3 表示，出口蔬菜、水果、坚果或植物其他部分的制品，有 92%的可能选择水路运　输等。

C 关联规则结果及贸易物流分析

（1）运输方式是农产品进出口贸易的重要内容，尤其是农产品多具有消费时限性、价格有限性等特性，对运输条件、运输成本有着其特有的要求。图 4.3 为中国出口到“一带一路”沿线国家的运输方式统计图。

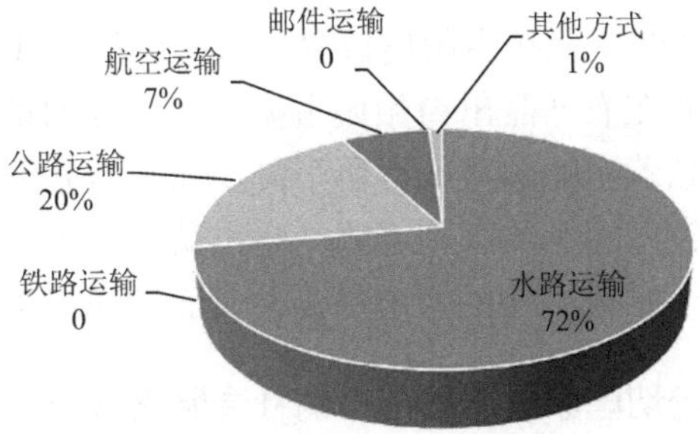

图 4.3　中国出口到“一带一路”沿线国家运输方式

在中国出口到“一带一路”沿线国家的所有运输方式中，水路运输占 72%。这主要是因为水路运输是开展国际贸易的主要方式，同时也是发展经济和友好往来的主要交通工具之一。对农产品贸易而言，水路运输也具有独特的优势。农产品进出口贸易量相较于其他品类来说较为庞大，而水路运输可以利用江、河、海洋等天然航道实现大吨位、长距离的运输。因此，水路运输具有运量庞大、成本低廉的优势，这种优势非常适合于农产品等大宗货物的运输。公路运输与航空运输占比仅次于水路运输，分别为 20%与 7%。公路运输具有灵活性，但其运输距离受限；航空运输成本最高，但运输速度最快，适合体积小，单价贵，对运输时间有特殊要求的农产品运输。

表 4.8 中与运输相关的规则表明：私营企业出口到马来西亚的农产品，选择水路运输的概率为 94%；蔬菜、水果、坚果或植物其他部分的制品的出口，选择水路运输的概率为 92%。

（2）企业类型。图 4.4 为中国出口“一带一路”沿线国家企业类型统计图，图 4.3 中数值表示企业数量（单位为个）和占比。

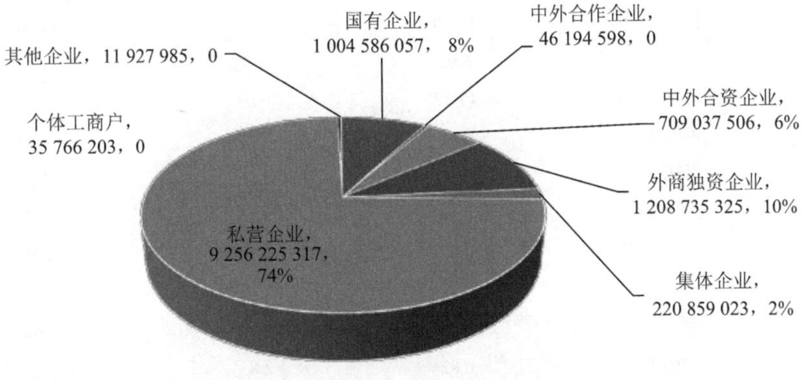

图 4.4　中国出口“一带一路”沿线国家企业类型

由图 4.4 可知，私营企业在中国出口“一带一路”沿线国家的企业中占 74%的比例，说明私营企业在农产品出口领域占据比较重要的地位。在中国出口贸易密切国家的企业中，私营企业的占比有所下降，而国有企业从 3%增加到了 8%。

表 4.8 中与企业类型相关的规则表明：食用蔬菜、根及块茎是私营企业出口的概率为 85%；销售至马来西亚的农产品是私营企业出口的概率为 76%。

4.2.2 “一带一路”密切国家农产品出口的社会网络分析

1. “一带一路”农产品贸易密切国家范围确定

选取 2015 年中国与 65 个“一带一路”沿线国家的农产品进口额及农产品出口额数据进行社会网络分析，可以得出与中国农产品贸易往来密切的国家。

选择贸易密切国家作为研究对象的原因主要是“一带一路”沿线国家众多，很多国家与中国的农产品贸易规模不大，贸易关联不密切。采用均值二值化筛选出与中国农产品贸易密切的“一带一路”沿线国家，并对其构成进行针对性研究，所得贸易物流将更具有价值。

数据信息的来源是 2015 年中国海关进出口数据。对数据进行预处理，并进行筛选整合，得到表 4.9（表中结果由原始数据四舍五入得出）。

表 4.9 “一带一路”沿线国家农产品贸易额

序号	国家	进口额/亿美元	出口额/亿美元	贸易总额/亿美元
1	泰国	48.46	37.04	85.51
2	越南	26.83	33.51	60.34
3	印度尼西亚	40.31	16.50	56.80
4	马来西亚	24.95	24.89	49.84
5	俄罗斯	17.00	17.07	34.06
6	菲律宾	6.92	16.37	23.29
7	乌克兰	17.17	0.84	18.02
8	新加坡	4.51	9.22	13.73
9	印度	7.33	3.36	10.69
10	巴基斯坦	4.14	3.13	7.27
11	阿拉伯联合酋长国	0.92	5.14	6.06
12	缅甸	1.72	3.18	4.91
13	波兰	1.70	2.90	4.60
14	孟加拉国	0.82	2.85	3.67
15	哈萨克斯坦	1.23	2.38	3.61
16	伊朗	0.44	2.85	3.28

续表

序号	国家	进口额/亿美元	出口额/亿美元	贸易总额/亿美元
17	斯里兰卡	0.42	2.71	3.14
18	沙特阿拉伯	0.03	3.09	3.12
19	土耳其	0.97	1.86	2.83
20	埃及	0.23	2.33	2.56
21	以色列	0.49	1.86	2.35
22	吉尔吉斯斯坦	0.05	1.55	1.60
23	柬埔寨	1.10	0.50	1.60
24	蒙古国	0.74	0.86	1.60
25	老挝	1.06	0.30	1.36
26	伊拉克	0.01	1.16	1.16
27	希腊	0.29	0.76	1.04
28	乌兹别克斯坦	0.30	0.67	0.97
29	也门	0.01	0.91	0.92
30	匈牙利	0.59	0.19	0.77
31	保加利亚	0.49	0.26	0.74
32	塞尔维亚	0.66	0.08	0.74
33	黎巴嫩	0	0.72	0.72
34	捷克	0.22	0.48	0.71
35	罗马尼亚	0.12	0.52	0.64
36	约旦	0	0.56	0.56
37	尼泊尔	0.02	0.44	0.46
38	立陶宛	0.02	0.43	0.45
39	科威特	0	0.40	0.40
40	斯洛文尼亚	0.03	0.34	0.36
41	巴林	0	0.36	0.36
42	白俄罗斯	0.03	0.32	0.34
43	格鲁吉亚	0.06	0.27	0.33
44	土库曼斯坦	0.20	0.12	0.32
45	阿曼	0.03	0.29	0.32
46	叙利亚	0.03	0.24	0.27
47	爱沙尼亚	0.08	0.16	0.24
48	阿富汗	0.04	0.20	0.24
49	拉脱维亚	0.04	0.18	0.23
50	克罗地亚	0.01	0.22	0.23
51	塔吉克斯坦	0.01	0.18	0.18
52	塞浦路斯	0.08	0.11	0.18

续表

序号	国家	进口额/亿美元	出口额/亿美元	贸易总额/亿美元
53	卡塔尔	0	0.14	0.14
54	文莱	0	0.11	0.12
55	斯洛伐克	0.02	0.08	0.10
56	阿尔巴尼亚	0	0.09	0.09
57	摩尔多瓦	0.06	0.03	0.08
58	阿塞拜疆	0	0.07	0.08
59	北马其顿	0.02	0.04	0.06
60	波斯尼亚和黑塞哥维那	0.03	0.03	0.06
61	马尔代夫	0	0.04	0.04
62	亚美尼亚	0.01	0.03	0.04
63	巴勒斯坦	0	0.04	0.04
64	不丹	0	0.01	0.01
65	黑山共和国	0	0	0
总计		213.05	207.57	420.02

选择 2015 年“一带一路”沿线国家与中国的农产品贸易总额的均值，作为构建网络二值化的取值W，即

$$W=\frac{420.02}{65}=6.46(\text{亿美元}) \tag{4.1}$$

对数据进行均值二值化，可知 2015 年与中国农产品贸易往来密切的国家为泰国、印度尼西亚、越南、马来西亚、俄罗斯、菲律宾、乌克兰、新加坡、印度、巴基斯坦这 10 个国家。通过构建 2015 年中国与“一带一路”沿线国家的农产品贸易 0-1 矩阵，并进行验证，可得 2015 年与我国农产品进出口贸易往来密切的贸易网络，如图 4.5 所示。

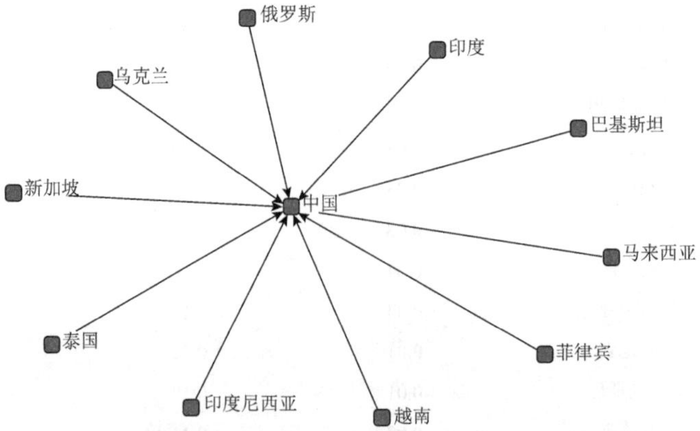

图 4.5　2015 年与中国农产品贸易往来密切的贸易网络

2. 农产品出口贸易情况研究方案设计

使用 UN Comtrade 国际贸易数据库中的贸易数据，选取与中国农产品贸易往来密切的 10 个国家，加上中国，共 11 个国家作为研究对象。

依旧选择 HS 编码第 1～4 章的（即 01～24 类别）的农产品数据进行分析。时间跨度为 2015～2019 年。通过 UCINET 软件分别建立这 11 个国家 2015～019 年共 5 个 11×11 的农产品双边出口贸易矩阵。由于 2019 年乌克兰未上报农产品进出口数据，遂对 2019 年的网络进行处理，删除乌克兰的双边数据。

选择 UCINET 及 NetDraw 作为社会网络分析软件（邓君等，2014）。UCINET 主要用来导入数据，构成矩阵、生成网络，同时对网络结构进行分析；NetDraw 的作用是将 UCINET 中生成的网络可视化，以便更为直观地展示网络中节点之间的联系（徐德顺和江楠，2020）。

进行数据预处理。采用 UCINET 软件对贸易数据进行二值化处理，因为是构建出口网络，所以使用 2015 年“一带一路”沿线国家出口额的均值作为二值化选取的均值 W，即

$$W = \frac{207.57}{65} = 3.19(\text{亿美元}) \tag{4.2}$$

将数据进行二值化，构建出 2015 年至 2019 年“一带一路”贸易密切国家农产品出口贸易的 0-1 矩阵。

3. 网络密度分析

网络密度概念应用到农产品贸易中则代表了国家与国家之间农产品贸易密切程度，即网络的密度越大，则国家间的贸易密切程度越大，反之则相反。

1）个体网络密度分析

个体网络密度代表了贸易网络中每个国家的表现，即如果一个国家所连的节点数越多，那么其在农产品贸易的网络中地位越高。个体网络密度见表 4.10（仅列出排名前 5 的国家）。

表 4.10　2015～2019 年农产品贸易出口个体网络密度

年份	国家	关系数量	密度
2015	中国	10	43.33
	印度	9	52.78
	印度尼西亚	9	52.78
	马来西亚	8	62.50
	新加坡	7	78.57

续表

年份	国家	关系数量	密度
2016	中国	10	43.33
	印度尼西亚	9	46.67
	马来西亚	8	60.71
	越南	8	64.29
	印度	7	61.90
2017	中国	10	44.44
	印度尼西亚	10	47.78
	马来西亚	8	60.71
	越南	8	66.07
	印度	7	64.29
2018	中国	10	47.78
	印度尼西亚	10	50.00
	印度	8	62.50
	马来西亚	8	64.29
	菲律宾	8	75.00
2019	中国	9	45.56
	印度尼西亚	9	48.89
	马来西亚	8	62.50
	越南	8	66.07
	印度	6	61.90

由表 4.10 可知，这 11 个国家之间的农产品贸易网络联系十分紧密。但随着时间的推移，网络结构和节点属性也发生了一些变化。从 2015～2019 年，中国始终是农产品贸易出口网络中往来国家数最多的国家，表明中国农产品出口与其他 10 个国家联系密切，且农产品出口贸易量较大，处在网络的中心位置。

2015 年、2016 年、2019 年，印度尼西亚的往来国家数量为 9 个。2017 年和 2018 年，往来国家数量增长为 10 个，与中国并列第一。这说明，印度尼西亚的农产品出口业务有所增长。

马来西亚与其他国家的农产品贸易往来国家数量始终保持在 8 个。这说明马来西亚的出口贸易国家较为稳定，2015～2019 年并没有出现新的农产品贸易量较大的合作国家。

越南的农产品贸易出口在 2016 年、2017 年、2019 年这三年中均保持在 8 个农产品出口往来国家的水平，但在 2015 年和 2018 年这两年低于 8 个。2018 年，越南的农产品出口贸易呈现短暂下降现象。

印度农产品贸易出口的往来国家数量呈现波动下降趋势。2015 年其农产品出口往来国家数量为 9 个，但 2016 年与 2017 年下降到了 7 个，虽然 2018 年的数量又上升到了 8 个，但是 2019 年再次回落到 6 个往来国家的水平。

2）整体网络密度分析

整体网络密度表示网络中所有国家农产品贸易往来密切情况。整体网络密度的表达式为

$$\text{Density}^W = \frac{\sum_i^N \text{IN and OUT} \cdot d_i^W}{N(N-1)} \tag{4.3}$$

其中，i 为网络中的节点；OUT 为出度（out degree）；IN 为进度（in degree）；N 为网络中的节点数量。

密度值结果越趋近于 1，意味着节点间的关系越密切；密度值越趋近于 0，表示节点之间的联系越松散。

采用密度值对 2015～2019 年 11 个农产品贸易往来密切国家间的网络结构进行分析，以此反映农产品贸易网络中各国之间的贸易紧密程度。通过 UCINET 网络分析软件对农产品贸易网络进行处理，得到 2015～2019 年农产品出口贸易整体网络密度，并对所得到的数据进行整理，得出 2015～2019 年整体网络密度变化的折线图，如图 4.6 所示。

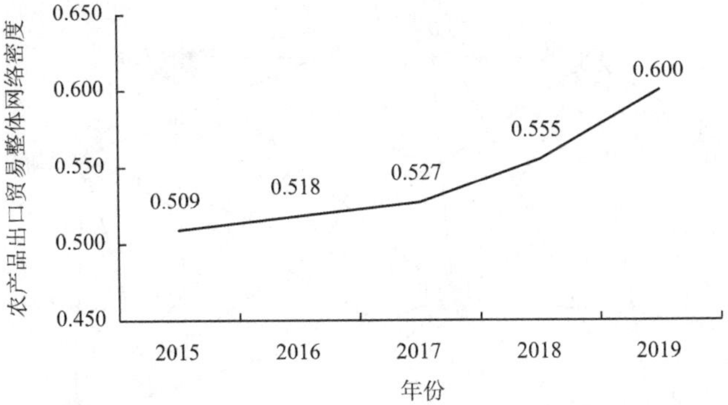

图 4.6　2015～2019 年 11 个国家农产品出口贸易整体网络密度

由图 4.6 可知，这 11 个国家的整体网络密度由 2015 年的 0.509 上升到 2019 年的 0.600，密度增长 0.091，增幅为 17.9%。与中国农产品贸易往来密切的国家

的整体网络密度呈现稳步上升趋势。这表明，五年来，随着时间的推移，“一带一路”沿线各个国家之间的农产品贸易联系日渐紧密。2015～2018 年增幅较小，但仍为增长趋势。2019 年出现大幅提升，这可能与 2019 年乌克兰未上报进出口数据相关，但整体的增长趋势也是符合预期的。因此，2015～2019 年，包括中国在内的 11 个国家之间的农产品贸易往来更加紧密，联系也日益频繁。

为了更加直观地反映出 2015～2019 年这 11 个国家之间农产品出口贸易的紧密关系程度，采用 NetDraw 组件对 2015～2019 年的数据分别进行处理，得到 2015～2019 年农产品出口贸易网络，如图 4.7 所示。

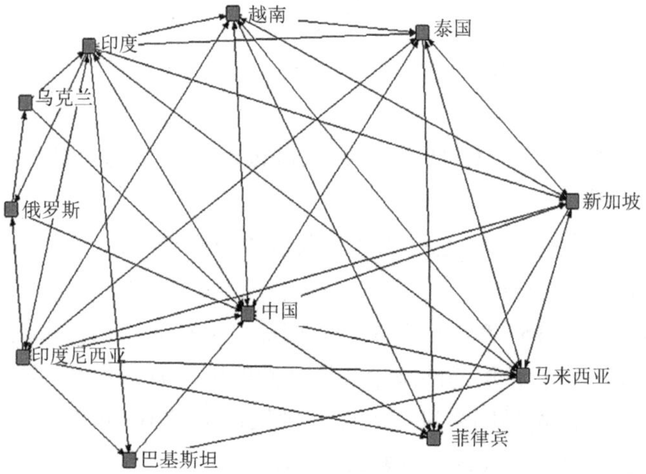

（a）2015年贸易密切国家出口网络图

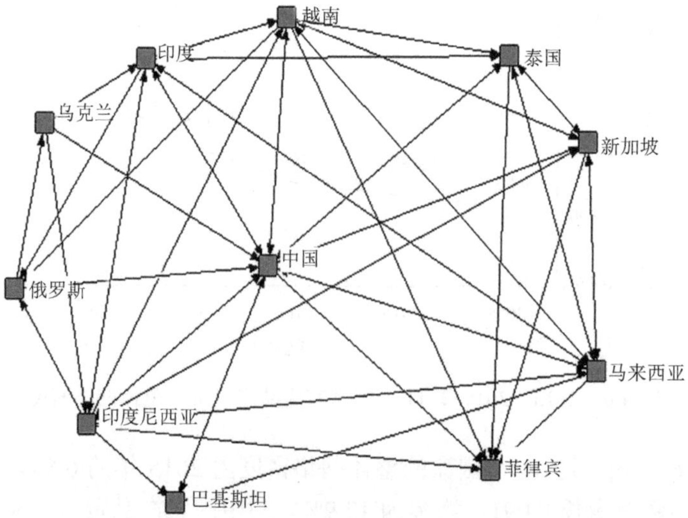

（b）2016年贸易密切国家出口网络图

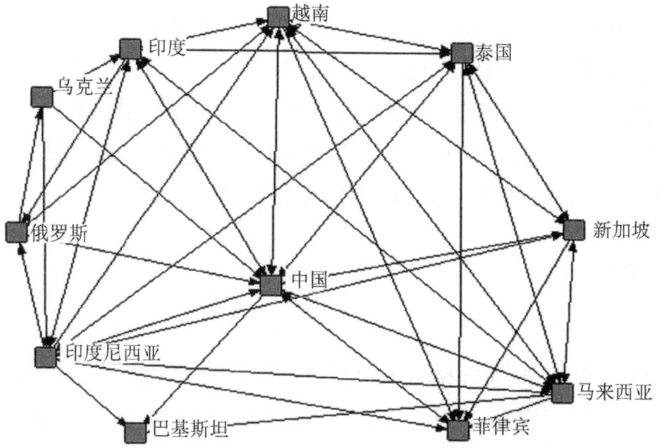

（c）2017年贸易密切国家出口网络图

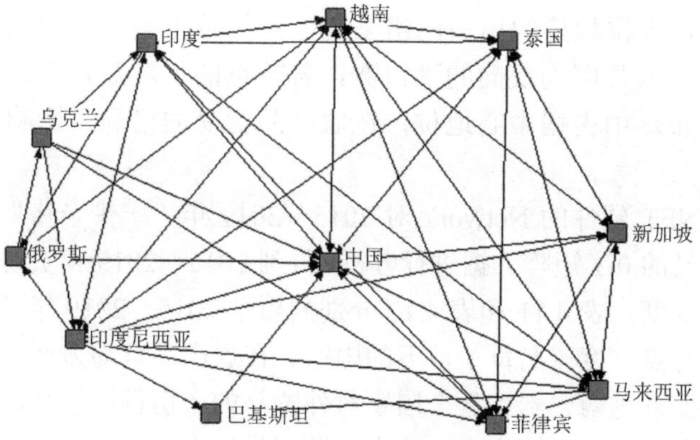

（d）2018年贸易密切国家出口网络图

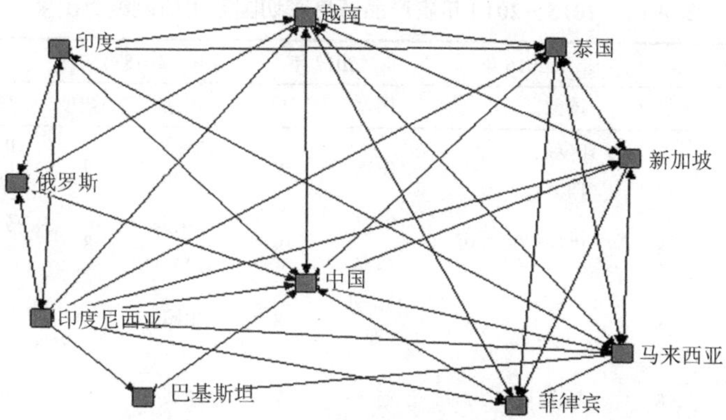

（e）2019年贸易密切国家出口网络图

图 4.7　2015～2019 年贸易密切国家出口网络图

由图 4.7 可知，2015～2019 年农产品出口贸易网络的整体形态较为稳定，并未随时间产生很大变化。各国之间的连线数量小幅增加，个体网络规模相对稳定，整体网络密度有所增加。2015～2019 年，“一带一路”沿线国家农产品贸易网络日益紧密，网络中心逐渐向中国、印度尼西亚等主要出口国靠拢。这一变化表明，“一带一路”倡议的实施促进了区域农产品贸易的紧密联系。

4. 中心性分析

1）点度中心性

点度数指网络中与某点直接连接的其他节点的个数，可用于表示点度中心性的大小。点度数越大，表示在农产品贸易网络中，该国家地位和中心性越高，反之则处于边沿地位。对于存在方向的贸易网络，可以采用点入数与点出数对点度中心性进行表示。

对采用出口数据构建的出口网络来说，点出数指某个节点向其余节点的农产品出口数，点入数则为反向的进口数。若节点的点度数较大，则说明该国家在农产品贸易市场中占据中心地位，在农产品贸易的格局中影响范围越广，反之则相反。

通过 UCINET 软件的 Network 对 2015～2019 年“一带一路”贸易密切国家农产品出口贸易的 0-1 矩阵数据进行分析，得到 2015～2019 年贸易密切国家节点的点出度与点入度。表 4.11 和表 4.12 分别列出了 2015～2019 年在农产品贸易网络中，点出度与点入度排名位于前五的国家。在农产品贸易方面，中国、印度尼西亚、马来西亚、越南、泰国五个国家对外贸易的密切程度较高，说明在这五个国家与其他国家之间存在较为密切的农产品贸易往来。

表 4.11　2015～2019 年农产品贸易密切国家出口网络点出度

排序	2015 年		2016 年		2017 年		2018 年		2019 年	
	国家	点出度	国家	点出度	国家	点出度	国家	点出度	国家	点出度
1	印度尼西亚	9	印度尼西亚	9	中国	9	印度尼西亚	9	印度尼西亚	9
2	印度	8	中国	9	印度尼西亚	9	马来西亚	8	马来西亚	8
3	中国	8	马来西亚	8	马来西亚	8	中国	8	中国	8
4	马来西亚	8	越南	7	越南	7	越南	8	越南	7
5	泰国	6	泰国	6	泰国	6	印度	7	泰国	7

表 4.12　2015～2019 年农产品贸易密切国家出口网络点入度

排序	2015 年		2016 年		2017 年		2018 年		2019 年	
	国家	点入度	国家	点入度	国家	点入度	国家	点入度	国家	点入度
1	中国	9	印度尼西亚	9	中国	9	中国	10	中国	10
2	印度尼西亚	6	中国	6	越南	7	菲律宾	8	菲律宾	7
3	马来西亚	6	马来西亚	6	印度尼西亚	6	印度尼西亚	7	印度尼西亚	6
4	泰国	6	越南	6	马来西亚	6	越南	7	马来西亚	6
5	越南	6	泰国	6	泰国	6	马来西亚	6	泰国	6

中国点出度在 2015～2019 年均居前三位，说明中国在“一带一路”农产品出口贸易中一直居于较高地位。这和个体网络密度、整体网络密度分析结果非常吻合。相反，在这五年中，印度的出口表现相对欠佳，2015 年排名第二，而 2018 年排名第五，其余年份则没有在前五的位次，整体呈现下滑趋势。

2）中间中心性

中间中心性主要是衡量在农产品贸易网络中每个国家控制整个网络的能力。如果国家的中间中心性越高，则该国在农产品贸易网络中的控制能力越大。表 4.13 为 2015～2019 年贸易密切的“一带一路”沿线国家的中间中心性。

表 4.13　2015～2019 年贸易密切的“一带一路”沿线国家中间中心性

排序	2015 年	2016 年	2017 年	2018 年	2019 年
1	中国	中国	中国	中国	中国
2	俄罗斯	俄罗斯	俄罗斯	俄罗斯	印度尼西亚
3	印度尼西亚	印度尼西亚	印度尼西亚	印度尼西亚	马来西亚
4	印度	越南	越南	越南	越南
5	马来西亚	马来西亚	马来西亚	马来西亚	泰国
6	乌克兰	印度	印度	印度	印度

由表 4.13 可知：

（1）中国的中间中心性在 2015～2019 年一直位于首位。这也可以反映出中国在农产品出口贸易网络中占据极为重要的位置。

（2）俄罗斯 2019 年中间中心性降低。在 2015～2018 年四年间，俄罗斯的中间中心性均位居第二，但在 2019 年迅速下降。

（3）印度尼西亚的中间中心性在 2015～2018 年均位居第三，在 2019 年上升至第二。同时，马来西亚的中间中心性也是在 2019 年出现上升情况。变化趋势而越南的中间中心性在 2016 年上升至排名第四并一直保持，和印度尼西亚的总体变化趋势相同。

（4）印度的中间中心性在 2015 年排名第四，但从 2016 年以来一直稳定在第六的位置，在 2015～2016 年呈现下降趋势。

5. 块模型分析

由于 2019 年存在乌克兰数据缺失的问题，故认为选择 2018 年的数据进行块模型分析所得出的结果更能兼顾时效性与准确性。采用 UCINET 中的 Roles&Positions-Concor 功能对 2018 年中国及与中国农产品贸易密切国家的出口网络进行测算。选择指标“Max depth of slips=3”（算法允许的最大递归分割次数）“Convergence criteria=0.20”［控制算法何时停止迭代的阈值参数（收敛标准）］，经过更迭计算后，结果如表 4.14 所示。

表 4.14　2018 年农产品贸易密切国家块模型分析

板块	国家
第一板块	中国
第二板块	印度、印度尼西亚、马来西亚、越南、泰国、新加坡
第三板块	菲律宾、巴基斯坦
第四板块	俄罗斯、乌克兰

如表 4.14 所示，将出口贸易网络划分为四个板块。其中第一板块包括中国，第二板块包括印度、印度尼西亚、马来西亚、越南、泰国和新加坡六个国家，第三板块包括菲律宾、巴基斯坦两个国家，第四板块包括俄罗斯、乌克兰两个国家。

6. 典型国家分析

在贸易网络中，如果各项表征网络结构的指标年变化幅度相对较小，则说明贸易结构具有一定稳定性，但如果随着时间变化指标发生了较大变化，则变化指标对应的国家应作为典型国家进行专门分析。

印度作为“一带一路”农业出口大国，其个体网络密度、点出度及中间中心性呈现波动下降趋势。俄罗斯作为中国的贸易大国，却在点出度等指标上表现不佳。因此对这两个国家进行典型性分析。

1）印度

通过分析印度的网络密度和中心性，发现印度在 2015～2019 年农产品出口变化较大。印度贸易往来国家数量，即个体网络密度出现波动下降现象，点度中心性和中间中心性也都呈现出下降趋势。

通过在商务部、农业农村部网站查询数据，并检索农产品贸易相关文献，对中国和印度的农产品贸易情况进行分析。通过数据比对发现，中国和印度的农产品贸易一直处于持续增长的状态，但特殊年份会受某些因素影响，例如，2008年国际金融危机使得2009年中国和印度农产品进出口贸易总额出现小幅下降。这说明农产品贸易数据极易受国内外的形势与政策影响。这是因为农产品具有易被代替的特点。此外，印度的农产品贸易在“一带一路”贸易网络中占据重要的地位，且整体农产品贸易额均排在前列，这说明印度农产品的市场较为分散，并不单一对某些国家存在依赖关系。

2）俄罗斯

俄罗斯一直是贸易出口大国，与中国建立了良好的农产品贸易往来关系。土地接壤、运输条件便利及漫长的边境线等条件都为两国提供了贸易方面的便利。同时，“一带一路”倡议的推行也进一步为两国农产品贸易奠定坚实基础。“中蒙俄经济走廊”的提出促进了中国和俄罗斯双边贸易合作，带动了周边区域的经济发展。中国在俄罗斯农产品贸易中占据较大比重。由于俄罗斯与新加坡等国存在地理位置上的分隔，因此，俄罗斯在农产品贸易上与新加坡等国联系较少。

4.2.3　“一带一路”密切国家农产品进口的社会网络分析

1. *农产品进口贸易情况研究方案设计*

通过UN Comtrade国际贸易数据库获取2015～2019年农产品贸易进口数据，数据类别选择HS编码第1～4章的农产品数据（即01～24类别）。研究对象为中国和“一带一路”沿线国家中与中国农产品进口贸易往来密切的10个国家。用社会网络方法建立这11个国家2015～2019年5个11×11的农产品双边进口贸易矩阵。与4.2.2节相同，因2019年乌克兰未上报农产品进出口数据，所以对2019年的网络进行处理。

数据预处理。采用UCINET软件对贸易数据进行二值化处理，因往来密切国家是根据2015年贸易数据选取的，所以选择2015年“一带一路”沿线国家进口额均值作为二值化均值 W，即

$$W = \frac{213.05}{65} = 3.28(\text{亿美元}) \tag{4.4}$$

对贸易数据进行二值化处理，构建出2015～2019年“一带一路”贸易密切国家农产品进口贸易的0-1矩阵。

2. 网络密度分析

对 2015～2019 年农产品进口贸易数据进行密度测算，包括个体网络密度测算和整体网络密度测算，并从个体和整体两个角度分析农产品进口贸易网络。

1）个体网络密度分析

个体网络密度见表 4.15。

表 4.15　2015～2019 年农产品进口贸易个体网络密度

年份	国家	关系数量	密度
2015	中国	10	42.22
	印度	9	51.39
	印度尼西亚	9	52.78
	马来西亚	8	58.93
	越南	8	64.29
2016	中国	10	41.11
	印度尼西亚	10	44.44
	马来西亚	8	57.14
	泰国	8	60.71
	越南	8	64.29
2017	印度尼西亚	10	43.33
	中国	9	48.61
	马来西亚	8	53.57
	越南	8	62.50
	印度	7	61.90
2018	中国	10	46.67
	印度尼西亚	9	47.78
	印度	8	62.50
	马来西亚	8	60.71
	越南	8	64.29
2019	中国	9	43.33
	印度尼西亚	9	46.67
	马来西亚	8	58.93
	越南	8	64.29
	印度	6	62.50

从个体网络的规模看，2015～2019 年，中国在 2017 年往来国家数略低，主要原因是向巴基斯坦进口的数量有所下降。但中国在整个“一带一路”农产品贸

易密切国家的进口网络中，依然占据核心地位。与中国同样占据核心地位的国家为印度尼西亚。而地位较为稳定的国家为马来西亚与越南，这两个国家的贸易伙伴国家数量稳定维持在 8 个。印度的贸易伙伴国家数量则从 2015 年的 9 个下降到 2019 年的 6 个，表明其在该网络中的地位略有下降。

2）整体网络密度分析

利用农产品进口贸易数据进行整体网络密度分析。其目的是分析进口网络中各节点间的紧密连接程度，从而反映出 2015～2019 年农产品进口贸易网络的结构特征。

使用 UCINET 网络分析软件对农产品贸易网络进行处理，得到 2015～2019 年农产品贸易整体网络密度，并对所得到的数据进行整理，得出 2015～2019 年整体网络密度变化折线图，如图 4.8 所示。

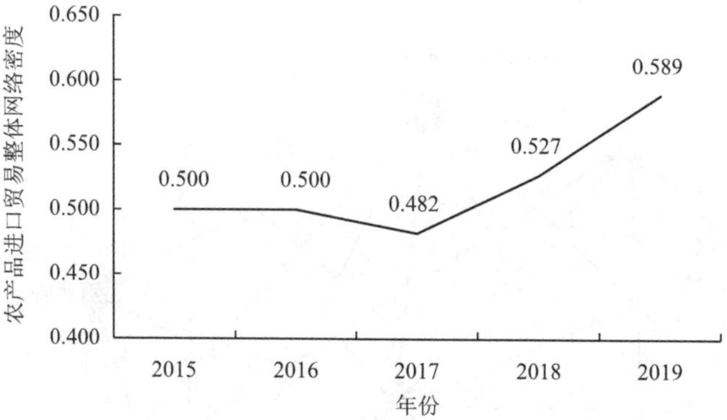

图 4.8　2015～2019 年农产品进口贸易整体网络密度

由图 4.8 可知，2015～2019 年农产品进口贸易的网络密度呈现波动上涨趋势。2015 年到 2016 年间的网络密度并未表现出明显变化，但 2016 年到 2017 年间出现小幅度的下降。从 2017～2019 年呈现上涨趋势。这个趋势同出口表现不同，很大一部分原因是与“一带一路”参与国家的基本国情有关。大多数“一带一路”沿线国家，如中国及东盟国家，其农业发展本身具备优势，所以在农产品进口网络密度方面的表现不如出口。

结合整体网络密度与 2015 年“一带一路”沿线国家的农产品贸易的整体情况可以看出，农产品进口额排名前列的国家占据农产品进口总额的绝大部分。与此同时，选用 NetDraw 组件对 2015～2019 年的进口数据分别进行处理，生成这五年的网络图，如图 4.9 所示。

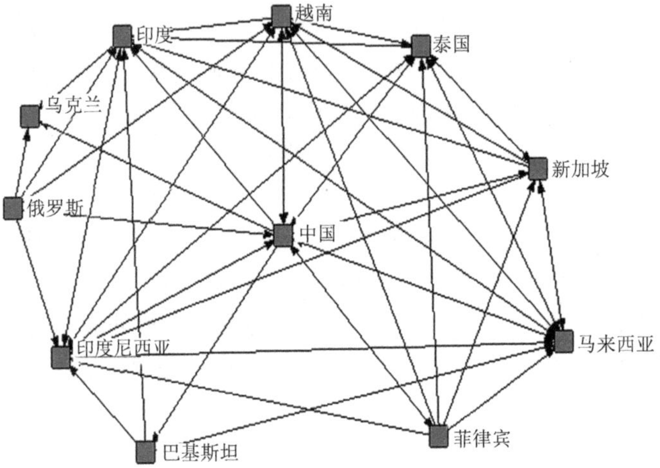

（a）2015年贸易密切国家进口网络图

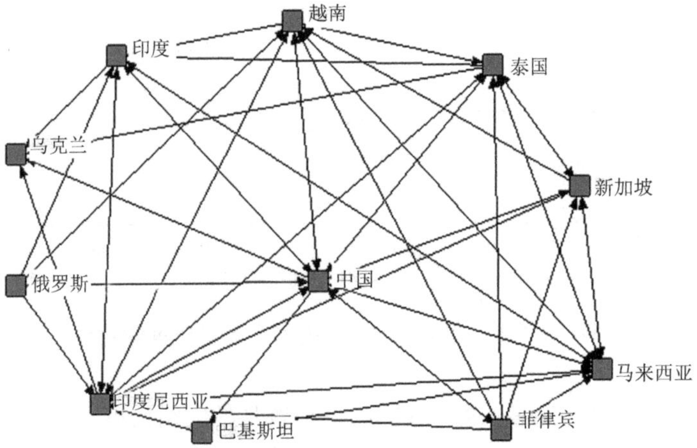

（b）2016年贸易密切国家进口网络图

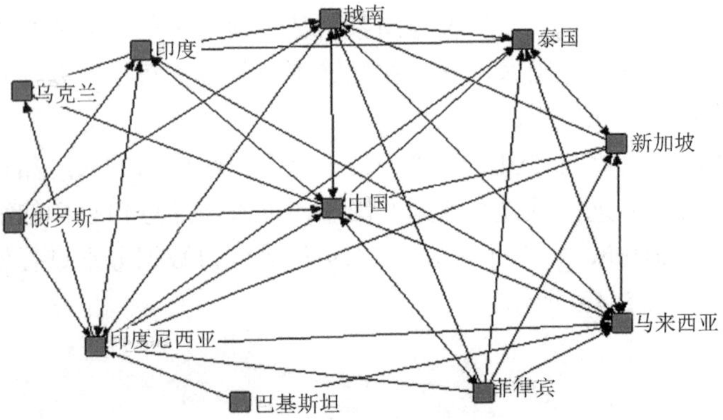

（c）2017年贸易密切国家进口网络图

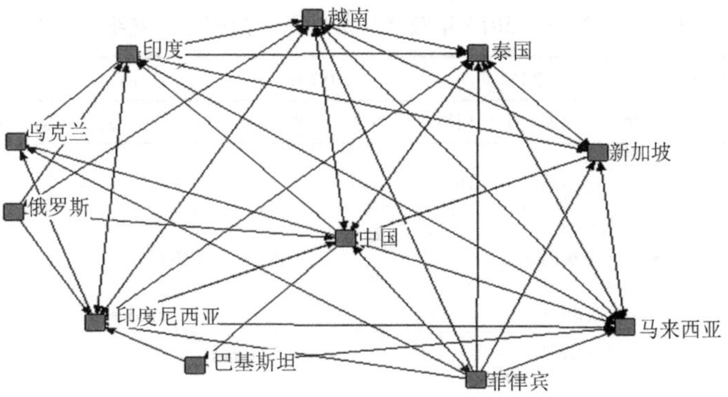

（d）2018年贸易密切国家进口网络图

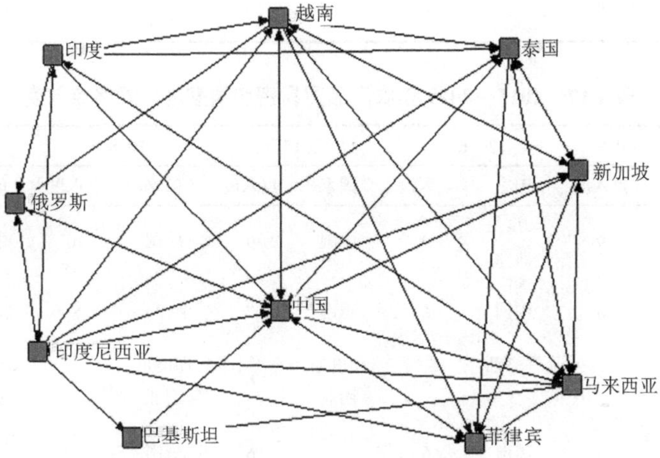

（e）2019年贸易密切国家进口网络图

图 4.9　2015～2019 年贸易密切国家进口网络图

对比出口贸易数据，发现进口贸易的整体网络密度略低于出口贸易整体网络密度，表明对“一带一路”沿线国家来说，农产品出口贸易占农产品贸易的比重更大。这可能与丝绸之路的天然地理因素及农业在各国中所占的地位有关。

3. 中心性分析

对农产品进口网络的点度中心性和中间中心性进行分析。

1）点度中心性

2015～2019 年农产品贸易密切国家进口网络点出度与点入度见表 4.16 和表 4.17。

表 4.16　2015～2019 年农产品贸易密切国家进口网络点出度

排序	2015 年		2016 年		2017 年		2018 年		2019 年	
	国家	点出度	国家	点出度	国家	点出度	国家	点出度	国家	点出度
1	印度尼西亚	9	中国	10	中国	8	中国	9	中国	10
2	印度	8	泰国	7	马来西亚	6	菲律宾	7	越南	7
3	中国	8	印度尼西亚	6	泰国	6	越南	7	泰国	6
4	马来西亚	8	菲律宾	6	菲律宾	6	印度	6	马来西亚	6
5	泰国	6	马来西亚	6	越南	6	印度尼西亚	6	菲律宾	6

表 4.17　2015～2019 年农产品贸易密切国家进口网络点入度

排序	2015 年		2016 年		2017 年		2018 年		2019 年	
	国家	点入度	国家	点入度	国家	点入度	国家	点入度	国家	点入度
1	中国	9	印度尼西亚	9	中国	9	中国	10	中国	10
2	印度尼西亚	6	中国	6	越南	7	菲律宾	8	菲律宾	7
3	马来西亚	6	马来西亚	6	印度尼西亚	6	印度尼西亚	7	印度尼西亚	6
4	泰国	6	越南	6	马来西亚	6	越南	7	马来西亚	6
5	越南	6	泰国	6	泰国	6	马来西亚	6	泰国	6

从点出度看，中国的点出度从 2015 年的 8 上升到 2019 年的 10，并连续四年位于首位，说明中国在农产品贸易密切国家进口网络中，一直处在稳定的核心地位。越南的点出度呈现上升趋势。泰国作为“一带一路”沿线国家中农产品进口额最高的国家，除 2016 年和 2018 年外，点出度一直稳定维持在 6。2015 年印度尼西亚的点出度位于网络中首位，但在 2016～2019 年最高仅排在第 3 位，甚至在 2017 年和 2019 年跌出前 5 位，在 2016～2019 年的贸易密切国家进口网络中，印度尼西亚表现不佳。马来西亚的点出度也呈现下降趋势。

综合点出度与点入度来看，越南的点入度与点出度呈现出上升趋势，势头良好。泰国作为“一带一路”沿线国家中农产品进口额最高的国家，其点出度和点入度却维持在 6 和 7，排序较低，应进一步分析。

2）中间中心性

2015～2019 年贸易密切的“一带一路”沿线国家进口网络的中间中心性如表 4.18 所示。

表 4.18　2015～2019 年贸易密切的“一带一路”沿线国家中间中心性

排序	2015 年	2016 年	2017 年	2018 年	2019 年
1	中国	中国	中国	中国	中国
2	马来西亚	印度尼西亚	马来西亚	印度尼西亚	印度尼西亚
3	印度尼西亚	马来西亚	印度尼西亚	越南	马来西亚
4	印度	泰国	越南	马来西亚	越南
5	泰国	印度	泰国	印度	印度
6	越南	越南	印度	泰国	新加坡

由表 4.18 可以看出：

（1）中国在贸易密切的“一带一路”沿线国家进口网络的中间中心性依然稳居首位，说明中国在农产品进口方面，也如同出口一样，在网络中处于核心地位。

（2）印度尼西亚与马来西亚在 2 位和 3 位来回波动，说明在进口方面，印度尼西亚与马来西亚在中间中心性方面相互竞争。

（3）越南的中间中心性在 2015～2019 年有所提升，说明越南在进口网络中的重要性提高。

4. 块模型分析

采用 UCINET 中的 Roles＆Positions-Concor 功能对 2018 年中国及其农产品贸易密切国家的进口网络进行测算。选择指标“Max depth of slips=3”“Convergence criteria=0.20”，经过更迭计算之后，结果如表 4.19 所示。

表 4.19　2018 年农产品贸易密切国家块模型分析

板块	国家
第一板块	中国、俄罗斯
第二板块	印度、菲律宾
第三板块	印度尼西亚、马来西亚、新加坡、泰国、越南
第四板块	乌克兰、巴基斯坦

结果将进口贸易网络划分为四个板块。第一板块包括中国、俄罗斯两个国家，第二板块包括印度、菲律宾两个国家，第三板块包括印度尼西亚、马来西亚、新

加坡、泰国、越南五个国家，第四板块包括乌克兰、巴基斯坦两个国家。

5. 典型国家分析

泰国作为“一带一路”进口贸易额最多的国家，在个体网络密度、点出度、点入度及中间中心性指标中，排名均不靠前。而越南与此相反，其贸易进口额低于泰国，却在2015～2019年的网络特征指标中呈现稳步上涨的趋势。因此对这两个国家进行典型性分析。

1）泰国

泰国不仅在中国农产品进出口市场中占据重要位置，同样也是农产品进出口大国之一。中泰两国在农产品贸易往来方面一直保持良好的合作伙伴关系。泰国在进口网络中的贸易额位于“一带一路”沿线国家首位，但其中间中心性却一直在第4名及之后波动，这说明泰国与贸易密切国家间的进口网络稳定性低于中国。这可能与中泰两国农产品结构的相似性以及泰国在某些农产品领域竞争力相对较弱有关。提升谷物等产品的竞争力有助于提高泰国在国际农产品贸易网络中的稳定性和地位。

2）越南

如果以贸易额为测算指标，那么越南并不是“一带一路”沿线国家中农产品贸易表现最优秀的国家。但在2015～2019年，越南在贸易密切国家进出口网络中的各种指标均呈现出上升趋势。这说明在2015～2019年，越南在“一带一路”背景下，进入了农产品贸易的快速发展期。越南进行农产品贸易的国家与产品种类均具有相对集中的特点，如水产品等商品类别占据越南农产品出口较大部分。此外，越南政府针对“一带一路”颁布了很多有利于贸易进出口的政策，如汇率政策、补贴政策等，也促使越南在2015～2019年农产品进出口方面表现良好。

4.2.4 “一带一路”沿线国家农产品贸易密切国家属性分类

通过4.2.1节～4.2.3节的分析，并结合理论知识，对“一带一路”沿线国家农产品贸易密切国家的贸易属性进行分析。同时根据块模型分析结果，结合2015～2019年农产品贸易网络特征（网络密度及中心性）变化，将贸易密切国家分为三类，分别是“贸易往来密切型”“贸易潜力型”“贸易有待发展型”。

1.“贸易往来密切型”国家

将印度、印度尼西亚、马来西亚、泰国、越南五个国家划分为“贸易往来密切型”国家。

1）划分依据

从网络密度指标看，这五个国家在出口、进口两方面的个体网络规模都位于前列，大多数年份都维持在“8”“9”“10”的高值。从整体网络密度图看，这五个国家的连线也较多，证明这五个国家在贸易网络中占据核心地位。

从中心性指标看，印度尼西亚在农产品贸易密切网络中的点出度与中间中心性排名较高。印度尼西亚、印度在个体网络密度上的排名同样名列前茅，越南、泰国、马来西亚的点出度及中间中心性的排名也几乎都处在前五的位置。

从块模型指标看，综合进出口两个网络的指标，印度尼西亚、马来西亚、泰国、越南、印度、新加坡六个国家所属板块相同或接近，但在整体网络密度与中心性指标方面，新加坡很少进入前五。因此，将印度、印度尼西亚、马来西亚、泰国、越南五个国家划分为“贸易往来密切型”国家。

2）原因分析

除印度外的四个国家都属于东盟，中国与东盟国家进行农产品贸易有着得天独厚的优势。首先，大部分东盟国家与中国的地理位置邻近，这使得农产品贸易的运输方式有更多选择。其次，东盟有多个农业优势国家，在“一带一路”沿线国家的农产品贸易方面，东盟国家表现十分优秀。最后，印度是“一带一路”中农产品方面的贸易大国。因此，这五个国家被划分为农产品贸易方面的“贸易往来密切型”国家具有一定的现实依据。

2. “贸易潜力型”国家

将新加坡、菲律宾、俄罗斯三个国家划分为“贸易潜力型”国家。

1）划分依据

（1）从网络密度指标看，这三个国家的个体网络规模处于中游位置，在整体网络中既不属于核心国家，也不属于完全的边沿国家。

（2）从中心性指标看，新加坡与菲律宾的排名存在上下波动，俄罗斯的中间中心性在 2019 年出现大幅下降。因此，这三个国家的贸易网络状态均不够稳定，但对中国来说，极具发展潜力。

2）原因分析

新加坡与菲律宾均隶属东南亚国家，与中国距离较近，可选择的贸易运输方式较其他距离较远国家更多。就新加坡国土资源与气候环境来看，并不适宜大规模地发展农业种植业，所以新加坡对中国的农产品出口商品有较大需求。虽然菲律宾的农业占总体 GDP（gross domestic product，国内生产总值）的 10%左右，但其并不属于先进农业国家行列。俄罗斯属于贸易出口大国，且与中国地理位置相近，物流运输便捷。因此，将这三个国家划分为农产品贸易方面的“贸易潜力型”国家。

3. “贸易有待发展型”国家

将乌克兰、巴基斯坦两个国家划分为“贸易有待发展型”国家。

1）划分依据

（1）从网络密度指标看，这两个国家的个体网络规模及整体网络的连接数都十分有限，在网络指标排名中属于末尾。

（2）从中心性指标看，乌克兰与巴基斯坦的点出度与中间中心性从未达到过前六的位置，在网络中处于边沿国家，其网络稳定度较差。

2）原因分析

巴基斯坦为一个农业型典型国家，与中国建立了非常友好的国际关系。在农产品贸易方面，两国之间的农产品具有良好的互补性，存在很大发展空间。由于距离较远且主要依靠海运，乌克兰与中国在农产品贸易方面运输成本较高，但其丰富的农产品资源仍为双方合作提供了极大的发展空间。

4.3 典型农产品国际碳足迹核算

4.3.1 亚洲小麦贸易分析

小麦生产遍布除南极洲以外的各个大洲，主要集中在亚洲、北美洲和欧洲。从国家分布来看，主要集中在中国、印度、美国、俄罗斯、法国、加拿大、德国和澳大利亚等国。其中，中国是世界小麦产量最多的国家，中国、印度、美国、俄罗斯四个国家的小麦产量合计占世界总产量的 50%以上。然而，与生产的区域集中度相比，小麦的消费则呈现全球性分布的特点。

小麦是粮食贸易中的主要商品，全球每年大约有 1.2 亿吨的贸易量，相当于生产量的 20%进入国际流通领域。而国际小麦市场是个垄断市场，以美国、加拿大、法国、澳大利亚和阿根廷为主的出口国阵营，占据了世界小麦出口量约 85%的市场份额。小麦的进口区域主要集中在亚洲和非洲地区，不论在进口数量还是在进口潜力上，亚洲表现都比较强劲，是进口量最大的区域。随着亚洲经济的复苏与发展，购买力持续增强，如图 4.10 所示，预计亚洲进口小麦仍将表现出增长的趋势。

在亚洲，进口量较多的国家有日本、中国、韩国、伊朗、印度尼西亚等。要充分把握亚洲进口国家的贸易情况，除了关注亚洲所属国家进口的时间序列数据外，还需要关注亚洲国家与亚洲之外国家间的横截面数据。从这两个层次的面板数据着手，即可辨析基于国别的进口特征。

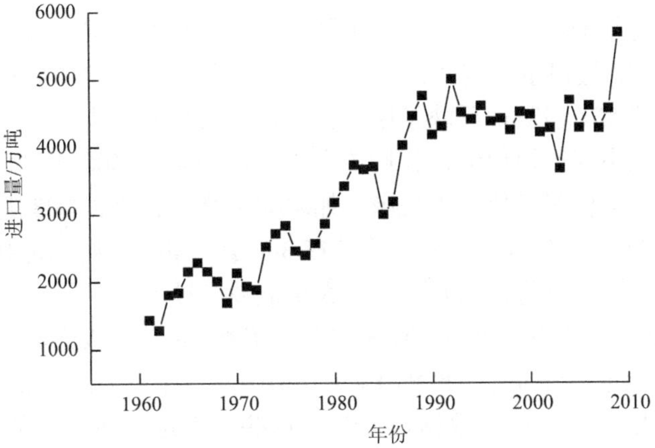

图 4.10　亚洲小麦进口量

以我国为例，截取 1998 年的断面数据，分析我国进口小麦的贸易流动。我国从美国、澳大利亚、加拿大等国进口小麦，其中美国是我国最重要的进口来源国，市场份额达 72%；加拿大和澳大利亚分别占 14%与 12%，三国合计占我国当年小麦进口总量的 98%。根据对其他年份横截面数据的分析，美国、加拿大和澳大利亚长期以来一直是我国小麦进口的主要贸易伙伴。

中国小麦进口量如图 4.11 所示。时间序列数据显示，1980～2005 年，中国平均每年进口将近 800 万吨，大约占国内小麦产量的 11%。1980～1996 年，中国小麦进口量较大，平均每年约 1200 万吨，占同期进口粮食总量的 84%，最高年份甚至达到 96%。这表明小麦在中国的粮食进口中占据重要地位。1997～2003 年，

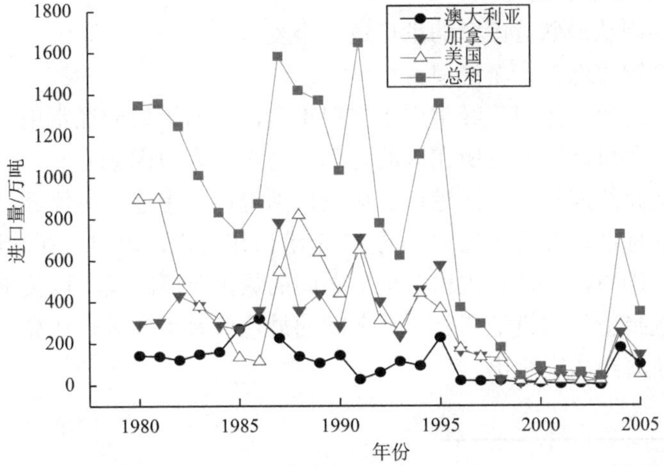

图 4.11　中国的小麦进口量

由于国内小麦连年增产，进口量大幅下降。此后，受库存削减和农民种粮积极性下降等因素影响，进口量一度回升，但 2005 年又因小麦生产丰收而再次下降。中国小麦进口量的波动清晰地反映了国内粮食供求关系的变化。

日本因缺乏小麦种植优势，长期依赖进口，1980～2000 年进口量稳定在 500 万～600 万吨，主要贸易伙伴为美国、加拿大和澳大利亚。韩国小麦进口量曾波动较大，进入 21 世纪后趋于稳定，维持在 300 万～400 万吨。其中，来自美国进口份额下降，澳大利亚份额上升，加拿大份额波动较大。

亚洲 42 个国家的小麦进口主要源自北中美洲、欧洲、大洋洲和南美洲，涉及 24 个供货国（北中美洲 4 个，欧洲 13 个，南美洲 5 个，大洋洲 2 个）。基于亚洲国家横截面数据和时间序列数据，计算了这些小麦进口所产生的食物里程和碳排放。

4.3.2 研究设计

首先确定进出口港口，计算出运输距离。然后，基于进口量和运输距离，计算出亚洲小麦进口所发生的食物里程（进口港到出口港的国际贸易食物里程）。最后，考虑到粮食运输通常采用 1 万～6 万吨的粮食专用船，据此建立碳排放预测模型并完成碳排放量的度量。

1. 港口选择与运输距离

鉴于各国有多个港口从事粮食进出口业务，为计算简便，遵循以下标准选择进出口港口。

（1）港口水深超过 10 米。

（2）内陆国从最邻近国家的港口进口小麦。

（3）一个国家选择一个港口。

（4）所选的出口港口应经常用于出口粮食，进口港口应经常用于进口粮食，而且进口港口尽可能地靠近所在国的首都（考虑到人口因素）。

（5）海运路线应从出口国港口直达进口国港口，中途不再停靠。

根据这些标准，最终选出亚洲的 32 个港口作为进口港口，亚洲以外的 20 个港口作为出口港口，并计算进出口港口之间的最短航海距离。以美国和韩国间的运输为例，选择新奥尔良港和釜山港之间的最短航海距离进行计算，航海距离可以通过世界航海距离表查出。①

---

① 距离数据来源于 Lloyd's marine Intelligence Unit（劳合社海事情报部门）的 Lloyd's List Ports of the World（劳合社全球港口指南）和 Japan Navigating Officers' Association（日本航海士协会）的 World-Wide Distance Chart（全球航程里程表）。

2. 食物里程

计算层次为：首先从各出口国到亚洲各进口国的食物里程，再汇总至区域层面，最终得出亚洲整体的食物里程。以北美洲和中美洲为例，美国及加拿大等国向亚洲 42 个国家出口小麦，通过加总各出口国的食物里程，即可得出北美洲和中美洲出口至亚洲的小麦食物里程。其他区域的计算方法相同，最终求出整个亚洲的小麦食物里程。

3. 碳排放与预测模型

1997 年在日本京都召开的 UNFCC 第三次缔约方大会上通过的《京都议定书》，给出了各国二氧化碳排放量的具体指标，即在 2008 年至 2012 年间，全球主要工业国家的工业二氧化碳排放量比 1990 年的排放量平均要低 5.2%。其目标是“将大气中的温室气体含量稳定在一个适当的水平，进而防止剧烈的气候改变对人类造成伤害”。但国际海运和空运所产生的温室气体没有包含于《京都议定书》中，其中国际海运部分的削减交由国际海事组织（International Maritime Organization，IMO）负责审查。随着全球环境问题日益严峻，国际海运部分的碳排放显得越来越重要。本节从食物里程的角度，开发亚洲小麦国际运输的碳排放与预测模型，模型如下：

$$P_A(t) = \mathrm{a\ POP}(t) - \mathrm{b} \tag{4.5}$$

$$S_A(t) = \mathrm{c\ POP}(t) - \mathrm{d} \tag{4.6}$$

$$\mathrm{Shortage}_A(t) = P_A(t) - S_A(t) \tag{4.7}$$

$$\mathrm{Import}_A(t) = \mathrm{e} + \mathrm{f\ Shortage}_A(t) \tag{4.8}$$

$$\mathrm{Import}_{P\to A}(t) = \mathrm{Import}_A(t) \times \mathrm{Share}_{P\to A}(t) \tag{4.9}$$

$$\mathrm{FM}(t) = \sum_i \sum_j \mathrm{TV}_{ij} d_{ij} \tag{4.10}$$

$$\mathrm{FM}_{\text{Europe}\to\text{Asia}} = \sum_{i=1}^{13} \sum_{j=1}^{42} W_{ij} d_{ij}$$

$$\mathrm{FM}_{\text{North \& Central America}\to\text{Asia}} = \sum_{i=14}^{17} \sum_{j=1}^{42} W_{ij} d_{ij}$$

$$\mathrm{FM}_{\text{South America}\to\text{Asia}} = \sum_{i=18}^{22} \sum_{j=1}^{42} W_{ij} d_{ij}$$

$$\mathrm{FM}_{\text{Oceania}\to\text{Asia}} = \sum_{i=23}^{23} \sum_{j=1}^{42} W_{ij} d_{ij}$$

$$\begin{aligned}FM_{Asia} &= FM_{Europe \to Asia} + FM_{North\ \&\ Central\ \ America \to Asia}\\ &+ FM_{South\ America \to Asia} + FM_{Oceania \to Asia}\end{aligned} \quad (4.11)$$

$$FM_R = g + h\,Import_R(t) \quad (4.12)$$

$$E_{CO_2}(t) = C_{CO_2} \times FM_R(t) \quad (4.13)$$

其中，$P_A(t)$为t年的亚洲生产量；$POP_A(t)$为t年的亚洲人口；$S_A(t)$为t年的亚洲供给量；$Shortage_A(t)$为亚洲不足量；$Import_A(t)$为亚洲进口量；$Import_{P\to A}(t)$为来自贸易对象国的进口量；$Share_{P\to A}(t)$为来自贸易对象国的市场份额；$FM(t)$为亚洲的食物里程；TV为运输量；i为出口国；j为进口国；d为运输距离；R为区域（包括北中美洲、南美洲、大洋洲、欧洲和亚洲）；E_{CO_2}为二氧化碳排出量；C_{CO_2}为二氧化碳排出系数（5.5t-CO_2/10^6 ton · km）①；a,b,c,d,e,f,g,h为系数。

在式（4.5）和式（4.6）中，亚洲小麦生产量和供给量可以通过图4.12中与亚洲人口②的回归分析得出，由于相关系数较高，预测的精度可以得到保证。

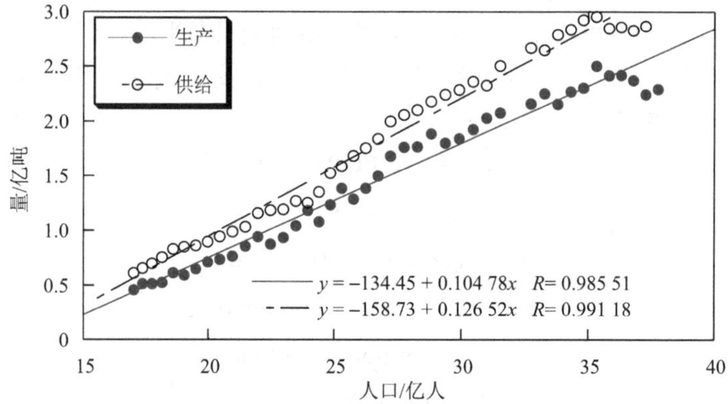

图4.12　生产量、供给量与人口的关系

在式（4.7）和式（4.8）中，亚洲小麦的不足量等于生产量和供给量的差值。对亚洲小麦进口量与不足量进行回归分析后发现，亚洲小麦的进口量主要依赖其不足量。如图 4.13 所示，回归结果表明可以用不足量来推断亚洲的进口量。

① 二氧化碳排出系数出自 Ship & Ocean Foundation 的 A Report on Research Concerning the Reduction of Greenhouse CO_2 Emission from Vessels. Tokyo，2000。

② 人口数据来自联合国的 World population prospects: the 2004 revision。

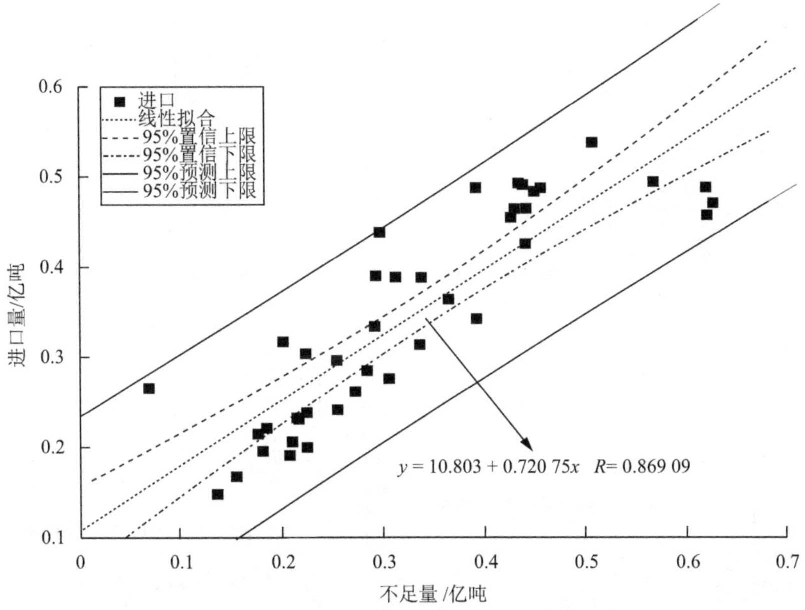

图 4.13　亚洲小麦不足量与进口量的关系

式（4.9）表示亚洲从各贸易区域进口的小麦数量。如图 4.14 所示，不同区域出口到亚洲的小麦份额变化不一。亚洲的主要贸易伙伴为北中美洲、大洋洲、欧洲和南美洲。1980 年，来自北中美洲和大洋洲的小麦共占亚洲进口约 97%，但到 2000 年这一比例降至 78%，两地仍为亚洲的主要供应区域。另外，从 1989 年到 2001 年，欧洲的平均市场份额为 9%，与大洋洲一样呈增长趋势。南美洲的小麦进口量较少，市场份额较低。根据四大区域的份额趋势，用近似直线预测未来亚洲市场份额的变化情况。

式（4.10）和式（4.11）为食物里程的计算方法。

式（4.12）表示进口量（运输量）与食物里程的关系（贸易各区域），图 4.15 显示两者回归线的相关系数（R）均超过 0.94，相关性很强。亚洲的小麦食物里程主要由进口国和进口量决定。如果进口国和出口国保持不变，两者应具有较强的相关性。出口国通常由小麦产地决定，变化较小，因此出口国和出口港口保持不变时，运输距离也相对稳定。从历史数据来看，进口量有所波动，但进口国作为主要进口方的性质没有变化。此外，出于经济成本考虑，进口国倾向于从距离较近的出口国进口小麦，并基于友好的政治关系维持这一模式。图 4.16 展示了亚洲进口量（运输量）与食物里程的关系，回归结果良好。因此，通过分析小麦市场的进口份额，可以预测来自各贸易区域的进口量，并根据食物里程和进口量的关系推导出食物里程。

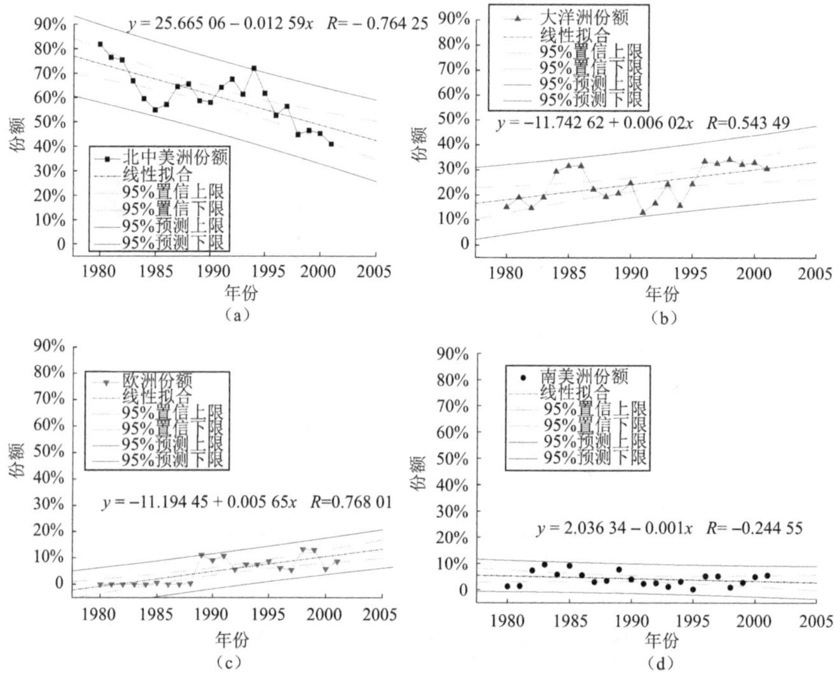

图 4.14　贸易区域市场份额的近似趋势

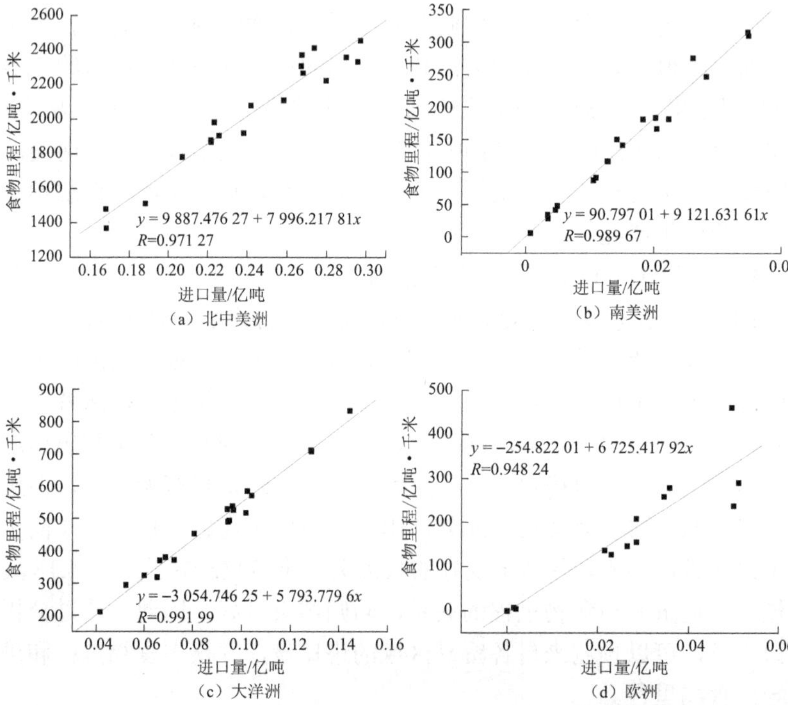

图 4.15　进口量（运输量）与食物里程的关系（贸易各区域）

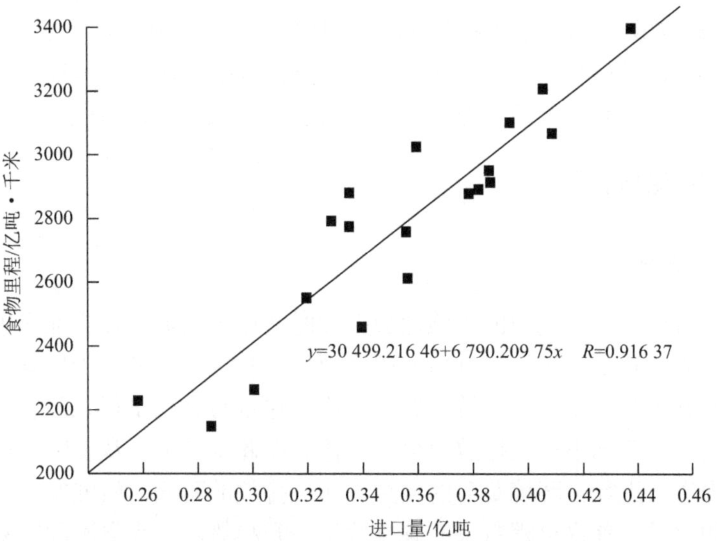

图 4.16　进口量（运输量）与食物里程的关系（亚洲）

4. 度量结果

最后，利用式（4.13）得出亚洲从各贸易区进口小麦的运输过程中的二氧化碳排放量，如图 4.17 所示。

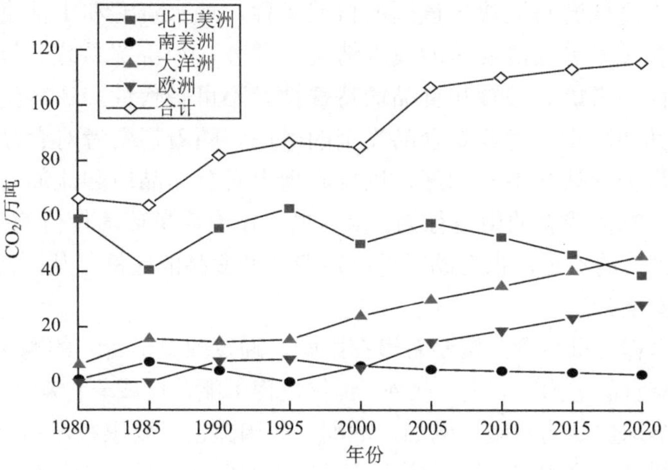

图 4.17　亚洲进口小麦二氧化碳排放及预测

结果表明：

（1）亚洲进口的碳排放量总体呈上升趋势。从区域来看，北中美洲的碳排放量有所下降，而大洋洲和欧洲的碳排放量呈增长趋势，南美洲则基本保持稳定。

（2）从碳排放量的绝对值来看，尽管北中美洲的碳排放量有所下降，但到 2017 年仍保持首位，随后被大洋洲超越。欧洲自 20 世纪 90 年代以来碳排放量持续增加，位居第三。南美洲因距离亚洲较远，排放量较低，排在末位。

4.3.3　研究结论与启示

1. 研究结论

通过分析亚洲小麦进口的横截面数据和时间序列数据，计算亚洲小麦进口的食物里程，并构建了亚洲小麦进口的碳排放度量和预测模型，为低碳经济下的亚洲小麦贸易分析提供了数据支持。数据表明运输量与食物里程之间有很强的相关关系，这为预测亚洲小麦碳排放提供了支撑。在此基础上，从食物里程的视角，对亚洲小麦进口进行了环境负荷的度量，即碳排放的研究。研究发现，随着亚洲粮食贸易的增长，食物里程带来的碳排放呈上升趋势。但来自不同贸易区域的碳排放和食物里程表现出不同的特征。亚洲进口小麦的流通渠道有所调整，主要体现在进口数量的波动，而进口国的变化不明显。

2. 研究启示

消费地产食品所带来的食物里程减少对提高自给率和食品安全有益。一国食品自给率高低通常取决于该国的自然条件，如水资源和土地资源，以及劳动力、资金和技术等经济要素的投入情况。此外，经济贸易政策等因素也会产生影响。然而，考虑到粮食和食品的特殊性及不可替代性，还应结合社会、环境和政治等其他因素，尤其是食品安全的考虑。随着消费者对食品远距离运输所带来环境压力的认知不断加深，以及心理上对食品品质和流通安全的关注，这些因素将影响消费者的消费行为。食物里程作为衡量环境价值的指标，不仅弥补了食品自给率的不足，也有助于提高消费地产食品的比例，从而提升本国的自给率和食品安全。

食物里程对世界食品贸易有潜在影响。通过改变消费者的购买行为，食物里程可以影响食品进出口贸易。此外，食物里程可能发展成一种新的绿色贸易壁垒，进而影响全球贸易的发展。例如，欧洲一些国家已经要求在产品上标注碳标签，显示食品的碳排放或碳足迹，这引导了低碳消费和低碳生产的趋势，必然对食品贸易产生影响。

区域食品贸易可能受到促进。在特定区域，特定食品或农产品的贸易可能因运输方式的变化而得到促进。以中国山东省出口姜到日本为例，采用环境负荷较低的海运，比在日本本土生产后用卡车运输更符合低碳要求。此类情况需要充分考虑区域的地理特点和市场需求。

食物里程对我国食品生产和贸易的战略发展具有重要意义。一方面，我国是食品和农产品的进口国，另一方面，我国也大量出口食品和农产品。如何利用食物里程这一指标科学指导食品生产和贸易，显得尤为重要。可以通过宣传食物里程，倡导低碳消费，促进消费地产食品，提高自给率；统筹规划食品生产，考虑不同运输方式的能耗问题，科学制订低碳发展规划；积极推动食物里程在国际贸易领域的研究，为应对绿色贸易壁垒寻求解决方案，开辟我国食品出口的新途径。

4.4 本章小结

本章从贸易物流的角度进行分析，对中国农产品进出口贸易网络进行分析。首先，对 2015 年海关进出口数据库中的数据进行分析，运用关联规则探究其贸易属性；其次，筛选出与中国农产品贸易最为密切的“一带一路”沿线国家，使用 UN Comtrade 国际贸易库中数据构建 2015～2019 年中国及其农产品贸易密切的“一带一路”沿线国家的进口网络与出口网络，并分析网络结构特征与变化规律，探讨贸易国家间的联系；再次，结合数据结果，对当前贸易密切国家属性进行分类，将国家分为了“贸易往来密切型”“贸易潜力型”“贸易有待发展型”三种类型。最后，结合食物里程理论与实践的发展，展开对亚洲进口小麦碳排放的实证研究。

第5章 中泰水果贸易的物流运输方式选择研究：以曼谷到广州为例

5.1 引　言

水果是泰国重要的经济来源，其年收益可达数十亿泰铢。得益于其得天独厚的地理位置与气候条件，泰国适宜多种热带水果的栽培，且由于各区域成熟期不同，泰国可以全年无休地供应新鲜水果。作为全球重要的热带与亚热带水果生产大国，泰国的菠萝、杧果和柚类生产居全球前三位。

中国是泰国水果的主要进口国，早在2000年，两国间的水果类产品贸易额已达6977.51万美元，水果产品贸易成为中泰贸易的重要组成部分。随着2002年中国与东盟国家启动中国—东盟自由贸易区建设，中泰水果贸易实现了新的飞跃。根据《中国-东盟全面经济合作框架协议》，自2003年10月1日起，中泰之间蔬菜和水果产品进出口实行零关税，该政策对泰国水果出口至中国产生了深远的影响。自该政策实施以来，泰国水果出口量持续攀升，与2003年相比，2017年泰国水果出口量增长了29%。在“一带一路”倡议的推动下，中泰之间的贸易合作预期将更加频繁，双边关系也将更加稳固。

随着中泰水果贸易的发展，物流已经成了泰国水果出口增长的重要支柱。泰国至中国的水果物流运输主要依赖陆路和海路运输，主要由两国的地理位置决定，能够满足大批量水果运输的需求。但是，热带水果的品质极易受到物流运输方式的影响。不同物流运输方式在运输时间、延迟、运费、货损率、承运商规模及其员工数量等方面存在差异，这些因素可能直接或间接影响热带水果的品质，从而影响水果贸易。因此，选择恰当的物流运输方式对于降低运输成本、提升运输效率具有重要意义。

5.2　中泰水果贸易物流

5.2.1　泰国水果贸易概况

1. 出口量分析

泰国水果深受国内外消费者欢迎，随着人口增长及消费者对健康问题的关注度提升，水果消费需求呈逐年上升趋势。泰国从北部至南部的地理和气候条件均适宜多种热带水果的生长，不同地区的水果成熟期各异，这一特点为泰国水果市场提供了全年无休的出口潜力。

水果已经成为泰国的重要出口产品之一，尤其是新鲜水果。根据 FAOSTAT 的泰国热带水果出口统计数据发现，泰国主要出口贸易的前十位国家及地区有中国、中国香港、越南、印度尼西亚、美国、缅甸、马来西亚、老挝、韩国和中国台湾（在 FAOSTAT 统计数据中，把中国台湾和中国香港作为一个单独的区域进行统计），如图 5.1 所示。

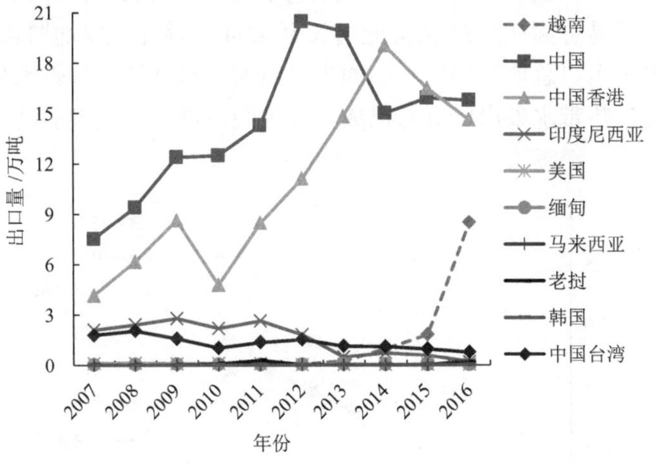

图 5.1　2007～2016 年的泰国热带水果主要出口量

由图 5.1 可知：

（1）泰国热带水果主要出口对象为东亚、东南亚国家及地区。其中，出口至中国及中国香港的热带水果数量总体呈现上升趋势，已成为泰国热带水果出口的两大主要市场。与此同时，泰国对越南的热带水果出口量在 2015 年至 2016 年间出现剧增。相对而言，泰国对印度尼西亚、缅甸、马来西亚、老挝和韩国等国的热带水果出口量则相对稳定，甚至出现轻微下降。这些国家均位于东亚和东南亚地区，表明泰国的水果出口策略倾向于邻近国家和地区，其贸易活动在很大程度上依赖于地理位置因素。

（2）中国作为泰国热带水果的主要出口市场，自 2007 年以来，泰国对中国以及中国香港、中国台湾地区的热带水果出口量在数量上占据显著优势。尽管自 2014 年起泰国对中国总热带水果出口量有所下降并趋于稳定，但其主导地位并未改变。自 2012 年起，泰国对越南的热带水果出口量逐年增长，并在 2016 年出现显著增长。通过调查泰国水果供应商及分析泰国国内相关新闻报道可知，泰国出口至越南的水果多数仅作为中转，越南水果商利用中越边境的贸易优惠政策进口泰国水果，最终转销至中国市场。这一现象间接反映出中国市场对泰国热带水果的高需求。因此，中国在泰国水果贸易中扮演着至关重要的角色。

2. 贸易额分析

图 5.2 展示了 2007～2016 年的泰国热带水果贸易额。在统计的 10 个国家及地区中，贸易额与出口量均呈现上升趋势。即使在 2012 年至 2014 年期间，泰国对中国热带水果出口量有所下降，贸易额却保持稳定增长。泰国热带水果的对外贸易额逐年增长，至 2016 年达到 4.94 亿美元，同比增长 27.7%。2007～2016 年，泰国热带水果贸易总额从 0.74 亿美元增长至 4.94 亿美元，年均增长率达 23.5%。同时，泰国国家出口总值年均增长率约为 11.0%，显著低于热带水果出口总额的增长率。因此，热带水果出口贸易已成为泰国经济增长的关键驱动力。

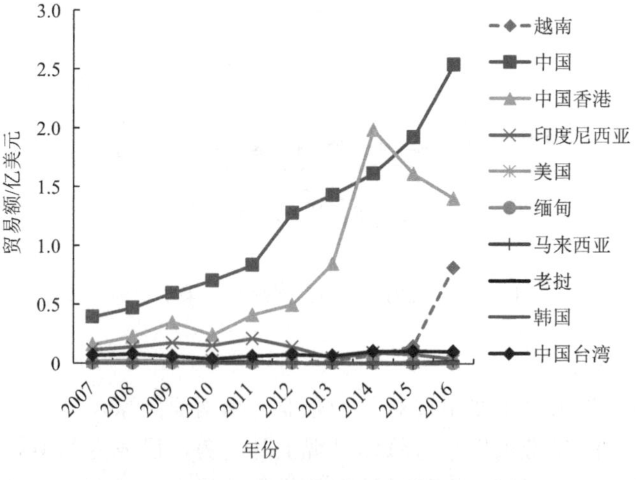

图 5.2　2007～2016 年的泰国热带水果贸易额

5.2.2　中泰水果贸易现状

1. 中国水果进口

泰国是中国最大的水果进口国，随着中国经济的增长，中国居民的购买力也逐渐增强。1980～2000 年市场营销渠道的发展和基础设施建设的完善促进了热带水果的进口，华南沿岸地区进口亚热带水果的需求量显著增长，2000 年后泰国水果开始受到中国华北和西北消费者的青睐。

为确保水果出口至中国的合规性，国外水果供应商必须在出口前完成检疫审批程序，并获得《中华人民共和国进境动植物检疫许可证》。国内水果经销商则需遵循国家市场监督管理总局发布的进口水果准入名录进行采购（现由中华人民共和国海关总署发布）。在众多国家中，泰国向中国出口的水果品类最为丰富，共计 22 种，包括罗望子、番荔枝、番木瓜、阳桃、番石榴、红毛丹、莲雾、波罗蜜、椰色果、菠萝、人心果、香蕉、西番莲、椰子、龙眼、榴梿、杧果、荔枝、山竹、柑橘、橙及柚子。中国海关统计数据显示，2017 年新鲜水果进口总量超过 380 万吨，总价值达 409.83 亿元人民币（约合 66 亿美元）。在进口水果中，香蕉以 104 万吨的进口量位居首位，同比增长 17%。龙眼进口量虽然不及香蕉，但增长迅速。2017 年，中国从越南和泰国进口的龙眼达 52.8 万吨，同比增长 48%，总价值为 35.58 亿元人民币（约合 5.73 亿美元）。

2016 年度，中国水果进口额最高的五个海关依次为深圳（占总进口额的 35%～39%）、上海（占 20%～23%）、南宁（占 6%～9%）、大连和广州。深圳、上海、广州及厦门海关区域的进口额呈现出逐年上升的趋势。2016～2017 年，深圳口岸的水果进口总量达到 103.3 万吨，同比增长 10.1%，进口总值达到 151.9 亿元人民币，位居全国各口岸之首。在各类水果中，车厘子、鲜葡萄及橙子的进口量表现出显著增长态势。

1）中国水果进口份额分析

图 5.3 展示了 2017 年中国水果进口份额。2017 年中国进口新鲜水果 440 万吨，总值 59.9 亿美元，分别同比增长 12%和 5%。其中，泰国以 21%的份额成为中国最大的水果进口国。2017 年，中国进口的泰国新鲜水果金额为 11.96 亿美元，占总进口额的 21%。泰国出口水果同比增长 41%，鲜榴梿、龙眼、山竹等出口量均有较大增幅。

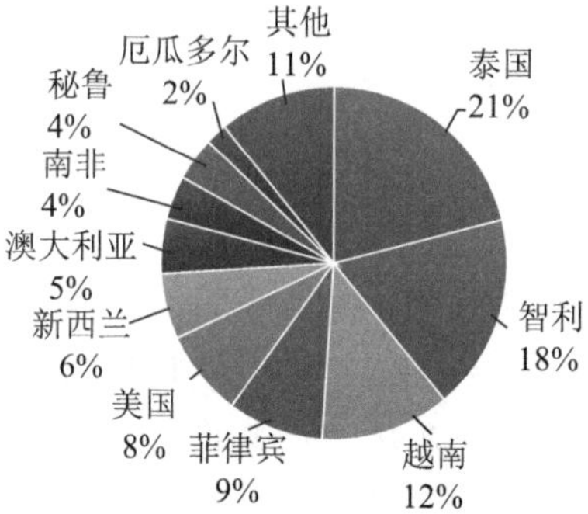

图 5.3　2017 年中国水果进口份额

2）中国水果进口品类分析

2017 年中国水果进口品类分布见图 5.4。樱桃仍然是中国鲜果进口额最大的产品，占进口总额的 14%，但其进口总量下降（7%）。在进口果品排名中，葡萄位居第二，进口额同比下降 8%。中国对香蕉的进口量有所增加，较 2016 年增长 17%。榴梿仍保持了 10%的进口比例，但其进口额同比下降 23%。相对而言，龙眼的进口额增长显著，增幅达 52%

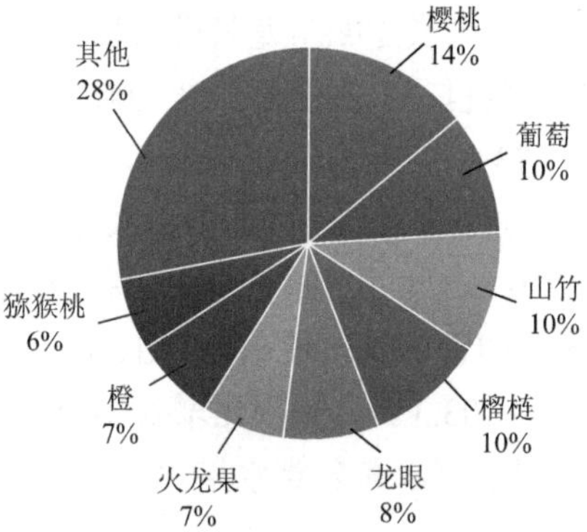

图 5.4　2017 年中国水果进口品类

综上所述：

（1）泰国是中国水果进口的主要来源国家，中泰间的水果贸易状况对两国经济具有显著影响。

（2）中国对榴梿、山竹、龙眼的需求量总和占水果进口总量的 28%。鉴于泰国是这三种热带水果的主要出口国，分析榴梿、山竹、龙眼的贸易情况，对深入研究中泰水果贸易问题具有重要意义。

2. 泰国水果出口至中国

泰国和中国双边贸易持续稳健，2017 年泰国和中国两国之间的贸易总值达 741.37 亿美元，较 2016 年增长 12.59%。其中，泰国对中国出口额为 294.05 亿美元，同比增长 24.96%。泰国自中国进口额为 447.32 亿美元，较上年增长 5.84%。因此，中国已成为泰国最重要的贸易伙伴之一，农产品是泰国出口至中国的主要商品之一。2014～2017 年泰国出口到中国的主要水果数量如图 5.5 所示。

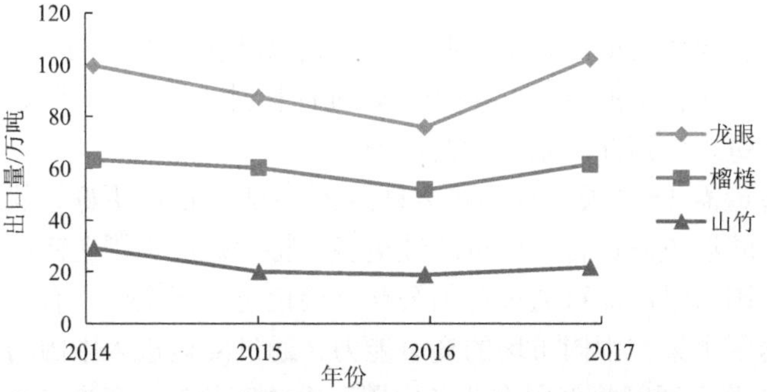

图 5.5　2014～2017 年泰国出口中国主要水果数量

泰国对中国出口的水果以热带水果为主。在各类水果中，龙眼的出口量占据首位，并总体呈现增长的趋势；榴梿紧随其后，也展现出上升的趋势；而山竹的出口量则相对稳定，波动幅度较小。此外，泰国出口至中国的这三种主要水果在数量上基本维持了稳定状态。尽管龙眼的出口量偶有波动，但榴梿和山竹的出口量基本保持不变，维持在较高水平。因此，这种稳定的出口表现能够充分满足中国国内对热带水果的高需求，进而有望保持其在市场上的较高占有率。

5.2.3　中泰水果物流运输

1. 中泰水果物流运输发展状况

中泰两国不断加强地方性合作，如建立中国-东盟自由贸易区、实施对水果贸易的零关税政策等，促进了泰国对中国水果出口量的逐年增长。同时，两国不断强化港口物流基础设施建设，进一步促进了泰国对中国的水果贸易量增加。

针对新鲜水果，中泰之间的运输方式包括空运、海运、陆运和内河运输四种。图 5.6 展示了各种运输方式所占比重。由图 5.6 可知，泰国至中国的新鲜水果运输以海运为主，其次为陆运。

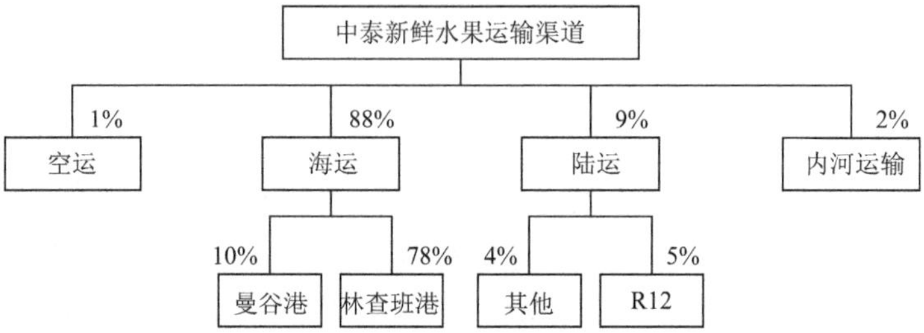

图 5.6　中泰水果进口渠道

中泰之间水果贸易的海运主要起始于林查班港和曼谷港，终点至香港、广州、深圳等地，占总运输量的 88%。整个运输过程耗时 5～7 天，到达中国后，水果产品通过货车进入广州江南果菜批发市场。

但相比海运需 5～7 天，货车陆运只需 2～3 天，能够更好地保证新鲜水果的质量。同时，陆运较海运目的地可选性更多，特别是在中国西南地区，各省之间距离较近，泰国水果产品可通过跨国公路直接运达目标企业，有效缩短了运输周期，增强了泰国水果在中国市场的竞争能力。通过陆运进入中国的泰国水果占比 9%，便捷的陆路交通网将泰国企业和中国西南紧密相连，在未来有着巨大的经济潜力。

2. 制约中泰水果物流运输发展的原因

尽管中泰两国间的水果贸易呈现繁荣景象，但其物流发展水平仍受到多种因素制约。主要制约因素包括运输基础设施薄弱、海关通关手续冗杂且费用高昂、水果运输品质难以保障及物流信息化水平较低。

1）运输基础设施薄弱

R12 路线中他曲口岸至纳包口岸（140 公里）是一条双车道公路，两侧路肩狭窄。尽管 R12 路线路面状况良好，但由于行车道上很可能会出现牛群和岩石，在该路段行驶时仍需格外谨慎。该路线大部分为平原，而临近纳包口岸的最后 20 公里路段为陡峭上坡，且存在复杂弯道。同时，该路线缺乏休息区、标准加油站、标准酒店、配送中心、餐厅、商店等物流和旅游配套设施。通常情况下，由于距离较短，车辆可以快速地从纳包口岸穿越边界到达查洛口岸。但是，两个边界之间的路段缺乏维护、道路上布满坑洞、弯道较多等，导致车辆通行时间较长。此外，与查洛口岸的越南海关具有较宽阔的货物分拣场地不同，纳包口岸则缺乏此类设施条件。

2）海关通关手续冗杂且费用高昂

R12 路线穿越泰国、老挝、越南、中国四个国家，各国物流标准不统一，海关业务处理能力参差不齐，导致海关通关效率较低、信息化水平不高、人员配备不足、处理能力有限等问题。在距离河内最近的 57 公里处，有一条 4 车道的高速公路，限速 80～100 公里/小时，该段路程需缴纳四次通行费，每次 5500 泰铢，约合 1200 元人民币，高额的通行费用增加了道路运输的成本。

3）水果运输品质难以保障

泰国水果物流装配主要依赖人工，尽管与机械设备相比前期投入低，但是在面对大量货物时，效率明显较低。同时，新鲜水果属于“易腐货物”，但出于运输成本问题的考虑，许多物流企业仍采用传统物流运输方式，运输车辆以普通货运汽车为主，导致水果在运输过程中的品质难以得到保障，从而造成经济损失。

4）物流信息化水平较低

中泰水果物流尚未建立起完善的信息系统。这主要表现为物流、仓储等环节的信息化程度较低，缺乏高效的自动化信息采集，从而导致物流过程中的信息流通不畅，无法有效掌握货物的到达时间、实时位置、货物状态等信息，给整个中泰水果贸易带来了较大的不确定性。此外，该问题在一定程度上导致了买卖双方的信息不对称，最终使消费者的需求不能顺畅地反映至生产者端，易引发牛鞭效应。

5.3　中泰水果物流价值链分析

5.3.1　识别界定物流价值活动

中泰水果物流价值链体现了信息流、物流、商流三者之间的融合与互动，其顺畅运作依赖于三流的有效沟通与协调。中泰水果物流价值链的核心是物流企业，价值增值过程因物流企业提供物流服务才得以实现。在服务过程中，物流企业满足了上下游企业的物流需求，进而促进了商流需求的实现。在流通中，水果的时空价值得到实现，从而增加了其市场价值。在水果物流过程中，运输与仓储是最为重要的基础功能，在这两项功能得到充分保障的前提下其他功能方可得到发挥。因此，在中泰水果物流运输方式的选择研究中，价值链分析方法具有十分重要的价值。

物流价值活动指物流服务商向消费者提供的所有活动。这些活动的价值主要体现在消费者为物流服务支付的费用上。在实际分析中，若把中泰水果物流价值链中每个独立的工序都作为一个活动进行研究，将增加分析的复杂性，并且难以实现优化目标。识别中泰水果物流的价值活动应注意三点：第一，将占成本比重较大或比重增长迅速的活动进行分离；第二，明确界定各价值活动之间的界限；第三，将对物流服务价值创造起关键作用的运输、仓储保管及包装活动分离出来。

通过对价值链相关文献的分析，并考虑到中泰水果物流过程实际上是众多公司物流活动的综合体现，可以将波特的价值链理论引入到该过程中。借鉴吴委哲（2014）对农产品物流价值链的各项物流活动的定义，根据中泰水果物流过程中各项活动所创造价值的不同作用形式，将物流活动分为基本活动、辅助活动及创新活动三个类别。例如，将包装、运输和保鲜等直接关系到为水果托运方创造价值的活动定义为基本活动；将涉及基础设施和后勤服务等为基本活动运转提供保障的活动定义为辅助活动；将人力资源及知识性投入等可以产生技术与管理创新的活动定义为创新活动。由此构建的中泰水果物流价值链如图 5.7 所示。该价值链以利润为导向，从生产环节开始至最终配送环节的每一部分都在水果物流中发挥作用，并按照从左至右的顺序依次进行。在价值链运作过程中，物流基础设施建设、物流后勤服务、政府政策支持和物流标准化作为辅助活动，为基本活动提供支持。同时，人力资源活动和技术创新作为创新活动，用于探索中泰水果物流新的利润增长点。

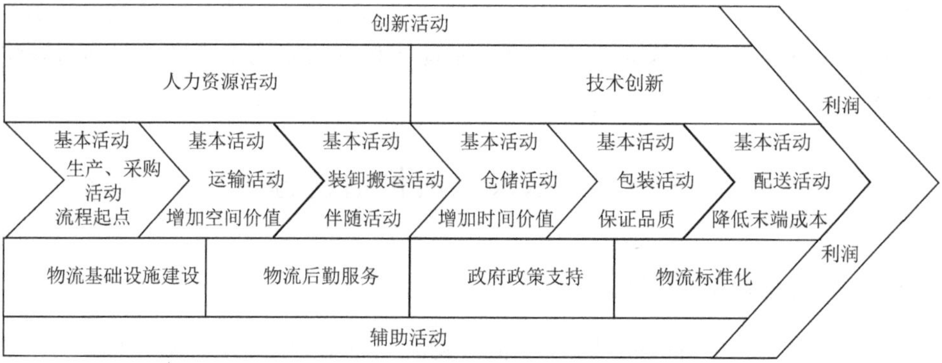

图 5.7　中泰水果物流价值链

5.3.2　中泰水果物流价值链

1. 基本活动

1）生产、采购活动

中泰水果贸易主要依托以农户为核心的直销物流模式。在此模式下，由农户直接将水果运至消费者或批发市场，因此水果的生产环节即代表物流活动的起点。而在以合作社、批发市场及连锁超市为中心的物流模式中，若由上述企业承担运输任务，则采购环节的完成即标志着物流活动的开始；若这些企业将水果交由第三方物流承运，则双方承运合同的签订即标志着物流活动的起始。

2）运输活动

水果的地理空间流动通过运输活动实现，该活动在水果物流基本活动中占据重要地位，它通过改变水果的空间位置创造价值。针对中泰水果贸易中的物流活动，运输距离长且存在通关成本，运输活动成为成本较高的一项物流基本活动，尤其是对于成本较低的水果产品，这导致了泰国水果在中国市场的最终销售价格中运费部分占比较大。

3）装卸搬运活动

水果的装卸搬运活动是运输活动的必要补充，在中泰水果物流基本活动中不可或缺。然而，装卸与搬运会对其他物流活动产生影响与制约。由于水果易受物理损伤而影响品质，在装卸和搬运过程中必须尽量避免挤压和碰撞。在堆垛过程中，应保持足够的空气流通，防止热量聚集导致变质。在中泰两国之间的陆路运输过程中，需跨越泰国-老挝、老挝-越南、越南-中国共三次国境线，每次过境均需进行卡车换装。因此，安全、高效的装卸搬运活动对于确保水果品质至关重要。

4）仓储活动

仓储活动旨在保存水果一段时间。它同运输活动一样，均在水果物流基本活动中占据重要地位。中泰水果贸易中三种主要水果的收获具有较强的季节性，由于供求关系的作用，通常在收获季节水果价格较低，在非收获季节价格较高。仓储活动通过改变水果的上市时间来创造价值。鉴于水果的易腐特性，其仓储过程通常需要冷藏以保证其质量。因此仓储活动所创造的价值往往伴随着较高的成本。

5）包装活动

包装活动旨在便于搬运装卸、保护产品或促进销售。第一方物流进行包装时通常会考虑促销目的，而第三方物流中的包装活动主要是为了便于搬运装卸，并对水果进行保护以避免货损。例如，水果保鲜在很大程度上依靠保持水果的水分，包装材料的水蒸气渗透性能会显著影响水果的失水速率。因此，在泰国至中国的水果物流过程中，包装活动能显著提升价值。

6）配送活动

在配送活动方面，水果及水果制品作为易腐品，其经济价值与产品质量关系密切。如何确保中泰水果贸易中的水果产品及其制品迅速送达消费者，是提升产品利润的关键。选择适合的配送路线和配送方式，能够有效降低水果及其制品在配送途中的品质损失，降低产品变质造成的经济损失，减少物流成本，增加贸易商的利润，进而提高整个中泰水果供应链的利润水平。

2. 辅助活动

1）物流基础设施建设

物流基础设施为物流活动提供支撑，包括道路、港口、物流园区、信息网络的建设等。中泰水果物流配送的基础设施建设主要包括公路、铁路、航空、水路等运输相关设施，以及相关的物流园区、物流中心和物流配送中心的建设。物流基础设施建设在配送过程中至关重要，良好的物流基础设施可以显著降低中泰水果物流中的流通成本。同时，良好的路况和通行程度也会使水果的运输质量显著提高，有助于降低货损，确保最终送达中国消费者手中的泰国水果保持较高的新鲜度。因此，在中泰水果物流配送中，物流基础设施建设具有重要意义。

2）物流后勤服务

辅助活动中的物流后勤服务主要涵盖中泰水果贸易过程中物流企业的计划、行政、财务、管理等日常活动。这些活动不同于创新活动，是指日常操作流程已趋于固化的辅助性活动。此类后勤活动主要通过辅助基本活动来创造和积累价值，而非创造新价值，因而在价值链中被归类于辅助活动。

3）政府政策支持

中泰水果贸易涉及多个国家，其贸易过程较为复杂，需要各国间相互协调。自《中国-东盟全面经济合作框架协议》签订后，泰国出口至中国的主要水果已享受零关税待遇。因此，降低运输成本成为中泰水果贸易中需要协调的主要问题。中泰水果物流陆路运输依赖的 R9 路线和 R12 路线收费站密集，显著增加了运输成本。各国政府可通过出台政策降低陆路运输收费标准，从而使泰国水果等跨国运输产品在交易市场上更具竞争力，促进跨国贸易市场进一步扩大，进而促进各国经济繁荣发展。此外，泰国政府与阿里巴巴的合作推动了农业和合作社部门关于农民政策的颁布，通过提升生产过程中的标准化程度并采用市场化手段管理生产等，来更好地满足消费者需求，以实现在中国网购市场上占据更大份额的目标。

4）物流标准化

物流标准化主要涉及物流基础设施标准化、物流管理层面标准化和物流信息系统标准化三个方面。物流标准化旨在实现低成本、高效率的物流运作，统一的物流标准对跨境物流意义重大，有助于从整体上降低物流运作成本，提高物流效率，进而实现跨境贸易的良性循环。中泰水果贸易涉及的各国海关通关标准不同、手续烦琐，严重影响了通关效率。统一的通关标准能够显著提升通关速度。此外，物流信息系统的标准化还有助于对货物进行实时追踪，降低物流预测风险，从而提高整个中泰水果物流系统的响应速度与竞争力。

3. 创新活动

1）人力资源活动

人力资源活动能为中泰水果物流价值链创造无形价值。企业目标实现是企业进行人力资源管理的最终目标。通过招聘、培训、激励等管理活动，企业构建学习型组织，以增强物流企业的创新与创造能力，进而提升无形价值的创造水平，促进创新价值的形成。例如，泰国政府的社区发展部、贸易发展部和合作推广部联合组织员工参观阿里巴巴，进行电子商务和数码港培训，旨在全面促进水果产业发展、培养电子商务人才，并加强泰国与阿里巴巴之间的合作。

2）技术创新

技术创新是指在生产或经营管理中引入新技术、新工艺、新模式或新理念，以产生新的生产力，并为组织带来短期或长期利润。在中泰水果物流价值链中，技术创新活动主要包括技术研发创新、信息共享、物流设备提升等。以技术创新为例，中泰水果物流价值链中技术创新的方向有冷链技术、损伤检测技术、货物追踪技术、网络信息技术创新与应用等。信息化作为中泰水果物流的关键环节，对及时准确传递水果配送质量、运输时间等信息具有重要意义，能够减少运输活动中的不确定性，避免牛鞭效应带来的危害。

5.3.3　运输在中泰水果贸易价值链中的地位

在中泰水果贸易价值链中，运输活动至关重要。由于从泰国到中国的运输距离较长，且水果具有易腐特性，因此运输质量的好坏直接关系到水果贸易的成败。同时，跨国运输过程中存在通关费用，导致运输活动在所有基本活动中可能会产生较高成本。因此，中国进口泰国水果的成本受运输费用影响显著，合理控制运输活动所创造的价值对增加水果供应商在贸易过程中的收益至关重要。

在泰国至中国的水果物流中，主要存在两种运输方式——陆运和海运。两种物流运输方式各具特点，基于不同运输方式的相同价值增值活动所创造的价值增量存在显著差别，从而可能导致不同的选择结果。例如，在基础活动中，陆运较海运能够节省 2～3 天的运输时间，但其运输成本较高。因此，如何平衡和选择这两种物流运输方式成为企业或供应商面临的关键问题。在辅助活动中，以物流基础设施建设为例，海运主要依赖港口设施，而陆运主要关注道路设施。在创新活动中，技术创新则需要根据海运与陆运的不同特点来具体实施。由此可见，陆运和海运这两种物流运输方式在价值链各项活动中的差异，最终会导致出口至中国的泰国水果产生显著价值差异。因此，在中泰水果贸易中，选择合适的水果物流运输方式具有重要意义。

5.4　中泰水果物流运输方式选择的实证分析

5.4.1　中泰水果物流运输方式

1. 公路运输方式

泰国、缅甸、老挝、柬埔寨、越南和中国六国开展的大湄公河次区域经济合作（Greater Mekong Subregion Economic Cooperation，GMS），旨在通过加强各成员国间的经济联系，促进次区域的农业贸易、投资、服务等诸多领域的发展，进而不断提升湄公河次区域组的人民生活水平。根据 GMS 在交通基础设施方面的建设，R9 和 R12 路线是东西经济走廊（East-West Economic Corridor，EWEC）的重要组成部分，同时也是水果出口商常用的陆路运输路线之一。这两条路线显著促进了泰国水果向中国市场的出口，使水果品质更新鲜、运输时间更短、贸易成本更低等。泰国政府计划实施更多政策举措，以进一步支持水果出口业的发展，这些措施包括但不限于自由贸易协定以及 GMS 下的合作项目。

1）R9 路线

表 5.1 展示了 R9 路线的具体里程数据。该路线起始泰国首都曼谷，终至中国广西凭祥市友谊关口岸，总长度约 1959.6 公里。其中，曼谷至穆达汉段为 609 公里，途经老挝的沙湾拿吉以及越南的多个口岸和城市，包括老堡口岸、河内、谅山。与传统海运方式相比，R9 公路运输模式显著减少了运输时间，从 7～8 天缩短至 2～3 天，有效避免了诸如“未注册水果”“二氧化硫检测残留”“运输过程中混装添加水果”等问题。这不仅有助于泰国水果更快进入中国市场，还可以让中国人民以更低廉的价格享受到更新鲜的水果。但是，R9 路线也面临若干问题。首先，与经海路运输至广东和上海相比，R9 线路的运输成本较高。其次，R9 路线运输成本不稳定。此外，交通基础设施不便利，尤其是老挝和越南境内道路状况与公用设施不足，以及跨国运输过程中需要频繁进行货物搬运（每次进入不同国家均需更换卡车），对水果新鲜度产生不利影响。

表 5.1　R9 路线的距离

国家	起点	终点	距离/公里
泰国	Bangkok（曼谷）	Mukdaharn（穆达汉）	609.0
老挝	Savannakhet（沙湾拿吉）	Dansavanh（丹沙湾）	250.0
老挝—越南	Dansavanh（丹沙湾）	Lao Bao（老堡）	0.4
越南	LaoBao（老堡）	Hanoi（河内）	716.0
越南	Hanoi（河内）	Lang Son（谅山）	184.0
越南—中国	Lang Son（谅山）	友谊关	0.2
中国	友谊关	南宁	200.0
泰国曼谷—中国南宁的距离约 1959.6 公里			

资料来源：Thai Embassy（泰国大使馆）

2）R12 路线

表 5.2 展示了 R12 路线的具体里程数据。该公路已经被中国政府认定为通往东盟进行贸易的主要道路，被称为“R12 经济走廊”。同时，这条路线还是从南

宁到曼谷的最短运输路线，其全长约 1695.38 公里，较 R9 路线缩短 264.22 公里。水果进出口商对 R12 路线的使用逐年上升，尤其是运输龙眼，其主要原因在于该路线的运输成本较低。

表 5.2　R12 路线的距离

国家	起点	终点	距离/公里
泰国	Bangkok（曼谷）	Nakorn Panom（那空帕侬）	724.00
泰国	Nakorn Panom（那空帕侬）	Thakhek（他曲）	0.78
泰国—老挝	Thakhek（他曲）	Na Phao（纳包）	150.00
老挝—越南	Na Phao（纳包）	Cha Lo（查洛）	0.40
越南	Cha Lo（查洛）	Hanoi（河内）	436.00
越南	Hanoi（河内）	Lang Son（谅山）	184.00
越南—中国	Lang Son（谅山）	友谊关	0.20
中国	友谊关	南宁	200.00
泰国曼谷—中国南宁的距离约 1695.38 公里			

资料来源：Thai Embassy（泰国大使馆）

在中泰水果陆路运输过程中，必须穿越老挝和越南两个国家。各国基础设施建设的差异性对运输时效具有显著影响。R12 路线比 R9 路线短 264.22 公里。因此，加强政府间合作，并制定更便捷的公路路线，对提升中泰公路运输效率、降低运输成本具有积极作用。

2. *海路运输方式*

1）林查班—广州

泰国林查班到广州的海上运输路线全长 3676 公里。其中，从泰国曼谷的达拉泰（Talad Thai）市场到林查班港口约 161 公里；从泰国林查班港口到广州佛山口岸直线距离约 3495 公里，航行时间约为 4 天；从广州佛山口岸至广州江南果菜批发市场约 20 公里，陆路运输大概需要 30 分钟。图 5.8 展示了林查班港口至广州佛山口岸再到广州江南果菜批发市场的路线图。

图 5.8　林查班港口至广州佛山口岸再到广州江南果菜批发市场线路图

2）林查班—深圳—广州

泰国林查班经深圳至广州的海上运输路线全长 3775 公里。其中，从泰国曼谷的达拉泰市场至林查班港口约 161 公里；从泰国林查班港口到深圳蛇口港直线距离约 3476 公里，航行时间需要 4 天；从深圳蛇口港至广州江南果菜批发市场约 138 公里，陆路运输约需 2 小时。图 5.9 展示了林查班港口至深圳蛇口港再到广州江南果菜批发市场的路线图。

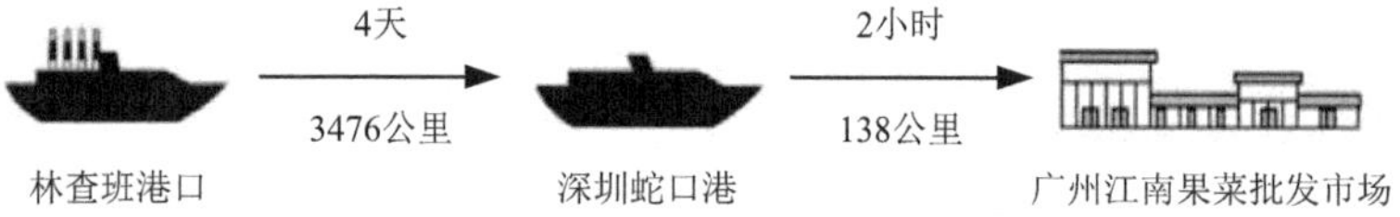

图 5.9　林查班港口至深圳蛇口港再到广州江南果菜批发市场线路图

3）林查班—香港—广州

泰国林查班经香港到广州的海上运输路线全长 3793 公里。其中，从泰国曼谷的达拉泰市场到林查班港口约 161 公里；从泰国林查班港口到香港港口的直线距离约 3442 公里；从香港港口到广州江南果菜批发市场约 190 公里，陆路运输约需 3.5 小时。图 5.10 展示了林查班港口至香港港口再到广州江南果菜批发市场的路线图。

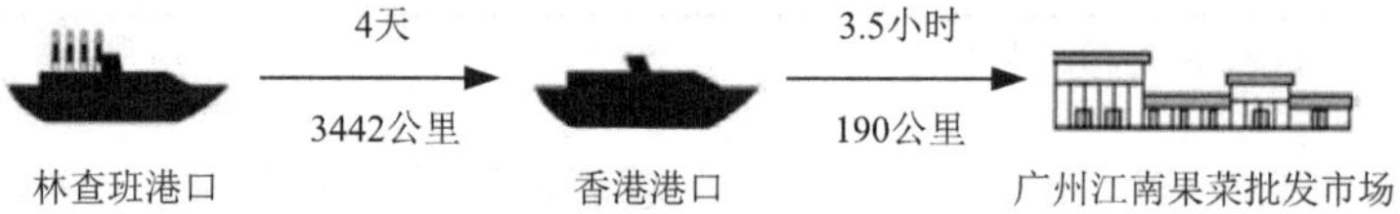

图 5.10　林查班港口至香港港口再到广州江南果菜批发市场线路图

与陆路运输相比，海路运输距离较远、时间较长，但船舶的运载量较陆运更大。深圳蛇口港与香港港口作为中国主要港口，为水果的后续分销提供了有利条件。然而，海路的长时间跨度要求相应保鲜技术，这对泰国的船舶性能提出了特定要求。大宗水果的报关程序依旧烦琐，可能造成水果质量损耗的风险。

3. 泰国水果物流运输方式的特点

（1）海路运输为主。在泰国中部及东部地区产出的水果，如榴梿与山竹，通过海路运输出口到中国。因为海路运输的运输量较大，且不需要多次转载，所以能够有效降低水果在运输过程中的损耗。同时，部分水果如榴梿等，需要在未成熟时采摘，海运 5～7 天的运输时间恰好能使其在运至中国市场时达到理想的成熟状态。

（2）公路运输为辅。部分泰国中部和中北部产出的水果，如龙眼等，多是通过公路运输出口到中国。因为公路运输距离较短、运量较小等，所以运输时间较短且过程易于监控。公路运输还能够提供门到门的配送服务，提高配送质量。

5.4.2　影响运输决策的因素分析

货物运输方式和线路选择受多种因素影响，学者普遍认为海运和陆运方式的选择主要基于对成本、时间、可靠性、灵活性以及运输行业标准要求等多维因素的综合评估。

货运效率、货运成本以及港口等待时间对货运方式选择有重要影响（Chen et al.，2017）。Yang 等（2014）通过分析大量商品贸易数据，发现商品类别是影响贸易物流运输方式选择的重要因素；货物的性质、价格、重量等因素能够作为运输分类的宏观划分标准。

同时，Haezendonck（2008）指出，货物贸易方式的选择不应仅限于经济效应方面，还应综合考虑生态、空间和社会方面，并且这些方面的权重正在不断增加。Yang 等（2018）在"一带一路"倡议实施背景下，对影响中国与欧洲国家进行贸易线路选择的主要因素进行了探究，并将贸易运输方式的影响因素划分为技术因素（交通运输网络、物流效率）、经济因素（货物运价、运输时间、运输频次）、生态因素（二氧化碳、氧化硫等污染物排放量）、政治因素（地理政治稳定性、政府扶持）和商品属性（时间敏感性、货物价值、货物易损性）。结果表明，货物贸易方式及线路的选择受到政府贸易支持（铁路运输补贴）、国际油价变动、基础设施情况、地理政治稳定性等因素的显著影响。

此外，部分学者研究了贸易产品供给结构、贸易产品供应链完善情况等方面对运输决策的影响。刘晴等（2017）研究了生产分散化程度对运输方式决策的影响，发现在产业链越发达、生产分工越细化的国际化生产环境下，更倾向于选择快速可靠的物流运输方式。蒋晓丹等（2018）将港口费用、等待时间、班轮频率、货物价值、单次运量、运输成本、运输及通关时间、准班率、陆港服务等作为效用影响因素，构建了物流运输方式选择的 Logit 模型，发现低运量贸易倾向于选择公路运输；运输者对多式联运的运输成本、运输及通关时间的重视程度高于公路运输，而对公路运输准班率重视程度高于多式联运。

最后，有学者从运输方式及货物本身特性出发，对物流运输决策进行探究。从物流运输方式看，对于市场主体企业，物流运输方式的选择主要受贸易成本、商品属性以及贸易路线的地理政治稳定性的影响。从货物本身特性看，龚志超和孙磊（2014）指出，由于水果产品的固有特性和时鲜性要求，水果必须在较短时间内被送达贸易目的国，因此，在水果贸易中不仅要求贸易双方地理位置上的毗邻，还要求贸易国双方较高水平的物流条件。齐军领和范爱军（2015）认为单位产品价值越大，产品的国际化分散程度越高，则该产品越倾向于采用空运；而普通商品则更多采用海运，这是因为海运具有运量大和运输成本低廉的显著优势。

中泰水果贸易中陆运方式正快速增长。2017 年，越南超过泰国成为对华水果出口国第一大国，其原因在于泰国水果通过陆运方式进入中国时，需要从越南转口，这间接提高了越南水果对中国的出口数量和市场占有率。但究其根本，该现象一方面是由于东盟自贸区战略的不断深化实施，各类关税及非关税壁垒不断削弱；另一方面是因为“一带一路”倡议的持续推进，让“一带一路”沿线国家对于对华贸易产生更好预期。同时，这也反映出随着生活水平的持续提高，居民更加关注和重视水果的时鲜性。

基于上述理论基础，接下来将深入探讨贸易运输单位规模、单位职工总数、单位货运价格、运输次数、水果属性、运输时间、运输延迟、运输距离、运输损失等因素对企业物流运输方式（海运或陆运）决策和水果种类（山竹、榴梿、龙眼）决策的影响。表 5.3 汇总了各类影响因素及相关解释。

表 5.3 企业贸易物流运输方式选择影响因素

序号	影响因素	解释
1	单位规模	按照小、中、大分类
2	单位职工总数	小于 200 人，200～500 人，500 人以上
3	单位货运价格	20 或 40 尺规大小，在特定交易方式下的集装箱耗费运费，特定交易方式如成本加保险费加运费（cost insurance and freight，CIF）、船上交货（free on board，FOB）、工厂交货（ex-works，EXW）等
4	运输次数	一周运输几次
5	水果属性	是否易损坏或腐烂
6	运输时间	是否在一周内或超过一周
7	运输延迟	运输延迟时间在特定天数内
8	运输距离	运输距离长短情况
9	运输损失	货物损失比例情况

5.4.3 问题描述

广州江南果菜批发市场位于中国广东省广州市，是中国南方规模最大的水果进口批发市场，也是中国进口水果的门户之一。广州是中国进口水果总销售量最多的城市之一，尤其是在泰国进口水果方面。周边城市的零售商多从广州江南果菜批发市场采购泰国水果，并将其分销至其他城市的超市或市场。同时，随着电子商务在中国的普及，蔬菜水果等商品的交易受到网络平台的显著影响。因此，除在京东、天猫和淘宝等网上购物平台进行销售外，广州江南果菜批发市场还自己开设了在线水果网站和微信微商平台“易江南”（www.jnfresh.cn）。消费者可以直接通过网站或微信订购水果，批发市场通过物流配送至消费者手中，确保客户能够享受到优质新鲜的水果产品。图 5.11 展示了广州江南果菜批发市场的分销方式。

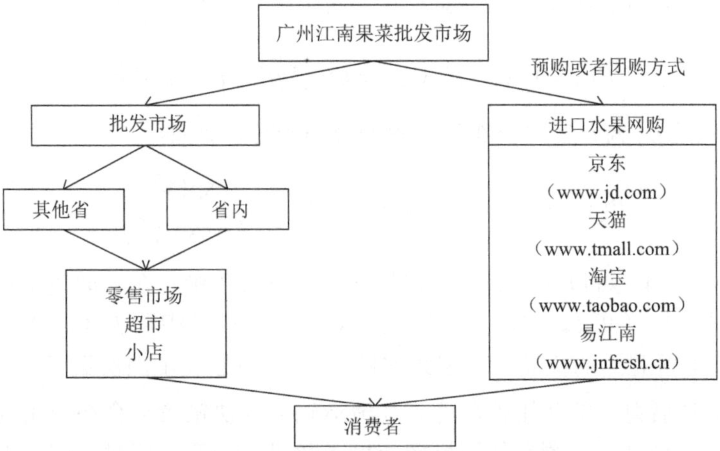

图 5.11　广州江南果菜批发市场的分销图

泰国水果出口无论是通过陆运还是海运，均以曼谷港或公路为起点运输至广州。因此，以曼谷至广州的运输线路为例进行研究，对提高运输效率、优化中泰水果贸易状况具有重要意义。

5.4.4　理论及实证模型建立

1. 模型概述

Logit 模型是离散选择模型中最常用的模型之一，该模型一般假定在给定外部影响因素 x 时，因变量 y 的两点分布概率为

$$\begin{cases} P(y=1|x)=F(x,\beta) \\ P(y=0|x)=1-F(x,\beta) \end{cases} \tag{5.1}$$

依据计量经济学相关理论，在使用传统线性概率模型（linear probability model，LPM）进行回归分析时，扰动项 ε_i 服从两点分布，而非正态分布。因此，传统计量经济学检验要求的无偏性、一致性、有效性等特性将无法满足，从而难以得到准确的预测值 β，即得出的因素对运输选择决策的影响程度存在偏差。同时，由传统 LPM 得出的预测值 $\hat{y}$，可能存在 $\hat{y}\geqslant 1$ 或 $\hat{y}\geqslant 0$ 的情况，不符合选择概率应在 0 到 1 之间的数据要求。因此，为了获得更为科学和有效的回归分析结果，必须对模型进行适当的转换。

首先，选择合适的函数形式 $F(x,\beta)$，使其可以保证 $0\leqslant\hat{y}\leqslant 1$，并将 $\hat{y}$ 定义为

“ $y=1$ ”发生的概率，则有

$$E(y|x)=1\cdot P(y=1|x)+0\cdot P(y=0|x)=P(y=1|x) \tag{5.2}$$

其次，假定 $F(x,\beta)$ 为标准正态累积分布函数，则 $P(y=1|x)$ 的预测值可表示为

$$P(y=1|x)=F(x,\beta)=\Phi(x^{\mathrm{T}}\beta)\equiv\int_{-\infty}^{x^{\mathrm{T}}\beta}\phi(t)\mathrm{d}t \tag{5.3}$$

如果 $F(x,\beta)$ 为“逻辑分布”的累积分布函数，则有

$$P(y=1|x)=F(x,\beta)=\Lambda(x^{\mathrm{T}}\beta)\equiv\frac{\exp(x^{\mathrm{T}}\beta)}{1+\exp(x^{\mathrm{T}}\beta)} \tag{5.4}$$

对于式（5.4）可以解释为：假定物流运输方式决策者在采取决策行为后会获得净效益或效用（正或负），决策变量用 $x^{\mathrm{T}}\beta$ 表示；其中，β,x 的含义与前边一致，ε 代表不可观测的扰动项。因此方程 $U=x^{\mathrm{T}}\beta+\varepsilon$ 表示当决策者（运输者）在采取某项选择后得到的效用值。假设物流运输方式决策者只会在效用为正时做出决策行为，并且可被观测者使用概率密度函数进行测算。同时，假定不可观测因素 ε 服从逻辑分布，其概率密度函数为 $f(\varepsilon)=\mathrm{e}^{-\varepsilon}/\left(1+\mathrm{e}^{-\varepsilon}\right)$，累积分布函数则对应为 $F(\varepsilon)=1/\left(1+\mathrm{e}^{-\varepsilon}\right)$。

本节所采用的回归分析模型可通过对式（5.4）变形得到：

$$\frac{P(y=1|x)}{1-P(y=1|x)}=\exp(x^{\mathrm{T}}\beta) \tag{5.5}$$

两边取对数，最终得出 Logit 回归模型的主要计算公式为

$$\ln\left(\frac{p}{1-p}\right)=x^{\mathrm{T}}\beta \tag{5.6}$$

其中，β 为解释变量 x 增加一单位引起的左侧对数似然比变化的边际大小；p 为某项选择的确定性概率；$1-p$ 为其互斥事件的概率。具体实际意义为各类影响因素的矢量集 x^{T} 对不同类物流运输方式或水果类型选择的概率似然比的影响程度。

2. 实证模型建立

采用二项 Logit 模型分析中泰贸易公司在水果贸易过程中物流运输方式（海运或陆运）的选择是否受运输成本、运输时间、运输延迟、运输次数等因素的影响，以及水果运输种类（山竹、榴梿、龙眼）的选择是否受运输成本、运输时间、运输距离、运输损失等因素的影响。实证模型主要分为两个层次，第一个层次是研究企业在一般条件下选择不同类型物流运输方式的概率的二项 Logit 模型；第二个层次是在商品种类确定情况下，研究各类因素对选择该种水果作为贸易运输

商品的影响方向及大小的二项 Logit 模型。

第一层次模型从整体上分析各因素对贸易公司选择运输方式的影响：

$$R_i = \beta_1 \text{ Business\_type}_i + \beta_2 \text{ Size}_i + \beta_3 \text{ Staff}_i + \beta_4 \text{ Cost}_i + \beta_5 \text{ Time}_i + \beta_6 \text{ Damage}_i + \beta_7 \text{ Delay}_i + \varepsilon_i \quad (5.7)$$

第二层次模型研究各因素对贸易公司运输水果种类选择的影响：

$$\text{Durian}_i = \beta_1 \text{ Business\_type}_i + \beta_2 \text{ Size}_i + \beta_3 \text{ Staff}_i + \beta_4 \text{ Cost}_i + \beta_5 \text{ Time}_i + \beta_6 \text{ Damage}_i + \beta_7 \text{ Delay}_i + \varepsilon_i \quad (5.8)$$

$$\text{Mangosteen}_i = \beta_1 \text{ Business\_type}_i + \beta_2 \text{ Size}_i + \beta_3 \text{ Staff}_i + \beta_4 \text{ Cost}_i + \beta_5 \text{ Time}_i + \beta_6 \text{ Damage}_i + \beta_7 \text{ Delay}_i + \varepsilon_i \quad (5.9)$$

$$\text{Longan}_i = \beta_1 \text{ Business\_type}_i + \beta_2 \text{ Size}_i + \beta_3 \text{ Staff}_i + \beta_4 \text{ Cost}_i + \beta_5 \text{ Time}_i + \beta_6 \text{ Damage}_i + \beta_7 \text{ Delay}_i + \varepsilon_i \quad (5.10)$$

上述四个回归方程中的变量含义如表 5.4 所示。

表 5.4　四个回归模型各变量定义解释

序号	变量名称	变量含义
1	R_i	表示 i 公司选择海运（用 1 表示），选择陆运（用 0 表示）
2	Durian_i	i 公司运输水果为榴梿
3	Mangosteen_i	i 公司运输水果为山竹
4	Longan_i	i 公司运输水果为龙眼
5	Business_type_i	i 公司的经营业务类型（批发或货运）
6	Size_i	i 公司的业务规模（大、中、小）
7	Staff_i	i 公司的员工总人数
8	Cost_i	i 公司的运输成本（单位：泰铢）
9	Time_i	i 公司的运输时间（单位：天）
10	Damage_i	i 公司的运费损失（单位：%）
11	Delay_i	i 公司的运输延迟（单位：天）

5.4.5　数据与问卷调研分析

为了理清影响泰国主要贸易类企业物流运输方式选择的主观因素，并提供相关数据支持，特针对代表性中泰贸易运输企业展开问卷调查。

1. 问卷设计及样本选择

调查问卷的设计参照以下程序进行：首先，参照陆运与海运相关理论及文献，明确问卷应包含的重点影响因素，如运输成本、运输时间、运输延迟等；其次，在问卷初稿设计完成后，通过与导师和同学交流讨论，提升问卷实用性和有效性；最后，依据各方反馈意见对问卷进行修改完善，确定问卷的最终版本。

问卷选取的研究对象主要为泰国水果出口公司。2017 年泰国商务部公布的有关数据中，共有 175 家企业为中泰水果贸易公司，这些企业主要负责出口业务。选取上述 175 家中泰水果贸易企业作为研究样本。抽样时，根据 Krejcie 和 Morgan（1970）的样本选择模型确定样本量，其中可容许的误差幅度为 5%。具体抽样公式如下：

$$n=\frac{\chi^2 Np(1-p)}{e^2(N-1)+\chi^2 p(1-p)} \tag{5.11}$$

其中，n 为样本量；N 为人口规模；e 为可接受的抽样误差；χ^2 为自由度卡方（置信区间为 $95\%=3.841$ 时）；p 为人口比例（未知情况下为 0.5）。

根据计算，可得出当总体规模为 175 时，抽样得到 120 个样本较为合适。

2. 问卷构成及调查实施

经过多轮讨论与分析，最终调查问卷的构成可分为以下三个部分：①企业和基本运输信息，包括业务规模、运输水果的种类、物流运输方式、运输路径及运输时间等。②影响水果运输的因素，涉及运输成本、运输时间、运输延迟、运输次数、运输距离和运输损失六个方面，并要求受访者根据自身经验对这些因素的影响程度进行主观评价，评价等级分为完全同意、同意、一般、不同意、完全不同意五个层级。同时，问卷还要求受访者对陆运和海运损失的原因进行详细论述。③开放式问题，旨在收集企业对开展水果出口业务时关于物流运输方式选择的意见和建议。

在采样过程中，通过请求学校学院支持、主动申请受访公司协助以及电话访谈等方式，多渠道发放问卷。最终，问卷合计发放 175 份，回收有效问卷 122 份，回收比 69.7%。

3. 问卷数据分析

在完成调查数据汇总后，对问卷数据进行整理分析。与实证模型建立时相同，从两个方面对问卷展开分析。第一方面是出口企业对海运或陆运选择影响因素的评价，结果用受访群体不同观点的比例表示；第二方面是出口企业在泰国和中国运输各类水果过程中，对不同因素影响水果运输品质程度的评价，同样采用受访群体不同观点的比例表示。

同时，研究规定 4 分和 5 分表示受访群体认为该种因素较重要，1～3 分表示受访群体认为该种因素不重要。表 5.5～表 5.10 展示了问卷统计结果。

表 5.5　运输成本相关问题结果统计

问题	评价	陆运	占比	海运	占比
1.1 运输成本对物流运输方式选择有非常大的影响	5：完全同意	54	94.73%	30	86.96%
	4：同意	18		10	
	3：一般	4	5.27%	6	13.04%
	2：不同意	0		0	
	1：完全不同意	0		0	
1.2 不同种类的水果对运输成本有非常大的影响	5：完全同意	44	89.47%	12	91.30%
	4：同意	24		30	
	3：一般	8	10.53%	4	8.70%
	2：不同意	0		0	
	1：完全不同意	0		0	

表 5.6　运输时间相关问题结果统计

问题	评价	陆运	占比	海运	占比
2.1 运输时间对物流运输方式选择有非常大的影响	5：完全同意	30	84.21%	20	95.65%
	4：同意	34		24	
	3：一般	12	15.79%	2	4.35%
	2：不同意	0		0	
	1：完全不同意	0		0	
2.2 运输时间对水果的成熟或腐烂有非常大的影响	5：完全同意	36	78.95%	22	91.30%
	4：同意	24		20	
	3：一般	16	21.05%	4	8.70%
	2：不同意	0		0	
	1：完全不同意	0		0	

表 5.7　运输延迟相关问题结果统计

问题	评价	陆运	占比	海运	占比
3.1 运输延迟对物流运输方式选择有非常大的影响	5：完全同意	10	51.32%	16	69.57%
	4：同意	29		16	
	3：一般	25	48.68%	12	30.43%
	2：不同意	10		2	
	1：完全不同意	2		0	

续表

问题	评价	陆运	占比	海运	占比
3.2 您曾经的运输体验如何	5：没有延迟过	12	71.05%	4	86.96%
	4：延迟 1～2 天	42		36	
	3：延迟 3～4 天	22	28.95%	6	13.04%
	2：延迟 5～6 天	0		0	
	1：延迟超过 6 天	0		0	

表 5.8 运输次数相关问题结果统计

问题	评价	陆运	占比	海运	占比
4.1 运输次数对物流运输方式选择有非常大的影响	5：完全同意	20	63.16%	4	52.17%
	4：同意	28		20	
	3：一般	26	36.84%	18	47.83%
	2：不同意	2		4	
	1：完全不同意	0		0	
4.2 目前您的运输次数是多少	5：少于 1 个星期/次	60	100%	42	100%
	4：1 个星期/次	16		4	
	3：2 个星期/次	0	0	0	0
	2：1 个月/次	0		0	
	1：超过 1 个月/次	0		0	

表 5.9 运输距离相关问题结果统计

问题	评价	陆运	占比	海运	占比
5.1 运输距离对物流运输方式选择有非常大的影响	5：完全同意	6	63.16%	4	43.48%
	4：同意	42		16	
	3：一般	18	36.84%	14	56.52%
	2：不同意	10		10	
	1：完全不同意	0		2	
5.2 运输距离的长短对水果的质量有非常大的影响	5：完全同意	22	65.79%	4	52.17%
	4：同意	28		20	
	3：一般	16	34.21%	12	47.83%
	2：不同意	4		8	
	1：完全不同意	6		2	

表 5.10　运输损失相关问题结果统计

问题	评价	陆运	占比	海运	占比
6.1 运输损失对物流运输方式选择有非常大的影响	5：完全同意	22	65.79%	12	60.87%
	4：同意	28		16	
	3：一般	22	34.21%	10	39.13%
	2：不同意	4		8	
	1：完全不同意	0		0	
6.2 您在运输过程中曾经有过怎样的损失的经历	5：没有损伤过	4	50%	2	47.83%
	4：损伤过（0, 5%]	34		20	
	3：损伤过（5%, 10%]	26	50%	13	52.17%
	2：损伤过（10%, 20%]	10		8	
	1：损伤超过 20%	2		3	

由表 5.5 可知，针对陆运和海运，90%左右的受访者认为运输成本对物流运输方式的选择有较大影响。因此，在中泰水果物流运输中成本因素至关重要，较低的运输成本可以为水果供应商带来更高的收益。水果的种类对运输成本有较大影响。

由表 5.6 可知，多数受访者认为运输时间对运输方式选择和水果质量有较大影响。这是因为对于水果运输而言，较短的运输时间可以提高运输效率，同时还能保证水果的新鲜程度。

由表 5.7 可知，与多数受访者认为运输成本和运输时间对运输方式选择具有显著影响不同，只有一半左右的受访者认为运输延迟对运输方式选择有较大影响，且大多数受访者对两种运输方式的运输体验感均较好。相较于空运，这两种运输方式因受不可预见因素的影响较少，所以延迟问题较小。

由表 5.8 可知，超过一半的受访者认为，运输次数对物流运输方式选择有较大影响。同时，所有受访企业均表示每周至少进行一次运输。因为中国对泰国水果的需求日益增长，所以运输次数也呈现上升趋势。

由表 5.9 可知，就运输距离而言，陆运和海运存在一定差别。由于陆运自身特点，半数以上受访者认为距离对是否选择陆运有较大影响。而海运本身具有适合长距离运输的特点，所以超过半数的受访者认为运输距离对是否选择海运的影响较小。但是，无论是陆运还是海运，均有超过半数的受访者认为运输距离的长短对水果质量存在较大影响。当运输距离过长时，会在一定程度上影响水果的品质，进而导致收益受损。

由表 5.10 可知，多数企业认为运输损失对物流运输方式选择具有较大影响。同时，在受访企业中，部分企业经历过货物损失，而部分企业没有。原因可能在于他们选择的运输方式及运输企业不同。

图 5.12 展示了对运输方式选择影响因素的评价结果。通过对 122 份有效问卷数据的汇总分析发现，在运输商品种类不确定时，运输成本和运输时间是影响陆运或海运方式选择的重要因素。在陆运选择上，认为运输成本有较大影响的比重高达 94.73%，而认为运输时间具有较大影响的比重高达 84.21%。同时，运输损失和运输次数、运输距离对陆运选择的影响次之，分别有 65.79%、63.16%和 63.16%的受访企业认为其有较大影响。在海运选择上，运输时间的影响较大，比重达到 95.65%。这说明不同因素对不同物流运输方式的选择具有不同影响程度，也进一步揭示了在运输产品不确定的情况下，企业在选择运输方式时，对运输成本、运输时间等经济因素更为看重，与 5.4.2 节运输影响因素分析的结论相吻合。

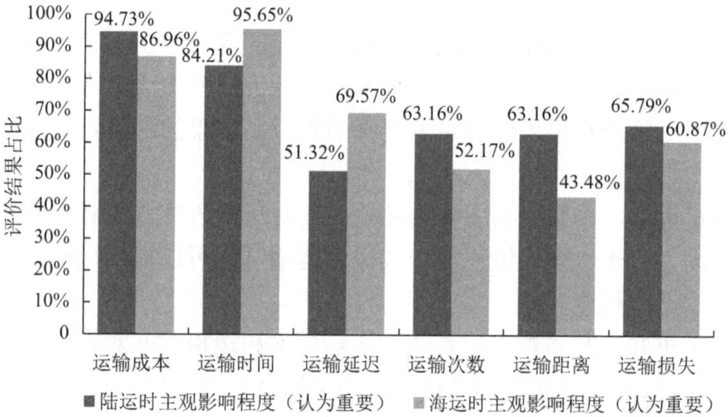

图 5.12　不同运输类型各因素的主观评价

根据受访企业出口水果种类不同，分类计算出口同一种类水果的受访者对不同影响因素的评价比例，并计算各影响因素评价比例的平均值，得到当运输的水果种类确定时，受访者对各运输方式选择影响因素的评价结果，如图 5.13 所示。当运输水果种类确定时，不同因素对物流运输方式选择的影响程度略有变化。此时，运输成本、运输时间对海运企业来说仍为重要因素，比例均为 91.30%，表明运输成本具有重要影响的比例上升。运输成本、运输时间、运输距离和运输损失均对陆运具有较大影响，比例分别为 89.47%、78.95%、65.79%和 65.79%。上述结果表明，在考虑到水果时鲜性的前提下，运输成本和运输时间对运输方式选择影响更大。通过比较物流运输方式选择影响因素的重要性评价结果可知，在泰国和中国的商品贸易中，运输成本和运输时间对于任何类型的货运方式选择、货运路线选择均至关重要；而运输距离、运输延迟的影响程度相对较小，这表明贸易货物在流转过程中可能存在延迟等不确定性情况。同时，相较于海运，运输损失对于中泰水果贸易陆运方式选择有较大影响，占比达 65.79%，其主要原因在于需要保持水果的时鲜性，这要求贸易运输公司必须重点关注此问题。

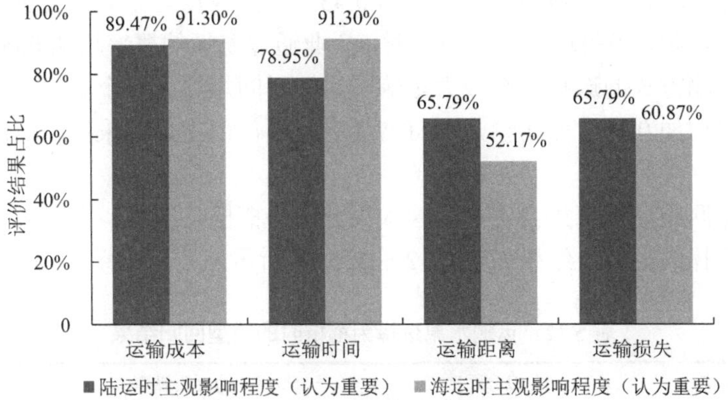

图 5.13　水果种类确定时对各因素的主观评价

5.4.6　模型分析结果

根据 5.4.4 节中建立的实证模型，使用 Stata 软件对问卷数据进行 Logit 回归模型分析，得到以下结果。首先，第一层模型的回归结果见表 5.11。

表 5.11　模型回归结果

变量名称	拟合系数	似然比边际贡献率	p 值
Business_type_i	0.8262	0.0892	0.160
Size_i	−4.1999	−0.4480	0^{**}
Staff_i	0.0190	0.0021	0^{**}
Cost_i	0	0	0.750
Time_i	−1.3964	−0.1526	0^{**}
Damage_i	0.3924	0.0424	0.480
Delay_i	−3.7829	−0.3226	0^{**}
_cons	10.8006		0.002^{**}
主要指标概述			
Number of obs		122	
Wald chi2(7)		54.78	
Prob > chi2		0	
Pseudo R^2		0.4794	

p 值在(0,5%]显著水平为高度显著（**）

由表 5.11 可知，公司经营业务类型、运输成本、运输损失等变量对物流运输方式选择的影响不显著，企业的业务规模对物流运输方式选择具有显著影响。在其他因素不变时，企业的业务规模越大，企业选择海运方式的可能性越大，大企业通过海运运输货物的概率比小企业高 0.45。员工数量对企业是否更倾向于海运也具有一定影响，当每增加一个员工时，企业通过海运的概率增加 0.002。运输时间对物流运输方式的选择具有较大影响，运输时间每增加一个单位，出口商选择海运的概率增加 0.15。而运输延迟每增加一个单位，出口商采用海运的概率增加 0.32。

第二层回归分析聚集当确定运输水果分别为榴梿、山竹、龙眼时，各因素对运输方式选择的影响，结果如表 5.12～表 5.14 所示。

表 5.12　运输水果选择为榴梿时的模型回归结果

变量名称	拟合系数	似然比边际贡献率	p 值
$Business\_type_i$	1.5186	0.1195	0.033^{**}
$Size_i$	−25.4927	−0.4515	0^{**}
$Staff_i$	0.1659	0.0117	0^{**}
$Cost_i$	0	0	0.992
$Time_i$	−1.8294	−0.1294	0^{**}
$Damage_i$	1.4417	0.0992	0.077^{*}
$Delay_i$	−28.0563	−0.5448	0^{**}
_cons	19.7712		0.001^{**}
主要指标概述			
Number of obs	62		
Wald chi2(7)	500.17		
Prob > chi2	0		
Pseudo R^2	0.6561		

p 值在(0,5%]显著水平为高度显著（**），(5%,10%]显著水平为显著（*）

表 5.13　运输水果选择为山竹时的模型回归结果

变量名称	拟合系数	似然比边际贡献率	p 值
$Business\_type_i$	1.1805	0.1631	0.033^{**}
$Size_i$	−3.1117	−0.3670	0^{**}
$Staff_i$	0.0169	0.0023	0^{**}
$Cost_i$	0	0	0.191
$Time_i$	−1.2995	−0.1774	0^{**}

续表

变量名称	拟合系数	似然比边际贡献率	p 值
Damage_i	0.3239	0.0439	0.610
Delay_i	−2.8499	−0.3454	0.001**
_cons	11.4616		0.010**
	主要指标概述		
Number of obs	72		
Wald chi2(7)	31.49		
Prob > chi2	0.0001		
Pseudo R^2	0.3847		

p 值在(0,5%]显著水平为高度显著（**）

表 5.14　运输水果选择为龙眼时的模型回归结果

变量名称	拟合系数	似然比边际贡献率	p 值
Business_type_i	−0.4756	−0.0508	0.576
Size_i	−1.6783	−0.2008	0.079*
Staff_i	−0.0028	−0.0003	0.610
Cost_i	0.0001	0	0.033**
Time_i	−1.2488	−0.1258	0.003**
Damage_i	0.7611	0.0756	0.143
_cons	1.9585		0.460
	主要指标概述		
Number of obs	70		
Wald chi2(7)	12.86		
Prob > chi2	0.0453		
Pseudo R^2	0.4234		

p 值在(0,5%]显著水平为高度显著（**），(5%,10%]显著水平为显著（*）

除运输成本因素外，各因素对贸易公司是否选择榴梿开展进出口业务具有显著影响。其中，业务类型、员工数量具有显著正向影响，其概率贡献度分别达到 0.1195 和 0.0117。运输损失因素影响显著，但其影响系数相对较低。公司的业务规模、运输时间和运输延迟对是否选择榴梿进行贸易有显著负影响，影响系数分别为−0.4515、−0.1294 和−0.5448。因此，对于是否选择榴梿，时间成本是贸易企业最为重视的因素，物流企业在运输过程中应重点考虑水果新鲜度保持需求。

与榴梿一样，公司业务类型和员工数量对是否选择山竹进行贸易具有正向影响，其影响系数分别为 0.1631 和 0.0023，其中员工数量的影响较小，可以忽略不计。同样，运输时间、公司的业务规模和运输延迟等变量对山竹选择具有显著负向影响，影响系数分别为-0.1774、-0.3670 和-0.3454。由此可见，确保水果新鲜度同样是山竹货运企业应着重考虑的因素。同时，企业规模越大，越可能偏向运输除山竹外的其他商品。

公司的业务规模、运输成本、运输时间均会对贸易企业是否选择运输龙眼产生影响，其中运输成本的影响较小，可以忽略不计。与前两类水果分析结论一致，运输时间、公司的业务规模是影响企业选择运输龙眼的重要因素，影响系数分别为-0.1258 和-0.2008。公司的业务规模越大，越偏向于运输除龙眼外的其他商品。

5.4.7 建议与对策

基于对调查问卷所收集数据的深入分析，并结合计量回归模型的实证研究，发现在中泰水果贸易中，运输成本、运输时间、运输延迟、运输距离、公司的业务规模和员工数量是企业物流运输方式选择的主要影响因素。这些因素直接或间接地对水果质量造成影响，从而对中泰水果贸易产生影响。完善的基础设施、深入的跨国合作以及政府政策的有力支持，能够从根本上改善上述因素对中泰水果物流的影响。因此，中泰物流运输效率提升建议如下。

第一，改善物流运输基础设施环境。计量模型分析表明，运输方式对中泰水果物流具有显著影响，运输时间也有显著影响。因此，泰国在陆运方面应加强道路建设水平，拓展多国合作并优化运输路线，以完善交通网络，减少因道路问题导致的延迟风险。在海运方面，泰国应加强港口基础设施建设，增加曼谷港泊位和水深，提高港口吞吐能力，引入智能装卸技术以提高货物装卸效率，合理规划船舶停靠和调度，从而提高运输效率。

第二，制订科学的物流运输方案。第二层离散选择模型分析结果表明，不同种类水果对应的影响因素和物流运输方式存在差异。因此，中泰两国水果供应商应该根据运输水果种类的不同，依据主要和次要影响因素制订科学的物流运输方案。

第三，加强政府间合作，构建低成本中泰水果货运通道。货运时间在三种水果类型的回归分析中均显示出显著的相关性。但中泰水果物流陆运道路沿线收费站密集，运输成本较高和运输时间较长。各国可以出台政策降低陆路运输收费标准。在通关方面，应设立农产品绿色通道，简化通关手续，缩短清关时间。同时，沿途各国应建立统一的物流标准，以实现低成本、高效率的物流运作。通过政府间合作，可以增强包括泰国水果在内的各类跨国运输产品的市场竞争力，拓展跨国贸易市场，进而推动各国经济的繁荣发展。

5.5 本章小结

本章首先阐述了中泰水果贸易概况及中泰水果物流的发展现状。其次，采用价值链理论对中泰水果物流过程进行了深入分析，将中泰水果物流活动划分为基本活动、辅助活动和创新活动。最后，比较了中泰水果贸易的陆运和海运方式，并运用二项 Logit 模型分析物流运输方式选择的影响因素，发现物流运输方式选择会受到公司的业务规模、运输时间、运输延迟等因素的影响。其中，运输时间、运输成本、运输损失等在中泰水果物流运输中需要着重考虑。研究结果对优化中泰水果物流运输方式选择、提高运输效率、降低中泰水果物流过程中的风险具有重要意义。

第 6 章　基于拓展 TPB 模型的中国消费者短链食品消费行为研究

6.1　引　　言

随着国际贸易自由化和全球化的发展，现代农业生产体系逐渐取代传统农业，成为主要的食品生产模式。现代农业以经济利益为驱动力，供应链长且中间环节多，导致农户被动接受市场价格，而消费者也面临选择权的限制。

为满足各方需求并兼顾环保要求，学者提出冷链配送、标签食品、绿色食品等新理论。Marsden 等（2000）从面对面、空间接近性以及空间扩展性三个角度对食品供应短链进行了定义；Ilbery 和 Maye（2005）从社会距离和空间距离两个维度对食品供应短链进行了进一步界定。“短”意味着食品链上流动的各类信息都是透明和可见的（Gralton and Vanclay，2009）。

消费者对食品生产过程的认知缺失导致信息不对称，成为食品安全信任危机和生产者责任缺失的重要原因，并直接影响消费选择。食品短链模式，凭借其缩短产业链、增强透明度、提升消费者信任的优势，成为应对这一问题的有效途径，并能促进农民增收和消费者满意度提升。国家对食品安全的重视以及“十三五”规划的目标，都指向提升食品安全治理水平和消费者满意度，这需要政策、技术和理论的协同发展。

本章将基于 TPB，引入信任变量构建拓展模型，分析影响消费者购买短链食品行为的因素。此外，进一步分析消费者对短链食品的态度，并结合实证分析结果，为政策制定者和食品短链经营者提供发展建议。

6.2　食品短链供应模式

6.2.1　食品短链的概念

现代主流食品供应模式通常存在标准化、大规模生产、加工过程不透明、食物里程长、权力不平等及零售商主导等问题，因此，食品短链模式应运而生。食品短链是食品供应短链的简称，旨在减少食品供应链冗长的中间环节，以缩短交易各方之间距离为核心的食品供应模式。

根据 2013 年欧盟的共同农业政策（Lovec，2016），食品短链的定义强调食品的可追溯性、有限的经济参与者、区域合作和本地经济发展，同时确保消费者、生产者和中间商之间的地理与社会距离最短。国内学者结合国情，对食品短链模式进行了定义，强调减少中间环节和缩短从生产地到消费者的距离。短链食品则是指用对环境友好的、发展可持续的生产方式生产出来的质量高、安全且具有本地化特征的食品（杜志雄和檀学文，2009）。表 6.1 是食品短链与现代食品产业链的比较。食品短链的特点是生产者、加工者和消费者之间地理位置相近，互动频繁，产品具有地方特色，并能促进当地文化传承，减少碳排放。而现代食品产业链则具有大规模机械化生产、产品来源和运输范围广、所有权不局限于地域等特征，但也存在食品文化张力弱化、生产不可持续、信息不对称等风险。

表 6.1　食品短链和现代食品产业链的比较

比较	食品短链	现代食品产业链
特征	全部或者部分地与工业化食品生产体系相隔离； 生产者、加工者和消费者由于相隔较近，常常可以进行面对面的互动； 其产品通常具有本地化特征，存在多样化的现象	产品的来源空间分布广泛（即不是以地域为基础）； 大规模和机械化生产； 产品的运销同样分布于广泛的空间； 所有权也并非以地域为基础
影响	具有较大的增值潜力； 促进当地食品文化传承； 促进交易各方的沟通，减少信息不对称； 减少食品生产全程的碳排放	食品文化张力的弱化； 存在生产不可持续的风险； 交易各方存在信息不对称的风险较大； 碳排放量大

食品短链与可替代农产品网络（alternative agricultural food network，AAFN）、可替代食品网络（alternative food network，AFN）等概念相近。其“短”的内涵可从空间和社会距离两个维度理解：一方面，食品短链的食物里程较短，鼓励本地消费；另一方面，中间商数量应尽量减少，以降低信息不对称，保护生产者和消费者的利益。此外，食品短链强调简洁和透明的信息，帮助消费者更好地判断产品的安全性和质量。

总之，食品短链通过缩短生产者与消费者之间的距离，展现出相对于传统食品供应链的独特优势。

6.2.2 食品短链的类型

Marsden 等（2000）、Renting 等（2003）从生产者与消费者关系距离视角把食品供应短链分为“面对面交易型”（face-to-face transactions）、“空间接近性交易型”（spatial proximity transactions）以及“空间扩展性交易型”（spatial extended transactions）三种主要类型，并分别进行了说明。

（1）面对面交易型。面对面交易型是最常见的食品短链形式之一，是指消费者直接从生产者手中购买所需的产品，其运行机制基础是人与人之间的人格信任，生产者和消费者一般是通过面对面交流的方式进行直接交易。

（2）空间接近性交易型。空间接近性交易型是指食品在特定的生产区域生产和销售，具有生产地产品特征的，可以让消费者意识到产品的本地性的食品短链交易方式。空间接近性交易型与面对面交易型是存在部分重叠的。以美食节为例，消费者既可以购买到美食节当地生产者直接出售的产品，也可以购买到当地中间商代理销售的当地产品。

（3）空间扩展性交易型。空间扩展性交易型的空间距离和社会距离相对于面对面交易与空间接近性交易而言距离更远，主要通过食品可追溯机制对交易区域外的食品进行追溯。虽然空间扩展性交易型不是在本地销售，但其所售产品具有较高的地区识别性和特性，因此学者普遍接受空间扩展性交易型仍为食品短链。表 6.2 是各类型常见的食品短链类型和形式。

表 6.2　食品短链类型及常见形式举例

类型	常见形式
面对面交易型	农夫市集、社区支持农业、盒子计划、都市农业、路边销售
空间接近性交易型	美食节、消费者合作社、农场到厂商
空间扩展性交易型	土特产专卖

6.2.3 食品短链核心成功要素

食品短链通过缩短生产者与消费者之间的“距离”，展现出相对于传统食品供应渠道的特殊优势。根据 Miguel 等（2018）的研究，食品短链的主要成功要素包括以下方面。

（1）环境友好：食品短链减少水和土地使用，节约能源，不使用化肥和农药，实现更高的生活质量。

（2）区域品牌细化：消费者倾向于支持本地品牌，愿意为本地特色食品支付额外费用，增强地区声誉。

（3）直接、道德的联系：生产者与消费者之间的直接交流建立信任关系，促进可持续食品的生产。

（4）有机产品：有机食品在生产中不使用化学品，消费者更信任短链渠道，减少信息失真。

（5）食品安全与可追溯性：保证食品的新鲜度和质量，短链模式通过面对面交易和区域消费提高可追溯性。

（6）文化继承：食品生产和消费中承载文化，促进代际传承。

（7）消费者健康：有机食品消费与消费者健康密切相关，带来多方面的益处。

（8）产品根源识别：强调产品的区域性和品牌影响力，消费者对食品来源的认知尤为重要。

（9）本地合作与自豪感：促进本地生产者合作，提升生产能力，满足消费者需求，增强本地自豪感。

这些优势具体体现在减少碳足迹、打造区域品牌、建立直接的生产者-消费者关系、提供更安全和可追溯的有机产品、传承地方饮食文化以及提升消费者健康水平等方面，且共同促进了食品短链的成功。

6.3　拓展 TPB 模型构建

采用包含信任变量的拓展 TPB 模型，能够有效地研究国内消费者短链食品消费行为。因为该模型的核心构成（行为态度、主观规范和感知行为控制）与食品选择高度相关，而加入信任变量则考虑到了短链食品供应链特有的社会和经济动态。本节主要论述了拓展 TPB 模型的构建过程及模型建立所需的理论支撑。

6.3.1　概念模型构建

将 Ajzen（1991）的 TPB 拓展到食品领域，结合信任的相关研究，在考虑中国短链食品消费国情的基础上，构建了适合我国消费者短链食品消费的拓展 TPB 模型。

基础的 TPB 是一个三阶段行为分析模型：行为意愿决定购买行为；行为态度、主观规范与感知行为控制共同决定行为意愿；行为态度、主观规范和感知行为控制分别由三者本身对应的信念决定。目前，很多研究已经证明了该理论在消费者食品购买和消费偏好分析中的有效性。在考虑结合信任变量的基础上，拓展的 TPB 模型基础概念框架如图 6.1 所示。

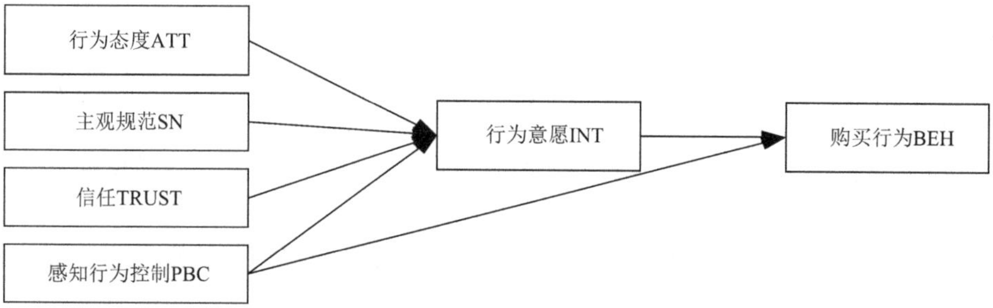

图 6.1 拓展 TPB 模型 1

消费者与农业生产日益脱节加剧了对食品安全和质量的担忧（Goodman，2004）。特别是城市消费者，缺乏对食品来源和生产方式的掌控力。食品丑闻进一步削弱了消费者对食品安全和质量的信心。因此，建立对食品生产者和供应链的信任对于解决这一日益严重的问题至关重要（Lassoued and Hobbs，2015）。

重建和加固消费者的信任是当今市场面临的挑战。Ding 等（2015）指出，消费者对农民的信任在购买决策中扮演关键角色，尤其是在信息不足的情况下。在短链食品领域解决此类问题时，消费者的信任可以扮演一个重要的角色，因为它可以解决在食品链中存在的信息和控制力的缺乏问题，并引导食品选择。

食品短链通过减少参与者数量和距离，促进消费者与生产者的直接交流，显著提升了社会、环境和经济目标的实现（Ilbery and Maye，2005；Forssell and Lankoski，2015）。面对面的互动增进了双方的信任，帮助克服消费者的疑虑，推动短链食品的发展。因此，信任有抵消关于食品购买决策的一些消极潜意识，促进食品短链的发展和成功。通过减少信息的不对称，信任可以提升生产者和消费者之间忠诚度，并建立新的牢固的关系（Hartmann et al.，2015）。总之，在如今，作为完全了解食品一切信息的替代品，信任在影响消费者食品选择和购买决策中扮演的角色变得越来越重要（Grebitus et al.，2015）。

为验证信任对消费者购买短链食品的影响，将其整合进拓展的 TPB 模型，作为影响行为意愿的重要因素，并假设其对顾客行为意愿有影响，而行为意愿作为购买行为的前置条件。拓展 TPB 模型得益于其他两个变量，也就是行为解释变量，命名为消费者居住地和消费者年收入（Giampietri et al.，2018）。具体如图 6.2 所示。

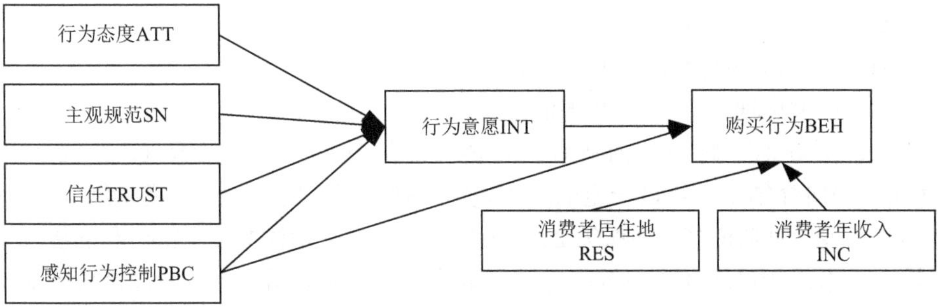

图 6.2　拓展 TPB 模型 2

6.3.2　变量定义

基于文献综述，针对国内消费者短链食品消费的特性，定义了八个测量变量，具体如表 6.3 所示。

表 6.3　变量定义

变量名称	操作化含义
行为态度 ATT	个体对将要做的事的主观情感，可以是积极的，也可以是消极的。行为态度是一个可以很好表达行为执行者对某件事主观情感的变量
主观规范 SN	个体在决定是否做某件事时所感知到的与其密切相关的社会压力程度，它反映了社会环境及重要他人或团体对个体行为决策的影响
感知行为控制 PBC	个体对执行某种特定行为难度的感知，它反映了个体对影响行为完成因素（如可使用资源、个人性格、能力等）的知觉
信任 TRUST	消费者对通过食品短链购买食品的信任情况
行为意愿 INT	个人对是否采取某种特定行为的主观意愿
购买行为 BEH	消费者实际发生的消费行为
消费者居住地 RES	消费者居住于农村还是城市
消费者年收入 INC	消费者年收入水平，根据国家相关统计数据，分为高收入、低收入

1. 行为态度

行为态度是指个体对将要做的事的主观情感，可以是积极的，也可以是消极的。行为态度是一个可以很好表达行为执行者对某件事主观情感的变量。总的来说，用满意不满意来表达。进一步细化，可以具体对某行为某些特性进行表达，如可持续、健康、绿色、安全等。

采用 Giampietri 等（2016）的观点测量短链食品购买的行为态度变量。

ATT1：购买短链食品让我很满意。

ATT2：购买短链食品让我很愉悦。

ATT3：购买短链食品让我很满足。

为了更好地了解国内消费者对短链食品的具体态度，结合 Giampietri 等（2016）的研究结论，经过一定的删减调整，把消费者的行为态度变量细分为 24 个具体态度，包括道德、环保等 21 个态度变量，以及增添共赢、特色和商机三个变量。增添的变量均经过与专家讨论、审核，并让 4 名国内短链食品消费者对上述三个变量进行解释，发现所有消费者对增添的变量均有很好的理解。所有行为态度变量的含义如表 6.4 所示。

表 6.4　变量定义

变量名称	变量解释
环保	我认为食品短链整个过程是环保的
道德	我认为购买短链食品是道德的
愉悦	我认为购买短链食品的过程是愉悦的
可持续发展	我认为食品短链有利于可持续发展
满意	购买短链食品让我满意
绿色	购买短链食品是绿色消费
本地	食品短链强调本地化生产；本地化生产是食品短链的特色
交易公平	短链食品的交易过程是公平的
信息透明	食品短链中的信息流动是透明的
价格低	短链食品的价格相对于正常渠道的食品价格更低一些
方便	购买短链食品很方便
享受	购买消费短链食品的过程让我很享受
快捷	购买短链食品很快捷
传统	短链食品是传统的
有趣	购买消费短链食品的过程让我觉得很有趣
放松	购买消费短链食品的过程让我很放松
交流动态	购买短链食品的过程中与销售者等的交流是动态的
安全	我认为短链食品是安全的
健康	我认为短链食品有利于身体健康
质量高	我认为短链食品的质量都比较高
经常性	我认为我经常购买短链食品
商机	食品短链是一个新的商机
特色	我认为食品短链很有特色
共赢	我认为食品短链对于各级参与者来说都是共赢的

2. 主观规范、感知行为控制、信任

根据 Ajzen（1991）的定义，主观规范是指个体在决定是否做某件事时所感知到的社会压力，反映了社会环境及重要他人或团体对行为决策的影响。个体的食品购买行为和购买决策受家庭和朋友的影响。思想独立、主观能动性强的人则受外界影响较小，更能坚持自己的意见。

采用 Giampietri 等（2016）的观点测量短链食品购买的主观规范变量。

SN1：大部分对我很重要的人支持我通过食品短链购买食品。

SN2：大部分对我很重要的人希望我通过食品短链购买食品。

SN3：大部分对我很重要的人认为我应该通过食品短链购买食品。

感知行为控制是指个体对执行某种特定行为难度的感知，反映了个体对影响行为完成因素（如可利用资源、个人能力和性格等）的知觉。与主观规范不同，感知行为控制更强调现实实际情况对行为执行的影响，而不是其他人或团体对个人决策的影响。

采用 Giampietri 等（2016）的观点测量短链食品购买的感知行为控制变量。

PBC1：通过食品短链购买食品对我来说很简单。

PBC2：如果我想，我可以轻松地通过食品短链购买食品。

PBC3：是否通过食品短链购买食品完全由我个人决定。

Ding 等（2015）认为，对农夫的信任是复杂且难以测量的，但在信息不足、消费者难以评估食品属性时，信任的作用变得尤为重要。在食品短链消费领域，信任的地位更加重要，它可以解决在食品链中存在的信息缺乏和控制力度不足问题，并引导消费者进行食品选择。

Hartmann 等（2015）在对德国零售业事业关联营销（cause related marketing，CrM）的研究中，探索了信任在其中扮演的角色并证实了信任关系的建立确实可以提高零售业顾客的忠诚度。考虑到信任作为基础 TPB 模型的额外变量应和短链食品购买相结合，因此，采用调整过后的 Hartmann 等（2015）的结论进行测量。

TRUST1：我认为通过食品短链购买的食品是可靠。

TRUST2：通过食品短链购买的食品是可信赖的。

TRUST3：我对通过食品短链购买的食品有信心。

3. 行为意愿和购买行为

行为意愿是指个人对是否采取某种特定行为的主观意愿程度。Ajzen（1991）在 TPB 中指出，通过对主观规范、行为态度、感知行为控制的测量可以对消费者的行为意愿进行测量。Mazzocchi 等（2008）提出，可以考虑在基础的 TPB 模型中加入信任因素，以期获得更好的模型拟合，其中信任因素同样作为行为意愿的前置影响因素。

考虑到与前置变量的一致性，依旧采用 Giampietri 等（2016）的观点测量短链食品购买的行为意愿。

INT1：我计划下月购买短链食品。

INT2：我打算下月购买短链食品。

INT3：我希望下月购买短链产品。

购买行为指消费者实际发生的消费行为。采用 Giampietri 等（2016）的观点进行购买行为的表述。

BEH：一般而言，您通过食品短链渠道购买食品的频次是多少？

除上述变量之外，也对消费者年收入、消费者居住地进行了测量。

6.3.3　研究假设

1. 基础 TPB 模型

根据 Ajzen（1991）的 TPB，行为态度、主观规范和感知行为控制均对行为意愿的产生有直接影响，而行为意愿又是特定行为产生的前提。某些情况下，感知行为控制也可以认为是实际购买行为的前置影响因素。Verbeke 等（2007）、Vermeir 和 Verbeke（2008）已经证明 TPB 在食品购买和消费领域预测的有效性。因此，可以得出如下假设。

H1：消费者主观规范对消费者短链食品购买的行为意愿有正向影响。

H2：消费者行为态度对消费者短链食品购买的行为意愿有正向影响。

H3：消费者感知行为控制对消费者短链食品购买的行为意愿有正向影响。

H4：消费者的短链食品购买的行为意愿对消费者短链食品的购买行为有正向影响。

H5：消费者感知行为控制对消费者短链食品的购买行为有正向影响。

2. 信任与行为意愿

TPB 模型是一个不断发展的理论，在基础的 TPB 模型中增添变量使其更符合现实情形。根据 Mazzocchi 等（2008）的研究结论，把信任因素整合到基础 TPB 模型中，作为行为意愿的前置影响因素，以提高模型的预测力和拟合度。因此，可以做出如下假设。

H6：信任对消费者短链食品购买的行为意愿有正向影响。

3. 消费者居住地、消费者年收入与购买行为

根据 Giampietri 等（2018）的研究，消费者居住地和是否具有公平贸易的意识对 TPB 模型中的购买行为也会产生影响，并且具有一定的解释力和预测力。由

于国内消费者对公平贸易意识仍缺乏一定共识，因此，删除这一影响因子。而消费者年收入在国内不仅影响消费者居住地的选择，也给了消费者更多食品种类的选择空间。考虑到对 TPB 模型的延伸研究，并结合国内消费者的实际情况，添加了消费者居住地和消费者年收入这两个变量，并做出如下假设。

H7：消费者居住地对消费者短链食品的购买行为有影响。

H8：消费者年收入对消费者短链食品的购买行为有影响。

综上所述，量表总结如表 6.5 所示。

表 6.5　研究量表总结

维度	题项数量	题项代码	参考文献
行为态度	3	Q10～Q12	Ajzen（1991）、Verbeke 等（2007）、Giampietri 等（2016）
主观规范	3	Q4～Q6	
感知行为控制	3	Q7～Q9	
信任	3	Q13～Q15	Hartmann 等（2015）、Ding 等（2015）、Mazzocchi 等（2018）
行为意愿	3	Q1～Q3	Ajzen（1991）
购买行为	1	Q3	
消费者居住地	1	Q4	Giampietri 等（2018）
消费者年收入	1	Q4	

6.3.4　研究模型构建

基于文献综述和中国短链食品消费的实际情况，将信任等因素添加到基础 TPB 模型中，并对原始模型中的各影响因素进行梳理，最终建立拓展 TPB 模型。模型包括行为态度、主观规范、感知行为控制、信任、行为意愿、购买行为、消费者居住地和消费者年收入八个变量，这些变量形成八种因果关系，包含八条假设，如图 6.3 所示。

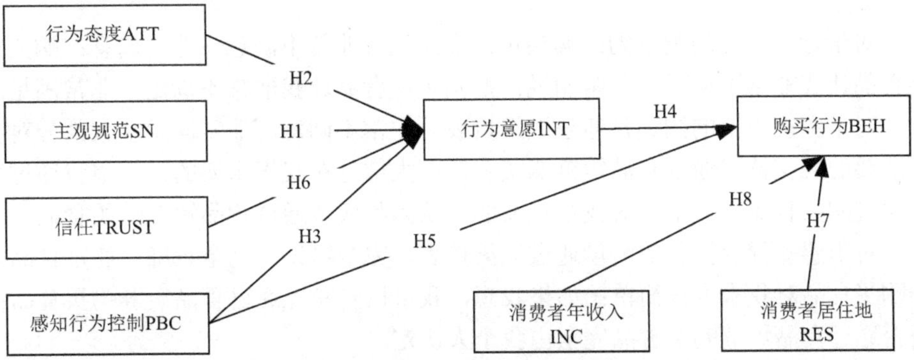

图 6.3　拓展 TPB 模型及假设

具体而言，行为态度、主观规范、感知行为控制和信任作为行为意愿的前置变量，直接影响行为意愿的形成。行为意愿是购买行为的前置变量，直接影响购买行为的产生。根据 Ajzen（1991）的研究成果，本模型也考虑感知行为控制对购买行为的直接影响。最后，拓展 TPB 模型考虑了消费者居住地和消费者年收入对购买行为的直接影响。

6.4 问卷设计及描述性分析

在文献研究和专家讨论的基础上，确认研究对象并制定测量指标，形成最终调研问卷。同时，展开实证研究并进行基础描述性统计分析。

6.4.1 问卷设计

问卷设计基于前人的实证研究，结合中国消费者实际情况，并经过相关专家讨论调整，以更符合实际情形。本实证研究旨在了解影响中国消费者购买短链食品的因素及其认可程度，因此，问卷针对国内有食品消费需求的群体。由于食品短链在国内仍处于初始发展阶段，许多消费者未意识到自己已参与短链食品消费，因此问卷用词通俗，并包含短链食品的解释。

除了开始对研究目的和食品短链概念简述之外，问卷主要分为四个部分。

（1）行为态度细分变量的操作性问项。

行为态度变量细分的测量由 24 个问项组成。采用利克特五级量表测量，1～5 分别表示非常不符合到非常符合。

（2）拓展 TPB 模型变量操作性问项。

本部分包括基础 TPB 模型的行为态度变量、主观规范变量、感知行为控制变量和行为意愿变量，以及额外添加的信任变量。上述变量均由三个问项进行测量，并用利克特五级量表进行评分。测量的提问均来源于已有的学术文献，具体问题描述如下。

对于行为态度的测量为：购买短链食品让我非常不满意～非常满意；购买短链食品让我非常不愉悦～非常愉悦；购买短链食品让我非常不满足～非常满足。

对于主观规范的测量是通过五级量表，非常不同意～非常同意：大部分对我很重要的人支持我通过食品短链购买食品；大部分对我很重要的人希望我通过食品短链购买食品；大部分对我很重要的人认为我应该通过食品短链购买食品。

对于感知行为控制的测量通过五级量表，完全错误～完全正确：通过食品短链购买食品对我来说很简单；如果我想，我可以轻松地通过食品短链购买食品；是否通过食品短链购买食品完全由我个人决定。

对于行为意愿的测量通过五级量表，非常不同意～非常同意：我计划下月购买短链食品；我打算下月购买短链食品；我希望下月购买短链食品。

对于信任的测量通过五级量表，完全错误～完全正确：我认为通过食品短链购买的食品是可靠；通过食品短链购买的食品是可信赖的；我对通过食品短链购买的食品有信心。

为了避免被调查对象的联想和不规范答题，实际问卷中对本部分并没有进行分类，而是将问题进行了合并提问。

（3）购买行为操作问项。

本部分旨在了解消费者短链食品消费频率和最常购买的短链食品种类，包括“一般而言，您最常购买短链食品是什么”“一般而言，您通过食品短链渠道购买食品的频次是多少”两个问项。

（4）调查对象的基本特征。

本部分包括调查对象的性别、年龄、学历、消费者居住地、消费者年收入、工作状态和独自购物频率，共七个问项。

6.4.2　样本数据的描述性统计

1. 样本发放与回收

问卷主要通过网络问卷和纸质填写的方式进行。网络问卷调研在调研群体选择上运用滚雪球抽样的方法。滚雪球抽样适用于难以获取的调研样本。首先随机选择部分被访者进行调研，随后请他们推荐符合研究范围的其他对象，以形成最终样本进行数据分析。考虑到食品短链概念的复杂性，网络调研部分采用滚雪球抽样，而纸质问卷则采用完全随机抽样，并在填写过程中随时提供解释。

问卷在设计完成后，邀请 23 名消费者进行初始问卷的填写，对其中含义不明或理解较为困难的选项进行了进一步修改和完善。问卷的正式发放和回收的过程持续三个月，纸质问卷共发放 60 份，回收 60 份，其中有效问卷 57 份，网络问卷发放回收有效问卷 103 份。样本构成如表 6.6 所示。

表 6.6　消费者基本属性统计表

变量	属性	人数	百分比
性别	男	82	51.250%
	女	78	48.750%
年龄	18 岁以下	8	5.000%
	18～30 岁	75	46.875%
	31～40 岁	56	35.000%
	41～50 岁	20	12.500%
	50 岁以上	1	0.625%

续表

变量	属性	人数	百分比
学历	高中及以下	12	7.500%
	大学专科	16	10.000%
	大学本科	86	53.750%
	硕士研究生	37	23.125%
	博士研究生	9	5.625%
居住地	城区	104	65.000%
	郊区及农村	56	35.000%
年收入	6 万元以下	17	10.625%
	6 万～11 万元（不含 11 万元）	21	13.125%
	11 万～16 万元（不含 16 万元）	25	15.625%
	16 万～21 万元（不含 21 万元）	63	39.375%
	21 万元及以上	34	21.250%
工作状态	务农	37	23.125%
	非务农	123	76.875%

在实证研究所取得的样本数据中，男性占比 51.250%，女性占比 48.750%，男女比例校均衡。年龄分布以 18～40 岁年龄段的中青年为主，占比达到约 82%。在学历分布中，大学本科学历占比达到 53.750%。调研样本中居住地以城区居民为主，占比达到 65.000%，郊区及农村居民占比 35.000%。消费者年收入水平多集中在 6 万以上，占比达到约 90%。为更好地体现食品短链对务农消费者的影响，调研样本分为务农和非务农，其中务农占比约为 23.125%。

根据调研数据，消费者最常购买的短链食品是蔬菜和水果，分别占比 45.00%和 35.00%。油类和蛋类的购买人数较少，可能是由于这些产品的消费频率较低。同时，为了解消费者购物时的社交影响，调研发现大多数消费者偏好与他人同行购物，只有约 2.50%的人习惯独自购物。购买短链食品的频率主要集中在一年多次和一个月多次，分别占 35.00%和 27.50%。具体见表 6.7。

表 6.7 购物习惯表

问题	选项	选择人数	所占比例
最常购买的短链食品	蔬菜	72	45.00%
	水果	56	35.00%
	肉类	6	3.75%
	水产类	6	3.75%

续表

问题	选项	选择人数	所占比例
最常购买的短链食品	蛋类	8	5.00%
	油类	0	0
	其他	12	7.50%
独自购物频率	从不	30	18.75%
	偶尔	84	52.50%
	经常	42	26.25%
	一直	4	2.50%
购买短链食品的频次	A：一年一次	16	10.00%
	B：一年多次	56	35.00%
	C：一月一次	8	5.00%
	D：一月多次	44	27.50%
	E：一周一次	12	7.50%
	F：一周多次	24	15.00%

2. 样本数据的描述性统计

运用 SmartPLS 软件计算了 18 个变量的均值、标准差、偏度和峰度，输出结果如表 6.8 所示。行为意愿、主观规范、感知行为控制、行为态度和信任的最大值为 5，消费者居住地、消费者年收入、购买行为的最大值分别为 2、5 和 6，所有变量的最小值均为 1。除消费者居住地和消费者年收入变量外，所有显变量的均值均大于 3，这说明样本中的消费者对短链食品均持较为乐观的态度。除 PBC3 这一显变量和购买行为变量外，其余所有变量标准差均小于 1，说明量表结果的离散程度较小，具有较好的稳定性。

表 6.8　描述性统计表

潜变量	显变量	范围	最小值	最大值	均值	标准差	偏度	峰度
行为意愿	INT1	4	1	5	3.12	0.798	−0.056	−0.678
	INT2	4	1	5	3.16	0.751	−0.089	0.922
	INT3	4	1	5	3.13	0.824	−0.218	−0.631
主观规范	SN1	4	1	5	3.32	0.667	−0.168	−0.250
	SN2	4	1	5	3.21	0.713	−0.019	0.073
	SN3	4	1	5	3.15	0.824	−0.097	−0.006

续表

潜变量	显变量	范围	最小值	最大值	均值	标准差	偏度	峰度
感知行为控制	PBC1	4	1	5	3.37	0.857	−0.331	−0.486
	PBC2	4	1	5	3.29	0.845	−0.516	0.285
	PBC3	4	1	5	3.73	1.067	−1.282	1.331
行为态度	ATT1	4	1	5	3.38	0.976	0.166	−0.652
	ATT2	4	1	5	3.20	0.815	0.320	0.051
	ATT3	4	1	5	3.21	0.729	0.497	0.157
信任	TRUST1	4	1	5	3.43	0.749	−0.538	0.543
	TRUST2	4	1	5	3.42	0.781	−0.878	0.468
	TRUST3	4	1	5	3.57	0.991	−0.827	0.814
消费者居住地	RES	1	1	2	1.65	0.404	1.507	0.277
消费者年收入	INC	4	1	5	2.59	0.926	1.711	2.037
购买行为	BEH	5	1	6	3.25	1.131	0.173	−1.055

表 6.8 的描述性统计表中显示了各个潜变量的基础情况。除了信任变量的显变量呈现右偏外，其余变量均呈现左偏的状态，并有过度峰度的特征，因此可以考虑运用偏最小二乘法（partial least squares，PLS）来验证模型。

6.5 中国消费者短链食品消费行为的实证分析

在对初始问卷问项进行充分讨论的基础上，得出实证研究阶段的调查问卷，并回收有效问卷 160 份。模型检验前进行问卷信度和效度检验，保持问卷的可靠性、稳定性和有效性。

6.5.1 信度分析

信度分析是检测量表变量的稳定性、可靠性和一致性的一种手段。问卷调研的信度主要关注问卷对同一变量的回答一致性，包括内在信度和外在信度。内在信度通过克龙巴赫系数（Cronbach’s alpha，CA）和组合信度（composite reliability，CR）来检验。CA 越高，内在信度越好，通常 0.8 以上表示非常好，0.7 到 0.8 表示较好，0.6 到 0.7 表示可接受。CR 同样反映内在信度，值越高则信度越好，通常 0.7 以上表示量表信度很高，且比 CA 更准确地反映测量的真实度。

利用 SmartPLS 软件对收集的问卷进行信度检验，得到显变量的 CA 和 CR 如表 6.9 所示。各变量的 CA 和 CR 均大于 0.8，说明调研问卷量表具有极高的信度。

表 6.9　信度分析

潜变量	CA	CR
主观规范	0.870	0.881
信任	0.872	0.882
感知行为控制	0.923	0.951
行为态度	0.850	0.867
行为意愿	0.852	0.869
消费者年收入	1.000	1.000
消费者居住地	1.000	1.000
购买行为	1.000	1.000

6.5.2　效度分析

效度测量旨在评估量表调研结果与真实值的接近程度，以证明问卷的有效性。效度分为收敛效度和区别效度。收敛效度表示同一潜变量各显变量之间的相关程度，通常通过平均方差提取因子（average variance extracted，AVE）和因子载荷观察，要求 AVE 值大于 0.5，因子载荷大于 0.7。区别效度衡量不同潜变量之间的不相关程度，要求 AVE 的平方根大于潜变量间相关系数的绝对值。

如表 6.10 所示，除了消费者居住地、消费者年收入和购买行为因只有一个显变量无法计算外，其余变量的因子载荷均大于 0.7，AVE 值均大于 0.5，符合效度检验标准，表明观测模型具有较好收敛效度。各因子 AVE 平方根均大于其与其他因子的相关系数的绝对值，因此，调查问卷的结果的区别效度也比较好，证明问卷量表有效。

表 6.10　效度分析表

潜变量	显变量	因子载荷	AVE	主观规范	信任	感知行为控制	行为态度	行为意愿	消费者年收入	消费者居住地	购买行为
主观规范（SN）	SN1	0.965									
	SN2	0.973	0.944	1.000							
	SN3	0.977									

续表

潜变量	显变量	因子载荷	AVE	主观规范	信任	感知行为控制	行为态度	行为意愿	消费者年收入	消费者居住地	购买行为
信任（TRUST）	TRUST1	0.983									
	TRUST2	0.971	0.948	0.676	1.000						
	TRUST3	0.967									
感知行为控制（PBC）	PBC1	0.950									
	PBC2	0.948	0.866	0.761	0.717	1.000					
	PBC3	0.892									
行为态度（ATT）	ATT1	0.955									
	ATT2	0.973	0.948	0.930	0.567	0.686	1.000				
	ATT3	0.961									
行为意愿（INT）	INT1	0.954									
	INT2	0.983	0.912	0.793	0.802	0.828	0.748	1.000			
	INT3	0.928									
消费者年收入（INC）	INC	1.000	1.000	0.231	0.096	0.239	0.264	0.311	1.000		
消费者居住地（RES）	RES	1.000	1.000	0.019	0.099	0.064	0.150	0.019		1.000	
购买行为（BEH）	BEH	1.000	1.000	0.440	0.362	0.518	0.368	0.612	0.482	0.063	1.000

6.5.3 模型多重共线性检验

在进行结构方程计算时，变量数目多且各显变量之间相关系数较高，容易出现多重共线性的问题，导致非正定参数估计产生迭代无法收敛。采用方差膨胀系数（variance inflation factor，VIF）指标，检验测量变量之间是否存在多重共线性。一般要求 VIF 小于 5。

如表 6.11 所示，所有显变量的外部 VIF 值均在 1 到 4.9 之间，小于 5，符合 VIF 检验的要求。表 6.12 也显示出所有潜变量的 VIF 值均在 1 到 3.111 之间，小于 5，同样符合 VIF 检验的要求。因此，模型基本不存在多重共线性问题。

表 6.11　外部共线性检验

显变量	VIF	显变量	VIF
ATT1	1.779	SN1	2.242
ATT2	1.674	SN2	2.951
ATT3	2.029	SN3	1.814
INT1	3.021	TRUST1	2.896
INT2	3.254	TRUST2	4.888
INT3	4.539	TRUST3	2.509
PBC1	2.478	INC	1.000
PBC2	3.040	BEH	1.000
PBC3	2.820	RES	1.000

表 6.12　内部共线性检验

变量	行为意愿	购买行为
主观规范	2.698	
信任	3.111	
感知行为控制	2.482	
行为态度	1.111	
行为意愿		1.000
消费者年收入		1.000
消费者居住地		1.000

6.5.4　模型解释力检验

R^2 反映了外生潜变量对内生潜变量的解释程度，当 R^2 大于 0.67 时，认为模型具有较强的解释能力；当 R^2 在 0.33 左右时，认为模型具有中度的解释能力；当 R^2 在 0.19 左右时，认为模型的解释力薄弱。

表 6.13 是利用 SmartPLS 计算得到的不同 R^2。在未添加信任变量时，行为意愿的 R^2 为 0.708，具有较强的解释力；在未考虑信任因素时，购买行为的 R^2 为 0.357，解释力也较高。在加入信任变量后，行为意愿和购买行为的 R^2 分别为 0.771 与 0.363，相对于不加信任变量有了一定的提升，表明了添加信任变量的合理性。同时，行为意愿和购买行为的 R^2 也表明拓展 TPB 模型较好的拟合程度。

表 6.13　模型解释力

被解释变量	R^2	调整后的 R^2
未加入信任变量		
行为意愿	0.708	0.699
购买行为	0.357	0.351
加入信任变量		
行为意愿	0.771	0.762
购买行为	0.363	0.360

6.5.5　模型假设检验

使用 SmartPLS 3.0 软件对拓展 TPB 模型进行分析和计算，应用 PLS Algorithm 法获得 SEM 的路径系数，并利用重复抽样方法 Bootstrapping（自展法）对路径系数进行 t 值显著性检验。样本数为 160 个，最大迭代数为 3000 次，模型路径系数显著性结果如表 6.14 和图 6.4 所示，所有假设均通过显著性检验。

表 6.14　路径系数及其显著性

假设	路径	路径系数	样本均值	t 值	p 值	假设成立情况
H1	主观规范 -> 行为意愿	0.165	0.185	2.354	0.024*	成立
H2	行为态度 -> 行为意愿	0.230	0.154	2.488	0.037*	成立
H3	感知行为控制 -> 行为意愿	0.345	0.115	2.993	0.003**	成立
H4	行为意愿 -> 购买行为	0.400	0.121	3.296	0***	成立
H5	感知行为控制 -> 购买行为	0.105	0.125	2.142	0.040*	成立
H6	信任 -> 行为意愿	0.169	0.097	3.818	0***	成立
H7	消费者居住地 -> 购买行为	−0.180	0.074	2.435	0.015*	成立
H8	消费者年收入 -> 购买行为	0.185	0.073	5.248	0***	成立

*表示 $p<0.05$；**表示 $p<0.01$；***表示 $p<0.001$

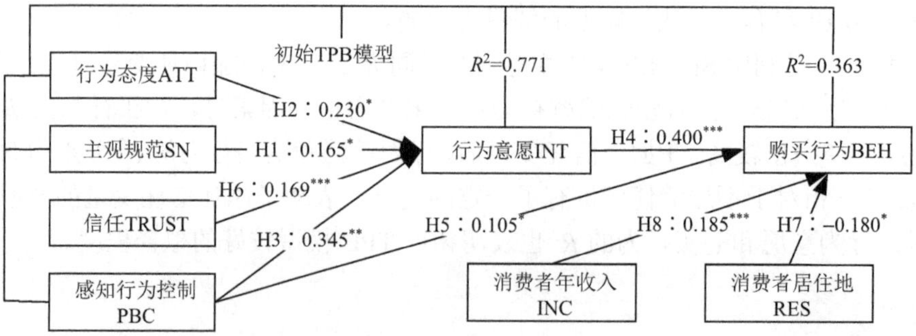

图 6.4　研究模型结果

结合图 6.4 可以证明以下结论成立。

H1：消费者主观规范对消费者短链食品购买的行为意愿有正向影响。

H2：消费者行为态度对消费者短链食品购买的行为意愿有正向影响。

H3：消费者感知行为控制对消费者短链食品购买的行为意愿有正向影响。

H4：消费者的短链食品购买的行为意愿对消费者短链食品的购买行为有正向影响。

H5：消费者感知行为控制对消费者短链食品的购买行为有正向影响。

H6：信任对消费者短链食品购买的行为意愿有正向影响。

H7：消费者居住地对消费者短链食品的购买行为有影响，且对其有消极影响。

H8：消费者年收入对消费者短链食品的购买行为有正向影响。

6.5.6 态度变量主成分分析

消费者对于食品短链的态度是可以进行测量和分析（Giampietri et al.，2016）。为了更具体地了解中国消费者对于食品短链的认识和态度，在拓展 TPB 的基础上，着重考虑了态度变量，并运用主成分分析的方法对其进行了更深层的分析。

1. KMO 和巴特利特检验

主成分分析是一种将案例中多个变量通过线性变换压缩成少数几个主成分指标的多元统计分析方法。新生成的方差较大的变量能够反映原来多个变量所包含的主要信息，称其为主成分。主成分分析的目的是变量降维和主成分评价。利用 SPSS 25 进行主成分分析，结果见表 6.15。

表 6.15　KMO 和巴特利特检验

KMO 取样适切性量数		0.793
巴特利特球形度检验	卡方统计量	3764.083
	自由度	276.000
	显著性	0

表 6.15 展示了 KMO（Kaiser-Meyer-Olkin，凯撒-米尔-奥尔金）和巴特利特检验结果。KMO 取样适合度检验通过比较样本间相关系数和偏相关系数的平方和来评估样本的适合度，KMO 统计量在 0 到 1 之间，越接近 1 表明变量间相关度越强。巴特利特检验用于检验原始变量间的相关性，输出卡方统计量、自由度和显著性值。若 $p \leqslant 0.05$，则认为相关系数矩阵不是单位矩阵，适合进行主成分分析。当 MSA＞0.6 时[MSA（measurement systems analysis，测量系统分析）是用于评估数据是否适合进行因子分析或主成分分析的一个重要指标]，可以接受进行

主成分分析。

根据输出值可知，KMO 约为 0.793，巴特利特检验卡方统计量 3764.083，显著度为 0，表明适合主成分分析。

2. 总方差解释量

表 6.16 展示了总方差解释量。第一主成分的特征值为 5.462，解释原始变量方差的百分比为 22.760%；特征值大小和方差百分比随着提取过程逐渐降低，最后一个主成分的特征值为 0.028，方差百分比仅为 0.117%。SPSS 默认提取了特征值大于 1 的前 5 个主成分，它们能够解释总方差的 77.343%，方差贡献率较高。

表 6.16　总方差解释量

成分	初始特征值			提取载荷平方和		
	总计	方差百分比	累积	总计	方差百分比	累积
1	5.462	22.760%	22.760%	5.462	22.760%	22.760%
2	4.093	17.052%	39.813%	4.093	17.052%	39.813%
3	3.528	14.699%	54.512%	3.528	14.699%	54.512%
4	3.453	14.389%	68.901%	3.453	14.389%	68.901%
5	2.026	8.442%	77.343%	2.026	8.442%	77.343%
6	0.949	3.953%	81.296%			
7	0.650	2.709%	84.005%			
8	0.628	2.615%	86.620%			
9	0.485	2.019%	88.639%			
10	0.420	1.748%	90.387%			
11	0.358	1.492%	91.880%			
12	0.296	1.233%	93.113%			
13	0.276	1.151%	94.264%			
14	0.262	1.092%	95.356%			
15	0.218	0.907%	96.263%			
16	0.201	0.836%	97.099%			
17	0.179	0.745%	97.844%			
18	0.152	0.633%	98.477%			
19	0.089	0.373%	98.850%			
20	0.078	0.325%	99.175%			

续表

成分	初始特征值			提取载荷平方和		
	总计	方差百分比	累积	总计	方差百分比	累积
21	0.074	0.308%	99.484%			
22	0.053	0.222%	99.706%			
23	0.043	0.178%	99.883%			
24	0.028	0.117%	100%			

注：数据保留了 3 位小数；累积的数据根据方差百分比数据四舍五入得到

3. 成分得分协方差矩阵

主成分协方差均为 0、方差均为 1（表 6.17），说明新生成的 5 个主成分互不相关，符合主成分分析结果的要求。

表 6.17　成分得分协方差矩阵

成分	1	2	3	4	5
1	1	0	0	0	0
2	0	1	0	0	0
3	0	0	1	0	0
4	0	0	0	1	0
5	0	0	0	0	1

4. 旋转后的成分矩阵

旋转后的成分矩阵表更容易看出变量的主成分构成。如表 6.18 所示，可以得出主成分 1 主要由道德、绿色、可持续发展、本地、环保、传统、经常性 7 个变量构成，命名为环保倾向性；主成分 2 主要由商机、特色、交流动态、共赢、愉悦和满意 6 个变量构成，命名为经济可持续倾向；主成分 3 主要由信息透明、安全、健康、质量高 4 个变量构成，命名为食品特性；主成分 4 主要由价格低、交易公平、快捷、方便 4 个变量构成，命名为购物便捷性；主成分 5 主要由有趣、放松、享受 3 个变量构成，命名为购物体验。

表 6.18　旋转后的成分矩阵

成分	1	2	3	4	5
道德	0.857	−0.020	−0.001	0.088	0.084
绿色	0.720	0.014	−0.031	0.076	0.078
可持续发展	0.944	−0.025	0.031	0.071	0.080
本地	0.882	−0.011	0.039	0.090	0.015
环保	0.871	0.002	−0.009	0.103	0.163
信息透明	−0.005	−0.028	0.955	0.064	0.008
健康	−0.032	−0.034	0.871	0.089	−0.035
安全	0.025	0.043	0.946	−0.012	0.041
质量高	0.016	0.018	0.933	−0.021	0.047
价格低	0.052	0.046	−0.039	0.867	−0.096
方便	0.090	−0.025	0.059	0.888	−0.197
交易公平	0.143	0.012	0.014	0.944	0.024
快捷	0.136	0.014	0.033	0.961	0.030
商机	0.019	0.958	0.033	0.020	−0.012
特色	−0.011	0.815	0.020	0.009	−0.013
交流动态	0.018	0.857	−0.030	0.024	0.012
共赢	−0.011	0.900	0.008	0.054	−0.029
有趣	0.118	−0.087	0.022	0	0.894
放松	0.136	−0.019	0.023	−0.142	0.878
享受	0.125	0.048	0.019	−0.073	0.892
传统	0.802	0.048	0.116	0.013	0.079
经常性	0.778	0.050	−0.065	0.026	−0.001
愉悦	0.081	0.469	0.268	−0.136	0.022
满意	−0.001	0.915	−0.016	−0.001	−0.036

根据表 6.19 主成分平均值排序表可知，消费者对于食品特性本身更为关注，而对与生产者进行合作发展方面关注稍微略低。

表 6.19　主成分分析表

主成分变量	变量	变量平均值	主成分平均值
食品特性	信息透明	5.36	4.90
	健康	5.16	
	安全	4.03	
	质量高	5.05	

续表

主成分变量	变量	变量平均值	主成分平均值
环保倾向性	道德	4.79	4.40
	绿色	4.21	
	可持续发展	4.92	
	本地	4.21	
	环保	5.13	
	传统	3.86	
	经常性	3.66	
购物便捷性	价格低	4.29	4.36
	方便	4.78	
	交易公平	4.64	
	快捷	3.71	
购物体验	有趣	4.70	4.16
	放松	4.14	
	享受	3.65	
经济可持续倾向	商机	3.43	3.66
	特色	2.88	
	交流动态	4.32	
	共赢	4.42	
	愉悦	3.39	
	满意	3.50	

6.6　研究结论与建议

6.6.1　研究结论

通过构建基于拓展 TPB 模型的短链食品消费者行为选择模型，并对消费者态度进行主成分分析，得出以下结论：①消费者对短链食品的关注主要集中在食品特性和质量上。随着生活水平的提高，健康和安全成为消费者更重要的关注点，值得信赖的购物渠道更受青睐。②消费者对环境保护的关注已逐渐超过对购物便捷性的关注，愿意为环保食品支付更高的价格。③消费者对与生产者建立长期合作关系的关注不足，显示出信任关系的建立仍需加强。④信任对购买短链食品具有正向促进作用，是影响行为意愿的重要因素。⑤拓展 TPB 模型在解释因变量变化方面表现优于基础模型，表明消费者的行为态度、主观规范、感知行为控制和信任均对行为意愿产生积极影响，且个人的感知行为控制对购买行为有直接显著影响。⑥消费者居住地和消费者年收入显著影响其短链食品购买行为，尤其是农村和高收入群体更倾向于购买短链食品。

6.6.2 对策建议

1. 食品短链政策制定发展

（1）提升食品短链声誉：首先应明确食品短链的权威定义，借鉴欧盟的定义，即食品短链意味着有限个经济参与者，并且生产者、经销商和消费者致力于合作，促进本地经济发展，建立地理和社会的亲近关系。其次，促进国内的宣传和理解，为短链食品的推广奠定基础。

（2）完善法律保障：建立公正的法律制度，培养市场信任氛围，通过奖励守信行为和惩罚失信行为来保护各方利益。

（3）降低风险措施：设立权威仲裁机构，建立信息共享平台，降低违约风险，并为供需双方提供保障。

2. 食品短链生产销售参与

（1）保证食品质量与安全：生产者应遵循科学规范，减少农药化肥使用，中间商需确保运输和储存质量，降低浪费。

（2）积极沟通以降低风险：重视消费者对质量和安全的关注，了解不同地区的消费者需求，有针对性地生产，以提升满意度和降低过量生产风险。

（3）加强与消费者的合作：利用权威平台与消费者建立长期合作关系，关注消费者的持续需求，降低社会成本。

（4）提供便利的购买渠道：增加短链食品售卖点，调整产品价格，提供班车服务，以降低购买门槛，提升消费者的行为意愿。

6.7 本章小结

在结合基础TPB的基础上，添加了信任的变量，构建了基于信任变量的拓展TPB模型，对影响消费者购买短链食品的相关行为进行了探讨分析。同时，为了更好地理解消费者对待食品短链的态度问题，在拓展TPB模型的基础上对消费者行为态度进行了进一步分析。在结合实证与数据结果分析的基础上，为政策制定者和食品短链经营者在从事食品短链相关业务的发展问题上提出一些建议参考。

第 7 章　消费者对本地食品购买的行为意愿的影响因素研究：以济南市低温奶消费为例

7.1　引　言

本地食品消费在全球多个国家和地区逐渐流行，特别是在美国和欧洲，呈现增长趋势（Ghosh and Shah，2015；Hedberg and Zimmerer，2020）。国外学者对本地食品和食品短链的研究兴趣日益增加，消费快速增长的原因一方面源于消费者需求的增加，另一方面得益于政府和零售商的推动措施。

从消费者的角度来看，本地食品在质量、环境、社会和经济效益等方面具有显著优势，吸引了越来越多的消费者，如近年来兴起的“土食主义”倡导消费者购买本地生产的食品，帮助消费者更好地了解食物来源和饮食与健康的关系。公共卫生突发事件也加深了消费者对全球供应链安全的担忧，促使更多人转向本地食品，如西班牙消费者对公共卫生突发事件的感知风险促使消费者更多地转向“土食主义”（Palau-Saumell et al.，2021）。

政府的政策推动与资金支持，对推动本地食品消费有较大帮助作用（Skallerud and Wien，2019）。例如，美国农业部自 2017 年起每年投资 2000 多万美元支持农贸市场和本地食品推广。消费者有意识地选择食用本地生产的食品，这也促使食品零售商企业做出了回应。例如，沃尔玛承诺从当地采购 20%的产品，以减少食物里程和支持当地经济。相比之下，国内对本地食品的认知与消费行为研究较少，亟须探讨影响中国消费者购买的行为意愿的具体因素。在中国背景下，本地食品被定义为在一定政治边界内利用原材料生产和销售的食品，主要聚焦生鲜类食品，具有新鲜度等优势。

本章将以济南市的低温奶为具体对象，包括鲜牛奶和低温酸奶，因其在消费者日常消费中占有重要地位，并通过冷链保持新鲜（Cappelli et al.，2022）。通过探究济南市消费者对本地食品购买的行为意愿的影响因素，丰富相关领域的研究成果。

7.2 模型构建与问卷调研

7.2.1 研究假设

1. 基础 TPB 模型

根据 Ajzen（1991）的 TPB，行为态度、主观规范和感知行为控制均对行为意愿的产生有直接影响。Verbeke 等（2007）也证明 TPB 在食品消费情景下模型预测的有效性。针对本地食品消费研究问题，根据基础 TPB 模型和文献的支撑，得出如下假设。

H1：消费者行为态度对消费者的本地食品购买的行为意愿有正向影响。

H2：消费者主观规范对消费者的本地食品购买的行为意愿有正向影响。

H3：消费者感知行为控制对消费者的本地食品购买的行为意愿有正向影响。

2. 消费者对本地食品的信任

TPB 模型假设行为意愿可以通过行为态度等三大变量来解释，但同时其他变量，称为背景变量，应该被考虑，因为它们可以丰富人们对行为的理解（Ajzen and Albarracin，2007）。TPB 模型对其他背景变量的纳入持开放态度，因此越来越多的文献使用 TPB 模型，并添加了不同的背景变量来解释和预测不同领域的消费者行为。

在食品消费领域的研究中，信任是行为意愿的重要影响因素，它可以解决在食品供应链中存在的信息缺乏和控制力度不足问题，并引导消费者进行食品选择。Giampietri 等（2018）提出，可以考虑在基础 TPB 模型中加入信任因素，以期获得更好的模型拟合，提高拓展后模型的预测力和拟合度，其中信任因素同样作为行为意愿的前置影响因素。Menozzi 等（2015）与 Carfora 等（2019）在食品消费行为方面的研究也显示了同样的结果。

在国内，受一些食品安全丑闻事件的影响，国内消费者对食品安全的信任也对行为意愿产生了显著影响（高原和王怀明，2014）。李翠霞和姜冰（2015）通过收集国内 12 个省份的调查数据，发现国内消费者对乳制品安全的信任水平偏低，对乳制品的未来安全的信任程度也较低。潘友道（2019）验证了信任变量对国内消费者进行短链食品购买的行为意愿的重要影响。

因此，针对本地食品消费的研究问题，根据文献梳理总结，可以做出如下假设。

H4：消费者对本地食品的信任对消费者本地食品购买的行为意愿有正向

影响。

3. 感知质量与感知可持续性

基于 TPB 的包容性，越来越多的文献使用 TPB 模型，并添加其他背景变量来解释和预测食品消费行为。在有机食品消费领域，许多研究将消费者的健康与可持续性动机纳入到 TPB 中，丰富了有机食品消费行为的相关研究（鞠鹏等，2016；薛永基等，2016；Dowd and Burke，2013）。

在本地食品消费领域，研究表明，消费者对本地食品的质量，与在环境、经济、社会方面的效益优势影响着消费者对本地食品的态度。在消费者对本地食品的认知与态度调查中，Ryu 等（2012）发现食品新鲜度、口感等感知质量影响消费者态度。当消费者被要求描述当地食物消费的优势时，他们使用了更高的新鲜度、更好的口味和更高的质量等描述（Jung et al.，2020）。Aprile 等（2016）发现环保主义、对本地社区的支持和质量标签的吸引使消费者对本地食品具有积极的态度。Kumar 和 Simth（2018）发现对环境和当地经济的关注是对本地食物态度的重要预测因素。李子键和朱战国（2017）假设并验证了感知质量与感知可持续性对消费者本地食品购买的行为态度与行为意愿的显著影响，但未结合基础 TPB 模型的变量，同时感知质量、感知可持续性以何种关系对行为态度与行为意愿产生影响仍有待探索。在有机食品消费领域的研究中，Dorce 等（2021）探讨了影响巴西消费者购买有机蔬菜的行为意愿和购买行为的因素，结果表明消费者的行为态度在感知质量、感知可持续性与行为意愿之间具有中介作用。

因此，根据以上文献总结，针对本地食品消费的研究问题，为探讨感知质量与感知可持续性对行为意愿的影响和作用机制，可以做出如下假设。

H5：消费者对本地食品的感知质量对行为态度有正向影响。

H6：消费者对本地食品的感知可持续性对行为态度有正向影响。

H7：行为态度作为中介调节感知质量与行为意愿之间的关系。

H8：行为态度作为中介调节感知可持续性与行为意愿之间的关系。

7.2.2 模型构建

TPB 是一个不断发展的理论，允许在基础模型中添加背景变量，从而更全面地解释消费者行为，并适应不同的文化和经济背景。作为个体消费行为的一种，本地食品购买的行为意愿符合 TPB 的框架，其中行为态度、主观规范和感知行为控制显著影响行为意愿。然而，由于本地食品消费的特定情境，还需考虑个性化的背景变量。消费者在购买本地食品时尤其关注其质量、可持续性和安全特征，这为丰富本地食品的 TPB 模型提供了启示。

为纳入更全面的影响因素，结合过往研究，将消费者对本地食品的感知质量、感知可持续性和信任等变量整合到 TPB 中，构建适用于本地食品消费情境的拓展模型。具体而言，感知质量和感知可持续性作为行为态度的前置变量，信任作为行为意愿的前置变量，以探讨这些因素对消费者本地食品消费行为的影响。

对基础模型以及拓展的变量进行梳理，最终建立出拓展的 TPB 模型，如图 7.1 所示。

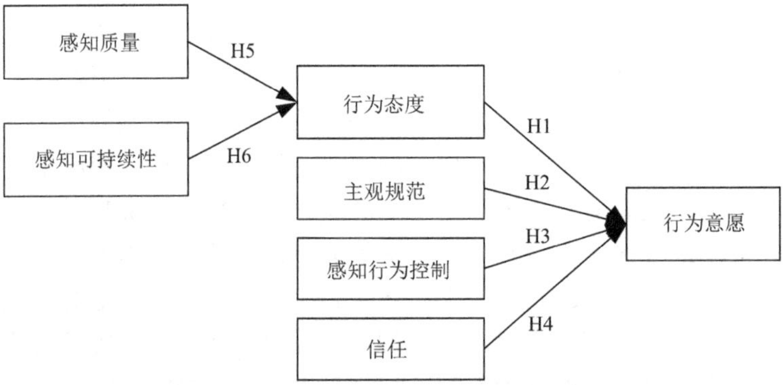

图 7.1　拓展 TPB 模型及研究假设

拓展 TPB 模型，涉及了信任、感知质量、感知可持续性、行为态度、主观规范、感知行为控制和行为意愿七个变量、八条因果关系和八条基本假设。其中，感知质量与感知可持续性是行为态度的前置变量，并以行为态度为中介影响行为意愿；同时，行为意愿受到信任、主观规范、行为态度和感知行为控制的直接影响。

7.2.3　变量测量

为了更加全面而准确地了解消费者的真实反应，测量变量的量表需要满足两个方面的条件：①变量的测量题项不应重复出现；②语言表述简单明了，减少因语言理解问题而出现的偏差（张倩楠，2020）。

相关变量测量均来自前人实证研究所采用过的成熟量表，同时结合具体研究问题，确保英文量表翻译的质量，进行修改和调整，并通过相关专家的认可，以期更符合国内具体情况。

需要测量的变量包括基础 TPB 模型中的四大变量与拓展 TPB 模型中的新增变量：信任、感知质量与感知可持续性。除人口统计特征之外，涉及的变量测量，全部采用利克特五级量表，具体范围从 1（非常不同意）到 5（非常同意）。

1. 行为态度的测量

行为态度是指消费者对本地食品购买行为积极或消极的感觉（Fishbein and Ajzen，2011）。通过查阅相关文献，对行为态度的测量主要集中在消费者对决策的有益性、正确性和感觉三方面，参考 Qi 和 Ploeger（2019）研究中的量表。行为态度测量量表见表 7.1。

表 7.1 行为态度测量量表

变量名称	变量编号	变量解释	变量来源
行为态度	态度 1	我认为购买本地食品是个好主意	Qi 和 Ploeger（2019）
	态度 2	我认为购买本地食品是明智的	
	态度 3	购买本地食品使我感到愉悦	

2. 主观规范的测量

Ajzen（1991）研究指出，主观规范代表了个体在选择是否进行某一行为时，所感知到的社会压力。主观规范意味着社会、重要他人或团体对其个体进行某一行为决策的影响情况。对主观规范的测量主要集中在身边重要的人对消费者购买的行为意愿的影响方面，参考了 Giampietri 等（2018）的研究。主观规范测量量表具体见表 7.2。

表 7.2 主观规范测量量表

变量名称	变量编号	变量解释	变量来源
主观规范	主观 1	身边大部分对我很重要的人支持我购买本地食品	Giampietri 等（2018）
	主观 2	身边大部分对我很重要的人希望我购买本地食品	
	主观 3	身边大部分对我很重要的人认为我应该购买本地食品	

3. 感知行为控制的测量

感知行为控制代表着个体对在现实中执行某一行为的难度感知，可能涉及执行某一行为所需的资源等因素。采用 Giampietri 等（2018）的研究中的量表，进行消费者购买本地食品行为的感知行为控制变量的测量。感知行为控制测量量表具体见表 7.3。

表 7.3 感知行为控制测量量表

变量名称	变量编号	变量解释	变量来源
感知行为控制	控制 1	购买本地食品对我来说很简单	Giampietri 等（2018）
	控制 2	如果我想，我可以轻松地购买本地食品	
	控制 3	是否购买本地食品完全由我个人决定	

4. 行为意愿的测量

行为意愿是指个人对是否采取某种特定行为的主观意愿程度（Ajzen，1991）。采用张应语等（2015）研究中国消费者对生鲜农产品购买的行为意愿的研究中行为意愿的测量量表。行为意愿测量量表见表 7.4。

表 7.4 行为意愿测量量表

变量名称	变量编号	变量解释	变量来源
行为意愿	意愿 1	下次购买时我愿意购买本地食品	张应语等（2015）
	意愿 2	我支持购买本地食品的做法	
	意愿 3	我愿意推荐我的亲戚、朋友购买本地食品	

5. 信任的测量

刘艳秋和周星（2009）在研究中指出，食品消费领域的消费者信任即在具有食品安全风险的可能性时，消费者对整体消费环境的正向期待、对相关企业正面行为的期待、对具备相关安全知识的安全感，以及产生的进行食品消费行为时的放心的感觉。采用引用较多的 Giampietri 等（2018）研究中的量表来测量信任变量，见表 7.5。

表 7.5 信任测量量表

变量名称	变量编号	变量解释	变量来源
信任	信任 1	我认为本地食品是可靠	Giampietri 等（2018）
	信任 2	我认为本地食品是可信赖的	
	信任 3	我对本地食品有信心	

6. 感知质量的测量

感知质量即消费者对本地食品所持有的质量认知。根据李子键和朱战国

（2017）的研究，选择本地食品的新鲜度、所富含营养、口感作为食品质量的测量变量。感知质量的测量量表具体见表 7.6。

表 7.6　感知质量测量量表

变量名称	变量编号	变量解释	变量来源
感知质量	质量 1	我认为本地低温奶比其他低温奶更新鲜	李子键和朱战国（2017）
	质量 2	我认为本地低温奶比其他低温奶更有营养	
	质量 3	我认为本地低温奶比其他低温奶口感更好	

7. 感知可持续性的测量

感知可持续性是消费者对本地食品消费行为带来的对经济、社会、环境等方面的可持续价值的认知。根据李子键和朱战国（2017）的研究，选择促进本地经济发展、使本地农民获得公平回报、实现环境的友好发展作为感知可持续性的测量变量。感知可持续性的测量量表具体见表 7.7。

表 7.7　感知可持续性测量量表

变量名称	变量编号	变量解释	变量来源
感知可持续性	可持续 1	我相信经常购买本地低温奶促进本地乳制品企业和经济发展	李子键和朱战国（2017）
	可持续 2	我相信本地低温奶减少了中间流通环节，使奶农获利更多	
	可持续 3	购买本地低温奶减少了运输等资源消耗与碳排放，更加环境友好	

7.2.4　问卷设计

1. 前期访谈

在设计问卷之前，首先对 12 位消费者进行了访谈，访谈内容包括对本地食品概念的认知、了解程度、购买种类、购买频率、主要购买原因等。通过前期访谈，为接下来具体确定问卷的问题及选项设置提供了参考。

2. 问卷结构

本次问卷调研目的是调查济南市消费者对本地食品购买的行为意愿的影响因

素。问卷首先对研究目的和本地食品概念进行介绍，其次问卷主要分为三个部分：本地食品购买情况、本地食品消费影响因素和人口统计特征。

1）本地食品购买情况

本地食品购买情况涵盖受访者对本地食品的了解程度、购买频率、购买渠道与感知价格等。

2）本地食品消费影响因素

本地食品消费的影响因素就是利用利克特五级量表对消费者进行各个影响因素的测量。

3）人口统计特征

人口统计特征包括消费者的性别、年龄、受教育水平、家乡、职业与收入水平等。

为了收集更加真实可靠的数据，减少被调研人群填写答案时进行联想或受干扰的可能性，调研问卷将各个题项进行整合，方便更加连续性地答题。为确保问卷质量可靠，在每份问卷首页设置问卷质量的填空位置，由调研成员在问卷调查过程中标记不认真回答的受访者。另外，问卷中设置第 21 题为反向选择题目，以检查受访者是否进行了认真答题。

在问卷形成后，通过熟悉相关领域的专家讨论，确认了问卷题目设置的合理性，量表翻译的准确性。同时，将问卷小范围内分发给同专业的研究生，通过与其他研究生的讨论，确保问卷问题与选项设置的可理解性与问卷版式设计的易读性。

3. 预调研

预调研阶段，在选择调研对象时，主要寻找熟人，进行滚雪球抽样。这样一方面可以保证样本数据质量，另一方面可以提高调研效率。预调研通过线上问卷发放的方式展开，由熟人进行进一步扩展，最终共计调查消费者 65 人，剔除无效数据 11 份，剩余有效问卷 54 份。

通过预调研，使用 SmartPLS 3.3.3 软件进行量表信效度的检验。具体的信效度指标如表 7.8 与表 7.9 所示，各项指标均通过检验。

表 7.8　变量的 CA、CR、AVE 值

变量	CA	rho_A	CR	AVE
主观	0.856	0.869	0.912	0.775
信任	0.910	0.911	0.944	0.849
可持续	0.721	0.726	0.843	0.644
控制	0.790	0.790	0.878	0.707

续表

变量	CA	rho_A	CR	AVE
质量	0.770	0.782	0.867	0.687
态度	0.869	0.874	0.920	0.792
意愿	0.829	0.845	0.897	0.745

注：rho_A 即阿尔法相关系数（Alpha reliability），是 CA 的一种改进形式。在信度分析中，用来衡量量表或测试中各项之间的一致性或内部一致性

表 7.9　指标变量的交叉负荷表

变量	主观	信任	可持续	态度	意愿	控制	质量
主观 1	**0.877**	0.617	0.096	0.536	0.607	0.416	0.422
主观 2	**0.887**	0.550	−0.028	0.453	0.450	0.292	0.379
主观 3	**0.879**	0.641	0.264	0.570	0.585	0.259	0.521
信任 1	0.605	**0.931**	0.464	0.656	0.705	0.451	0.313
信任 2	0.635	**0.958**	0.429	0.694	0.725	0.493	0.299
信任 3	0.666	**0.873**	0.253	0.633	0.721	0.536	0.521
可持续 1	0.170	0.388	**0.708**	0.377	0.388	0.266	0.214
可持续 2	0.020	0.247	**0.836**	0.276	0.206	0.107	0.054
可持续 3	0.116	0.334	**0.855**	0.405	0.345	0.282	0.157
态度 1	0.522	0.622	0.405	**0.888**	0.562	0.343	0.522
态度 2	0.572	0.693	0.485	**0.922**	0.689	0.361	0.564
态度 3	0.496	0.598	0.317	**0.859**	0.655	0.346	0.623
意愿 1	0.583	0.769	0.385	0.715	**0.903**	0.429	0.541
意愿 2	0.515	0.573	0.362	0.561	**0.841**	0.320	0.456
意愿 3	0.535	0.654	0.303	0.565	**0.844**	0.430	0.424
控制 1	0.300	0.404	0.165	0.326	0.397	**0.834**	0.097
控制 2	0.293	0.443	0.315	0.317	0.374	**0.905**	0.065
控制 3	0.340	0.503	0.252	0.348	0.382	**0.779**	−0.021
质量 1	0.358	0.308	0.161	0.467	0.523	0.168	**0.745**
质量 2	0.454	0.335	0.098	0.575	0.396	−0.011	**0.869**
质量 3	0.440	0.376	0.215	0.547	0.470	0.005	**0.866**

注：加粗的数字表示该变量（行）在对应因子（列）上的负荷系数最大，说明该变量在这一因子上的解释力最强，可以归属于这个因子，如“主观 1”在“主观”因子上的负荷系数为 0.877，表明“主观 1”主要被“主观”因子所解释。这些负荷系数表明该变量与因子之间的相关性，是因子分析或 SEM 中衡量变量对因子的贡献程度的重要指标

7.2.5　数据收集

正式问卷发放主要通过纸质填写的方式进行。在发放纸质问卷时，采取随机调研。调研样本的地点定为山东省济南市中心五区：历城区、历下区、槐荫区、天桥区与市中区。调研地点主要包括休闲公园与购物商场等人流量大的场所，具体为：历城区百花公园与印象城，历下区大明湖公园与世贸购物中心，槐荫区西市场与华联购物大厦，天桥区五龙潭公园与银座超市，市中区中山公园与万达广场。

调研成员由课题组七位硕士研究生与两位本科生组成。在数据收集之前，调研成员首先经过问卷调研的相关培训。在实际收集问卷时，调研成员在受访者填写问卷过程中需要对被调研人员进行必要的解释和澄清。如果在调研过程中调研成员发现作答者不认真作答，则在首页标记问卷质量为差。

数据收集于 2021 年 11 月 19 日开始进行，持续一周时间。最终，调研小组累积收集问卷 336 份。在问卷收集完成后，剔除无效问卷 26 份，剩余有效问卷 310 份。不同地点的调研样本数量分布见表 7.10。

表 7.10　调研样本分布

行政区	具体地点	样本数量
历城区	百花公园、印象城	78
历下区	大明湖公园、世贸购物中心	56
槐荫区	西市场、华联购物大厦	53
天桥区	五龙潭公园、银座超市	69
市中区	中山公园、万达广场	54

在确认问卷有效性时，调研小组需要剔除问卷质量标记为差的问卷，检查受访者的问题答案是否出现全选某一选项的情况，选择分布出现明显规律，选择前后逻辑不一致，特别是问卷中专门设置的反向选择的题目。

受访者的基本人口统计特征见表 7.11。结合表 7.11 与调研实际情况可知，样本在性别、年龄等人口统计特征方面具备一定代表性。首先，在性别比例分布上，女性比例高于男性，这与家庭中牛奶购买行为女性比例相对更多有关。在发放问卷调研时，这一点有明显的体现。在年龄分布上，青中年群体（即 18～54 岁）的人数比例基本均匀。在学历方面，本科和硕士研究生等高等学历人群较多，这和调研地点在城市中心，受过高等教育人数更多有关。在家乡方面，66.13%的被调研者来自济南市，25.81%来自山东省内其他城市，8.06%来自山东省外。在个人月收入方面，被调研者收入分布比较均匀。在身份方面，被调研者多为企业职工、机关及事业单位员工。

表 7.11　受访者基本人口统计特征

变量	属性	人数	百分比
性别	男	122	39.35%
	女	188	60.65%
年龄	18～24 岁	54	17.42%
	25～34 岁	78	25.16%
	35～44 岁	73	23.55%
	45～54 岁	47	15.16%
	55～64 岁	28	9.03%
	65 岁及以上	30	9.68%
学历	初中及以下	27	8.71%
	高中（中专）	79	25.48%
	本科（大专）	166	53.55%
	硕士研究生及以上	38	12.26%
家乡	济南市	205	66.13%
	山东省非济南市	80	25.81%
	非山东省	25	8.06%
家中	6 岁以下幼儿	79	25.48%
	中小学生	109	35.16%
	孕妇	3	0.97%
	65 岁以上老人	116	37.42%
	无以上选项	3	0.97%
个人月收入	3 000 元及以下	58	18.71%
	(3 000 元, 5 000 元]	98	31.61%
	(5 000 元, 8 000 元]	84	27.10%
	(8 000 元, 11 000 元]	39	12.58%
	11 000 元以上	31	10.00%
身份	学生	23	7.42%
	企业职工	101	32.58%
	机关及事业单位员工	55	17.74%
	个体户	27	8.71%
	自由职业者	30	9.68%
	其他	74	23.87%

7.3 本地食品影响因素的实证分析

基于问卷调研得到的数据，借助 SmartPLS 3.3.3 软件对调研数据进行 SEM 的分析，并得出相应结果。综合样本数据和其他研究，对实证分析的结果进行了总结和讨论。

7.3.1 信度与效度分析

在对 SEM 实证分析的整体结果进行评估之前，需要信度和效度分析先通过指标检测。通过 SmartPLS 3.3.3 计算出样本数据的信效度，并对信效度数据的指标进行判断和解读。

1. 信度分析

信度分析通过借助 CA 来评价内部一致性，通过 CR 来评价不同指标的各自信度。表 7.12 显示的 CA 与 CR 的指标均大于可接受的水平 0.7，这意味着信度通过检验。

表 7.12 测量模型中变量的 CA、CR、AVE 值

构念	CA	rho_A	CR	AVE
主观	0.912	0.913	0.945	0.851
信任	0.929	0.930	0.955	0.877
可持续	0.755	0.756	0.860	0.671
态度	0.872	0.873	0.922	0.797
意愿	0.844	0.846	0.906	0.762
控制	0.808	0.813	0.887	0.724
质量	0.816	0.817	0.891	0.732

2. 效度分析

效度分析通过聚合效度，借助 AVE，来评价不同方法测量同一变量时结果的相似程度。通过辨别效度，借助交叉负荷指标，评价同一方法测量不同变量时结果的差异水平（王重鸣，2000）。

由表 7.12 可知，AVE 均大于 0.7，聚合效度指标通过检验。

辨别效度的指标评价取决于变量的因子负荷。某一变量对其所在构念的因子负荷量应大于其他构念。基于表 7.13 的数据，不同变量最高的因子负荷都对应其所属构念，即表格中加粗的数字。因此，辨别效度结果通过检验。

表 7.13　指标变量的交叉负荷表

变量	主观	信任	可持续	态度	意愿	控制	质量
主观 1	**0.900**	0.552	0.295	0.546	0.599	0.464	0.457
主观 2	**0.947**	0.561	0.252	0.552	0.609	0.447	0.466
主观 3	**0.921**	0.580	0.250	0.513	0.629	0.386	0.483
信任 1	0.580	**0.944**	0.378	0.615	0.705	0.473	0.537
信任 2	0.588	**0.959**	0.351	0.609	0.721	0.461	0.509
信任 3	0.550	**0.906**	0.334	0.587	0.702	0.460	0.505
可持续 1	0.277	0.335	**0.797**	0.400	0.354	0.329	0.307
可持续 2	0.230	0.304	**0.837**	0.385	0.278	0.249	0.315
可持续 3	0.202	0.292	**0.823**	0.425	0.328	0.273	0.312
态度 1	0.497	0.564	0.491	**0.890**	0.578	0.351	0.557
态度 2	0.511	0.599	0.474	**0.909**	0.608	0.339	0.612
态度 3	0.550	0.562	0.355	**0.878**	0.602	0.414	0.612
意愿 1	0.593	0.678	0.274	0.620	**0.887**	0.512	0.516
意愿 2	0.500	0.651	0.416	0.574	**0.852**	0.486	0.445
意愿 3	0.643	0.654	0.341	0.556	**0.880**	0.454	0.475
控制 1	0.442	0.481	0.290	0.394	0.502	**0.867**	0.292
控制 2	0.416	0.421	0.279	0.342	0.472	**0.895**	0.271
控制 3	0.330	0.358	0.319	0.312	0.438	**0.786**	0.223
质量 1	0.404	0.387	0.361	0.566	0.444	0.272	**0.824**
质量 2	0.438	0.498	0.304	0.563	0.489	0.269	**0.877**
质量 3	0.461	0.530	0.311	0.579	0.476	0.254	**0.864**

注：加粗的数字表示该变量（行）在对应因子（列）上的负荷系数最大，说明该变量在这一因子上的解释力最强，可以归属于这个因子

7.3.2　SEM 分析

在信效度分析的指标均符合要求后，对 SEM 实证分析结果进行评估。具体为：共线性分析、模型解释力与模型适配度，并分析路径的显著性结果、中介调节作用与不同群组的差异。

SEM 有助于分析变量之间的直接和间接影响。直接影响指的是独立变量和因变量间的关系。例如，行为态度、主观规范等本地食品购买的行为意愿影响因素与行为意愿的关系。间接影响指的是由某一变量调节的独立变量和因变量

间的因果关系。例如，行为态度在感知质量与感知可持续性和行为意愿之间的间接效应。

采用基于PLS的方差型SEM（partial least squares structural equation modeling，PLS-SEM），通过变量的线性整合，产生主成分结构后，利用回归方法来解释主成分之间的关系。PLS-SEM主要用于解释因果关系之间的显著关系，适用于样本量较小、数据不呈正态分布且因果关系复杂的情况（何进进，2019）。鉴于本研究样本量较小且存在复杂的因果关系，选择PLS-SEM是合适的。

1. 模型评估

1）共线性分析

在SEM的实证分析中，变量间的共线性和因素权重关联较大。如果共线性较高，路径系数的估计会受到干扰，影响SEM的解释力水平。SEM共线性的评价一般借助VIF的指标。当VIF的值在10以下时不存在共线性问题，10到100之间则存在共线性问题，在100或以上时则存在较高的共线性。

从表7.14可知，样本数据VIF的值均小于5，不存在共线性问题。

表7.14 潜变量VIF值

变量	主观	信任	可持续	态度	意愿	控制	质量
主观					1.849		
信任					2.127		
可持续				1.169			
态度					1.903		
意愿							
控制					1.415		
质量				1.169			

2）模型解释力

在SEM中，可决系数可以测量模型的预测水平高低，一般是通过内生构念的前置变量解释该内生构念的比例，用R^2表示。R^2一般位于0和1间。R^2越大，模型的解释力水平越高。R^2为0.75、0.50、0.25时，通常对应较高的、中等的、较低的解释力度。

由表7.15可得，态度的解释力为0.511。意愿的解释力是0.684。数据显示，行为态度与行为意愿的解释力良好。

表 7.15　内生潜变量的 R^2值

内生变量	R^2
态度	0.511
意愿	0.684

3）模型适配度

SEM 的适配度或者称为拟合度可以借助 SmartPLS 3.3.3 软件中的指标标准化均方根残差（standardized root mean square residual，SRMR）判断。模型在饱和模式下 SRMR 值为 0.051，小于保守情况下的门槛值 0.08（Hair et al.，2021）。这意味着在保守情况下模型的适配度也良好，可以比较有效地解释本地食品消费行为。

2. 路径显著性

SmartPLS 3.3.3 软件借助重复抽样方法或自助法来验证路径系数显著性。自助法是一种非参数的统计程序，通常来测量各种 PLS-SEM 结果（如路径系数、CA、异质-单质比率和 R^2值）的统计显著性。软件中自助法默认子样本数量为 500，研究中子样本数量通常为 5000（Hair et al.，2021）。基于 PLS 算法的路径加权机制，最大迭代次数设置为 300，终止数值定为 7。最终计算得到的显著性检验结果见表 7.16。

表 7.16　结构模型路径系数显著性检验结果

路径	初始样本（O）	样本均值（M）	标准差（STDEV）	t 值（|O/STDEV|）	假设成立情况
主观 -> 意愿	0.213	0.220	0.055	3.848***	成立
信任 -> 意愿	0.408	0.403	0.071	5.752***	成立
可持续 -> 态度	0.281	0.283	0.059	4.753***	成立
态度 -> 意愿	0.213	0.209	0.056	3.823***	成立
控制 -> 意愿	0.164	0.168	0.057	2.903**	成立
质量 -> 态度	0.559	0.556	0.051	10.864***	成立

当 t>2.58 时，p<0.01，表示为**；当 t>3.29 时，p<0.001，表示为***

从路径系数显著性检验结果可知，基础 TPB 的变量：行为态度、主观规范与感知行为控制均对行为意愿产生显著正向影响；新加入的信任变量对行为意愿也产生显著正向影响；感知质量与感知可持续性对行为态度产生显著正向影响，见图 7.2。

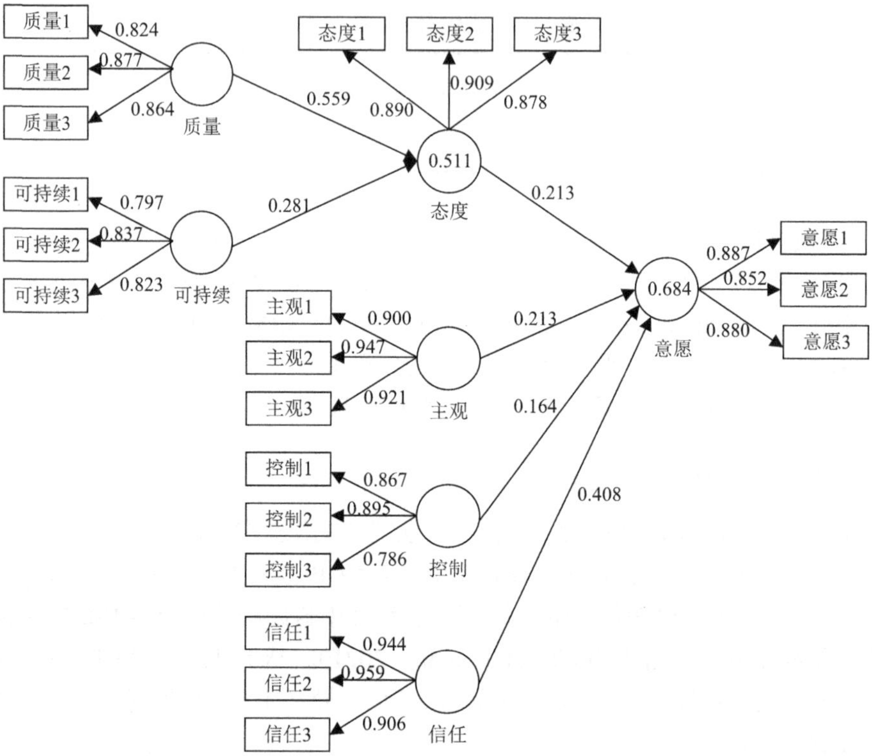

图 7.2　路径模型估计结果

3. 中介效果

在图 7.1 中的结构模型中，行为态度的前置变量为感知质量和感知可持续性，且两个前置变量对行为态度有显著影响，而行为态度对行为意愿有显著影响。为探究行为态度在其中的作用机制，需要进行行为态度对前置变量到行为意愿的中介效应检验。

借助温忠麟和叶宝娟(2014)提出的中介作用分析流程，并通过 SmartPLS 3.3.3 软件的 Bootstrapping 得出直接效应、间接效应和总效应等，同时通过结果报告中的相关指标进行中介作用分析（Hair et al.，2021）。

首先，检验行为态度在感知质量与行为意愿之间的中介效应。根据温忠麟和叶宝娟（2014）的中介效应检验流程：①检验感知质量→行为意愿的总效应的显著性；②检验路径系数：感知质量→行为态度，行为态度→行为意愿的显著性；③检验间接效应：感知质量→行为态度→行为意愿的显著性；④检验感知质量→行为意愿直接效应的显著性；⑤检验间接效应和直接效应的符号异同。

由表 7.17 可知：①感知质量→行为意愿的总效应显著；②感知质量→行为态

度，行为态度→行为意愿的路径系数均显著，直接转③；③感知质量→行为意愿直接效应不显著，说明只有中介效应。

表 7.17　感知质量→行为态度→行为意愿中介效应检定表

感知质量→行为态度→行为意愿	点估计	*t* 值	95%置信区间	
			2.5%下限	97.5%上限
总效应：感知质量→行为意愿	0.146	2.740	0.042	0.249
间接效应：感知质量→行为态度→行为意愿	0.103	3.087	0.038	0.172
直接效应：感知质量→行为意愿	0.042	0.842	−0.055	0.141

注：*t* 值可以反映路径系数的显著程度，当 t>1.96 时，系数显著

接下来，检验行为态度在感知可持续性与行为意愿间的中介调节作用。根据温忠麟和叶宝娟（2014）的中介效应检验流程：①检验感知可持续性→行为意愿的总效应的显著性；②检验路径系数：感知可持续性→行为态度，行为态度→行为意愿的显著性；③检验间接效应：感知可持续性→行为态度→行为意愿的显著性；④检验感知可持续性→行为意愿直接效应的显著性；⑤检验间接效应和直接效应的符号异同。

由表 7.18 可知：①感知可持续性→行为意愿的总效应不显著，按照遮掩效应立论；②感知可持续性→行为态度，行为态度→行为意愿的路径系数均显著，直接转③；③感知可持续性→行为意愿的直接效应不显著，说明存在遮掩效应。

表 7.18　感知可持续性→行为态度→行为意愿中介效应检定表

感知可持续性→行为态度→行为意愿	点估计	*t* 值	95%置信区间	
			2.5%下限	97.5%上限
总效应：感知可持续性→行为意愿	0.069	1.502	−0.022	0.157
间接效应：感知可持续性→行为态度→行为意愿	0.052	2.610	0.017	0.095
直接效应：感知可持续性→行为意愿	0.017	0.380	−0.072	0.101

注：*t* 值可以反映路径系数的显著程度，当 t>1.96 时，系数显著

总体来看，对于第一条中介效应路径：感知质量→行为态度→行为意愿，行为态度起完全中介作用；对于第二条中介效应路径：感知可持续性→行为态度→行为意愿，行为态度的中介作用不成立。

因此，对中介效应检验的研究假设成立情况为：H7 成立，而 H8 不成立。

7.3.3　分组分析

为了比较分析不同群体在本地食品购买的行为意愿与购买行为方面是否存在

差异，进行了多组分析，从性别、年龄与家乡三个角度进一步检验模型路径关系的调节作用。整体分组情况如表 7.19 所示。

表 7.19　分组情况概览

变量	属性	人数	百分比
性别	男	122	39.35%
	女	188	60.65%
年龄	35 岁以下	132	42.58%
	35 岁及以上	178	57.42%
家乡	济南市	205	66.13%
	非济南市	105	33.87%

1. 性别分组

为了比较两个性别分组子样本结构模型的路径系数差异，利用相同的计算程序，在 SmartPLS 软件中进行分组分析，表 7.20 列出了性别分组下路径系数比较的分析结果。

表 7.20　性别分组路径系数比较

路径	路径系数	
	男	女
主观 -> 意愿	0.261***	NS（0.153）
信任 -> 意愿	0.294***	0.482***
可持续 -> 态度	0.279**	0.287***
态度 -> 意愿	0.211*	0.220**
控制 -> 意愿	0.247**	0.140*
质量 -> 态度	0.530***	0.582***

*表示在 $p<0.05$ 下显著，**表示在 $p<0.01$ 下显著，***表示在 $p<0.001$ 下显著，NS 表示不显著

性别分组 PLS 分析结果显示，在感知质量与感知可持续性对行为态度的影响，行为态度、感知行为控制对行为意愿的影响等路径上，男女性别群体均显著；在信任对行为意愿的影响方面，女性群体与男性群体均显著。在主观规范对行为意愿的影响上，男性群体影响显著，女性群体影响并不显著。这表明在选择购买本地食品时，男性相较于女性更容易受到周围人的影响。图 7.3 展示了男性与女性分组的路径模型估计结果。

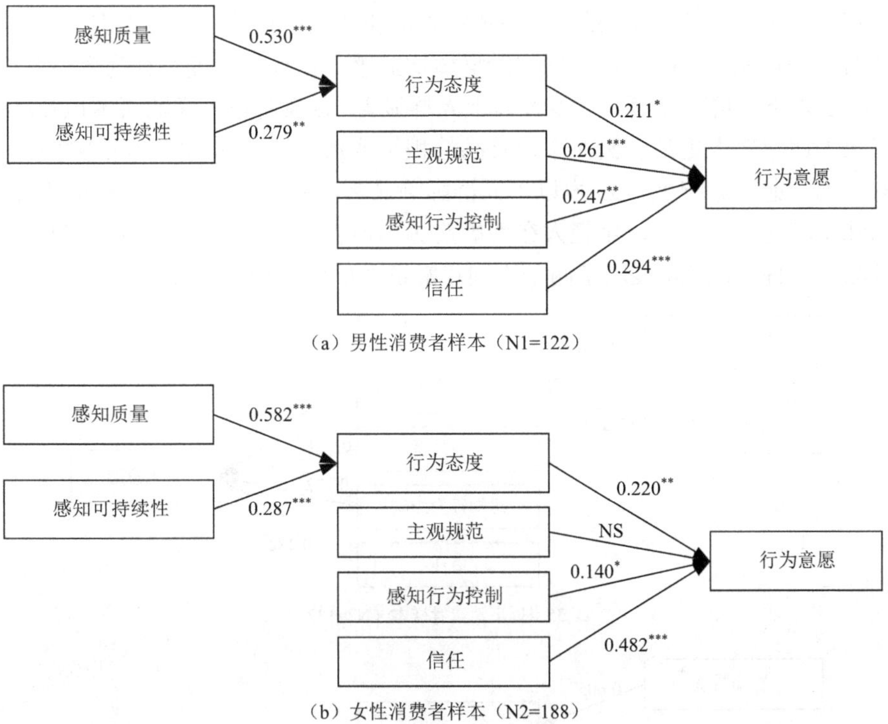

图 7.3　性别分组分析结果

2. 年龄分组

为了比较两个年龄分组的子样本结构模型的路径系数差异，利用相同的计算程序，在 SmartPLS 3.3.3 软件中进行分组分析，表 7.21 列出了年龄分组下路径系数比较的分析结果。

表 7.21　年龄分组路径系数比较

路径	路径系数	
	35 岁以下	35 岁及以上
主观 -> 意愿	0.304***	0.149*
信任 -> 意愿	0.282**	0.461***
可持续 -> 态度	0.414***	0.197*
态度 -> 意愿	NS（0.153）	0.254***
控制 -> 意愿	0.272**	NS（0.123）
质量 -> 态度	0.456***	0.605***

*表示在 $p<0.05$ 下显著，**表示在 $p<0.01$ 下显著，***表示在 $p<0.001$ 下显著，NS 表示不显著

年龄分组PLS分析结果显示，在感知质量和感知可持续性对行为态度的影响、信任对行为意愿的影响上，不同年龄群体均显著。在行为态度对行为意愿的影响上，35 岁以下人群不显著，35 岁及以上人群显著，这表明在考虑购买本地食品时，中老年人比年轻人更易受到对本地食品的积极或消极感觉的影响。在感知行为控制对行为意愿的影响上，35 岁以下人群影响显著，35 岁及以上人群影响不显著。这意味着相比中老年人，年轻人在考虑购买本地食品时更关注本地食品购买的可得性与便利性。图 7.4 展示了两个不同年龄群体的路径模型估计结果。

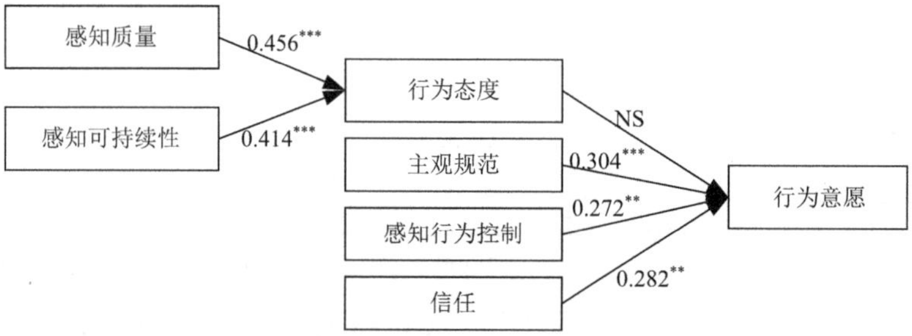

（a）35岁以下消费者样本（N2=132）

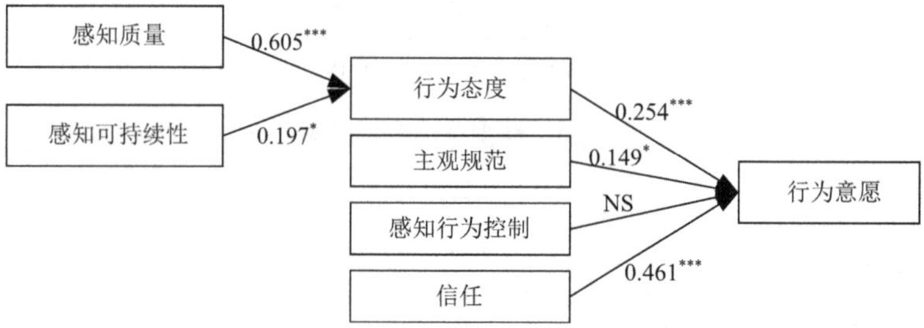

（b）35岁及以上消费者样本（N2=178）

图 7.4　年龄分组分析结果

3. 家乡分组

为了比较两个家乡分组子样本结构模型的路径系数差异，利用相同的计算程序，在 SmartPLS 3.3.3 软件中进行分组分析，表 7.22 列出了地域分组下路径系数比较的分析结果。

表 7.22　地域分组路径系数比较

路径	路径系数	
	济南市	非济南市
主观 -> 意愿	0.293***	NS（0.101）
信任 -> 意愿	0.390***	0.411***

续表

路径	路径系数	
	济南市	非济南市
可持续 -> 态度	0.229**	0.365***
态度 -> 意愿	0.187**	0.246*
控制 -> 意愿	NS（0.108）	0.235*
质量 -> 态度	0.591***	0.480***

*表示在 $p<0.05$ 下显著，**表示在 $p<0.01$ 下显著，***表示在 $p<0.001$ 下显著，NS 表示不显著

家乡分组PLS分析结果显示，在感知质量与感知可持续性对行为态度的影响、行为态度对行为意愿的影响、信任对行为意愿的影响等路径上，不同地域的群体均显著。在主观规范对行为意愿的影响上，济南市本地人群体影响显著，非济南市本地人群体影响不显著。这表明在选择购买本地食品时，济南市本地人的群体更容易受到周围人的影响；在感知行为控制对行为意愿的影响上，非济南市群体影响显著，济南市本地人群体影响不显著。这意味着非济南市当地人群体相比济南市本地人群体更关注本地食品购买的可得性与便利性。图 7.5 展示了两个不同家乡分组的路径模型估计结果。

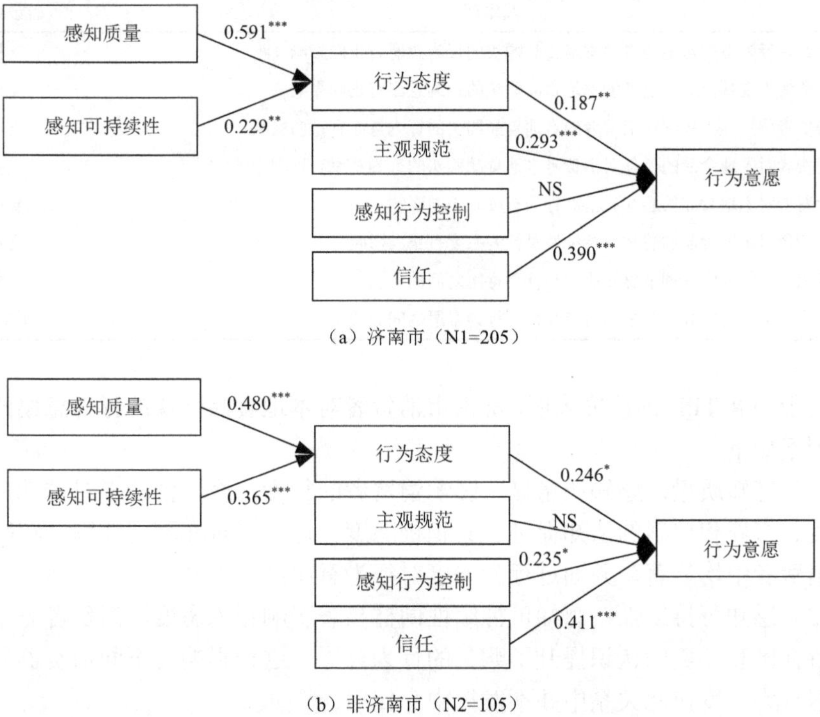

图 7.5　家乡分组分析结果

经过上述分析，测量模型的信效度指标通过检验，理论模型的拟合水平良好，表明理论模型可以有力地预测和解释本地食品购买的行为意愿的影响因素。

图 7.6 是 SEM 的分析结果，展示了各个假设的因果关系，标明了各关系的路径系数。

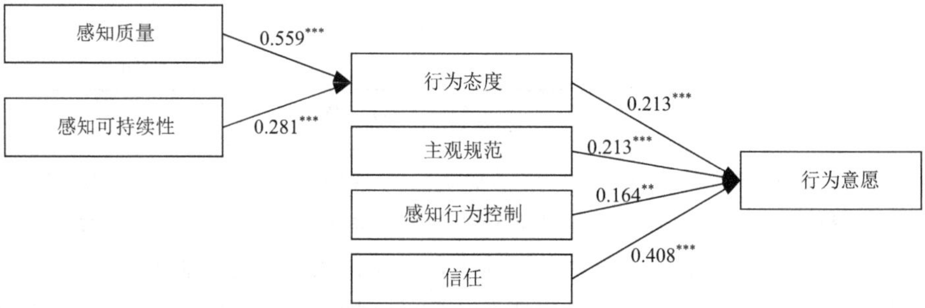

图 7.6　SEM 分析结果

结合中介关系的检验，结构模型各假设结果如表 7.23 所示。

表 7.23　研究假设内容及验证结果

基本假设	验证结果
H1：消费者行为态度对消费者的本地食品购买的行为意愿有正向影响	支持
H2：消费者主观规范对消费者的本地食品购买的行为意愿有正向影响	支持
H3：消费者感知行为控制对消费者的本地食品购买的行为意愿有正向影响	支持
H4：消费者对本地食品的信任对消费者本地食品购买的行为意愿有正向影响	支持
H5：消费者对本地食品的感知质量对行为态度有正向影响	支持
H6：消费者对本地食品的感知可持续性对行为态度有正向影响	支持
H7：行为态度作为中介调节感知质量与行为意愿之间的关系	支持
H8：行为态度作为中介调节感知可持续性与行为意愿之间的关系	不支持

基于拓展 TPB 的研究表明，济南市消费者对本地食品购买的行为意愿的主要影响因素如下。

（1）感知质量：感知质量显著影响消费者的行为态度，消费者对本地食品的新鲜度、营养和口感的认知促进了其积极态度。这一影响在不同性别、年龄和家乡的消费者中均显著，并通过行为态度对行为意愿产生中介作用。

（2）感知可持续性：感知可持续性同样显著影响行为态度，消费者对本地食品支持社区和环境的认识提升了购买的行为意愿。这种影响对不同消费群体均显著，但行为态度在此关系中并不发挥中介作用。

（3）行为态度：行为态度对行为意愿有显著影响，积极或消极的感受直接影响对本地食品购买的行为意愿。该影响在不同性别和家乡中显著，但在 35 岁以下人群中不显著，可能因中老年人对本地食品的认同感强。

（4）主观规范：主观规范显著影响行为意愿，身边重要人的行为态度直接影响消费者的购买决策。这在不同年龄、性别和家乡群体中表现出差异，男性和济南市当地人受影响更大。

（5）感知行为控制：感知行为控制显著影响行为意愿，消费者对本地食品的可得性和便利性的感知提升了购买的行为意愿。35 岁以下群体的影响显著，而年轻人对可得性的关注较低，非济南市当地人对此影响更明显。

（6）信任：信任对行为意愿有显著正向影响，增强消费者对本地食品的信任有助于提高购买的行为意愿。这一影响在不同性别、年龄和家乡的消费者中均显著。

7.4　本地食品影响因素的组合效应分析

7.4.1　fsQCA 方法

定性比较分析（qualitative comparative analysis，QCA）是一种适用于中小规模样本的案例研究方法，最早由美国社会学者查尔斯·拉金在 1987 年的著作中提出。QCA 特别适合处理因果关系复杂的社会现象，因为许多行为产生的原因往往是多元并发组合的，仅靠线性因果分析无法提供高水平的解释。QCA 通过有效解释条件变量的相互依赖和组合，系统地处理多案例比较数据，广泛应用于社会科学等领域（李蔚和何海兵，2015）。

QCA 分为三种类型：清晰集 QCA（clear set qualitative comparative analysis，csQCA）、多值集 QCA（multi value qualitative comparative analysis，mvQCA）和 fsQCA。csQCA 利用布尔代数和集合论要求变量以二分形式划分；mvQCA 处理多值条件变量；fsQCA 引入模糊集合理论，允许变量在 0 到 1 之间取值，增强了对复杂因果关系的解释能力（杜运周和贾良定，2017）。

本地食品购买的行为意愿的影响因素复杂且相互依赖，QCA 方法不仅能够在 SEM 分析单个变量对结果的净效应，还能从条件组态的角度完善对多种影响因素的解释。研究将结合 SEM 与 fsQCA 方法，首先验证模型假设，然后分析多重因素组合对行为意愿的影响。数据通过利克特五级量表收集，适合 fsQCA 分析，采用该方法可增强理论的描述、预测和解释能力。

7.4.2　变量选取与校准

根据文献梳理与 TPB 模型，选取行为态度、主观规范、感知行为控制、信任、感知质量、感知可持续性六个变量为前因条件。模型中六个影响因素与本地食品的影响关系在 SEM 分析中得到了验证。

确定好前因条件后，进行 fsQCA，对本地食品购买的行为意愿的影响因素等前因条件进行校准。将问卷调查中获得的各影响因素的变量取平均值，基于三个锚点 5%、50%和 95%进行校准（Ragin，2008）。

由 Excel 计算出前因变量的三个锚点，通过 fsQCA3.0 软件中的 calibrate 函数完成校准，calibrate 函数将前因条件和三个锚点（从最高值到最低值）作为输入变量。校准后，接下来进行必要性条件分析。

7.4.3　必要性分析

对前因条件进行必要性条件分析。必要性分析是确认是否存在使高水平的结果变量存在的前因条件，即探究所有影响因素组合条件中对行为意愿总会产生影响的前因条件（Pappas et al.，2020）。对于一个必要的条件，其一致性应超过 0.9 的阈值（Schneider and Wagemann，2010）。

以本地食品购买的行为意愿作为结果变量，借助 fsQCA 3.0 软件，将行为态度、主观规范、感知行为控制、信任、感知质量、感知可持续性及相对的“非”共同作为前因条件，进行必要性分析。前因条件的必要性分析结果如表 7.24 所示，前因条件变量的一致性均低于阈值 0.9，所以各前因条件没有符合必要条件。

表 7.24　条件的必要性分析

变量名	一致性	覆盖率
感知质量	0.779 451	0.814 333
~感知质量	0.497 812	0.535 038
感知可持续性	0.765 806	0.724 838
~感知可持续性	0.485 421	0.584 092
行为态度	0.811 090	0.828 328
~行为态度	0.468 420	0.515 655
主观规范	0.795 983	0.833 679
~主观规范	0.479 435	0.513 972
信任	0.843 526	0.839 909
~信任	0.428 440	0.485 054
感知行为控制	0.832 886	0.770 905
~感知行为控制	0.405 493	0.502 352

注：~表示否定情况，即该条件不存在或者处于较低水平

7.4.4　充分性分析

在必要性分析后，需要组合多个前因条件变量以探索触发高行为意愿水平的充分条件。首先，构建真值表，纳入的前因变量包括行为态度、主观规范、感知行为控制、信任、感知质量和感知可持续性，结果变量为行为意愿。

在分析组合路径对结果的充分性时，通过设定频数阈值和一致性阈值对真值表结果变量进行赋值。研究中，一致性阈值通常设为 0.8（Fiss，2011），样本超过 150 个时，频数阈值可设为 3，样本较小时设为 2。研究样本超过 300 个，频数阈值设定为 3，一致性阈值为 0.8，以确保赋值为 1 的案例数超过 3 个时的结果变量解释率超过 85%。

应用这些阈值后，fsQCA 软件提供三种解决方案：中间解决方案、简单解决方案和复杂解决方案。复杂解涵盖所有可能的组态条件，但可能存在矛盾；简单解是复杂解的简化版，信息可能不足；中间解规避两种弊端，研究中也多借助中间解来解释（张宝建等，2019）。

通过构建的真值表，分析得出消费者本地食品购买的行为意愿的中间解和简单解。每个复杂解和简单解及其组态的一致性和覆盖值均超过最低可接受值。黑色圆圈表示条件需要存在或水平较高，白色圈内叉表示条件需要不存在或水平较低，空白表示该条件对结果无影响。

依照 fsQCA 的判定方式，简单解和中间解中共同出现的条件为核心条件，简单解中未出现而中间解中出现的为边缘条件。为了确定哪些组态足以实现结果，采用一致性阈值在 0.8 或以上，PRI（proportional reduction in inconsistency，不一致性减少比例）阈值在 0.67 或以上，以避免结果与其否定组合的子集关系同时存在（Schneider and Wagemann，2012）。

得出本地食品购买的行为意愿的条件组态分析如表 7.25 所示。

表 7.25　本地食品购买的行为意愿的条件组态分析

条件组态	因变量：行为意愿				
	S1a	S1b	S1c	S2	S3
感知质量			⊗	●	●
感知可持续性	●	⊗			●
行为态度	●	⊗	⊗	●	●
主观规范	●	●	●		●
信任	●	●	●	●	
感知行为控制		●	●	●	●
原始覆盖率	0.570	0.252	0.264	0.584	0.505

续表

条件组态	因变量：行为意愿				
	S1a	S1b	S1c	S2	S3
净覆盖率	0.068	0.006	0.008	0.077	0.021
一致性	0.959	0.955	0.954	0.958	0.970
总体一致性			0.730		
总体覆盖率			0.936		

注：其中●表示正相关关系，⊗表示负相关关系

借助 QCA 方法得出五条影响本地食品购买的行为意愿的因果路径。由表 7.25 知，触发高行为意愿水平的结果的总体覆盖率为 0.936，总体一致性为 0.730，意味着各条件组态的解释水平较高。

根据核心条件的不同，该五条路径划分为三大模式：主观规范与信任（模式 S1），信任、感知质量、感知行为控制与行为态度（模式 S2），以及主观规范、感知质量和感知行为控制（模式 S3）。在这些模式中，除了两种触发高购买意愿的模式外，感知可持续性一直以辅助条件或需要其出现低水平或不存在的状态，而没有以核心条件的形式存在。结合 SEM 的实证分析，这表明济南市消费者在考虑购买本地食品时虽然认同其对环境、本地社区与经济的支持，但是感知可持续性并不会成为影响他们购买本地食品意愿的重要影响因素。

7.5 研究结论与建议

7.5.1 研究结论

基于研究内容得到的结论如下。

（1）影响因素：消费者的信任、感知质量、感知可持续性、行为态度、主观规范和感知行为控制对本地食品购买的行为意愿均有显著正向影响。特别是，感知质量通过行为态度完全中介影响行为意愿，而行为态度在感知可持续性与行为意愿之间不构成中介。

（2）群体差异：不同性别、年龄和家乡的消费者在行为意愿影响机制上存在差异。男性和济南市当地人更关注主观规范的影响，年轻人和非济南市本地人更看重感知行为控制的可得性，而中老年群体对行为态度的影响更为显著。

（3）信任与主观规范：信任与主观规范的组合对行为意愿影响较大，若仅存其一，则对感知质量和感知行为控制等提出更高要求。此外，感知可持续性对行为意愿的影响力较低。

7.5.2 对策建议

为促进本地食品消费，提升消费者购买的行为意愿，并帮助政府和企业制定有效政策与策略，提出以下管理建议。

（1）增强消费者信任：政府应完善本地食品安全监管体系，确保从原材料到销售的全流程可追溯与透明，提升消费者信任。同时，企业应优化食品生产过程，增强品牌可信度，让消费者购买安心。

（2）营造购买氛围：政府可组织本地食品宣传活动，如展会与媒体推广，倡导支持本地食品。企业应通过精准营销触达不同群体，营造购买氛围，借助口碑效应促进消费发展。

（3）保证食品质量：政府应建立本地食品质量认证机制，提升消费者对新鲜度和营养度的感知质量。生产企业需加强质量保障，优化生产与运输，以满足消费者的高质量需求。

（4）提高购买便利性：企业应降低购买门槛，拓宽销售渠道，增设线上和线下售卖点，靠近居民生活区，调整价格和增加品类，提升购买的可得性与便利性。

（5）引导可持续消费：政府和企业应加强对本地食品可持续性的宣传，提升消费者对环境和社区支持的认知，通过教育和营销激发可持续消费动机。

7.6 本章小结

基于国内消费者的视角，以本地低温奶为研究对象，采用 SEM 与 fsQCA 两个方法来讨论消费者本地食品购买的行为意愿的影响因素。在构建模型时，以 TPB 为基础，结合信任与感知质量、感知可持续性等本地食品消费情境下的重要变量拓展了基础 TPB，构建了理论模型并参考了过往研究的成熟测量量表。通过问卷设计与线下调研后，收集样本数据。之后，利用 SmartPLS 软件进行数据处理，完成 SEM 的实证分析。最后，利用 fsQCA 对影响因素的组合效应进行分析，发现了触发本地食品高行为意愿的前因条件组合。

第 8 章　考虑消费者低碳和新鲜度偏好的生鲜食品双渠道供应链决策研究

8.1　引　　言

近年来，电子商务迅速发展，网络购物兴起，生鲜食品供应链企业为增强竞争力，纷纷利用互联网拓展销售渠道，形成了线下与线上相结合的双渠道销售模式（Dominici et al.，2021；Wang et al.，2017；He et al.，2019）。生鲜食品销售主要分为线下（传统市场、商超）和线上（生鲜电商）两类，未来双渠道模式将主导生鲜零售市场。同时，生鲜食品市场交易规模不断扩大，消费者对食品新鲜度的关注增强，中国新鲜食品的流失率已达 25%～35%（Yang et al.，2017），因此，保持生鲜食品的新鲜度至关重要。此外，低碳消费观念的普及使得环保意识强的消费者愿意选择低碳产品，甚至愿意为环保产品支付更高价格。

生鲜食品的易腐性以及消费者对低碳和新鲜度的偏好，使得供应链企业在决策时面临挑战，决策不当可能导致高昂的运营成本。线上购物的便利性也冲击了线下零售渠道。基于此，研究生鲜食品双渠道供应链决策问题显得尤为重要。

在考虑消费者对低碳和新鲜度偏好的背景下，本章构建了由一个生产商和一个零售商组成的两级生鲜食品供应链系统，设计了零售商双渠道、生产商双渠道及混合双渠道三种销售模型。每种模型下均有集中决策和分散决策两种决策方式。研究问题包括：①在不同决策模式下，供应链成员的最优决策、需求及利润分别是什么？②消费者低碳偏好系数、生鲜新鲜度和渠道偏好系数对各成员的决策、需求及利润有何影响？③不同双渠道销售模式的最优决策、需求及利润有何差异？④在未开通线上渠道的情况下，新增线上销售渠道对供应链成员利润的影响是什么？

8.2　零售商双渠道供应链决策研究

在生鲜食品市场中，考虑消费者具有低碳偏好和新鲜度偏好，由一个生产商和一个零售商组成的两级零售商双渠道供应链中，构造受销售价格、生鲜新鲜度及碳减排量影响的市场需求函数。在此基础上，分别构建供应链成员在集中决策和分散决策下的利润函数并求解，分析消费者低碳偏好系数、生鲜新鲜度对供应链决策、市场需求及利润的影响并进行数值模拟。其中，零售商双渠道模式是指生产商批发产品给零售商，零售商既在传统的线下销售渠道销售产品，也通过线上销售渠道销售产品。

8.2.1　问题描述及基本假设

1. 问题描述

对由一个生产商和一个零售商组成的两级生鲜食品双渠道供应链在供应链成员集中决策和分散决策下的定价及碳减排决策问题进行研究。其中，在分散决策模型下，生产商和零售商进行斯塔克尔伯格博弈，生产商是主导者，零售商是追随者。零售商决定生鲜食品的销售价格，生产商决定生鲜食品的批发价格和碳减排量。生鲜食品的市场需求受销售价格、碳减排量和新鲜度的共同影响。

本节主要研究零售商双渠道模式，零售商双渠道供应链结构如图 8.1 所示。

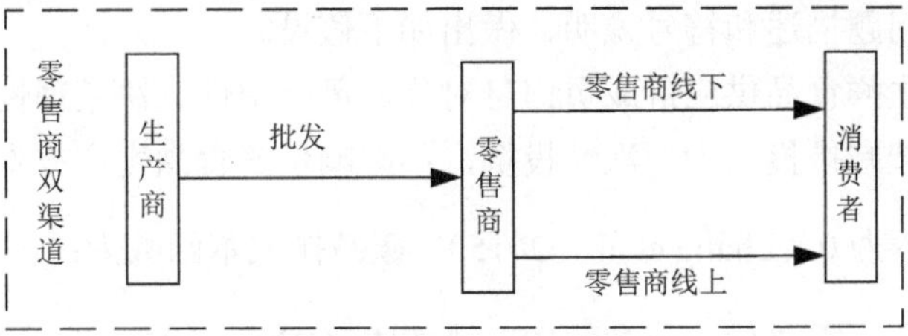

图 8.1　零售商双渠道模式

2. 问题描述

1）符号说明

具体符号描述如表 8.1 所示。

表 8.1　符号描述

变量	含义
p	线上线下销售价格
w	生鲜品批发价格
e	生鲜品碳减排量，$e > 0$
h	碳减排投资成本系数
θ	生鲜新鲜度，$\theta > 0$
γ	消费者的低碳偏好系数

续表

变量	含义
φ	消费者对于零售商线下渠道的购买偏好
ϕ	消费者对于零售商线上渠道的购买偏好
a	市场基本需求
c	碳减排成本
D	市场需求
π_{r}	零售商利润
π_{m}	生产商利润
π_{sc}	整个供应链利润

上标“1”“2”“3”分别代表零售商双渠道模式、生产商双渠道模式和混合双渠道模式。上标“i”“d”分别代表集中决策和分散决策。除此之外，上标“*”表示供应链最优决策。下标“r-off”“r-on”“m-on”分别表示零售商线下销售、零售商线上销售和生产商线上销售。

2）基本假设

基于上述问题描述和符号说明，做出如下假设。

假设一：生鲜食品供应链成员信息对称、风险中性、决策理性。

假设二：碳减排投入为一次性投资，不影响生鲜食品生产成本。为了简化分析，令生产成本为 0（Zhang et al.，2015）。碳减排成本函数为：$c=\dfrac{he^2}{2}$，表明产品碳减排量越高，需要付出更多的碳减排成本（Wang and Choi，2020）。生产商不可能无限地降低碳排放量（杨磊等，2017）。

假设三：为了减少渠道冲突，对线上和线下销售的生鲜食品采用一致定价策略（Li et al.，2016）。零售商决定生鲜食品零售价格，消费者需求对于价格的敏感性系数为 1。为了避免琐碎的麻烦，假设 $p \geqslant w \geqslant c$（Li et al.，2016；Ranjan and Jha，2019）。

假设四：供应链仅为顾客提供单一生鲜品，生鲜品碳排放主要产生于生产商操作环节，且消费者可以通过生鲜食品的碳标签了解其碳减排情况。

假设五：θ 为生鲜食品到达消费者手中的新鲜度，假设线上销售和线下销售的 θ 相同。

8.2.2　模型构建及决策分析

1. 需求及利润函数构建

1）需求函数

假设需求量与价格、碳减排量、生鲜新鲜度呈线性关系（Fujiwara and Perera，1993），关于价格和非价格变量的线性需求假设已经在很多运营管理和营销的文献中做出（Ghosh and Shah，2015；Basiri and Heydari，2017）。结合 Basiri 和 Heydari（2017）的研究，构建零售商双渠道生鲜需求函数式如下：

$$D_{\text{r-off}}^{1}=\varphi a-p+\theta+\gamma e \tag{8.1}$$

$$D_{\text{r-on}}^{1}=(1-\varphi)a-p+\theta+\gamma e \tag{8.2}$$

$$D_{\text{sc}}^{1}=D_{\text{r-off}}^{1}+D_{\text{r-on}}^{1}=a-2p+2\theta+2\gamma e \tag{8.3}$$

$$\varphi a>p,\ (1-\varphi)a>p \tag{8.4}$$

2）利润函数

在零售商双渠道供应链中，生产商主要通过向零售商批发生鲜食品获得利润，零售商主要通过在线下及线上渠道销售生鲜食品获得利润。

生产商的利润函数为

$$\pi_{\text{m}}^{1}=(D_{\text{sc}}^{1},c)=wD_{\text{sc}}^{1}-c \tag{8.5}$$

将表达式（8.3）、c 分别代入式（8.5）得生产商的利润为

$$\pi_{\text{m}}^{1}(w,p,e)=w(a-2p+2\theta+2\gamma e)-\frac{he^{2}}{2} \tag{8.6}$$

零售商的利润函数为

$$\pi_{\text{r}}^{1}(p,D_{\text{sc}}^{1})=(p-w)D_{\text{sc}}^{1} \tag{8.7}$$

将式（8.3）代入式（8.7）得零售商的利润函数为

$$\pi_{\text{r}}^{1}(w,p,e)=(p-w)(a-2p+2\theta+2\gamma e) \tag{8.8}$$

供应链的总利润为

$$\pi_{\text{sc}}^{1}(w,p,e)=\pi_{\text{m}}^{1}(w,p,e)+\pi_{\text{r}}^{1}(w,p,e) \tag{8.9}$$

2. 集中决策模型

1）利润模型构建

在集中决策模型中，生产商和零售商信息共享，作为一个整体以最大化整个供应链的利益为目标，从而确定最优的销售价格和碳减排量。将式（8.6）和式（8.8）代入式（8.9）得到整个供应链的利润如下：

$$\pi_{sc}^{1i}(p,e)=p(a-2p+2\theta+2\gamma e)-\frac{he^2}{2} \tag{8.10}$$

2）模型求解

为了得出最优解，我们利用$\pi_{sc}^{1i}(p,e)$对p、e求解一阶偏导数，获得如下一阶导数：$\frac{\partial \pi_{sc}^{1i}(p,e)}{\partial p}=-4p+2\theta+2\gamma e+a$，$\frac{\partial \pi_{sc}^{1i}(p,e)}{\partial e}=2\gamma p-he$。

目标函数是二元函数，求其极值需要判断函数凹凸性。如果目标函数的海塞矩阵负定，则其为凹函数。$\pi_{sc}^{1i}(p,e)$的海塞矩阵为：$H(\pi_{sc}^{1i})=\begin{bmatrix}-4 & 2\gamma \\ 2\gamma & -h\end{bmatrix}$。由$H(\pi_{sc}^{1i})$知$H_1=-4<0$，$H_2=4(h-\gamma^2)$。已知当海塞矩阵的奇数阶顺序主子式小于 0，偶数阶顺序主子式大于 0 时，矩阵负定。因此，当$h>\gamma^2$时，$H_2>0$，海塞矩阵负定，$\pi_{sc}^{1i}(p,e)$在所有决策变量处都是凹函数。$\pi_{sc}^{1i}(p,e)$分别对p、e求一阶导数，并令一阶导数等于零，可得以下最优解：

$$p^{1i*}=\frac{h(a+2\theta)}{4(h-\gamma^2)} \tag{8.11}$$

$$e^{1i*}=\frac{\gamma(a+2\theta)}{2(h-\gamma^2)} \tag{8.12}$$

将p^{1i*}、e^{1i*}代入式（8.3）、式（8.10），可得D_{sc}^{1i*}、π_{sc}^{1i*}如下：

$$D_{sc}^{1i*}=\frac{h(a+2\theta)}{2(h-\gamma^2)} \tag{8.13}$$

$$\pi_{sc}^{1i*}=\frac{h(a+2\theta)^2}{8(h-\gamma^2)} \tag{8.14}$$

3. 分散决策模型

在分散决策情形下，供应链成员之间独立，它们都以最大化自己的利润作为决策目标。基于斯塔克尔伯格博弈理论，生产商作为生鲜食品供应链的主导者会根据对零售商的决策进行决策。

1）利润模型构建

由式（8.6）、式（8.8）和式（8.9）可知，生产商、零售商和整个供应链的利润函数如下：

$$\pi_{m}^{1d}(p,w,e)=w(a-2p+2\theta+2\gamma e)-\frac{he^2}{2} \tag{8.15}$$

$$\pi_{r}^{1d}(p,w,e)=(p-w)(a-2p+2\theta+2\gamma e) \tag{8.16}$$

$$\pi_{sc}^{1d}(p,w,e)=\pi_m^{1d}(p,w,e)+\pi_r^{1d}(p,w,e) \tag{8.17}$$

2）模型求解

根据逆向求解法，得出零售商的最佳生鲜食品销售价格。将销售价格决策代入生产商的利润函数中，以确定生鲜食品的最优批发价格和碳减排量。

$\pi_r^{1d}(p,w,e)$ 对 p 求一阶导数：$\dfrac{\partial \pi_r^{1d}(p,w,e)}{\partial p}=-4p+a+2w+2\theta+2\gamma e$。

$\dfrac{\partial^2 \pi_r^{1d}(p,w,e)}{\partial p^2}=-4<0$，故 $\pi_r^{1d}(p,w,e)$ 是关于 p 的凹函数，令 $\dfrac{\partial \pi_r^{1d}(p,w,e)}{\partial p}=0$，可求得 p^{1d}：

$$p^{1d}(w,e)=\frac{a+2w+2\theta+2\gamma e}{4} \tag{8.18}$$

将式（8.18）代入式（8.15）可得：$\pi_m^{1d}(w,e)=\dfrac{1}{2}w(a-2w+2\theta+2\gamma e)-\dfrac{he^2}{2}$。

$\pi_m^{1d}(w,e)$ 对 w、e 求一阶偏导数如下：$\dfrac{\partial^2 \pi_m^{1d}(w,e)}{\partial w}=\dfrac{1}{2}a+\theta+\gamma e-2w$，$\dfrac{\partial \pi_m^{1d}(w,e)}{\partial e}=w\gamma-he$。

$\dfrac{\partial^2 \pi_m^{1d}(w,e)}{\partial w^2}=-2$、$\dfrac{\partial^2 \pi_m^{1d}(w,e)}{\partial w\partial e}=\gamma$、$\dfrac{\partial^2 \pi_m^{1d}(w,e)}{\partial e^2}=-h$，得到 $\pi_m^{1d}(w,e)$ 对应的海塞矩阵为 $H(\pi_m^{1d})=\begin{bmatrix}-2 & \gamma\\ \gamma & -h\end{bmatrix}$，$H_1=-2<0$ 且 $H_2=2h-\gamma^2$。当 $2h>\gamma^2$ 时，海塞矩阵负定，π_m^{1d} 是关于 w 和 e 的凹函数。令 $\dfrac{\partial \pi_m^{1d}(w,e)}{\partial w}=0$、$\dfrac{\partial \pi_m^{1d}(w,e)}{\partial e}=0$，可得生产商的最优批发价格和碳减排量：

$$w^{1d*}=\frac{h(a+2\theta)}{4h-2\gamma^2} \tag{8.19}$$

$$e^{1d*}=\frac{\gamma(a+2\theta)}{4h-2\gamma^2} \tag{8.20}$$

将 w^{1d*}、e^{1d*} 代入式（8.18）可得最优销售价格：

$$p^{1d*}=\frac{3h(a+2\theta)}{8h-4\gamma^2} \tag{8.21}$$

将 w^{1d*}、e^{1d*}、p^{1d*} 代入式（8.3）、式（8.15）～式（8.17）可得

$$D_{sc}^{1d*}=\frac{h(a+2\theta)}{4h-2\gamma^2} \tag{8.22}$$

$$\pi_{\mathrm{m}}^{1\mathrm{d}*}=\frac{h(a+2\theta)^2}{16h-8\gamma^2} \tag{8.23}$$

$$\pi_{\mathrm{r}}^{1\mathrm{d}*}=\frac{h^2(a+2\theta)^2}{8(2h-\gamma^2)^2} \tag{8.24}$$

$$\pi_{\mathrm{sc}}^{1\mathrm{d}*}=\frac{h(3h-\gamma^2)(a+2\theta)^2}{8(2h-\gamma^2)^2} \tag{8.25}$$

命题 8.1　当消费者对零售商线下销售渠道的购买偏好 φ 满足 $0<\varphi<\min(\varphi_1,1)$ 时，存在零售商双渠道销售模式。其中，$\varphi_1=\dfrac{5ah-2a\gamma^2+2\theta h}{4a(2h-\gamma^2)}$。

证明　对于零售商来说，需要满足 $p^{1\mathrm{d}*}-w^{1\mathrm{d}*}\geqslant 0$，根据求解结果可知 $p^{1\mathrm{d}*}-w^{1\mathrm{d}*}=\dfrac{h(a+2\theta)}{8h-4\gamma^2}>0$。同时线上销售的市场需求 $D_{\mathrm{r\text{-}on}}^{1}=(1-\varphi)a-p+\theta+\gamma e=\dfrac{2\theta h+ah(5-8\varphi)+2a\gamma^2(2\varphi-1)}{8h-4\gamma^2}>0$，即 $2\theta h+ah(5-8\varphi)+2a\gamma^2(2\varphi-1)\rightarrow\varphi<\dfrac{5ah-2a\gamma^2+2\theta h}{4a(2h-\gamma^2)}=\varphi_1$。

命题 8.1 表明，当消费者对零售商线下销售渠道的购买偏好 φ 在一定范围内时才存在零售商双渠道销售模式。当 φ 小于某个阈值时，零售商愿意开通线上销售渠道；φ 大于一个阈值时，零售商线上需求为负，零售商不会开通线上销售渠道。

8.2.3　模型分析及数值模拟

1. 消费者低碳偏好系数对供应链的影响

推论 8.1　在零售商双渠道集中决策模型中：① $\dfrac{\partial p^{1\mathrm{i}*}}{\partial\gamma}>0$，$\dfrac{\partial e^{1\mathrm{i}*}}{\partial\gamma}>0$；② $\dfrac{\partial D_{\mathrm{sc}}^{1\mathrm{i}*}}{\partial\gamma}>0$；③ $\dfrac{\partial\pi_{\mathrm{sc}}^{1\mathrm{i}*}}{\partial\gamma}>0$。

证明　① $\dfrac{\partial p^{1\mathrm{i}*}}{\partial\gamma}=\dfrac{\gamma h(a+2\theta)}{2(h-\gamma^2)^2}>0$，$\dfrac{\partial e^{1\mathrm{i}*}}{\partial\gamma}=\dfrac{(a+2\theta)(h+\gamma^2)}{2(h-\gamma^2)^2}>0$；② $\dfrac{\partial D_{\mathrm{sc}}^{1\mathrm{i}*}}{\partial\gamma}=\dfrac{\gamma h(a+2\theta)}{(h-\gamma^2)^2}>0$；③ $\dfrac{\partial\pi_{\mathrm{sc}}^{1\mathrm{i}*}}{\partial\gamma}=\dfrac{\gamma h(a+2\theta)^2}{4(h-\gamma^2)^2}>0$。

推论 8.1 说明：在零售商双渠道集中决策模型中，生鲜食品的销售价格、生产商的碳减排量、市场需求和整个供应链的利润与消费者的低碳偏好系数成正相关。随着消费者低碳偏好系数的增加，销售价格和碳减排量也随之提高，从而推动市场需求和供应链利润的增长。较高的低碳偏好表明消费者对低碳产品的需求增强，促使生产商采取低碳减排措施，虽然这会增加生产成本，但零售商因成本上升而提高价格。最终，销售价格和需求的增加所带来的利润增长超过了生产商的碳减排成本，从而使整个供应链的利润增加。

推论 8.2　在零售商双渠道分散决策模型中：① $\frac{\partial p^{1d*}}{\partial \gamma}>0$，$\frac{\partial e^{1d*}}{\partial \gamma}>0$，$\frac{\partial w^{1d*}}{\partial \gamma}>0$；② $\frac{\partial D_{sc}^{1d*}}{\partial \gamma}>0$；③ $\frac{\partial \pi_{m}^{1d*}}{\partial \gamma}>0$，$\frac{\partial \pi_{r}^{1d*}}{\partial \gamma}>0$，$\frac{\partial \pi_{sc}^{1d*}}{\partial \gamma}>0$。

证明　① $\frac{\partial p^{1d*}}{\partial \gamma}=\frac{3h\gamma(a+2\theta)}{2(2h-\gamma^2)^2}>0$，$\frac{\partial e^{1d*}}{\partial \gamma}=\frac{(h+\gamma^2)(a+2\theta)}{2(2h-\gamma^2)^2}>0$，$\frac{\partial w^{1d*}}{\partial \gamma}=\frac{h\gamma(a+2\theta)}{(2h-\gamma^2)^2}>0$；② $\frac{\partial D_{sc}^{1d*}}{\partial \gamma}=\frac{h\gamma(a+2\theta)}{(-2h+\gamma^2)^2}>0$；③ $\frac{\partial \pi_{m}^{1d*}}{\partial \gamma}=\frac{h\gamma(a+2\theta)^2}{4(2h-\gamma^2)^2}>0$，$\frac{\partial \pi_{r}^{1d*}}{\partial \gamma}=\frac{\gamma h^2(a+2\theta)^2}{2(2h-\gamma^2)^3}>0$，$\frac{\partial \pi_{sc}^{1d*}}{\partial \gamma}=\frac{h\gamma(4h-\gamma^2)(a+2\theta)^2}{4(2h-\gamma^2)^3}>0$。

推论 8.2 说明：在零售商双渠道分散决策模型中，生鲜食品的销售价格、批发价格、生产商碳减排量、市场需求及各方利润均与消费者低碳偏好系数成正相关。随着消费者低碳偏好系数的增加，销售价格、批发价格和碳减排量上升，市场需求、零售商利润、生产商利润及整个供应链利润也随之增加。因为更高的低碳偏好促使生产商加大减排投入，尽管这会提高生产成本，但为了弥补成本，生产商会提升批发价格，零售商也随之提高销售价格。最终，销售价格和市场需求的增加使得生产商与零售商的利润增长，从而供应链整体利润提高。

2. 生鲜新鲜度对供应链的影响

推论 8.3　在零售商双渠道集中决策模型中：① $\frac{\partial p^{1i*}}{\partial \theta}>0$，$\frac{\partial e^{1i*}}{\partial \theta}>0$；② $\frac{\partial D_{sc}^{1i*}}{\partial \theta}>0$；③ $\frac{\partial \pi_{sc}^{1i*}}{\partial \theta}>0$。

证明　① $\frac{\partial p^{1i*}}{\partial \theta}=\frac{h}{2(h-\gamma^2)}>0$，$\frac{\partial e^{1i*}}{\partial \theta}=\frac{\gamma}{h-\gamma^2}>0$；② $\frac{\partial D_{sc}^{1i*}}{\partial \theta}=\frac{h}{h-\gamma^2}>0$；③ $\frac{\partial \pi_{sc}^{1i*}}{\partial \theta}=\frac{h(a+2\theta)}{2(h-\gamma^2)}>0$。

推论 8.3 说明：在零售商集中决策模型中，生鲜食品的销售价格、生产商碳减排量、市场需求及整个供应链的利润与生鲜新鲜度呈同向变化关系。生鲜新鲜度越高，零售商为了获取更多的利润会提升销售价格。销售价格的提升引起市场需求量减少。为了避免市场需求量减少，生产商会进行低碳减排来获取更大的市场需求。更高的销售价格和更大的市场需求带来了更大的供应链利润。

推论 8.4 在零售商双渠道分散决策模型中：① $\frac{\partial p^{1d*}}{\partial\theta}>0$，$\frac{\partial e^{1d*}}{\partial\theta}>0$，$\frac{\partial w^{1d*}}{\partial\theta}>0$；② $\frac{\partial D_{sc}^{1d*}}{\partial\theta}>0$；③ $\frac{\partial\pi_{m}^{1d*}}{\partial\theta}>0$，$\frac{\partial\pi_{r}^{1d*}}{\partial\theta}>0$，$\frac{\partial\pi_{sc}^{1d*}}{\partial\theta}>0$。

证明 ① $\frac{\partial p^{1d*}}{\partial\theta}=\frac{3h}{4h-2\gamma^2}>0$，$\frac{\partial e^{1d*}}{\partial\theta}=\frac{\gamma}{2h-\gamma^2}>0$，$\frac{\partial w^{1d*}}{\partial\theta}=\frac{h}{2h-\gamma^2}>0$；② $\frac{\partial D_{sc}^{1d*}}{\partial\theta}=\frac{h}{2h-\gamma^2}>0$；③ $\frac{\partial\pi_{m}^{1d*}}{\partial\theta}=\frac{h(a+2\theta)}{4h-2\gamma^2}>0$，$\frac{\partial\pi_{r}^{1d*}}{\partial\theta}=\frac{h^2(a+2\theta)}{2(2h-\gamma^2)^2}>0$，$\frac{\partial\pi_{sc}^{1d*}}{\partial\theta}=\frac{h(3h-\gamma^2)(a+2\theta)}{2(2h-\gamma^2)^2}>0$。

推论 8.4 说明：在零售商双渠道分散决策模型中，生鲜食品的销售价格、批发价格、生产商碳减排量、市场需求、零售商利润、生产商利润及整个供应链的利润都与生鲜新鲜度呈同向变化关系。生鲜新鲜度越高，零售商为了获得更高的利润会提升销售价格。销售价格提升后，生产商为了获得更大利润也会提升批发价格，同时，为了弥补因销售价格提升所引起的消费者需求流失，生产商会进行低碳减排。最终，在生产商低碳减排和价格提升的共同作用下，市场需求增加，利润随之增加。

3. 数值模拟

在参考关于生鲜供应链决策（唐润和彭洋洋，2017）及低碳供应链决策（Basiri and Heydari，2017；Ranjan and Jha，2019）相关文献的基础上，将一些相关参数设置如下。

$a=150$，即生鲜食品的市场基本需求为 150 个单位。

$\gamma=0.95$，即生产商每提高一个碳减排水平，销量增加 0.95 个单位。

$h=2.5$，即生产商的碳减排投资成本系数为 2.5。

$\varphi=0.45$，即消费者对零售商线下销售渠道的偏好为 0.45。

$\theta=8$，即生鲜到达消费者手中的新鲜度水平为 8。

1）消费者低碳偏好系数对供应链的影响

消费者低碳偏好系数γ取 0 到 1，其他参数按上述取值，当γ变化时，供应链决策、需求和利润的变化趋势通过 MATLAB 仿真可以得到图 8.2～图 8.5。

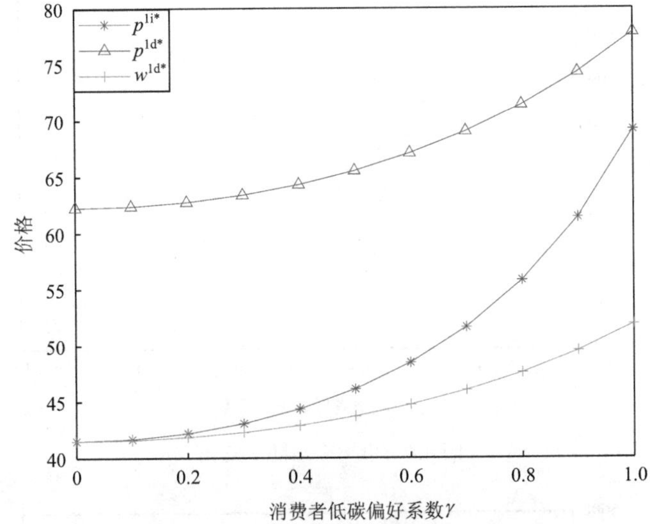

图 8.2　销售价格及批发价格随 γ 变化

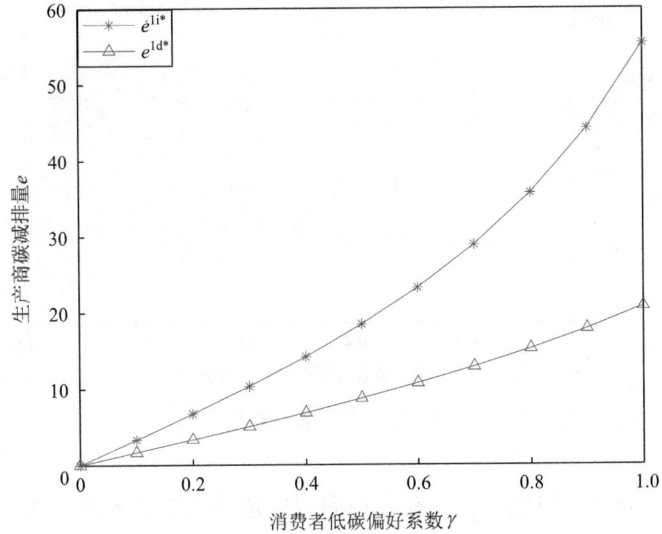

图 8.3　生产商碳减排量随 γ 变化

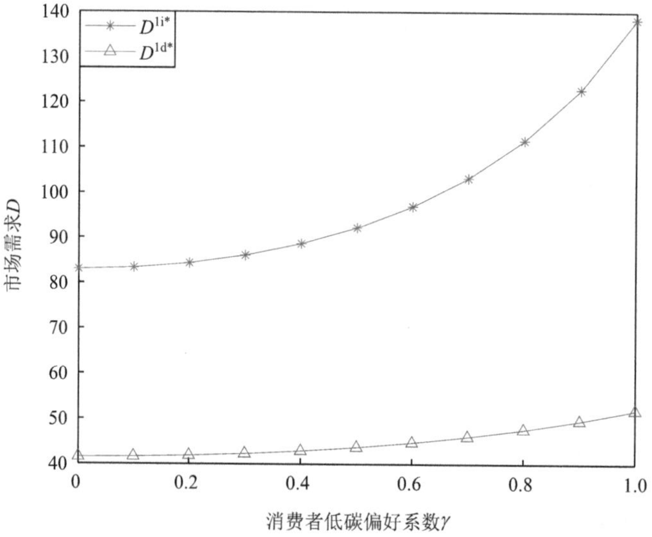

图 8.4　市场需求随 γ 变化

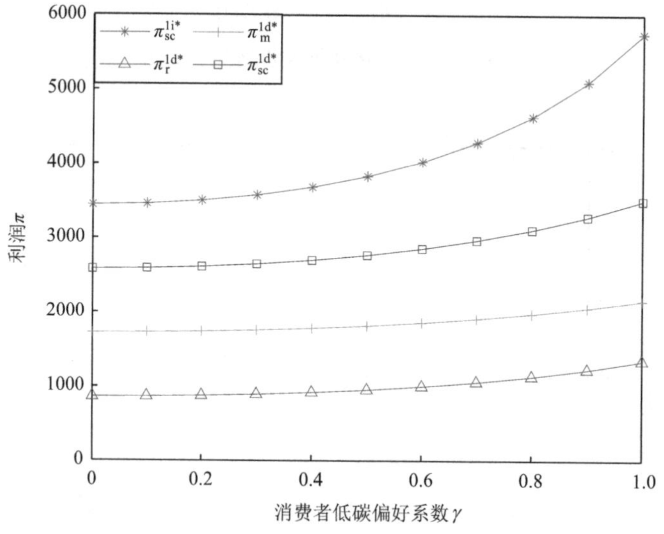

图 8.5　利润随 γ 变化

从图 8.2～图 8.5 可以看出：在零售商双渠道模式中，无论是在集中决策模型还是分散决策模型下，消费者低碳偏好系数提高，都会提高生鲜食品的销售价格、批发价格、生产商碳减排量，同时还会增加市场需求、供应链各成员及整个供应链的利润，这与推论 8.1 和推论 8.2 相一致。

2）生鲜新鲜度对供应链的影响

生鲜新鲜度 θ 取 1 到 10，其他参数按上述取值，当 θ 变化时，供应链决策、需求和利润的变化趋势通过 MATLAB 仿真可以得到图 8.6～图 8.9。

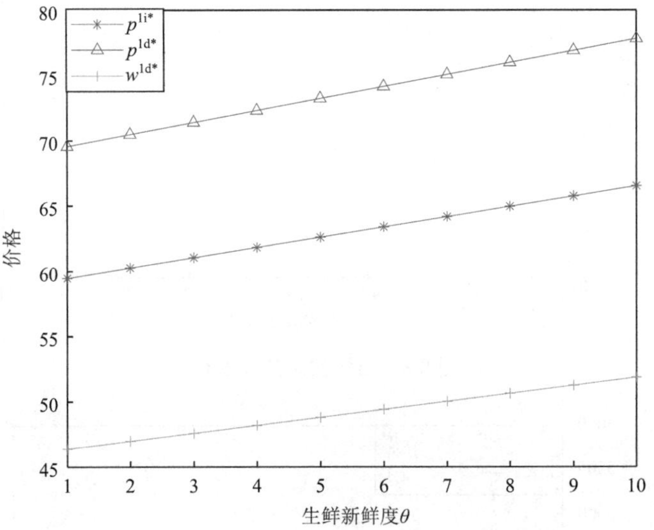

图 8.6　销售价格及批发价格随 θ 变化

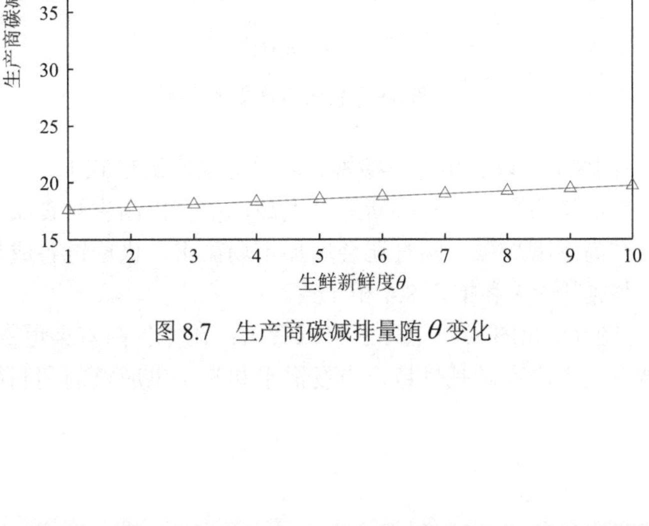

图 8.7　生产商碳减排量随 θ 变化

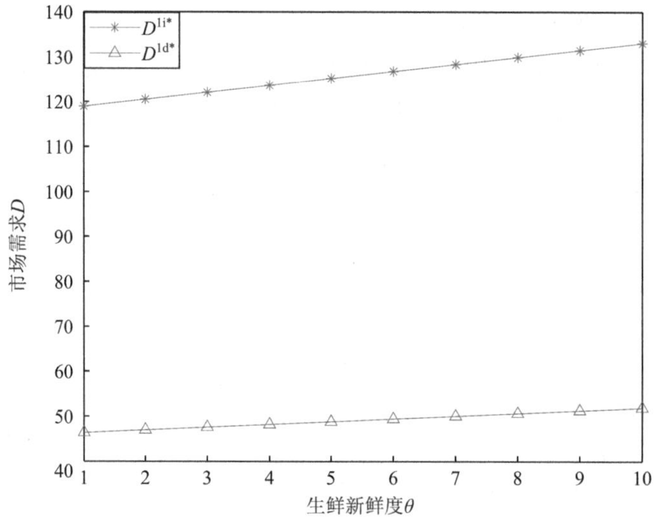

图 8.8　市场需求随 θ 变化

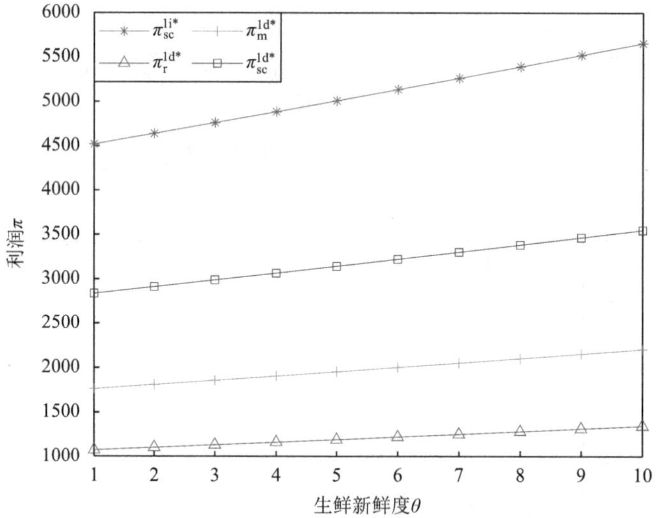

图 8.9　利润随 θ 变化

从图 8.6～图 8.9 可以看出：在零售商双渠道供应链模式中，无论是在集中决策模型还是分散决策模型下，生鲜新鲜度提高，都会提高生鲜食品的销售价格、批发价格、生产商碳减排量，同时还会增加市场需求、供应链各成员及整个供应链的利润，这与推论 8.3 和推论 8.4 相一致。

从图 8.3～图 8.5 和图 8.7～图 8.9 可以看出：在零售商双渠道供应链模式中，集中决策模型下的生产商碳减排量、市场需求和整个供应链的利润都高于分散决策模型，并且生产商碳减排量、市场需求和整个供应链的利润在集中决策模型下的增长速度也都高于分散决策。此时，随着生鲜新鲜度和消费者低碳偏好系数的提高，集中决策模型和分散决策模型下的生产商碳减排量、市场需求和整个供应链的利润的差值会变得越来越大。同时，也说明在集中决策模型下，供应链成员能够较迅速地应对消费者的需求变化。

在供应链成员进行集中决策和生产商主导的分散决策情况下，分别求解了生鲜食品销售价格、生产商碳减排量的最优决策，分析了消费者低碳偏好系数和生鲜新鲜度对供应链决策、需求和利润的影响。通过分析，得到如下结论。

（1）无论是在集中决策模型下还是分散决策模型下，消费者低碳偏好系数和生鲜新鲜度提高，都会提高生鲜食品的销售价格、生产商碳减排量，同时还会增加市场需求及供应链的利润。

（2）集中决策模型下的生产商碳减排量、市场需求和整个供应链的利润都高于分散决策模型。

8.3　生产商双渠道供应链决策研究

在生产商双渠道模式下，本节探究在供应链成员集中决策和分散决策下的最优定价及碳减排量决策问题，分析消费者低碳偏好系数、生鲜新鲜度、消费者对于零售商线下渠道的购买偏好对供应链决策、市场需求及利润的影响，并进行数值模拟。其中，生产商双渠道销售模式是指生产商在将产品批发给零售商进行线下销售的同时，生产商也通过线上渠道销售产品。

8.3.1　模型描述及基本假设

在生产商双渠道模式中，生产商需要确定生鲜食品碳减排量及批发价格，零售商需要确定销售价格，来研究生产商双渠道在集中决策和分散决策下的最优定价、碳减排决策问题。生产商双渠道模式的供应链结构如图 8.10 所示。

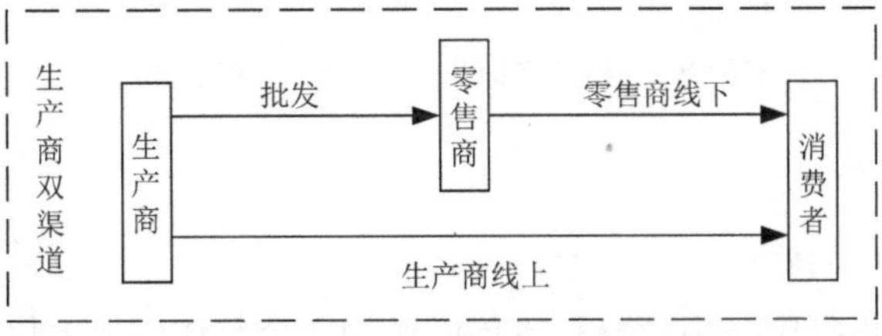

图 8.10　生产商双渠道模式

前提假设与符号说明与 8.2.1 节相同，保持不变。

8.3.2　模型构建及决策分析

1. 需求及利润函数构建

1）需求函数

与零售商双渠道供应链类似，假设生鲜食品市场需求与销售价格、碳减排量、生鲜新鲜度呈线性关系（Ghosh and Shah，2012；Yang and Chen，2018；Zhang et al.，2021），构建生产商双渠道生鲜需求函数式如下：

$$D_{\text{r-off}}^2 = \varphi a - p + \theta + \gamma e \tag{8.26}$$

$$D_{\text{m-on}}^2 = (1-\varphi)a - p + \theta + \gamma e \tag{8.27}$$

$$D_{\text{sc}}^2 = D_{\text{r-off}}^2 + D_{\text{m-on}}^2 \tag{8.28}$$

$$\varphi a > p,\ (1-\varphi)a > p \tag{8.29}$$

2）利润函数

在生产商双渠道供应链中，生产商主要通过向零售商批发产品及线上渠道销售产品获得利润，零售商主要通过在线下渠道销售产品获得利润。

生产商的利润函数为

$$\pi_{\text{m}}^2(D_{\text{r-off}}^2, D_{\text{m-on}}^2, c_e) = wD_{\text{r-off}}^2 + pD_{\text{m-on}}^2 - c \tag{8.30}$$

将式（8.26）、式（8.27）及 c 分别代入式（8.30）得生产商的利润为

$$\pi_{\text{m}}^2(w,p,e) = w(\varphi a - p + \theta + \gamma e) + p[(1-\varphi)a - p + \theta + \gamma e] - \frac{he^2}{2} \tag{8.31}$$

零售商的利润函数为

$$\pi_{\text{r}}^2(p, D_{\text{r-off}}^2) = (p-w)D_{\text{r-off}}^2 \tag{8.32}$$

将式（8.26）代入式（8.32）得零售商的利润函数为

$$\pi_{\text{r}}^2(w,p,e) = (p-w)(\varphi a - p + \theta + \gamma e) \tag{8.33}$$

供应链的总利润为

$$\pi_{\text{sc}}^2(w,p,e) = \pi_{\text{m}}^2(w,p,e) + \pi_{\text{r}}^2(w,p,e) \tag{8.34}$$

2. 集中决策模型

1）利润模型构建

在集中决策模型中，生产商和零售商作为一个整体以最大化整个供应链的利益为目标。将式（8.31）、式（8.33）代入式（8.34）得整个供应链的利润如下：

$$\pi_{sc}^{2i}(p,e)=p(a-2p+2\theta+2\gamma e)-\frac{he^2}{2} \tag{8.35}$$

2）模型求解

由式（8.35）与式（8.10）知，在供应链集中决策下，生产商双渠道的供应链利润函数与零售商双渠道一致，由此可知：

$$p^{2i*}=p^{1i*}=\frac{h(a+2\theta)}{4(h-\gamma^2)} \tag{8.36}$$

$$e^{2i*}=e^{1i*}=\frac{\gamma(a+2\theta)}{4(h-\gamma^2)} \tag{8.37}$$

$$D_{sc}^{2i*}=D_{sc}^{1i*}=\frac{h(a+2\theta)}{2(h-\gamma^2)} \tag{8.38}$$

$$\pi_{sc}^{2i*}=\pi_{sc}^{1i*}=\frac{h(a+2\theta)^2}{8(h-\gamma^2)} \tag{8.39}$$

3. 分散决策模型

1）利润模型构建

由式（8.31）、式（8.33）、式（8.34）可得分散决策下生产商、零售商及整个供应链的利润函数如下：

$$\pi_m^{2d}(w,p,e)=w(\varphi a-p+\theta+\gamma e)+p[(1-\varphi)a-p+\theta+\gamma e]-\frac{he^2}{2} \tag{8.40}$$

$$\pi_r^{2d}(w,p,e)=(p-w)(\varphi a-p+\theta+\gamma e) \tag{8.41}$$

$$\pi_{sc}^{2d}(w,p,e)=\pi_m^{2d}(w,p,e)+\pi_r^{2d}(w,p,e) \tag{8.42}$$

2）模型求解

根据逆向求解法，求解过程如下

$\pi_r^{2d}(w,p,e)$ 对 p 求一阶导数得 $\dfrac{\partial\pi_r^{2d}(w,p,e)}{\partial p}=-2p+\varphi a+\theta+\gamma e+w$ 。$\dfrac{\partial^2\pi_r^{2d}(w,p,e)}{\partial p^2}=-2<0$，因此零售商的利润函数 π_r^{2d} 在 p 处为凹函数，令 $\dfrac{\partial\pi_r^{2d}(w,p,e)}{\partial p}=0$ 求得

$$p^{2d}(w,e)=\frac{\varphi a+\theta+\gamma e+w}{2} \tag{8.43}$$

将式（8.43）代入式（8.40）可得 $\pi_{\mathrm{m}}^{2\mathrm{d}}=\dfrac{w(\varphi a+\theta+\gamma e-w)}{2}+\dfrac{\varphi a+\theta+\gamma e+w}{4}\times[(2-3\varphi)a+\theta+\gamma e-w]-\dfrac{he^2}{2}$。

$\pi_{\mathrm{m}}^{2\mathrm{d}}(w,e)$ 分别对 w 和 e 求解一阶偏导数可得：$\dfrac{\partial\pi_{\mathrm{m}}^{2\mathrm{d}}(w,e)}{\partial w}=\dfrac{a-3w+\gamma e+\theta-\varphi a}{2}$；$\dfrac{\partial\pi_{\mathrm{m}}^{2\mathrm{d}}(w,e)}{\partial e}=\dfrac{e(\gamma^2-2h)+\gamma(a+w++\theta-\varphi a)}{2}$。求解二阶偏导数如下：$\dfrac{\partial^2\pi_{\mathrm{m}}^{2\mathrm{d}}(w,e)}{\partial w^2}=-\dfrac{3}{2}$，$\dfrac{\partial^2\pi_{\mathrm{m}}^{2\mathrm{d}}(w,e)}{\partial w\partial e}=\dfrac{\gamma}{2}$，$\dfrac{\partial^2\pi_{\mathrm{m}}^{2\mathrm{d}}(w,e)}{\partial e^2}=\dfrac{\gamma^2-2h}{2}$。得到 $\pi_{\mathrm{m}}^{2\mathrm{d}}(w,e)$ 对应的海塞矩阵为：$H(\pi_{\mathrm{m}}^{2\mathrm{d}})=\begin{bmatrix}-\dfrac{3}{2} & \dfrac{\gamma}{2}\\ \dfrac{\gamma}{2} & \dfrac{\gamma^2-2h}{2}\end{bmatrix}$，$H_1=-\dfrac{3}{2}<0$；$H_2=\dfrac{3h-2\gamma^2}{2}$，当 $3h>2\gamma^2$ 时，海塞矩阵负定，$\pi_{\mathrm{m}}^{2\mathrm{d}}(w,e)$ 是关于 w 和 e 的凹函数。此时令 $\dfrac{\partial\pi_{\mathrm{m}}^{2\mathrm{d}}(w,e)}{\partial w}=0$，$\dfrac{\partial\pi_{\mathrm{m}}^{2\mathrm{d}}(w,e)}{\partial e}=0$，可得如下生产商确定的最优批发价格和碳减排量。

$$w^{2\mathrm{d}*}=\frac{h[a(1-\varphi)+\theta]}{3h-2\gamma^2} \tag{8.44}$$

$$e^{2\mathrm{d}*}=\frac{2\gamma[a(1-\varphi)+\theta]}{3h-2\gamma^2} \tag{8.45}$$

将 $w^{2\mathrm{d}*}$、$e^{2\mathrm{d}*}$ 代入式（8.43）得

$$p^{2\mathrm{d}*}=\frac{4h\theta+a[h(1+2\varphi)+2\gamma^2(1-2\varphi)]}{2(3h-2\gamma^2)} \tag{8.46}$$

将 $w^{2\mathrm{d}*}$、$e^{2\mathrm{d}*}$、$p^{2\mathrm{d}*}$ 代入式（8.38）、式（8.40）～式（8.42）可得 $D_{\mathrm{sc}}^{2\mathrm{d}*}$、$\pi_{\mathrm{m}}^{2\mathrm{d}*}$、$\pi_{\mathrm{r}}^{2\mathrm{d}*}$、$\pi_{\mathrm{sc}}^{2\mathrm{d}*}$，如下：

$$D_{\mathrm{sc}}^{2\mathrm{d}*}=\frac{2h[(1-\varphi)a+\theta]}{3h-2\gamma^2} \tag{8.47}$$

$$\pi_{\mathrm{m}}^{2\mathrm{d}*}=\frac{4h\theta^2+8ah\theta(1-\varphi)+a^2[2\gamma^2(1-2\varphi)^2+h(1+4\varphi-8\varphi^2)]}{4(3h-2\gamma^2)} \tag{8.48}$$

$$\pi_{\mathrm{r}}^{2\mathrm{d}*}=\frac{[2h\theta+2a\gamma^2(1-2\varphi)+ah(4\varphi-1)]^2}{4(3h-2\gamma^2)^2} \tag{8.49}$$

$$\pi_{\mathrm{sc}}^{2\mathrm{d}*}=\frac{h[a(1-\varphi)+\theta][4h\theta-2\gamma^2\theta+a(h+2h\varphi-2\gamma^2\varphi)]}{(3h-2\gamma^2)^2} \tag{8.50}$$

命题 8.2　当消费者对零售商线下销售渠道的购买偏好 φ 满足 $\max(0,\varphi_2)<\varphi<\min(\varphi_1,1)$ 时，存在生产商双渠道销售模式。其中 $\varphi_1=\dfrac{5ah-2a\gamma^2+2h\theta}{4a(2h-\gamma^2)}$，$\varphi_2=\dfrac{ah-2a\gamma^2-2h\theta}{4a(2h-\gamma^2)}$。

证明　对于零售商来说，需要满足 $p^{2d*}-w^{2d*}=\dfrac{2h\theta+2a\gamma^2(1-2\varphi)+ah(4\varphi-1)}{2(3h-2\gamma^2)}>0$，由生产商分散决策取得最优解的条件知 $3h-2\gamma^2>0$，则只需 $2h\theta+2a\gamma^2(1-2\varphi)+ah(4\varphi-1)>0$，即 $\varphi>\dfrac{ah-2a\gamma^2-2h\theta}{4a(h-\gamma^2)}=\varphi_2$。

对于生产商来说，需满足 $D_{\text{m-on}}^{2*}=(1-\varphi)a-p^{2d*}+\theta+\gamma e^{2d*}>0$，即 $\dfrac{2h\theta+ah(5-8\varphi)+2a\gamma^2(2\varphi-1)}{2(3h-2\gamma^2)}>0\rightarrow 2h\theta+ah(5-8\varphi)+2a\gamma^2(2\varphi-1)>0$，得 $\varphi<\dfrac{5ah-2a\gamma^2+2h\theta}{4a(2h-\gamma^2)}=\varphi_1$。

命题 8.2 表明，当消费者对零售商线下销售渠道的购买偏好 φ 在一定范围内时才存在生产商双渠道销售模式。当 φ 大于某一个阈值时，零售商愿意与拥有线上销售渠道的生产商进行合作；否则，零售商不愿意参与博弈，此时不存在零售商线下销售渠道。当 φ 小于某个阈值时，生产商愿意开通线上销售渠道并接受一致定价策略；否则，生产商不愿意开通线上销售渠道或接受一致定价的策略，此时不存在生产商线上销售渠道。因此，只有 φ 满足上述范围时才存在生产商双渠道模式。

8.3.3　模型分析及数值模拟

1. 消费者低碳偏好系数对供应链的影响

推论 8.5　在生产商双渠道集中决策模型下：① $\dfrac{\partial p^{2i*}}{\partial\gamma}>0$，$\dfrac{\partial e^{2i*}}{\partial\gamma}>0$；② $\dfrac{\partial D_{\text{sc}}^{2i*}}{\partial\gamma}>0$；③ $\dfrac{\partial \pi_{\text{sc}}^{2i*}}{\partial\gamma}>0$。

证明同推论 8.1。

推论 8.5 说明：在生产商双渠道集中决策模型中，生鲜食品销售价格、生产商碳减排量、市场需求及整个供应链的利润与消费者低碳偏好系数呈同向变化关系。消费者低碳偏好系数越大，越能促进生产者进行低碳减排，整个供应链的需求和利润也越大。

推论 8.6 在生产商双渠道分散决策模型下：① $\frac{\partial p^{2d*}}{\partial \gamma}>0$，$\frac{\partial w^{2d*}}{\partial \gamma}>0$，$\frac{\partial e^{2d*}}{\partial \gamma}>0$；② $\frac{\partial D_{sc}^{2d*}}{\partial \gamma}>0$；③ $\frac{\partial \pi_{r}^{2d*}}{\partial \gamma}>0$，$\frac{\partial \pi_{m}^{2d*}}{\partial \gamma}>0$，$\frac{\partial \pi_{sc}^{2d*}}{\partial \gamma}>0$。

证明 ① $\frac{\partial p^{2d*}}{\partial \gamma}=\frac{8h\gamma[a(1-\varphi)+\theta]}{(3h-2\gamma^2)^2}>0$，$\frac{\partial e^{2d*}}{\partial \gamma}=\frac{2(3h+2\gamma^2)[a(1-\varphi)+\theta]}{(3h-2\gamma^2)^2}>0$，$\frac{\partial w^{2d*}}{\partial \gamma}=\frac{24h\gamma[a(1-\varphi)+\theta]}{(3h-2\gamma^2)^2}>0$；② $\frac{\partial D_{sc}^{2d*}}{\partial \gamma}=\frac{8h\gamma[a(1-\varphi)+\theta]}{(3h-2\gamma^2)^2}>0$；③ $\frac{\partial \pi_{r}^{2d*}}{\partial \gamma}=\frac{4h\gamma[a(1-\varphi)+\theta][2h\theta+2a\gamma^2(1-2\varphi)+ah(4\varphi-1)]}{(3h-2\gamma^2)^3}>0$，由命题 8.2 知 $2h\theta+2a\gamma^2(1-2\varphi)+ah(4\varphi-1)>0$，则 $\frac{\partial \pi_{r}^{2d*}}{\partial \gamma}>0$；$\frac{\partial \pi_{m}^{2d*}}{\partial \gamma}=\frac{4h\gamma[a(1-\varphi+\theta)]^2}{(3h-2\gamma^2)^2}>0$；$\frac{\partial \pi_{sc}^{2d*}}{\partial \gamma}=\frac{\partial \pi_{r}^{2d*}}{\partial \gamma}+\frac{\partial \pi_{m}^{2d*}}{\partial \gamma}>0$。

推论 8.6 说明：在生产商双渠道分散决策模型下，生鲜食品的销售价格、批发价格、生产商碳减排量、零售商利润、生产商利润及整个供应链的利润与消费者低碳偏好系数呈同向变化关系。在分散决策模型下，消费者低碳偏好系数越大，表明消费者的低碳购买需求越大。生产商为了满足消费者的低碳需求进行低碳减排，但减排增加了生产商的成本，生产商会提升批发价格。批发价格的上升导致零售商成本提升，零售商会提升销售价格。在生产商低碳减排和销售价格提升的共同作用下，市场需求增加。最后，销售价格上升和市场需求增加所带来的利润增加量要大于生产商减排的成本，使得整个供应链的利润增加。

2. 生鲜新鲜度对供应链的影响

推论 8.7 在生产商双渠道集中决策模型下：① $\frac{\partial p^{2i*}}{\partial \theta}>0$，$\frac{\partial e^{2i*}}{\partial \theta}>0$；② $\frac{\partial D_{sc}^{2i*}}{\partial \theta}>0$；③ $\frac{\partial \pi_{sc}^{2i*}}{\partial \theta}>0$。

证明同推论 8.3。

推论 8.7 说明：在生产商双渠道集中决策模型下，生鲜食品的销售价格、生产商碳减排量、市场需求及整个供应链的利润与生鲜新鲜度呈同向变化关系。生鲜新鲜度越高，越能促进生产商低碳减排，越有利于整个供应链的需求和利润的增加，但也会提升销售价格。

推论 8.8　在生产商双渠道分散决策模型下：① $\dfrac{\partial p^{2d*}}{\partial\theta}>0$，$\dfrac{\partial e^{2d*}}{\partial\theta}>0$，$\dfrac{\partial w^{2d*}}{\partial\theta}>0$；② $\dfrac{\partial D_{sc}^{2d*}}{\partial\theta}>0$；③ $\dfrac{\partial\pi_{r}^{2d*}}{\partial\theta}>0$，$\dfrac{\partial\pi_{m}^{2d*}}{\partial\theta}>0$，$\dfrac{\partial\pi_{sc}^{2d*}}{\partial\theta}>0$。

证明　① $\dfrac{\partial p^{2d*}}{\partial\theta}=\dfrac{2h}{3h-2\gamma^2}>0$，$\dfrac{\partial e^{2d*}}{\partial\theta}=\dfrac{2\gamma}{3h-2\gamma^2}>0$，$\dfrac{\partial w^{2d*}}{\partial\theta}=\dfrac{h}{3h-2\gamma^2}>0$；② $\dfrac{\partial D_{sc}^{2d*}}{\partial\theta}=\dfrac{2h}{3h-2\gamma^2}>0$；③ $\dfrac{\partial\pi_{r}^{2d*}}{\partial\theta}=\dfrac{h[2h\theta+2a\gamma^2(1-2\varphi)+ah(4\varphi-1)]}{(3h-2\gamma^2)^2}>0$，$\dfrac{\partial\pi_{m}^{2d*}}{\partial\theta}=\dfrac{2h\theta+2ah(1-\varphi)}{3h-2\gamma^2}>0$，$\dfrac{\partial\pi_{sc}^{2d*}}{\partial\theta}=\dfrac{\partial\pi_{r}^{2d*}}{\partial\theta}+\dfrac{\partial\pi_{m}^{2d*}}{\partial\theta}>0$。

推论 8.8 表明：在生产商双渠道分散决策模型中，生鲜食品的销售价格、生产商碳减排量、批发价格、市场需求及各方利润与生鲜新鲜度成正相关。随着生鲜新鲜度提高，零售商会提高销售价格以获取更多利润，进而推动生产商的线上销售价格上升。价格上涨会导致需求减少，因此生产商通过低碳减排来刺激市场需求。虽然低碳减排增加了生产成本，生产商仍会提高批发价格。最终，更高的生鲜新鲜度带来市场需求和销售价格的增加，从而提升整体利润。

3. 渠道偏好对供应链的影响

推论 8.9　① $\dfrac{\partial e^{2d*}}{\partial\varphi}<0$，$\dfrac{\partial w^{2d*}}{\partial\varphi}<0$；②当 $\dfrac{2\gamma^2}{3}<h<2\gamma^2$ 时，$\dfrac{\partial p^{2d*}}{\partial\varphi}<0$；当 $h>2\gamma^2$ 时，$\dfrac{\partial p^{2d*}}{\partial\varphi}>0$；③ $\dfrac{\partial D_{sc}^{2d*}}{\partial\varphi}<0$，$\dfrac{\partial\pi_{m}^{2d*}}{\partial\varphi}<0$，$\dfrac{\partial\pi_{sc}^{2d*}}{\partial\varphi}<0$；④当 $\dfrac{2\gamma^2}{3}<h<\gamma^2$ 时，$\dfrac{\partial\pi_{r}^{2d*}}{\partial\varphi}<0$；当 $h>\gamma^2$ 时，$\dfrac{\partial\pi_{r}^{2d*}}{\partial\varphi}>0$，$\left|\dfrac{\partial\pi_{m}^{2d*}}{\partial\varphi}\right|<\left|\dfrac{\partial\pi_{r}^{2d*}}{\partial\varphi}\right|$。

证明　① $\dfrac{\partial e^{2d*}}{\partial\varphi}=-\dfrac{2a\gamma}{3h-2\gamma^2}<0$，$\dfrac{\partial w^{2d*}}{\partial\varphi}=-\dfrac{ah}{3h-2\gamma^2}<0$；② $\dfrac{\partial p^{2d*}}{\partial\varphi}=\dfrac{a(h-2\gamma^2)}{3h-2\gamma^2}$，当 $h>2\gamma^2$ 时，$\dfrac{\partial p^{2d*}}{\partial\varphi}>0$；又因为当 $\dfrac{2\gamma^2}{3}<h$ 时存在最优解，故当 $\dfrac{2\gamma^2}{3}<h<2\gamma^2$ 时，$\dfrac{\partial p^{2d*}}{\partial\varphi}<0$；③ $\dfrac{\partial D_{sc}^{2d*}}{\partial\varphi}=-\dfrac{2ah}{3h-2\gamma^2}<0$；$\dfrac{\partial\pi_{m}^{2d*}}{\partial\varphi}=-\dfrac{a[2h\theta+2a\gamma^2(1-2\varphi)+ah(4\varphi-1)]}{3h-2\gamma^2}$，因为 $h\theta+2a\gamma^2(1-2\varphi)+ah(4\varphi-1)>0$，故 $\dfrac{\partial\pi_{m}^{2d*}}{\partial\varphi}<0$；同理可证 $\dfrac{\partial\pi_{sc}^{2d*}}{\partial\varphi}=-\dfrac{ah[2h\theta+2a\gamma^2(1-2\varphi)+ah(4\varphi-1)]}{(3h-2\gamma^2)^2}<0$；

④ $\frac{\partial \pi_{\mathrm{r}}^{2\mathrm{d}*}}{\partial \varphi}=\frac{2a(h-\gamma^{2})[2h\theta+2a\gamma^{2}(1-2\varphi)+ah(4\varphi-1)]}{(3h-2\gamma^{2})^{2}}<0$，已知 $h\theta+2a\gamma^{2}(1-2\varphi)+ah(4\varphi-1)>0$，故当 $h>\gamma^{2}$ 时，$\frac{\partial \pi_{\mathrm{r}}^{2\mathrm{d}*}}{\partial \varphi}>0$；当 $\frac{2\gamma^{2}}{3}<h<\gamma^{2}$ 时，$\frac{\partial \pi_{\mathrm{r}}^{2\mathrm{d}*}}{\partial \varphi}<0$。

推论 8.9 表明：①生产商碳减排量和批发价格与消费者对零售商线下渠道的购买偏好 φ 呈反向关系。当 φ 较小时，生产商的线上销售需求较大，市场利润增加，刺激低碳减排，导致批发价格上升；随着 φ 的增加，线上需求减少，减排动力不足，批发价格下降。②当碳减排投资成本系数 h 较小时，销售价格随 φ 的增加而降低，因为批发价格下降；当 h 较大时，销售价格随 φ 的增加而上升，此时零售商面临较大市场需求。③随着 φ 的增加，市场需求下降，且零售商线下渠道占据更大优势，导致生产商利润减少，进而导致总利润减少。④当 h 较小时，零售商利润随 φ 的增加而减少，此时生产商和零售商利润均下降，整个供应链利润减少；当 h 较大时，尽管零售商利润随 φ 的增加而增加，但在销售价格和市场需求共同作用下，整体供应链利润仍可能下降。

8.3.4　数值模拟

1. 消费者低碳偏好系数对供应链的影响

消费者低碳偏好系数 γ 从 0 到 1，其他参数按 8.2.3 节取值，当 γ 变化时，供应链决策、需求和利润的变化趋势通过 MATLAB 仿真得到图 8.11～图 8.14。

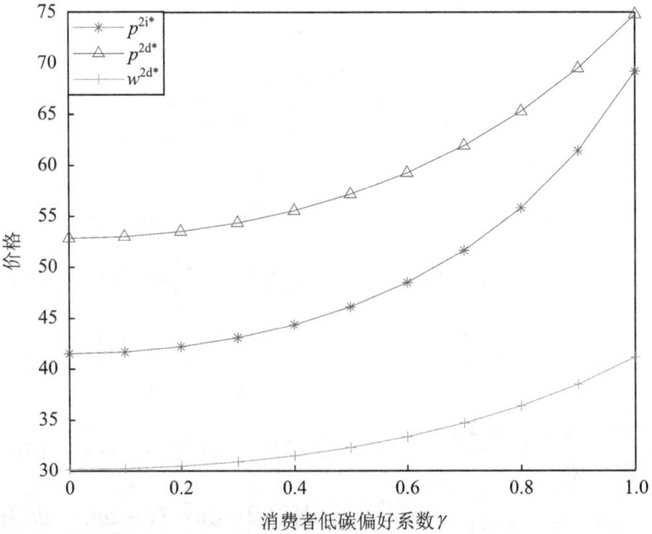

图 8.11　γ 变化对销售价格及批发价格的影响

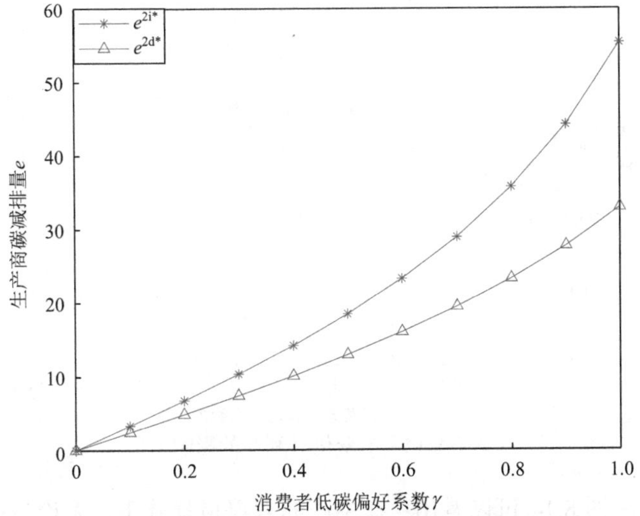

图 8.12　γ 变化对生产商碳减排量的影响

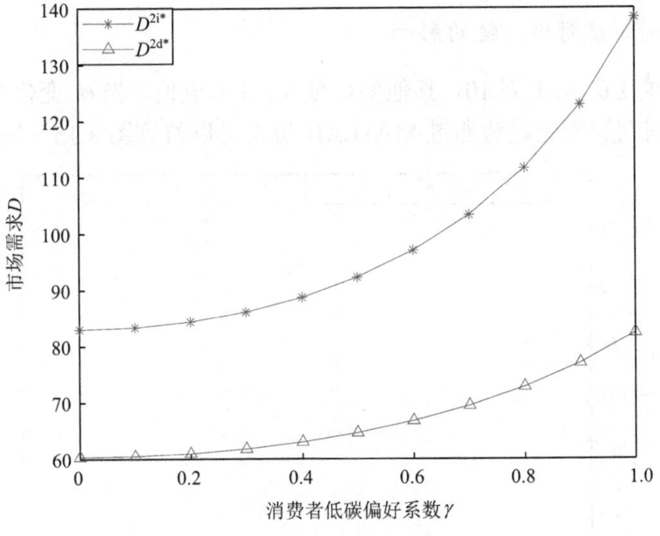

图 8.13　γ 变化对市场需求的影响

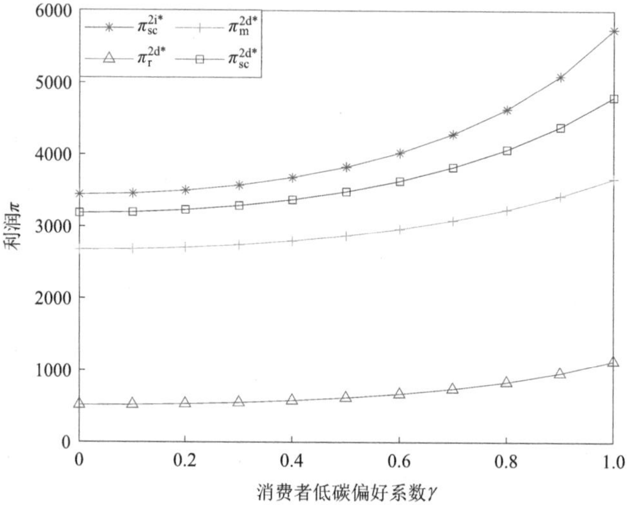

图 8.14　γ 变化对利润的影响

从图 8.11～图 8.14 可以看出：在生产商双渠道模式下，无论是在集中决策还是分散决策模型下，消费者低碳偏好系数提高，都会提高生鲜食品的销售价格、批发价格、生产商碳减排量，同时还会提高市场需求及供应链的利润，这与推论 8.5 和推论 8.6 相一致。

2. 生鲜新鲜度对供应链的影响

生鲜新鲜度 θ 从 1 到 10，其他参数按 8.2.3 节取值，当 θ 变化时，供应链决策、需求和利润的变化趋势通过 MATLAB 仿真可以得到图 8.15～图 8.18。

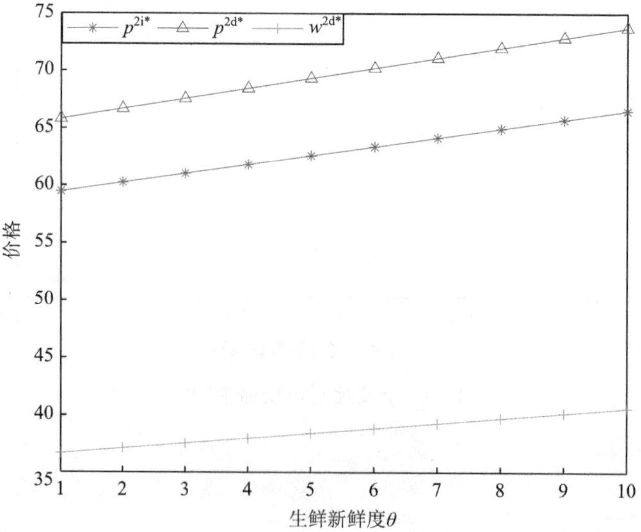

图 8.15　θ 变化对销售价格及批发价格的影响

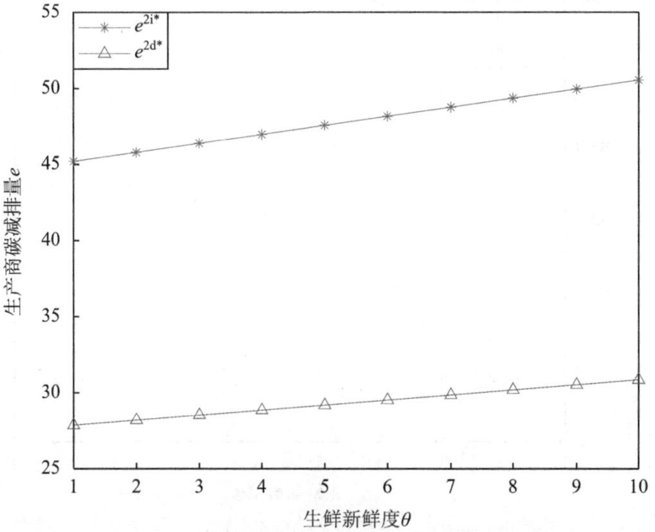

图 8.16　θ 变化对生产商碳减排量的影响

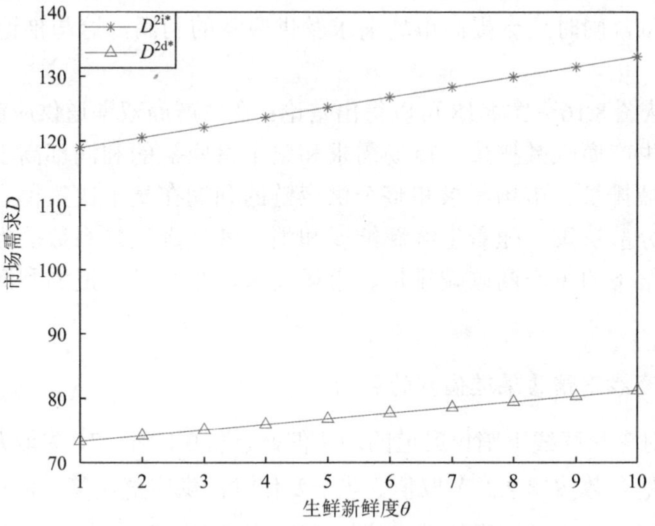

图 8.17　θ 变化对市场需求的影响

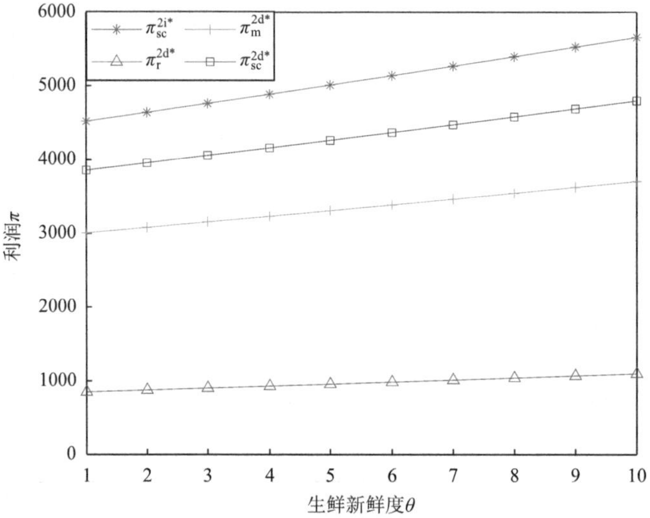

图 8.18 θ 变化对利润的影响

从图 8.15～图 8.18 可以看出：在生产商双渠道模式下，无论是在集中决策还是分散决策下，生鲜新鲜度提升都会提高生鲜食品的销售价格、批发价格、生产商碳减排量，同时还会提高市场需求及供应链的利润，这与推论 8.7 和推论 8.8 相一致。

此外，从图 8.16～图 8.18 可以得出结论：在生产商双渠道供应链模式下，集中决策下的生产商碳减排量、市场需求和整个供应链的利润都高于分散决策，且生产商碳减排量、市场需求和整个供应链的利润在集中决策模型下的增长速度也都高于分散决策。随着生鲜新鲜度和消费者低碳偏好系数的提高，集中决策和分散决策下的生产商碳减排量、市场需求、整个供应链的利润差值会变得越来越大。

3. 零售商线下销售渠道偏好的影响

消费者对零售商线下销售渠道的购买偏好 φ 取 0.1 到 0.7，先取 $h=2.5$（此时 $h>\gamma^2$），其他参数按 8.2.3 节取值。当 φ 变化时，供应链决策、需求和利润的变化趋势通过 MATLAB 仿真可以得到图 8.19～图 8.22。

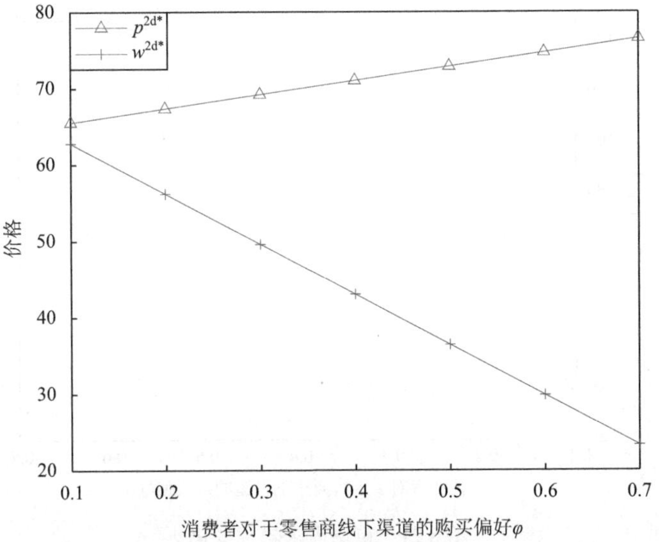

图 8.19　销售价格及批发价格随 φ 变化

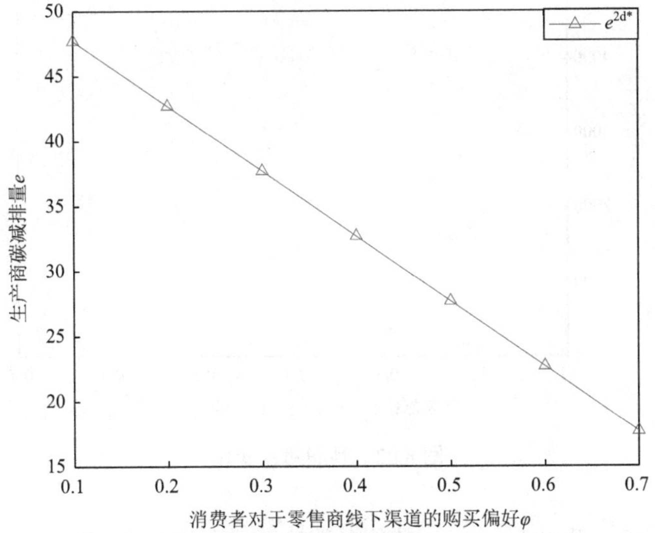

图 8.20　生产商碳减排量随 φ 变化

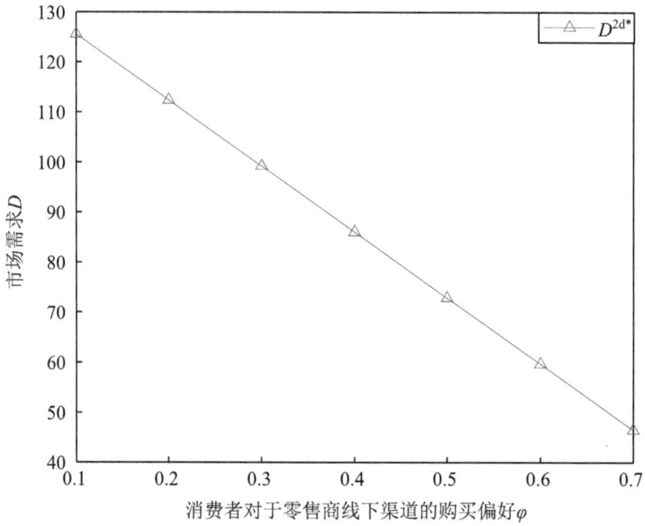

图 8.21　市场需求随 φ 变化

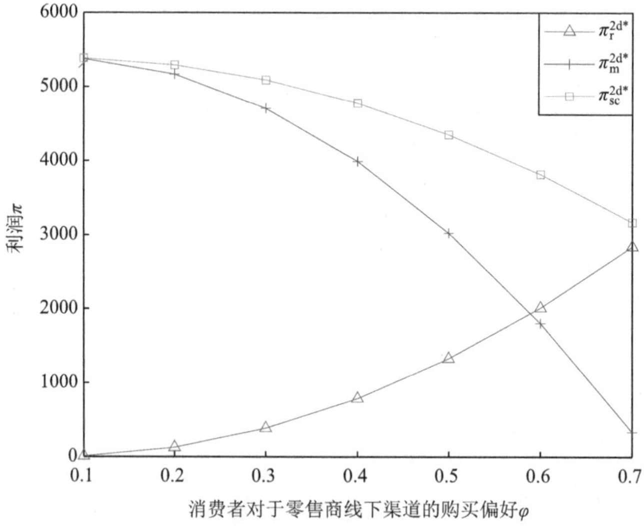

图 8.22　利润随 φ 变化

再取 $h=0.9$（此时 $h<\gamma^2$），其他参数按上述取值，当 φ 变化时，销售价格和零售商的利润的变化趋势通过 MATLAB 仿真可以得到图 8.23 与图 8.24。

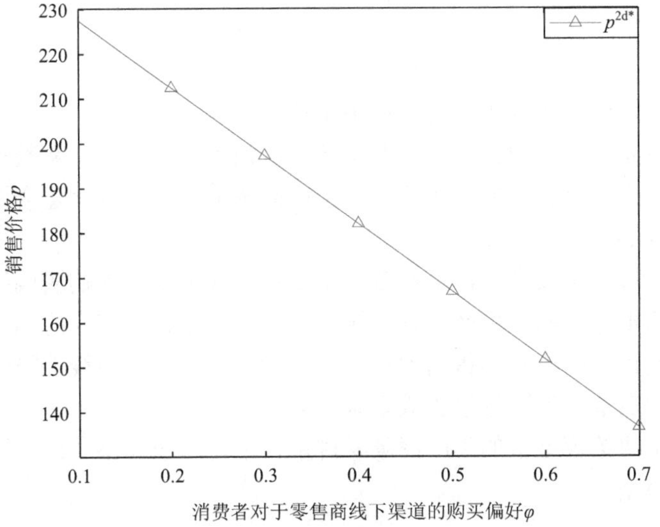

图 8.23　销售价格随 φ 变化

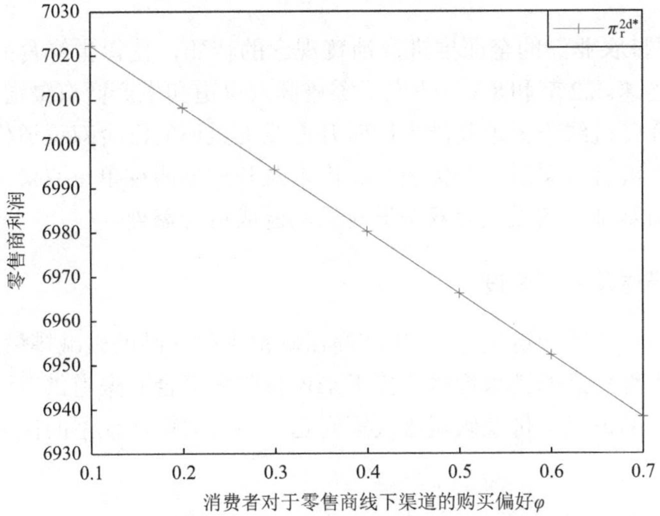

图 8.24　零售商利润随 φ 变化

从图 8.19～图 8.24 可以看出：在生产商双渠道分散决策模式下，消费者对零售商线下销售渠道的购买偏好的增加会降低生鲜食品的批发价格、生产商碳减排量、市场需求、生产商的利润及整个供应链的利润。当碳减排投资成本系数 h 较大时，销售价格和零售商的利润随着消费者对零售商线下销售渠道的购买偏好的增加而增加；当 h 较小时，销售价格和零售商的利润随着消费者对零售商线下销售渠道的购买偏好的增加而降低，这与推论 8.9 相一致。

8.3.5 小结

在生产商双渠道模式下，得到如下结论。

（1）无论是在集中决策还是分散决策下，消费者低碳偏好系数和生鲜新鲜度提高，都会提高生鲜食品的销售价格、生产商碳减排量，同时还会增加市场需求及供应链的利润。

（2）在分散决策模型下，消费者对于零售商线下渠道的购买偏好提高，会降低生鲜食品的批发价格、生产商碳减排量、市场需求、生产商的利润及整个供应链的利润，而销售价格和零售商的利润随消费者对于零售商线下渠道的购买偏好的变化关系则取决于碳减排投资成本系数的大小。

（3）集中决策模型下的生产商碳减排量、市场需求和整个供应链的利润都高于分散决策模型。

8.4 混合双渠道供应链决策研究及三种双渠道供应链对比分析

“互联网+农业”的全面推进及消费观念的转变，使得生鲜食品混合双渠道供应链发展迅速。8.2 节和 8.3 节研究了零售商双渠道和生产商双渠道供应链模式，本节将构建在传统线下渠道基础上同时开通线上渠道的混合双渠道供应链模型。通过对比分析混合双渠道的最优决策、需求及利润与两种单一双渠道，研究在原有单一双渠道基础上增设混合双渠道对供应链成员的益处。

8.4.1 模型描述及基本假设

在混合双渠道供应链模型中，生产商需确定生鲜食品的碳减排量及批发价格，零售商确定生鲜食品的销售价格。接下来还将研究混合双渠道供应链在集中决策和分散决策下的最优定价及碳减排决策问题。混合双渠道模型的供应链结构如图 8.25 所示。

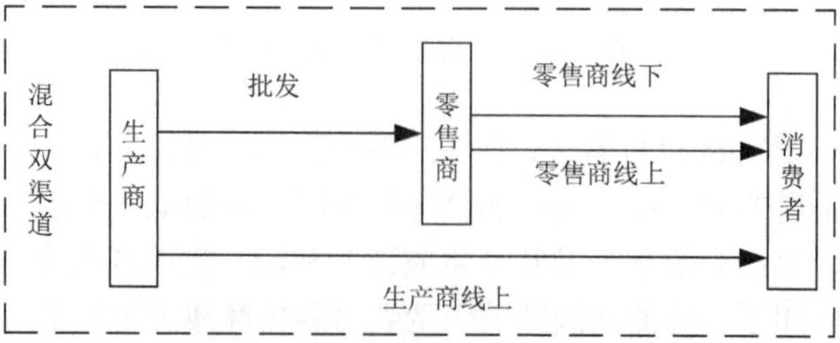

图 8.25　混合双渠道供应链模式

前提假设和符号说明与 8.2.1 节相同，保持不变。

8.4.2　模型构建及决策分析

1. 需求函数和利润函数构建

1）需求函数

与零售商双渠道供应链模型类似，假设生鲜食品需求量与销售价格、碳减排量、生鲜新鲜度呈线性关系（Ghosh and Shah，2012；Yang and Chen，2018；Zhang et al.，2021），构建混合双渠道生鲜食品需求函数如下：

$$D_{\text{r-off}}^3 = \varphi a - p + \theta + \gamma e \tag{8.51}$$

$$D_{\text{r-on}}^3 = \phi(1-\varphi)a - p + \theta + \gamma e \tag{8.52}$$

$$D_{\text{m-on}}^3 = (1-\phi)(1-\varphi)a - p + \theta + \gamma e \tag{8.53}$$

$$D_{\text{sc}}^3 = D_{\text{r-off}}^3 + D_{\text{r-on}}^3 + D_{\text{m-on}}^3 \tag{8.54}$$

$$\phi a > p,\ \ \phi(1-\varphi)a > p,\ \ (1-\phi)(1-\varphi)a > p \tag{8.55}$$

2）利润函数

生产商的利润函数为

$$\pi_{\text{m}}^3(D_{\text{r-off}}^3, D_{\text{r-on}}^3, D_{\text{m-on}}^3, c) = w(D_{\text{r-off}}^3 + D_{\text{r-on}}^3) + pD_{\text{m-on}}^3 - c \tag{8.56}$$

将式（8.51）～式（8.53）、c 分别代入式（8.56）得生产商的利润为

$$\pi_{\text{m}}^3(p,w,e) = w[(\varphi + \phi - \varphi\phi)a - 2p + 2\theta + 2\gamma e] + p[(1-\phi)(1-\varphi)a - p + \theta + \gamma e] - \frac{he^2}{2} \tag{8.57}$$

零售商的利润函数为

$$\pi_{\text{r}}^3(p,w,D_{\text{r-off}}^3, D_{\text{r-on}}^3) = (p-w)(D_{\text{r-off}}^3 + D_{\text{r-on}}^3) \tag{8.58}$$

将式（8.51）、式（8.52）分别代入式（8.58）得零售商的利润函数为

$$\pi_{\text{r}}^3(p,w,e) = (p-w)[(\varphi + \phi + \varphi\phi)a - 2p + 2\theta + 2\gamma e] \tag{8.59}$$

供应链的总利润为

$$\pi_{\text{sc}}^3(p,w,e) = \pi_{\text{m}}^3(p,w,e) + \pi_{\text{r}}^3(p,w,e) \tag{8.60}$$

2. 集中决策模型

1）利润模型构建

在集中决策模型中，生产商和零售商作为一个整体以最大化整个供应链的利益为目标。将式（8.57）、式（8.59）代入式（8.60）得整个供应链的利润函数

如下：

$$\pi_{sc}^{3i}(p,e)=p(a-3p+3\theta+3\gamma e)-\frac{he^2}{2} \tag{8.61}$$

2）模型求解

为了得出最优解，我们利用 $\pi_{sc}^{3i}(p,e)$ 对 p 和 e 求解一阶偏导数，得 $\frac{\partial \pi_{sc}^{3i}(p,e)}{\partial p}=-6p+a+3\theta+3\gamma e$；$\frac{\partial \pi_{sc}^{3i}(p,e)}{\partial e}=3\gamma p-he$。$\pi_{sc}^{3i}(p,e)$ 的海塞矩阵为 $H(\pi_{sc}^{3i})=\begin{bmatrix}-6 & 3\gamma \\ 3\gamma & -h\end{bmatrix}$，$H_1=-6<0$，$H_2=3(2h-3\gamma^2)$。因此，当 $2h>3\gamma^2$ 时，海塞矩阵负定，$\pi_{sc}^{3i}(p,e)$ 是关于所有决策变量的凹函数。故 $\pi_{sc}^{3i}(p,e)$ 对 p 和 e 分别求一阶导数，并令一阶导数等于零，可得以下最优解：

$$p^{3i*}=\frac{h(a+3\theta)}{3(2h-3\gamma^2)} \tag{8.62}$$

$$e^{3i*}=\frac{\gamma(a+3\theta)}{2h-3\gamma^2} \tag{8.63}$$

将 p^{3i*} 和 e^{3i*} 代入 $D_{r\text{-off}}^{3i*}$、$D_{r\text{-on}}^{3i*}$、$D_{m\text{-on}}^{3i*}$、π_{sc}^{3i*}，求得集中决策下供应链的总需求和总利润为：

$$D_{sc}^{3i*}=D_{r\text{-off}}^{3i*}+D_{r\text{-on}}^{3i*}+D_{m\text{-on}}^{3i*}=\frac{h(a+3\theta)}{2h-3\gamma^2} \tag{8.64}$$

$$\pi_{sc}^{3i*}=\frac{h(a+3\theta)^2}{6(2h-3\gamma^2)} \tag{8.65}$$

3. 分散决策模型

1）利润模型构建

令 $\delta=\varphi+\phi+\varphi\phi$，将其代入式（8.57）、式（8.59）、式（8.60）可得分散决策下，生产商、零售商及整个供应链的利润函数如下：

$$\pi_{m}^{3d}(p,w,e)=w(\delta a-2p+2\theta+2\gamma e)+p[(1-\delta)a-p+\theta+\gamma e]-\frac{he^2}{2} \tag{8.66}$$

$$\pi_{r}^{3d}(p,w,e)=(p-w)(\delta a-2p+2\theta+2\gamma e) \tag{8.67}$$

$$\pi_{sc}^{3d}(p,e)=\pi_{m}^{3d}(p,w,e)+\pi_{r}^{3d}(p,w,e) \tag{8.68}$$

2）模型求解

根据逆向求解法，得出零售商销售价格的最优价格，然后将最优销售价格代入生产商利润函数中，以确定生产商的最优批发价格和碳减排量。

$\pi_{\rm r}^{\rm 3d}(p,w,e)$ 对 p 求解一阶导数为 $\dfrac{\partial \pi_{\rm r}^{\rm 3d}(p,w,e)}{\partial p}=-4p+\delta a+2w+2\theta+2\gamma e$。$\dfrac{\partial^2 \pi_{\rm r}^{\rm 3d}}{\partial p^2}=-4<0$，故 $\pi_{\rm r}^{\rm 3d}(p,w,e)$ 是关于 p 的凹函数，令 $\dfrac{\partial \pi_{\rm r}^{\rm 3d}(p,w,e)}{\partial p}=0$ 可求得

$$p^{\rm 3d}(w,e)=\frac{2w+2\gamma e+2\theta+a\delta}{4} \tag{8.69}$$

将式（8.69）代入式（8.66）可得 $\pi_{\rm m}^{\rm 3d}(w,e)=\dfrac{1}{16}(2w+2\gamma e+2\theta+a\delta)\times(2w+2\gamma e+2\theta+4a-5a\delta)+\dfrac{w(2\gamma e+2\theta+a\delta-2w)}{2}-\dfrac{he^2}{2}$。

$\pi_{\rm m}^{\rm 3d}(w,e)$ 对 w 和 e 求解一阶偏导数得 $\dfrac{\partial \pi_{\rm m}^{\rm 3d}(w,e)}{\partial w}=-\dfrac{5w}{2}+\gamma e+\theta-\dfrac{a(\delta-2)}{4}$；$\dfrac{\partial \pi_{\rm m}^{\rm 3d}(w,e)}{\partial e}=\dfrac{1}{2}[e(\gamma^2-2h)+\gamma(a+2w+\theta-a\delta)]$。$\pi_{\rm m}^{\rm 3d}(w,e)$ 对 w 和 e 求二阶偏导数得 $\dfrac{\partial^2 \pi_{\rm m}^{\rm 3d}}{\partial w^2}=-\dfrac{5}{2}$；$\dfrac{\partial^2 \pi_{\rm m}^{\rm 3d}}{\partial w\partial e}=\dfrac{\partial^2 \pi_{\rm m}^{\rm 3d}}{\partial e\partial w}=\gamma$；$\dfrac{\partial^2 \pi_{\rm m}^{\rm 3d}}{\partial e^2}=\dfrac{\gamma^2}{2}-h$，得到 $\pi_{\rm m}^{\rm 3d}(w,e)$ 对应的海塞矩阵为：$H(\pi_{\rm m}^{\rm 3d})=\begin{bmatrix}-\dfrac{5}{2} & \gamma \\ \gamma & \dfrac{\gamma^2}{2}-h\end{bmatrix}$，$H_1=-\dfrac{5}{2}<0$，$H_2=\dfrac{10h-9\gamma^2}{4}$。当 $10h>9\gamma^2$ 时，海塞矩阵负定，$\pi_{\rm m}^{\rm 3d}(w,e)$ 是关于 w 和 e 的凹函数，令 $\dfrac{\partial \pi_{\rm m}^{\rm 3d}(w,e)}{\partial w}=0$、$\dfrac{\partial \pi_{\rm m}^{\rm 3d}(w,e)}{\partial e}=0$，可得以下最优解：

$$w^{\rm 3d*}=\frac{8h\theta+a\gamma^2(2-3\delta)-2ah(\delta-2)}{20h-18\gamma^2} \tag{8.70}$$

$$e^{\rm 3d*}=\frac{\gamma[9\theta+a(7-6\delta)]}{10h-9\gamma^2} \tag{8.71}$$

将 $w^{\rm 3d*}$ 和 $e^{\rm 3d*}$ 代入式（8.69）可得

$$p^{\rm 3d*}=\frac{7h\theta+a[h+2\gamma^2(2-3\delta)+2h\delta]}{10h-9\gamma^2} \tag{8.72}$$

将 $w^{\rm 3d*}$ 和 $e^{\rm 3d*}$ 代入式（8.51）～式（8.53）、式（8.66）～式（8.68）可得 $D_{\rm sc}^{\rm 3d*}$、$\pi_{\rm m}^{\rm 3d*}$、$\pi_{\rm r}^{\rm 3d*}$、$\pi_{\rm sc}^{\rm 3d*}$：

$$D_{\rm sc}^{\rm 3d*}=\frac{h[9\theta+a(7-6\delta)]}{10h-9\gamma^2} \tag{8.73}$$

$$\pi_{\mathrm{m}}^{3\mathrm{d}*}=\frac{9h\theta^2+2ah\theta(7-6\delta)+a^2[\gamma^2(2-3\delta)^2+h(1+4\delta-6\delta^2)]}{2(10h-9\gamma^2)} \tag{8.74}$$

$$\pi_{\mathrm{r}}^{3\mathrm{d}*}=\frac{[6h\theta+3a\gamma^2(2-3\delta)+2ah(3\delta-1)]^2}{2(10h-9\gamma^2)^2} \tag{8.75}$$

$$\pi_{\mathrm{sc}}^{3\mathrm{d}*}=\frac{h[9\theta+a(7-6\delta)][(14h-9\gamma^2)\theta+a\gamma^2(1-6\delta)+2ah(1+2\delta)]}{2(10h-9\gamma^2)^2} \tag{8.76}$$

命题 8.3 当消费者对零售商线下销售渠道的购买偏好 φ 满足 $\max(0,\varphi_3,\varphi_5)<\varphi<\min(\varphi_4,1)$ 时，存在混合双渠道销售模式。其中，$\varphi_3=\dfrac{6a\gamma^2+6h\theta-3\phi+2ah(3\phi-1)}{3(2ah-1)(\phi-1)}$，$\varphi_4=\dfrac{3h\theta+3a\gamma^2(1-3\phi)+ah(8\phi-1)}{a[2h(1+4\phi)-9\phi\gamma^2]}$，$\varphi_5=\dfrac{-h\theta+a\gamma^2(2-3\phi)+ah(4\phi-3)}{a(4h-3\gamma^2)(\phi-1)}$。

证明 $p^{3\mathrm{d}*}-w^{3\mathrm{d}*}=\dfrac{6h\theta+3a\gamma^2[2+3\phi(\varphi-1)-3\varphi]+ah[6\varphi-2-6\phi(\varphi-1)]}{2(10h-9\gamma^2)}$，对于零售商，需要满足 $p^{3\mathrm{d}*}-w^{3\mathrm{d}*}>0$，即 $6h\theta+3a\gamma^2[2+3\phi(\varphi-1)-3\varphi]+ah[6\varphi-2-6\phi(\varphi-1)]>0$，得 $\varphi<\dfrac{6a\gamma^2+6h\theta-3\phi+2ah(3\phi-1)}{3(2ah-1)(\phi-1)}=\varphi_3$。

同时零售商线下销售渠道的市场需求需满足 $D_{\mathrm{r\text{-}on}}^3=\phi(1-\varphi)a-p+\theta+\gamma e=\dfrac{3h\theta+3a\gamma^2[1+3\phi(\varphi-1)]-ah[1+8\phi(\varphi-1)+2\varphi]}{10h-9\gamma^2}>0$，即 $3h\theta+3a\gamma^2[1+3\phi(\varphi-1)]-ah[1+8\phi(\varphi-1)+2\varphi]>0\to\varphi<\dfrac{3h\theta+3a\gamma^2(1-3\phi)+ah(8\phi-1)}{a[2h(1+4\phi)-9\phi\gamma^2]}=\varphi_4$。

对于生产商来说，需要满足 $D_{\mathrm{m\text{-}on}}^3=(1-\phi)(1-\varphi)a-p+\theta+\gamma e=\dfrac{3\{h\theta+ah[3+4\phi(\varphi-1)-4\varphi]+a\gamma^2[3\varphi-2-3\phi(\varphi-1)]\}}{10h-9\gamma^2}>0$，即 $h\theta+ah[3+4\phi(\varphi-1)-$

$4\varphi]+a\gamma^2[3\varphi-2-3\phi(\varphi-1)]>0\to\varphi>\dfrac{-h\theta+a\gamma^2(2-3\phi)+ah(4\phi-3)}{a(4h-3\gamma^2)(\phi-1)}=\varphi_5$。

命题 8.3 表明，当消费者对零售商线下销售渠道的购买偏好 φ 在一定范围内时才存在混合双渠道销售模式。如果 φ 太小，零售商不愿意参与博弈或生产商不会开通线上销售渠道；如果 φ 太大，零售商线上销售渠道的需求为非正数，此时零售商不会开通线上销售渠道。

8.4.3　模型分析及数值模拟

1. 消费者低碳偏好系数对供应链的影响

推论 8.10　在混合双渠道供应链集中决策模型中：① $\frac{\partial p^{3i*}}{\partial \gamma}>0$，$\frac{\partial e^{3i*}}{\partial \gamma}>0$；② $\frac{\partial D_{sc}^{3i*}}{\partial \gamma}>0$；③ $\frac{\partial \pi_{sc}^{3i*}}{\partial \gamma}>0$。

证明　① $\frac{\partial p^{3i*}}{\partial \gamma}=\frac{2h\gamma(a+3\theta)}{(2h-3\gamma^2)^2}>0$，$\frac{\partial e^{3i*}}{\partial \gamma}=\frac{(2h+3\gamma^2)(a+3\theta)}{(2h-3\gamma^2)^2}>0$；② $\frac{\partial D_{sc}^{3i*}}{\partial \gamma}=\frac{6h\gamma(a+3\theta)}{(2h-3\gamma^2)^2}>0$；③ $\frac{\partial \pi_{sc}^{3i*}}{\partial \gamma}=\frac{h\gamma(a+3\theta)^2}{(2h-3\gamma^2)^2}>0$。

推论 8.10 表明：在混合双渠道供应链集中决策下，生鲜食品的销售价格、生产商碳减排量、市场需求及整个供应链的利润与消费者低碳偏好系数呈同向变化关系。消费者低碳偏好系数越大，越能促进生产商进行低碳减排，有利于供应链整体需求和利润的增加，同时会提高销售价格。

推论 8.11　在混合双渠道供应链分散决策模型中：① $\frac{\partial p^{3d*}}{\partial \gamma}>0$，$\frac{\partial e^{3d*}}{\partial \gamma}>0$，$\frac{\partial w^{3d*}}{\partial \gamma}>0$；② $\frac{\partial D_{sc}^{3d*}}{\partial \gamma}>0$；③ $\frac{\partial \pi_{m}^{3d*}}{\partial \gamma}>0$，$\frac{\partial \pi_{r}^{3d*}}{\partial \gamma}>0$，$\frac{\partial \pi_{sc}^{3d*}}{\partial \gamma}>0$。

证明　① $\frac{\partial p^{3d*}}{\partial \gamma}=\frac{14h\gamma[9\theta+a(7-6\delta)]}{(10h-9\gamma^2)^2}$，$\frac{\partial e^{3d*}}{\partial \gamma}=\frac{(10h+9\gamma^2)[9\theta+a(7-6\delta)]}{(10h-9\gamma^2)^2}$，$\frac{\partial w^{3d*}}{\partial \gamma}=\frac{8h\gamma[9\theta+a(7-6\delta)]}{(10h-9\gamma^2)^2}$，当 $9\theta+a(7-6\delta)>0$（其中 $\delta=\varphi+\phi+\varphi\phi$），即 $\varphi<\frac{6a(1-\phi)+a+9\theta}{6a(1-\phi)}=1+\frac{a+9\theta}{6a(1-\phi)}$ 时，$\frac{\partial p^{3d*}}{\partial \gamma}>0$，$\frac{\partial e^{3d*}}{\partial \gamma}>0$，$\frac{\partial w^{3d*}}{\partial \gamma}>0$。又因为已知条件 $0<\varphi<1$，故 $\frac{\partial p^{3d*}}{\partial \gamma}>0$，$\frac{\partial e^{3d*}}{\partial \gamma}>0$，$\frac{\partial w^{3d*}}{\partial \gamma}>0$；②同①可证 $\frac{\partial D_{sc}^{3d*}}{\partial \gamma}=\frac{18h\gamma[9\theta+a(7-6\delta)]}{(10h-9\gamma^2)^2}>0$；③ $\frac{\partial \pi_{r}^{3d*}}{\partial \gamma}=\frac{12h\gamma[9\theta+a(7-6\delta)][6h\theta+3a\gamma^2(2-3\delta)+ah(6\delta-2)]}{(10h-9\gamma^2)^2}>0$，由命题 8.3 可知 $6h\theta+3a\gamma^2(2-3\delta)+ah(6\delta-2)>0$，由①可证 $\frac{\partial \pi_{r}^{3d*}}{\partial \gamma}>0$。$\frac{\partial \pi_{m}^{3d*}}{\partial \gamma}=$

$\dfrac{h\gamma[9\theta+a(7-6\delta)]^2}{(10h-9\gamma^2)^2}>0$，$\dfrac{\partial\pi_{\text{sc}}^{3\text{d}*}}{\partial\gamma}=\dfrac{\partial\pi_{\text{r}}^{3\text{d}*}}{\partial\gamma}+\dfrac{\partial\pi_{\text{m}}^{3\text{d}*}}{\partial\gamma}>0$。

推论 8.11 表明：在混合双渠道供应链分散决策下，生鲜食品的销售价格、批发价格、生产商碳减排量、市场需求、零售商利润、生产商利润及整个供应链的利润与消费者低碳偏好系数呈同向变化关系。消费者低碳偏好系数越大，越能促进生产商低碳减排，越有利于增加市场需求、零售商利润、生产商利润及整个供应链的利润，同时也会提高销售价格和批发价格。

2. 生鲜新鲜度对供应链的影响

推论 8.12 在混合双渠道供应链集中决策模型中：① $\dfrac{\partial p^{3\text{i}*}}{\partial\theta}>0$，$\dfrac{\partial e^{3\text{i}*}}{\partial\theta}>0$；② $\dfrac{\partial D_{\text{sc}}^{3\text{i}*}}{\partial\theta}>0$；③ $\dfrac{\partial\pi_{\text{sc}}^{3\text{i}*}}{\partial\theta}>0$。

证明 ① $\dfrac{\partial p^{3\text{i}*}}{\partial\theta}=\dfrac{h}{2h-3\gamma^2}>0$，$\dfrac{\partial e^{3\text{i}*}}{\partial\theta}=\dfrac{3\gamma}{2h-3\gamma^2}>0$；② $\dfrac{\partial D_{\text{sc}}^{3\text{i}*}}{\partial\theta}=\dfrac{3h}{2h-3\gamma^2}>0$；③ $\dfrac{\partial\pi_{\text{sc}}^{3\text{i}*}}{\partial\theta}=\dfrac{h(a+3\theta)}{2h-3\gamma^2}>0$。

推论 8.12 表明：在混合双渠道集中决策下，生鲜食品的销售价格、生产商碳减排量、市场需求及整个供应链的利润与生鲜新鲜度呈同向变化关系。生鲜新鲜度越高，越能促进生产商低碳减排，越有利于供应链整体需求和利润的增加。

推论 8.13 在混合双渠道供应链分散决策模型中：① $\dfrac{\partial p^{3\text{d}*}}{\partial\theta}>0$，$\dfrac{\partial e^{3\text{d}*}}{\partial\theta}>0$，$\dfrac{\partial w^{3\text{d}*}}{\partial\theta}>0$；② $\dfrac{\partial D_{\text{sc}}^{3\text{d}*}}{\partial\theta}>0$；③ $\dfrac{\partial\pi_{\text{m}}^{3\text{d}*}}{\partial\theta}>0$，$\dfrac{\partial\pi_{\text{r}}^{3\text{d}*}}{\partial\theta}>0$，$\dfrac{\partial\pi_{\text{sc}}^{3\text{d}*}}{\partial\theta}>0$。

证明 ① $\dfrac{\partial p^{3\text{d}*}}{\partial\theta}=\dfrac{7h}{10h-9\gamma^2}>0$，$\dfrac{\partial e^{3\text{d}*}}{\partial\theta}=\dfrac{9\gamma}{10h-9\gamma^2}>0$，$\dfrac{\partial w^{3\text{d}*}}{\partial\theta}=\dfrac{4h}{10h-9\gamma^2}>0$；② $\dfrac{\partial D_{\text{sc}}^{3\text{d}*}}{\partial\theta}=\dfrac{9h}{10h-9\gamma^2}>0$；③ $\dfrac{\partial\pi_{\text{r}}^{3\text{d}*}}{\partial\theta}=\dfrac{6h[6h\theta+3a\gamma^2(2-3\delta)+2ah(3\delta-1)]}{(10h-9\gamma^2)^2}>0$，由命题 8.3 知 $6h\theta+3a\gamma^2(2-3\delta)+2ah(3\delta-1)>0$，故 $\dfrac{\partial\pi_{\text{r}}^{3\text{d}*}}{\partial\theta}>0$。$\dfrac{\partial\pi_{\text{m}}^{3\text{d}*}}{\partial\theta}=\dfrac{9h\theta-ah(6\delta-7)}{(10h-9\gamma^2)^2}>0$，$\dfrac{\partial\pi_{\text{sc}}^{3\text{d}*}}{\partial\theta}=\dfrac{\partial\pi_{\text{m}}^{3\text{d}*}}{\partial\theta}+\dfrac{\partial\pi_{\text{r}}^{3\text{d}*}}{\partial\theta}>0$。

推论 8.13 表明：在混合双渠道分散决策下，生鲜食品的销售价格、批发价格、生产商碳减排量、市场需求及各方利润与生鲜新鲜度成正相关。生鲜新鲜度提高将提高销售价格、批发价格和碳减排量，同时增加市场需求和利润。零售商为获取更大利润而提高销售价格，生产商随之提高批发价格，并进行低碳减排以弥补因价格上涨导致的需求流失。最终，生产商的低碳减排和价格提高共同促进市场需求与利润的增长。

3. 渠道偏好对供应链的影响

推论 8.14　在混合双渠道供应链分散决策模型中：① $\frac{\partial e^{3d*}}{\partial \varphi}<0$，$\frac{\partial w^{3d*}}{\partial \varphi}<0$；$\frac{\partial e^{3d*}}{\partial \phi}<0$，$\frac{\partial w^{3d*}}{\partial \phi}<0$。② 当 $\frac{9\gamma^2}{10}<h<3\gamma^2$ 时，$\frac{\partial e^{3d*}}{\partial \varphi}<0$，$\frac{\partial e^{3d*}}{\partial \phi}<0$ 且 $\left|\frac{\partial p^{3d*}}{\partial \varphi}\right|<\left|\frac{\partial w^{3d*}}{\partial \varphi}\right|$，$\left|\frac{\partial p^{3d*}}{\partial \phi}\right|<\left|\frac{\partial w^{3d*}}{\partial \phi}\right|$；当 $h>3\gamma^2$ 时，$\frac{\partial p^{3d*}}{\partial \varphi}>0$，$\frac{\partial p^{3d*}}{\partial \phi}>0$。③ $\frac{\partial D_{\mathrm{sc}}^{3d*}}{\partial \varphi}<0$，$\frac{\partial \pi_{\mathrm{m}}^{3d*}}{\partial \varphi}<0$，$\frac{\partial \pi_{\mathrm{sc}}^{3d*}}{\partial \varphi}<0$；$\frac{\partial D_{\mathrm{sc}}^{3d*}}{\partial \phi}<0$，$\frac{\partial \pi_{\mathrm{m}}^{3d*}}{\partial \phi}<0$，$\frac{\partial \pi_{\mathrm{sc}}^{3d*}}{\partial \phi}<0$。④当 $\frac{9\gamma^2}{10}<h<\frac{3\gamma^2}{2}$ 时，$\frac{\partial \pi_{\mathrm{r}}^{3d*}}{\partial \varphi}<0$，$\frac{\partial \pi_{\mathrm{r}}^{3d*}}{\partial \phi}<0$；当 $h>\frac{3\gamma^2}{2}$ 时，$\frac{\partial \pi_{\mathrm{r}}^{3d*}}{\partial \varphi}>0$，$\frac{\partial \pi_{\mathrm{r}}^{3d*}}{\partial \phi}>0$，且 $\left|\frac{\partial \pi_{\mathrm{m}}^{3d*}}{\partial \varphi}\right|<\left|\frac{\partial \pi_{\mathrm{r}}^{3d*}}{\partial \varphi}\right|$，$\left|\frac{\partial \pi_{\mathrm{m}}^{3d*}}{\partial \phi}\right|<\left|\frac{\partial \pi_{\mathrm{r}}^{3d*}}{\partial \phi}\right|$。

证明　① $\frac{\partial e^{3d*}}{\partial \varphi}=\frac{6a\gamma(\phi-1)}{10h-9\gamma^2}<0$；$\frac{\partial w^{3d*}}{\partial \varphi}=\frac{a(2h+3\gamma^2)(\phi-1)}{2(10h-9\gamma^2)}<0$；$\frac{\partial e^{3d*}}{\partial \phi}=\frac{6a\gamma(\varphi-1)}{10h-9\gamma^2}<0$；$\frac{\partial w^{3d*}}{\partial \phi}=\frac{a(2h+3\gamma^2)(\varphi-1)}{2(10h-9\gamma^2)}<0$。② $\frac{\partial p^{3d*}}{\partial \varphi}=\frac{2a(h-3\gamma^2)(1-\phi)}{10h-9\gamma^2}<0$，$\frac{\partial p^{3d*}}{\partial \phi}=\frac{2a(h-3\gamma^2)(1-\varphi)}{10h-9\gamma^2}<0$，当 $h>3\gamma^2$ 时，$\frac{\partial p^{3d*}}{\partial \varphi}>0$，$\frac{\partial p^{3d*}}{\partial \phi}>0$；已知 $\frac{9\gamma^2}{10}<h$ 存在最优解，故当 $\frac{9\gamma^2}{10}<h<3\gamma^2$ 时，$\frac{\partial p^{3d*}}{\partial \varphi}<0$，$\frac{\partial p^{3d*}}{\partial \phi}<0$。③ $\frac{\partial D_{\mathrm{sc}}^{3d*}}{\partial \varphi}=\frac{6ah(\phi-1)}{10h-9\gamma^2}<0$；$\frac{\partial D_{\mathrm{sc}}^{3d*}}{\partial \phi}=\frac{6ah(\varphi-1)}{10h-9\gamma^2}<0$；

$$\frac{\partial \pi_{\mathrm{r}}^{3d*}}{\partial \varphi}=-\frac{a(\phi-1)\{-6h\theta+3a\gamma^2[3\varphi-2-3\phi(\varphi-1)]+ah[2+6\phi(\varphi-1)-6\varphi]\}}{10h-9\gamma^2},$$

$$\frac{\partial \pi_{\mathrm{r}}^{3d*}}{\partial \phi}=-\frac{a(\varphi-1)\{6h\theta+3a\gamma^2[3\varphi-2-3\phi(\varphi-1)]+ah[2+6\phi(\varphi-1)-6\varphi]\}}{10h-9\gamma^2},$$

因为 $6h\theta+3a\gamma^2[3\varphi-2-3\phi(\varphi-1)]+ah[2+6\phi(\varphi-1)-6\varphi]>0$，故 $\frac{\partial \pi_{\mathrm{m}}^{3d*}}{\partial \varphi}<0$，$\frac{\partial \pi_{\mathrm{m}}^{3d*}}{\partial \phi}<0$；

同理可证 $\frac{\partial \pi_{\mathrm{sc}}^{3d*}}{\partial \varphi}=-\frac{4ah(\phi-1)\{6h\theta+3a\gamma^2[3\varphi-2-3\phi(\varphi-1)]+ah[2+6\phi(\varphi-1)-6\varphi]\}}{10h-9\gamma^2}<0$，$\frac{\partial \pi_{\mathrm{sc}}^{3d*}}{\partial \phi}=-\frac{4ah(\varphi-1)\{6h\theta+3a\gamma^2[3\varphi-2-3\phi(\varphi-1)]+ah[2+6\phi(\varphi-1)-6\varphi]\}}{10h-9\gamma^2}<0$。④ $\frac{\partial \pi_{\mathrm{r}}^{3d*}}{\partial \varphi}=\frac{3a(2h-3\gamma^2)(\phi-1)\{6h\theta+3a\gamma^2[3\varphi-2-3\phi(\varphi-1)]+ah[2+6\phi(\varphi-1)-6\varphi]\}}{(10h-9\gamma^2)^2}$，$\frac{\partial \pi_{\mathrm{r}}^{3d*}}{\partial \phi}=\frac{3a(2h-3\gamma^2)(\varphi-1)\{6h\theta+3a\gamma^2[3\varphi-2-3\phi(\varphi-1)]+ah[2+6\phi(\varphi-1)-6\varphi]\}}{10h-9\gamma^2}$。已知 $6h\theta+3a\gamma^2[3\varphi-2-3\phi(\varphi-1)]+ah[2+6\phi(\varphi-1)-6\varphi]>0$，故当 $h>\frac{3\gamma^2}{2}$ 时，$\frac{\partial \pi_{\mathrm{r}}^{3d*}}{\partial \varphi}>0$，$\frac{\partial \pi_{\mathrm{r}}^{3d*}}{\partial \phi}>0$；当 $\frac{9\gamma^2}{10}<h<\frac{3\gamma^2}{2}$ 时，$\frac{\partial \pi_{\mathrm{r}}^{3d*}}{\partial \varphi}<0$，$\frac{\partial \pi_{\mathrm{r}}^{3d*}}{\partial \phi}<0$。

推论 8.14 说明：在混合双渠道分散决策中，①生产商碳减排量和批发价格与消费者对零售商线下（φ）或线上渠道（ϕ）的购买偏好呈反向关系。当购买偏好较小时，生产商线上销售需求较大，市场利润增加，刺激低碳减排，导致批发价格提高；随着偏好的增加，线上需求减少，低碳减排动力不足，批发价格降低。②当碳减排投资成本系数（h）低于阈值时，销售价格随购买偏好的增加而降低，因为批发价格下降；当 h 较大时，销售价格随购买偏好的增加而上升，此时零售商面临较大市场需求。③市场需求随购买偏好增加而减少，这是因为生鲜碳减排量随偏好增加而减少。生产商利润随着购买偏好的增加而减少，因为零售商线下渠道占据更大市场基本需求。④当 h 低于阈值时，零售商利润随购买偏好的增加而减少，此时生产商和零售商利润均下降，整体供应链利润减少；当 h 高于阈值时，零售商利润随购买偏好的增加而增加，因销售价格和市场需求共同作用，从而提升利润。

4. 数值模拟

1）消费者低碳偏好系数对供应链的影响

消费者低碳偏好系数 γ 从 0 到 1，$\phi=0.4$，其他参数按 8.2.3 节取值，当 γ 变化时，供应链决策、需求和利润的变化趋势通过 MATLAB 仿真可以得到图 8.26～图 8.29。

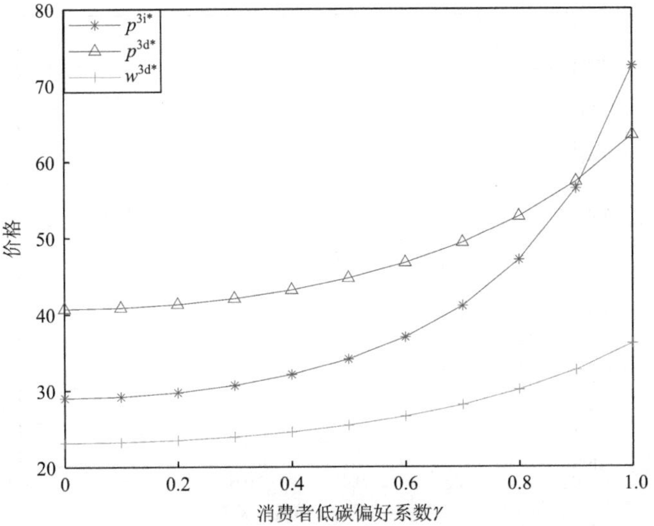

图 8.26　γ 值对销售价格及批发价格的影响

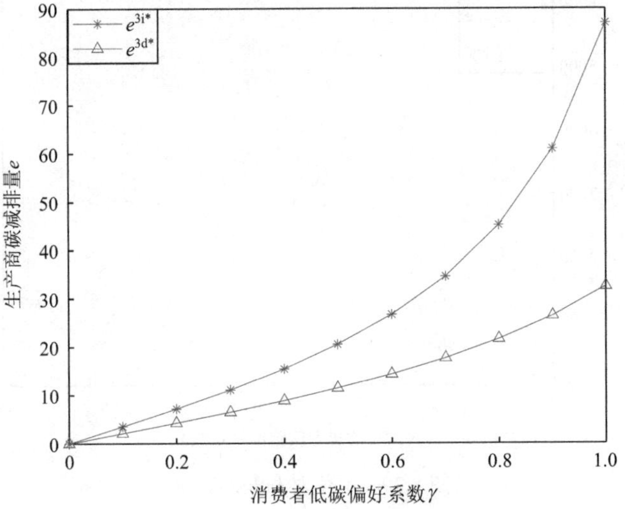

图 8.27　γ 值对生产商碳减排量的影响

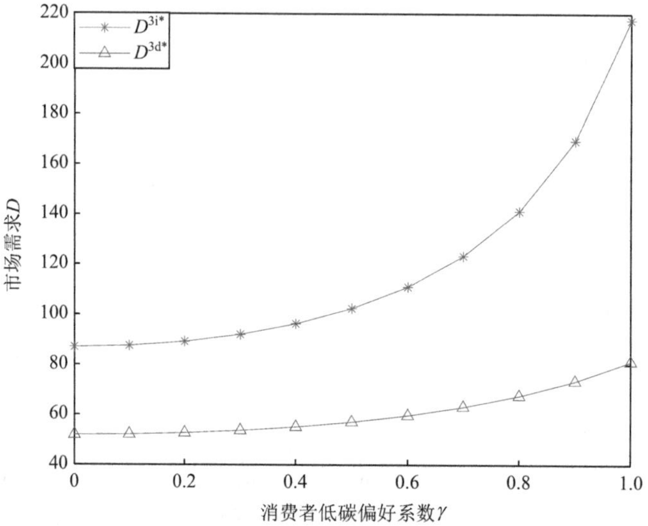

图 8.28　γ 值对市场需求的影响

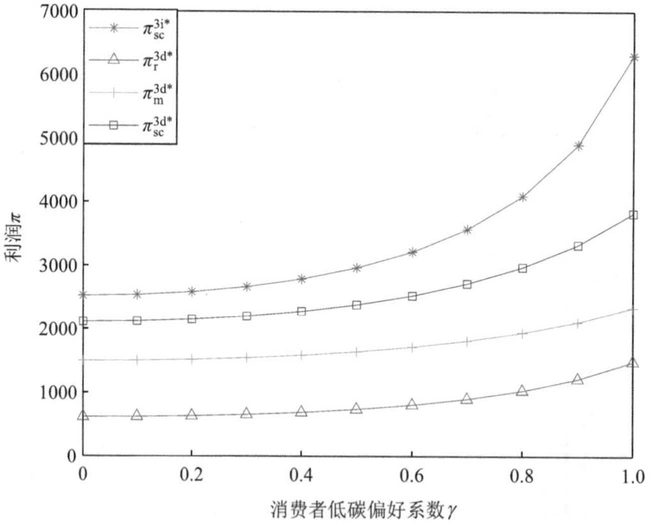

图 8.29　γ 值对利润的影响

从图 8.26～图 8.29 可以得出以下结论。

在混合双渠道模式下，无论是在集中决策模型下还是分散决策模型下，生鲜食品的销售价格及生产商碳减排量随消费者低碳偏好系数的提高而提高，市场需求及供应链的利润随消费者低碳偏好系数的提高而增加，这与推论 8.10 和推论 8.11 相一致。

2）消费者生鲜新鲜度偏好系数对供应链的影响

生鲜新鲜度θ从 1 到 10，$\phi=0.4$，其他参数按 8.2.3 节取值，当θ变化时，供应链决策、需求和利润的变化趋势通过 MATLAB 仿真可以得到图 8.30～图 8.33。

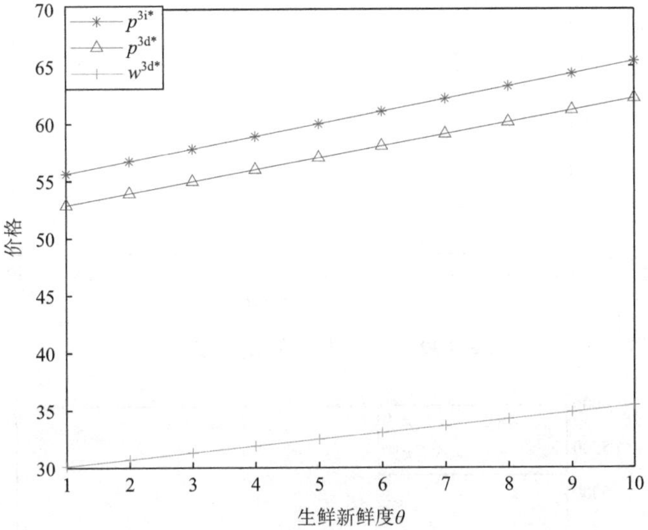

图 8.30 θ值对销售价格及批发价格的影响

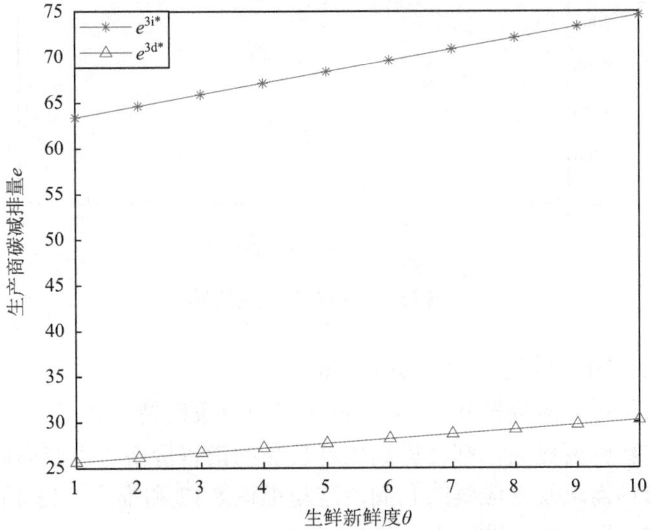

图 8.31 θ值对生产商碳减排量的影响

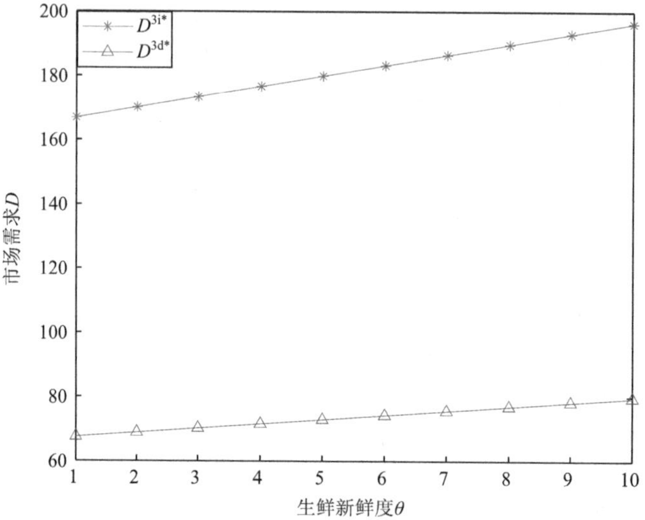

图 8.32　θ 值对市场需求的影响

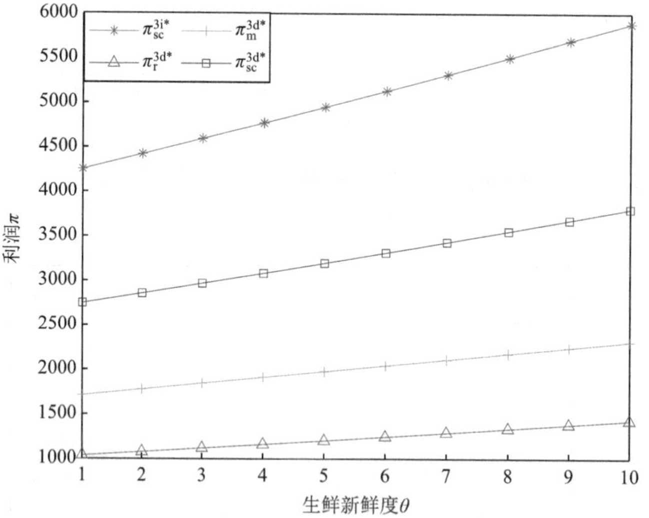

图 8.33　θ 值对利润的影响

从图 8.30～图 8.33 可以得出如下结论。

在混合双渠道供应链模式中，无论是在集中决策模型下还是分散决策模型下，消费者的生鲜新鲜度提高，都会提高生鲜食品的销售价格、生产商碳减排量，同时还会增加市场需求及供应链的利润，这与推论 8.12 和推论 8.13 相一致。

从图 8.27～图 8.29 和图 8.31～8.33 可以得出如下结论。

在混合双渠道模式下，集中决策模型下的生产商碳减排量、市场需求和整个供应链的利润都高于分散决策模型，并且生产商碳减排量、市场需求和整个供应链的利润在集中决策下的增长速度也都高于分散决策。在这种情况下，随着生鲜新鲜度和消费者低碳偏好系数的提高，集中决策和分散决策下的生产商碳减排量、市场需求、整个供应链的利润差值会变得越来越大。

3）渠道偏好对供应链的影响

消费者对零售商线下渠道的购买偏好 φ 取 0 到 1，消费者对零售商线上渠道的购买偏好 ϕ 取 0 到 1。取 $h=3$（$h>3\gamma^2$），其他参数按上述取值，当 φ 和 ϕ 变化时，分散决策下供应链决策、需求和利润的变化趋势通过仿真可以得到图 8.34～图 8.40。

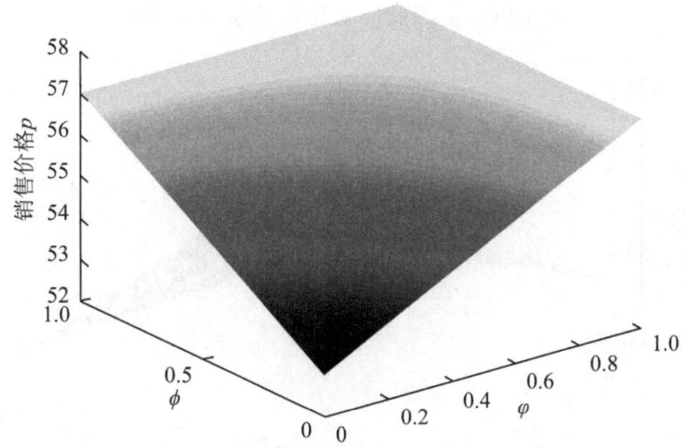

图 8.34　销售价格随 φ 和 ϕ 变化（$h=3$）

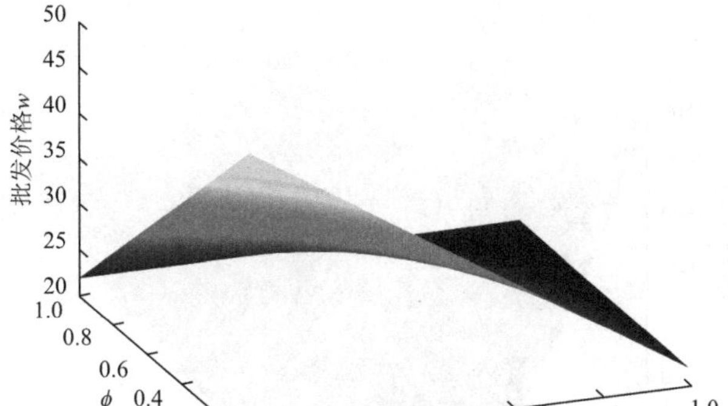

图 8.35　批发价格随 φ 和 ϕ 变化

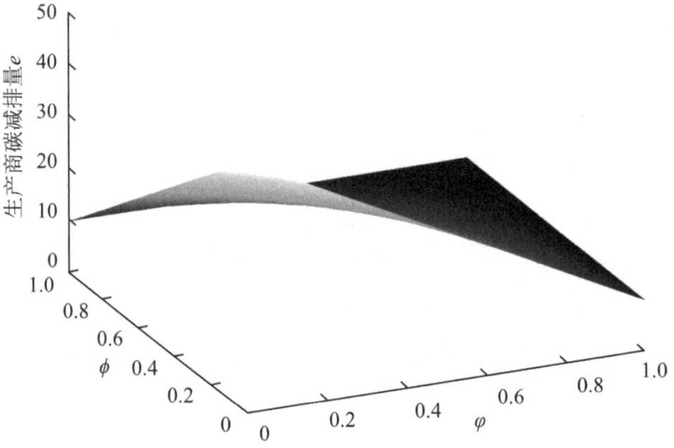

图 8.36　生产商碳减排量随 φ 和 ϕ 变化

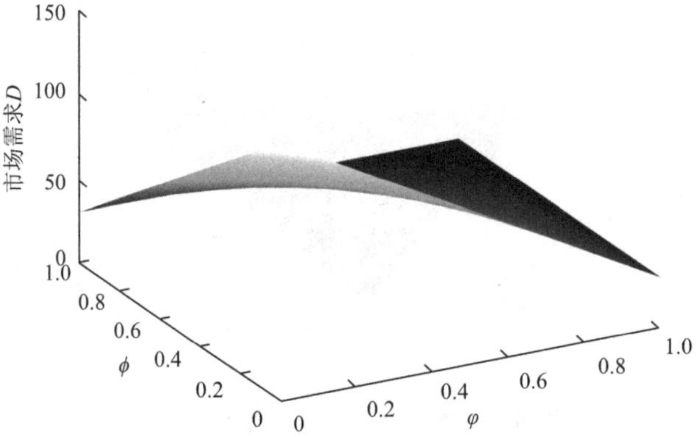

图 8.37　市场需求随 φ 和 ϕ 变化

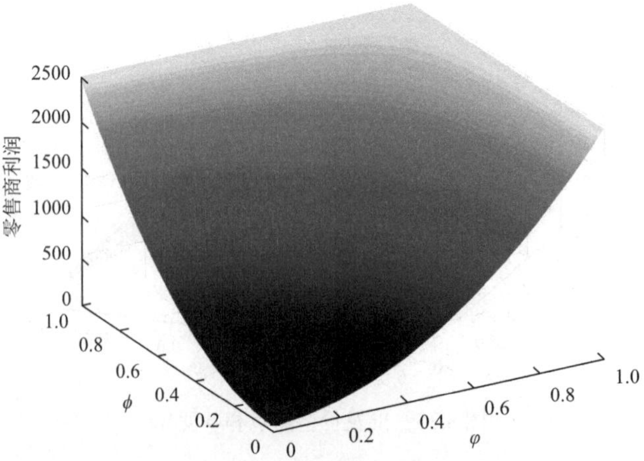

图 8.38　零售商利润随 φ 和 ϕ 变化（ $h=3$ ）

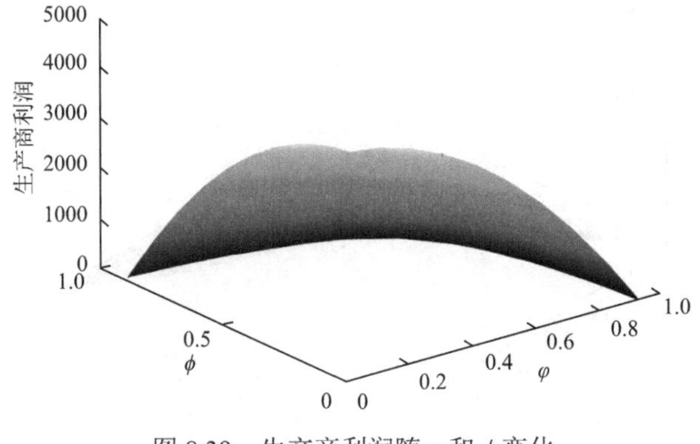

图 8.39　生产商利润随 φ 和 ϕ 变化

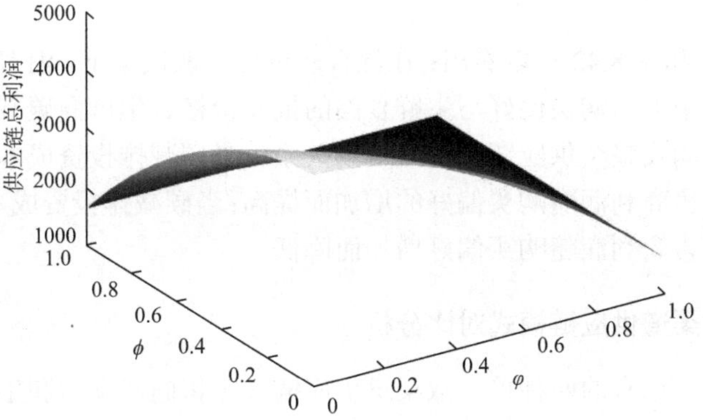

图 8.40　供应链总利润随 φ 和 ϕ 变化

φ取 0 到 1，ϕ取 0 到 1。取 $h=1$（此时 $\frac{9\gamma^2}{10}<h<\frac{3\gamma^2}{2}$），其他参数和上述取值一致，当 φ 和 ϕ 变化时，销售价格和零售商的利润变化趋势见图 8.41 和图 8.42。

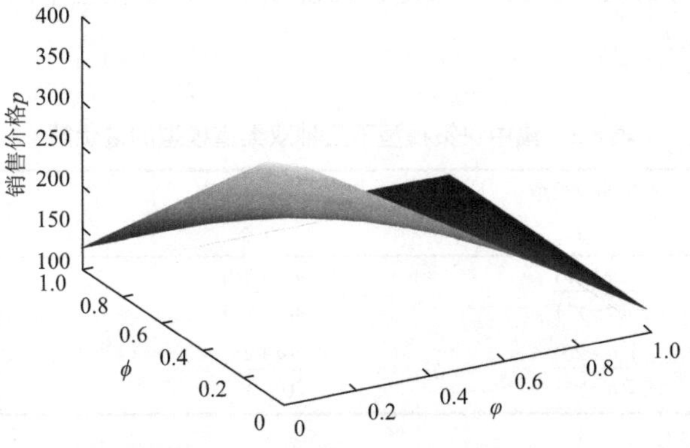

图 8.41　销售价格随 φ 和 ϕ 变化（$h=1$）

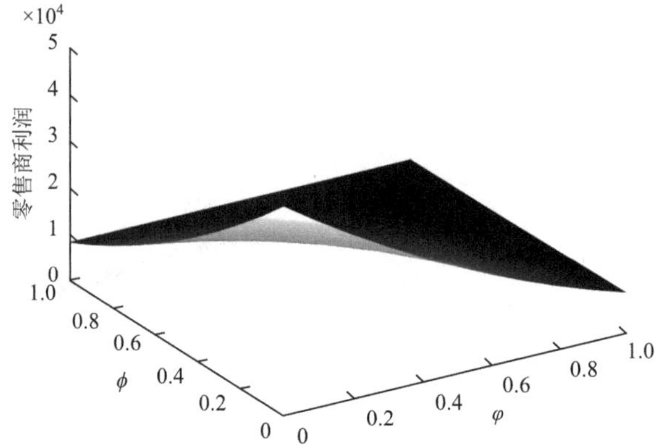

图 8.42　零售商利润随 φ 和 ϕ 变化（$h=1$）

由图 8.41 和图 8.42 可以看出：在混合双渠道分散决策下，消费者对零售商线下和线上销售渠道的购买偏好与生鲜食品的批发价格、生产商碳减排量、市场需求、生产商利润及整个供应链利润呈反向关系。当碳减排投资成本系数较大时，销售价格和零售商利润随购买偏好的增加而提高；当碳减排投资成本系数较小时，销售价格和零售商利润随购买偏好增加而降低。

8.4.4　三种双渠道供应链模式对比分析

为了判断在原有的两种单一双渠道供应链（零售商双渠道和生产商双渠道）的基础上，供应链成员再开通一条线上销售渠道时，供应链最优决策和需求的变化是否对供应链成员有利，现分别在集中决策和分散决策中对比分析单一双渠道和混合双渠道供应链。

1. 集中决策

根据求解结果，整理三种双渠道供应链在集中决策模型下的最优决策、需求和利润，见表 8.2。

表 8.2　集中决策模型下三种双渠道模型的最优解

集中决策	零售商双渠道 $x=1$	生产商双渠道 $x=2$	混合双渠道 $x=3$
p^{xi*}	$\dfrac{h(a+2\theta)}{4(h-\gamma^2)}$	$\dfrac{h(a+2\theta)}{4(h-\gamma^2)}$	$\dfrac{h(a+3\theta)}{3(2h-3\gamma^2)}$
e^{xi*}	$\dfrac{\gamma(a+2\theta)}{2(h-\gamma^2)}$	$\dfrac{\gamma(a+2\theta)}{2(h-\gamma^2)}$	$\dfrac{\gamma(a+3\theta)}{2h-3\gamma^2}$

续表

集中决策	零售商双渠道 $x=1$	生产商双渠道 $x=2$	混合双渠道 $x=3$
D_{sc}^{xi*}	$\dfrac{h(a+3\theta)}{2(h-\gamma^2)}$	$\dfrac{h(a+3\theta)}{2(h-\gamma^2)}$	$\dfrac{h(a+3\theta)}{2h-3\gamma^2}$
π_{sc}^{xi*}	$\dfrac{h(a+2\theta)^2}{8(h-\gamma^2)}$	$\dfrac{h(a+2\theta)^2}{8(h-\gamma^2)}$	$\dfrac{h(a+3\theta)^2}{6(2h-3\gamma^2)}$

1）销售价格及碳减排量对比

结论 8.1　①当 $h<\dfrac{\gamma^2(5a+6\theta)}{2a}$ 时，$p^{1i*}=p^{2i*}<p^{3i*}$；当 $h>\dfrac{\gamma^2(5a+6\theta)}{2a}$ 时，$p^{3i*}<p^{1i*}=p^{2i*}$。②$e^{1i*}=e^{2i*}<e^{3i*}$。

证明　①由 p^{1i*} 和 p^{2i*} 的表达式可知，$p^{1i*}=p^{2i*}$；$p^{1i*}-p^{3i*}=\dfrac{h(2ah-5a\gamma^2-6\theta\gamma^2)}{12(2h-3\gamma^2)(h-\gamma^2)}$，故当 $2ah-5a\gamma^2-6\theta\gamma^2>0$ 时，即 $h<\dfrac{\gamma^2(5a+6\theta)}{2a}$ 时，$p^{1i*}<p^{3i*}$；当 $h>\dfrac{\gamma^2(5a+6\theta)}{2a}$，$p^{1i*}>p^{3i*}$。②由 e^{1i*} 和 e^{2i*} 表达式可知，$e^{1i*}=e^{2i*}$；$e^{1i*}-e^{3i*}=-\dfrac{a\gamma^3+2a\gamma\theta}{2(2h-3\gamma^2)(h-\gamma^2)}$，由集中决策下取得最优解的条件知 $2h>3\gamma^2$，$h>\gamma^2$，故 $e^{1i*}-e^{3i*}<0$，$e^{1i*}<e^{3i*}$。

为了验证结论，h 取 2 到 5，其他参数按 8.2.3 节取值，当 h 变化时，通过 MATLAB 仿真得到图 8.43 和图 8.44。

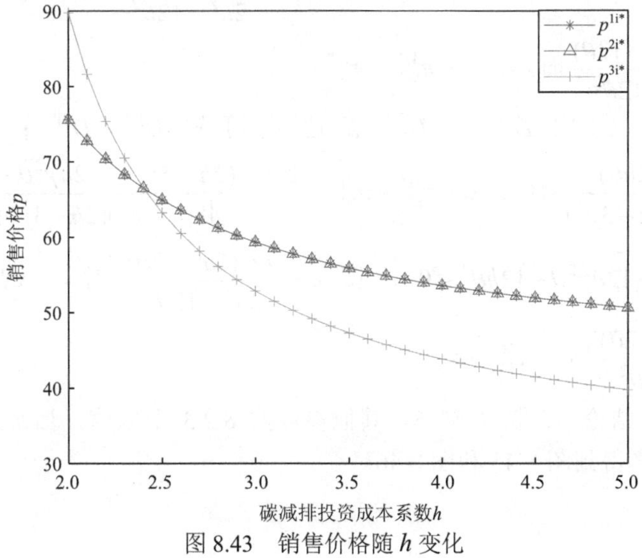

图 8.43　销售价格随 h 变化

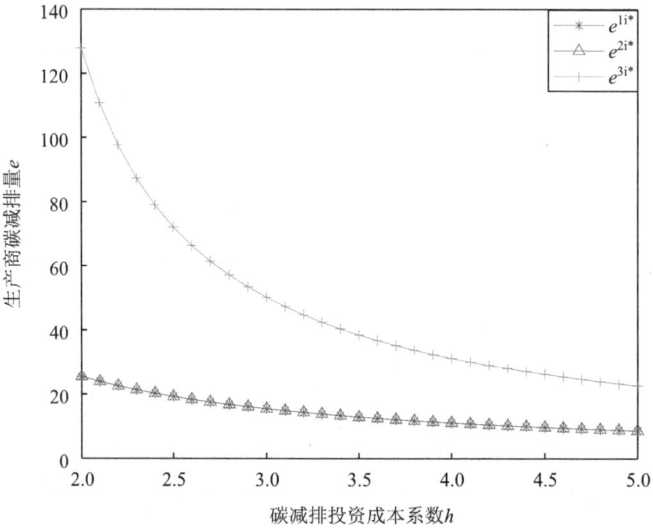

图 8.44　生产商碳减排量随 h 变化

结论 8.1 和图 8.43、图 8.44 表明，在集中决策模型下，零售商双渠道的最优定价和最优碳减排量始终等于生产商双渠道。当碳减排投资成本系数（h）较小时，混合双渠道的销售价格高于两种单一双渠道；当 h 较大时，混合双渠道的定价低于两种单一双渠道。对于最优碳减排量来说，混合双渠道的最优碳减排量始终高于两种单一双渠道模式。

2）供应链需求和利润对比

结论 8.2　① $D^{1i*}=D^{2i*}<D^{3i*}$；②当 $h<\dfrac{a\gamma^2(5a+12\theta)}{2a^2-12\theta^2}$ 时，$\pi_{sc}^{1i*}=\pi_{sc}^{2i*}<\pi_{sc}^{3i*}$；当 $h>\dfrac{a\gamma^2(5a+12\theta)}{2a^2-12\theta^2}$ 时，$\pi_{sc}^{3i*}<\pi_{sc}^{1i*}=\pi_{sc}^{2i*}$。

证明　① 由 D^{1i*}、D^{2i*} 表达式可知 $D^{1i*}=D^{2i*}$；$D^{1i*}-D^{3i*}=-\dfrac{h(a\gamma^2+2h\theta)}{2(h-\gamma^2)(2h-3\gamma^2)}<0$；② $\pi_{sc}^{1i*}-\pi_{sc}^{3i*}=\dfrac{2h[a^2(2h-5\gamma^2)-12a\gamma^2\theta-12h\theta^2]}{48(h-\gamma^2)(2h-3\gamma^2)}$。当 $a^2(2h-5\gamma^2)-12a\gamma^2\theta-12h\theta^2<0$，即 $h<\dfrac{a\gamma^2(5a+12\theta)}{2a^2-12\theta^2}$ 时，$\pi_{sc}^{1i*}<\pi_{sc}^{3i*}$；当 $h>\dfrac{a\gamma^2(5a+12\theta)}{2a^2-12\theta^2}$ 时，$\pi_{sc}^{1i*}>\pi_{sc}^{3i*}$。

为了验证结论，h 取 2 到 5，其他参数按 8.2.3 节取值，当 h 变化时，通过 MATLAB 仿真得到图 8.45 和图 8.46。

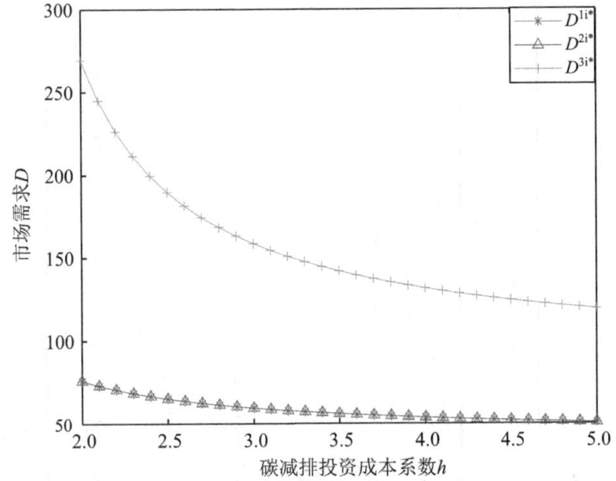

图 8.45　市场需求随 h 变化

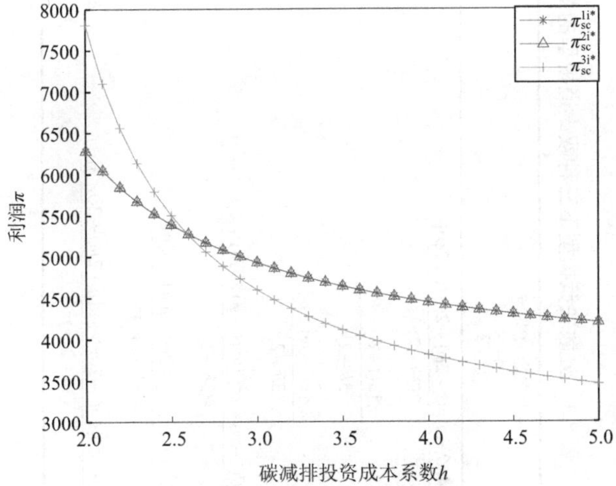

图 8.46　供应链利润随 h 变化

结论 8.2 和图 8.45、图 8.46 表明，在集中决策模型下，混合双渠道的最优市场需求总是高于两种单一双渠道，而零售商双渠道的最优市场需求等于生产商双渠道。当 h 较小时，混合双渠道供应链利润高于两种单一双渠道，此时供应链可通过增加线上销售渠道获得更大利润；当 h 较大时，混合双渠道供应链利润低于单一双渠道，此时不宜再增加线上销售渠道。因此，在双渠道供应链集中决策模型中，供应链成员可根据 h 判断是否增设混合双渠道以提高整体利润。

2. 分散决策

根据求解结果，整理三种双渠道供应链在分散决策下的最优决策、需求和利润如表 8.3 所示。

表 8.3　分散决策模型下三种双渠道模型的最优解

分散决策	零售商双渠道 $x=1$	生产商双渠道 $x=2$	混合双渠道 $x=3$
p^{xd*}	$\frac{3h(a+2\theta)}{8h-4\gamma^2}$	$\frac{4h\theta+a[h(1+2\varphi)+2\gamma^2(1-2\varphi)]}{2(3h-2\gamma^2)}$	$\frac{7h\theta+a[h+2\gamma^2(2-3\delta)+2h\delta]}{10h-9\gamma^2}$
e^{xd*}	$\frac{\lambda(a+2\theta)}{4h-2\gamma^2}$	$\frac{2\gamma[a(1-\varphi)+\theta]}{3h-2\gamma^2}$	$\frac{\gamma[9\theta+a(7-6\delta)]}{10h-9\gamma^2}$
D_{sc}^{xd*}	$\frac{h(a+2\theta)}{4h-2\gamma^2}$	$\frac{2\gamma[a(1-\varphi)+\theta]}{3h-2\gamma^2}$	$\frac{h[9\theta+a(7-6\delta)]}{10h-9\gamma^2}$
π_m^{xd*}	$\frac{h(a+2\theta)^2}{16h-8\gamma^2}$	$\frac{4h\theta^2+8ah\theta(1-\varphi)+a^2[2\gamma^2(1-\varphi)^2+h(1+4\varphi-8\varphi^2)]}{4(3h-2\gamma^2)^2}$	$\frac{9h\theta^2+2ah\theta(7-6\delta)+a^2[\gamma^2(2-3\delta)^2+h(1+4\delta-6\delta^2)]}{2(10h-9\gamma^2)}$
π_r^{xd*}	$\frac{h^2(a+2\theta)^2}{8(2h-\gamma^2)^2}$	$\frac{[2h\theta+2a\gamma^2(1-2\varphi)-ah(1-4\varphi)]^2}{4(3h-2\gamma^2)^2}$	$\frac{[6h\theta+3a\gamma^2(2-3\delta)+2ah(1-3\delta)]^2}{2(10h-9\gamma^2)^2}$
π_{sc}^{xd*}	$\frac{h(3h-\gamma^2)(a+2\theta)^2}{8(2h-\gamma^2)^2}$	$\frac{h[a(1-\varphi)+\theta][4h\theta-2\theta\gamma^2+a(h+2h\varphi-2\varphi\gamma^2)]}{(3h-2\gamma^2)^2}$	$\frac{h[9\theta+a(7-6\delta)][(14h-9\gamma^2)\theta+a\gamma^2(1-6\delta)+2ah(1+2\delta)]}{2(10h-9\gamma^2)^2}$

1）销售价格及碳减排量对比

结论 8.3 ①当$\varphi>\varphi_6$时，$p^{1d*}>p^{3d*}$；当$\varphi<\varphi_6$时，$p^{1d*}<p^{3d*}$；②当$\varphi>\varphi_7$时，$p^{2d*}>p^{3d*}$；当$\varphi<\varphi_7$时，$p^{2d*}<p^{3d*}$。其中：

$$\varphi_6=\frac{2h\theta(13\gamma^2-2h)+a[h\gamma^2(55-56\phi)+8\gamma^4(3\phi-2)+2h^2(8\phi-11)]}{8a(2h^2-7h\gamma^2+3\gamma^4)(\phi-1)}$$

$$\varphi_7=\frac{2h\theta(h+4\gamma^2)+a[h\gamma^2(9-44\phi)+4h^2(3\phi-1)+2\gamma^4(1+12\phi)]}{2a[6\gamma^4(1+2\phi)+h^2(4+6\phi)-h\gamma^2(7+22\phi)]}$$

证 明 ① $p^{1d*}-p^{3d*}=\dfrac{A}{4(10h-9\gamma^2)(2h-\gamma^2)}$，其中 $A=2h\theta(2h-13\gamma^2)+a\{2h^2[11+8\phi(\varphi-1)-8\varphi]+8\gamma^4[2+3\phi(\varphi-1)-3\varphi]+h\gamma^2[-55-56\phi(\varphi-1)+56\varphi]\}$，当$A>0$时，即 $\varphi>\dfrac{2h\theta(13\gamma^2-3h)+a[h\gamma^2(55-56\phi)+8\gamma^4(3\phi-2)+2h^2(8\phi-11)]}{8a(2h^2-7h\gamma^2+3\gamma^4)(\phi-1)}=\varphi_6$时，$p^{1d*}>p^{3d*}$；当$\varphi<\varphi_6$时，$p^{1d*}<p^{3d*}$。② $p^{2d*}-p^{3d*}=\dfrac{B}{2(3h-2\gamma^2)(10h-9\gamma^2)}$。其中：$B=-2h\theta(h+4\gamma^2)+a\{4h^2[1+3\phi(\varphi-1)+2\varphi]+2\gamma^4[12\phi(\varphi-1)+6\varphi-1]-h\gamma^2[9+44\phi(\varphi-1)+14\varphi]\}$ 当$B>0$，即 $\varphi>\dfrac{2h\theta(h+4\gamma^4)+a[h\gamma^2(9-44\phi)+4h^2(3\phi-1)+2\gamma^4(1+12\phi)]}{2a[6\gamma^4(1+2\phi)+h^2(4+6\phi)-h\gamma^2(7+22\phi)]}=\varphi_7$时，$p^{2d*}>p^{3d*}$；当$\varphi<\varphi_7$时，$p^{2d*}<p^{3d*}$。

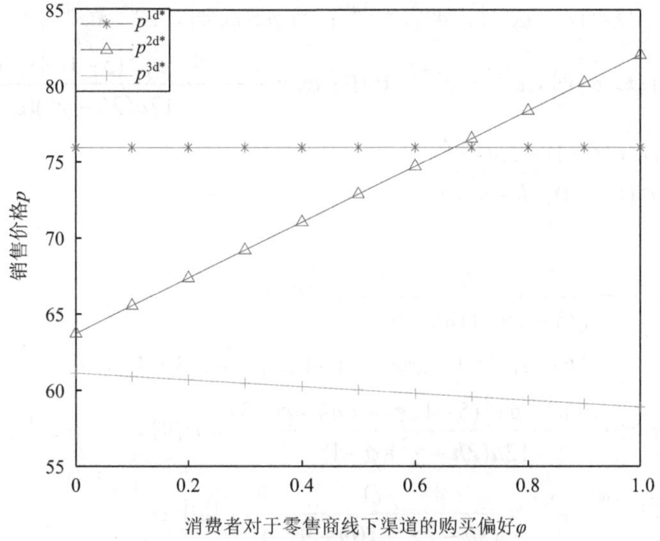

图 8.47 销售价格随φ变化（$h=2.5$）

为了验证结论，φ取 0 到 1，分别取 $h=2.5$（此时 $\varphi>\varphi_6$，$\varphi>\varphi_7$）和 $h=1$（此时 $\varphi<\varphi_6$，$\varphi<\varphi_7$），其他参数按 8.2.3 节取值，当 φ变化时，通过 MATLAB 仿真得到图 8.47 和图 8.48。

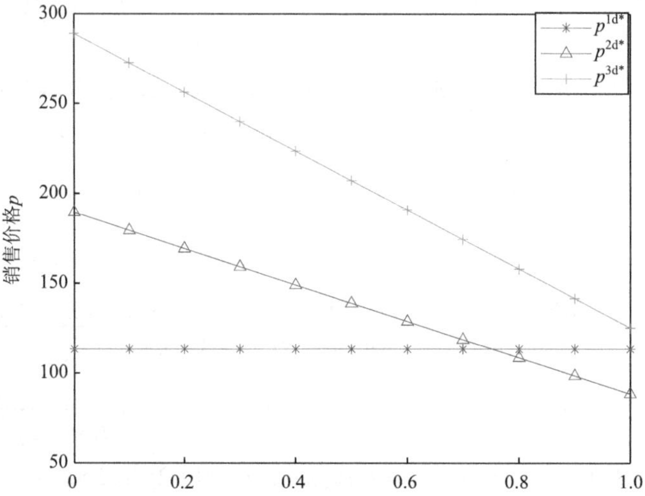

图 8.48　销售价格随 φ 变化（$h=1$）

结论 8.3 及图 8.47、图 8.48 表明，在分散决策模型下，当 h 较小时，混合双渠道的销售价格高于两种单一双渠道供应链，而当 h 较大时，混合双渠道的销售价格低于两种单一双渠道供应链。

结论 8.4　①当 $\varphi<\varphi_8$ 时，$e^{1d*}<e^{3d*}$；当 $\varphi>\varphi_8$ 时，$e^{1d*}>e^{3d*}$；②当 $\varphi<\varphi_9$ 时，$e^{2d*}>e^{3d*}$；当 $\varphi>\varphi_9$ 时，$e^{2d*}<e^{3d*}$。其中：$\varphi_8=\dfrac{-16h\theta+a\gamma^2(5-12\phi)+6ah(4\phi-3)}{12a(2h-\gamma^2)(\phi-1)}$，

$\varphi_9=\dfrac{7h\theta+4a\gamma^2(3\phi+1)-ah(18\phi-1)}{2a[3\gamma^2(1+2\phi)-h-9h\phi]}$。

证明

① $e^{1d*}-e^{3d*}=\dfrac{\gamma C}{(3h-2\gamma^2)(10h-9\gamma^2)}$，其中：

$$C=-16h\theta+a\gamma^2[5+12\phi(\varphi-1)-12\varphi]-6ah[3+4\phi(\varphi-1)-4\varphi]$$

当 $C>0$，即 $\varphi>\dfrac{-16h\theta+a\gamma^2(5-12\phi)+6ah(4\phi-3)}{12a(2h-\gamma^2)(\phi-1)}=\varphi_8$ 时，$e^{1d*}>e^{3d*}$；当 $\varphi<\varphi_8$ 时，$e^{1d*}<e^{3d*}$。② $e^{2d*}-e^{3d*}=\dfrac{\gamma D}{(3h-2\gamma^2)(10h-9\gamma^2)}$，其中：

$$D=-7h\theta-a\{2\gamma^2[2-6\phi(\varphi-1)-3\varphi]+h[1+18\phi(\varphi-1)+2\varphi]\}$$

当 $D>0$，即 $\varphi<\dfrac{7h\theta+4a\gamma^2(3\phi+1)-ah(18\phi-1)}{2a[3\gamma^2(1+2\phi)-h-9h\phi]}=\varphi_9$ 时，$e^{2d*}>e^{3d*}$；当 $\varphi>\varphi_9$ 时，$e^{2d*}<e^{3d*}$。

为了验证结论，φ 取 0 到 1，其他参数按 8.2.3 节取值，当 φ 变化时，通过 MATLAB 仿真得到图 8.49。

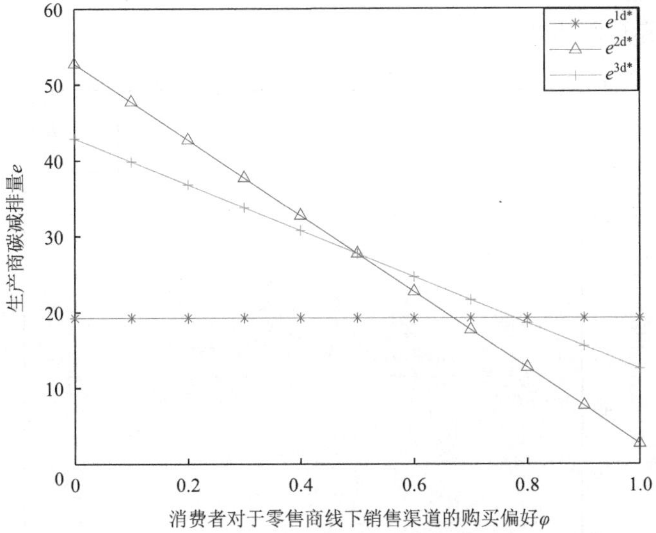

图 8.49　φ 变化对生产商碳减排量的影响

结论 8.4 和图 8.49 表明，在分散决策模型下，当消费者对于零售商线下销售渠道的购买偏好（φ）较小时，生产商双渠道的碳减排量高于混合双渠道，混合双渠道的碳减排量高于零售商双渠道。随着 φ 变大，混合双渠道的碳减排量高于生产商双渠道，零售双渠道的碳减排量高于混合双渠道。

2）市场需求对比

结论 8.5　①当 $\varphi>\varphi_8$ 时，$D^{1d*}>D^{3d*}$；当 $\varphi<\varphi_8$ 时，$D^{1d*}<D^{3d*}$；②当 $\varphi<\varphi_9$ 时，$D^{2d*}>D^{3d*}$；当 $\varphi>\varphi_9$ 时，$D^{2d*}<D^{3d*}$。

证明

① $D^{1d*}-D^{3d*}=-\dfrac{hC}{2(2h-2\gamma^2)(10h-9\gamma^2)}$，其中：

$$C=-16h\theta+a\gamma^2[5+12\phi(\varphi-1)-12\varphi]-6ah[3+4\phi(\varphi-1)-4\varphi]$$

当 $C>0$，即 $\varphi>\dfrac{-16h\theta+a\gamma^2(5-12\phi)+6ah(4\phi-3)}{12a(2h-\gamma^2)(\phi-1)}=\varphi_8$ 时，$D^{1d*}>D^{3d*}$；当 $\varphi<\varphi_8$

时，$D^{1d*}<D^{3d*}$。② $D^{2d*}-D^{3d*}=\dfrac{hD}{(3h-2\gamma^2)(10h-9\gamma^2)}$，其中：

$$D=-7h\theta-a\{2\gamma^2[2-6\phi(\varphi-1)-3\varphi]+h[1+18\phi(\varphi-1)+2\varphi]\}$$

当 $D>0$，即 $\varphi<\dfrac{7h\theta+4a\gamma^2(3\phi+1)-ah(18\phi-1)}{2a[3\gamma^2(1+2\phi)-h-9h\phi]}=\varphi_9$ 时，$D^{2d*}>D^{3d*}$；当 $\varphi>\varphi_9$ 时，$D^{2d*}<D^{3d*}$。

为了验证结论，φ 取 0 到 1，其他参数按 8.2.3 节取值，当 φ 变化时，通过 MATLAB 仿真得到图 8.50。

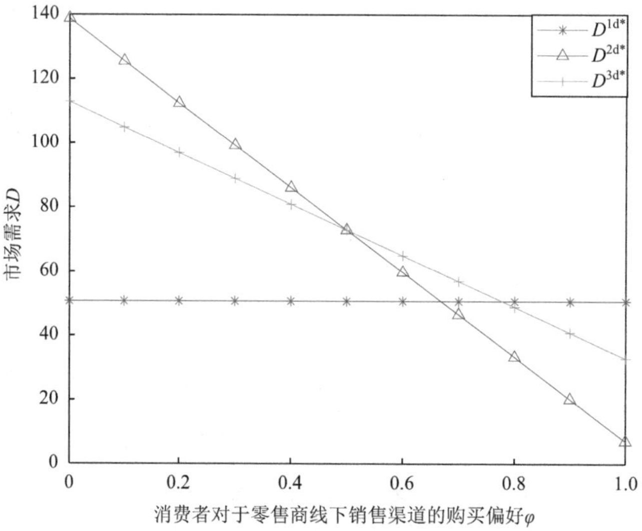

图 8.50　φ 变化对市场需求的影响

结论 8.5 和图 8.50 表明，在分散决策模型下，当 φ 较小时，生产商双渠道的市场需求高于混合双渠道，混合双渠道的市场需求高于零售商双渠道。随着 φ 变大，混合双渠道的市场需求会高于生产商双渠道。

3）利润对比

结论 8.6　对于零售商来说：

（1）① 当 $\varphi^*_{r\text{-}13}\in[\max(0,\varphi_3,\varphi_5),\min(\varphi_1,\varphi_4,1)]$，此时 $\varphi^*_{r\text{-}13}$ 存在，则当 $\max(0,\varphi_3,\varphi_5)\leqslant\varphi\leqslant\varphi^*_{r\text{-}13}$ 时，$\pi_r^{1d*}>\pi_r^{3d*}$；当 $\varphi^*_{r\text{-}13}<\varphi\leqslant\min(\varphi_1,\varphi_4,1)$ 时，$\pi_r^{1d*}<\pi_r^{3d*}$。② 当 $\varphi^*_{r\text{-}13}>\min(\varphi_1,\varphi_4,1)$ 时，$\varphi^*_{r\text{-}13}$ 不存在，此时 $\pi_r^{1d*}>\pi_r^{3d*}$。其中 $\varphi^*_{r\text{-}13}$ 表示 $\pi_r^{1d*}=\pi_r^{3d*}$ 时的 φ 值。

（2）① 当 $\varphi^*_{r\text{-}23}\in[\max(0,\varphi_2,\varphi_3,\varphi_5),\min(\varphi_1,\varphi_4,1)]$，此时 $\varphi^*_{r\text{-}23}$ 存在，则当 $\max(0,\varphi_2,\varphi_3,\varphi_5)\leqslant\varphi\leqslant\varphi^*_{r\text{-}23}$ 时，$\pi_r^{2d*}<\pi_r^{3d*}$；当 $\varphi^*_{r\text{-}23}<\varphi\leqslant\min(\varphi_1,\varphi_4,1)$ 时，

$\pi_{\mathrm{r}}^{2\mathrm{d}*} > \pi_{\mathrm{r}}^{3\mathrm{d}*}$。②当$\varphi_{\mathrm{r}\text{-}23}^{*} > \min(\varphi_1,\varphi_4,1)$时，$\varphi_{\mathrm{r}\text{-}23}^{*}$不存在，此时$\pi_{\mathrm{r}}^{2\mathrm{d}*} < \pi_{\mathrm{r}}^{3\mathrm{d}*}$。其中$\varphi_{\mathrm{r}\text{-}23}^{*}$表示$\pi_{\mathrm{r}}^{2\mathrm{d}*} = \pi_{\mathrm{r}}^{3\mathrm{d}*}$时的$\varphi$值。

证明

结论（1）：令$\pi_{\mathrm{r}}^{1\mathrm{d}*} - \pi_{\mathrm{r}}^{3\mathrm{d}*} = 0$，解得

$$\varphi_1^* = \frac{2h\theta(2h+3\gamma^2)+a[h\gamma^2(37-48\phi)+6\gamma^4(3\phi-2)+6h^2(4\phi-3)]}{6a(2h-3\gamma^2)(2h-\gamma^2)(\phi-1)}$$

$$\varphi_2^* = \frac{2h\theta(22h-15\gamma^2)+a[h\gamma^2(19-48\phi)+6\gamma^4(3\phi-2)+h^2(24\phi+2)]}{6a(2h-3\gamma^2)(2h-\gamma^2)(\phi-1)}$$

$$\varphi_1^* - \varphi_2^* = \frac{h(10h-9\gamma^2)(a+2\theta)}{3a(2h-3\gamma^2)(2h-\gamma^2)(1-\phi)} < 0$$

则$\varphi_1^* < \varphi_2^*$。

根据命题 8.1 和命题 8.3 可知，当$\max(0,\varphi_3,\varphi_5) < \varphi < \min(\varphi_1,\varphi_4,1)$时，同时存在零售商双渠道和混合双渠道。假设$h > \gamma^2$。其中，$\varphi_1 = \dfrac{5ah-2a\gamma^2+2h\theta}{4a(2h-\gamma^2)}$。

$\varphi_3 = \dfrac{6a\gamma^2+6h\theta-3\phi+2ah(3\phi-1)}{3(2ah-1)(\phi-1)}$，$\varphi_4 = \dfrac{3a\gamma^2(1-3\phi)+3h\theta+ah(8\phi-1)}{a[2h(1+4\phi)-9\phi\gamma^2]}$，

$\varphi_5 = \dfrac{a\gamma^2(2-3\phi)-h\theta+ah(4\phi-1)}{a(4h-3\gamma^2)(\phi-1)}$。

$\varphi_5 - \varphi_2^* = \dfrac{h(10h-9\gamma^2)[a(8h-5\gamma^2)+4\theta(5h-3\gamma^2)]}{6a(4h-3\gamma^2)(2h-3\gamma^2)(2h-\gamma^2)(1-\phi)} > 0$，故$\varphi_2^* \notin [\max(0,\varphi_2,\varphi_3,\varphi_5),\min(\varphi_1,\varphi_4,1)]$，故$\varphi_2^*$肯定不存在。当$\pi_{\mathrm{r}}^{1\mathrm{d}*} - \pi_{\mathrm{r}}^{3\mathrm{d}*} = 0$时，只有$\varphi_{\mathrm{r}\text{-}13}^{*} = \varphi_1^*$可能存在。利用 MATLAB 软件计算可得上述（1）的结论。

结论（2）的证明同上。

φ取 0 到 1，其他参数按 8.2.3 节取值，当φ变化时，通过 MATLAB 仿真得到图 8.51。

结论 8.6 和图 8.51 表明：①当φ较小时，零售商在零售商双渠道模型中获得的利润大于混合双渠道，因为线下需求小，混合双渠道中生产商开通线上渠道分担了部分需求，零售商利润减少。随着φ增大，零售商在双渠道模型中的利润将小于混合双渠道。②当φ较小时，零售商在混合双渠道模型中获得的利润大于生产商双渠道，因为线下需求小，线上渠道带来了更大的需求和利润。随着φ增大，零售商在生产商双渠道模型中的利润将大于混合双渠道，因为线下需求的增加量超过了线上渠道带来的需求增加。

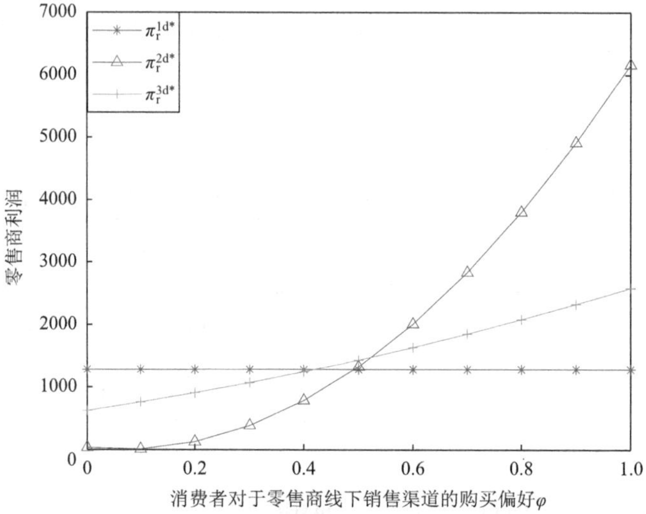

图 8.51 φ变化对零售商利润的影响

结论 8.7 对于生产商来说：

（1）①当 $\varphi_{m\text{-}13}^* \in [\max(0,\varphi_3,\varphi_5),\min(\varphi_1,\varphi_4,1)]$，此时 $\varphi_{m\text{-}13}^*$ 存在，则当 $\max(0,\varphi_3,\varphi_5) \leqslant \varphi \leqslant \varphi_{m\text{-}13}^*$ 时，$\pi_m^{1d*} < \pi_m^{3d*}$；当 $\varphi_{m\text{-}13}^* < \varphi < \min(\varphi_1,\varphi_4,1)$ 时，$\pi_m^{1d*} > \pi_m^{3d*}$。②当 $\varphi_{m\text{-}13}^* > \min(\varphi_1,\varphi_4,1)$ 时，$\varphi_{m\text{-}13}^*$ 不存在，此时 $\pi_m^{1d*} < \pi_m^{3d*}$。其中 $\varphi_{m\text{-}13}^*$ 表示 $\pi_m^{1d*} = \pi_m^{3d*}$ 时的φ值。

（2）①当 $\varphi_{m\text{-}23}^* \in [\max(0,\varphi_1,\varphi_3,\varphi_5),\min(\varphi_1,\varphi_4,1)]$，此时 $\varphi_{m\text{-}23}^*$ 存在，则当 $\max(0,\varphi_1,\varphi_3,\varphi_5) \leqslant \varphi \leqslant \varphi_{m\text{-}23}^*$ 时，$\pi_m^{2d*} > \pi_m^{3d*}$；当 $\varphi_{m\text{-}23}^* < \varphi \leqslant \min(\varphi_1,\varphi_4,1)$ 时，$\pi_m^{2d*} < \pi_m^{3d*}$。②当 $\varphi_{m\text{-}23}^* > \min(\varphi_1,\varphi_4,1)$ 时，φ_{m-23}^* 不存在，此时 $\pi_m^{2d*} > \pi_m^{3d*}$。其中 $\varphi_{m\text{-}23}^*$ 表示 $\pi_m^{2d*} = \pi_m^{3d*}$ 时的φ值。

证明同结论 8.6。

φ取 0 到 1，其他参数按 8.2.3 节取值，当φ变化时，通过 MATLAB 仿真得到图 8.52（a），为使模型有意义截取$\varphi < 0.7$ 的部分得到图 8.52（b）。

结论 8.7 和图 8.52 表明：①当φ较小时，生产商在混合双渠道中获得的利润大于零售商双渠道，因为生产商开通线上渠道分担了零售商的一部分需求，利润增加。随着φ增大，生产商在混合双渠道中的利润将小于零售商双渠道，因为混合双渠道中生产商损失了更多利润。②当φ较小时，生产商在生产商双渠道模型中获得的利润大于混合双渠道，尽管线下需求小，但线上需求较大；而在混合双渠道中，零售商开通线上渠道分担了生产商的需求。随着φ增大，生产商在生产商双渠道中的利润将小于混合双渠道，这可能是因为偏大的影响使生产商线上渠道的市场需求受到的影响更大。

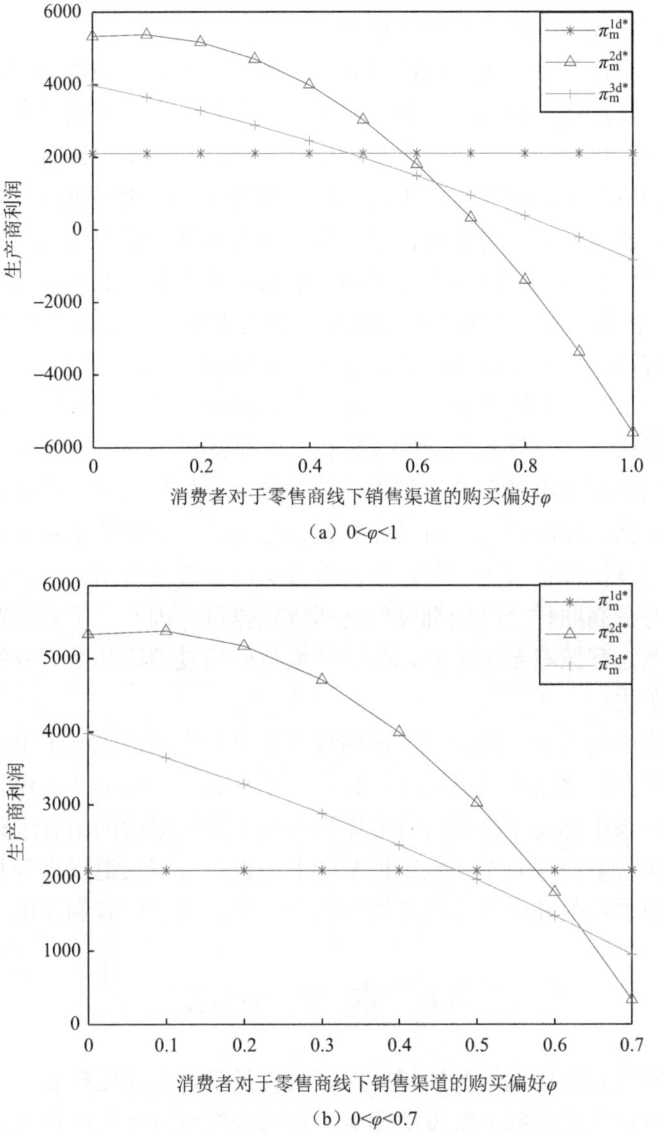

图 8.52　φ 变化对生产商利润的影响

8.5　结　　论

首先，本章求解了供应链成员在集中决策和生产商主导的分散决策下的销售价格和碳减排量的最优解；其次，分析了消费者低碳偏好系数、生鲜新鲜度和渠道偏好系数对供应链决策、需求和利润的影响，并进行了数值模拟；最后，对三种双渠道供应链模型进行了对比分析和验证，得到以下结论。

（1）在集中决策下，生产商碳减排量、市场需求和整个供应链利润均高于分散决策，且增长速度也更快。因此，对于生鲜食品供应链上的企业，集中决策能带来更高利润，供应链成员应努力实现信息共享，趋向集中决策。

（2）三种双渠道供应链在集中决策和分散决策下的销售价格、碳减排量、市场需求及各方利润与消费者低碳偏好系数和生鲜新鲜度成正相关。虽然消费者低碳偏好系数和生鲜新鲜度提高会提升销售价格，但也会降低碳排放量，增加市场需求及利润。因此，维护生鲜食品的新鲜度至关重要，流通损耗是主要影响因素。所以，供应链成员应优化流通渠道、培训员工以减少损耗。同时，了解消费者偏好并采取减排措施将有助于提升供应链利润。政府应建立低碳环境，促进消费者关注产品的低碳水平，以实现低碳减排目标，推动经济和社会发展。

（3）在生产商双渠道分散决策中，消费者对零售商线下销售渠道的偏好提高将降低批发价格、碳减排量、市场需求及各方利润，销售价格和零售商利润的变化则取决于碳减排投资成本系数。在混合双渠道分散决策中，消费者对线下或线上渠道的偏好提高同样会降低批发价格和碳减排量，因此，了解消费者的渠道偏好对制定有效运营策略至关重要，供应链成员应通过调研和数据分析及时调整策略以增强竞争力。

（4）在集中决策下，混合双渠道的碳减排量和市场需求高于单一双渠道，但销售价格和利润的比较需依据碳减排投资成本系数。在分散决策模型中，三种双渠道模式的各项指标需根据消费者对零售商线下销售渠道的偏好进行比较。因此，若供应链成员希望在现有单一双渠道基础上增设混合双渠道以提升利润，应根据碳减排投资成本系数和消费者偏好做出合理判断，以制定有利决策。

8.6　本 章 小 结

在消费者具有低碳偏好和新鲜度偏好的背景下，考虑生鲜食品市场需求受销售价格、碳减排量及生鲜新鲜度的影响。在两级生鲜食品供应链系统中分别构建了零售商双渠道、生产商双渠道及混合双渠道等三种双渠道销售模型。首先，分别求解了三种双渠道模型在集中决策和生产商占优的分散决策模型下的最优定价及碳减排决策。其次，探讨了消费者低碳偏好系数、生鲜新鲜度及渠道偏好系数对供应链成员的影响。最后，对比了三种双渠道模式在集中和分散决策模型下的最优决策、需求和利润，以探讨在原有的单一双渠道供应链结构下，再开通一条线上销售渠道对供应链各成员造成的影响，从而为企业决定是否开通线上销售渠道提供理论参考。

第9章　考虑碳排放的山东省参与“一带一路”的食品出口物流网络优化研究

9.1　引　　言

“一带一路”是中国食品走出去的历史新机遇，有效促进了国内外食品贸易的交流发展。然而，随着国际经济形势变化和对外贸易需求的增长，这对国内食品出口物流体系的高质量建设与发展提出新要求。我国各重要海港作为对外开放的重要节点，在拉动区域经济发展和提高国际市场竞争力中居重要地位。海港的高效运作离不开内陆物流枢纽的支撑，除了需要重视海港的对外贸易作用，还需要充分发挥内陆城市的物流节点功能。优化内陆物流枢纽—海港物流网络，是提升食品出口物流效率与服务品质的关键路径，对于推动我国食品行业在全球市场的竞争力具有深远意义。

绿色低碳的发展理念已经成为国际社会共识，对物流网络的规划不应只关注经济指标，还需要关注环境效益。“双碳”目标的提出是我国构建人类命运共同体的责任担当的体现，也是为实现可持续发展要求而做出的重大战略决策。在迈向“双碳”目标的进程中，物流业作为国民经济发展的支柱产业之一，对于推动可持续发展、实现“双碳”目标起到促进作用。

山东省作为“一带一路”倡议的重要参与者，拥有优越的海港资源和区位优势。其物流体系竞争力直接影响山东省国际贸易地位。本章以山东省内陆物流枢纽—海港物流网络为研究对象，通过优化食品出口物流网络，研究如何在经济效益与环境效益之间寻求平衡，并为我国海港与内陆城市联动物流网络建设提供管理启示。

9.2　食品出口物流网络节点评价

在山东省参与“一带一路”的背景下，要实现食品出口物流网络的优化配置，应聚焦于山东省海港，辐射至内陆地区，寻找合适的内陆城市作为内陆物流枢纽的备选建设城市。通过物流节点评价，从量化分析的角度更加精准地识别重要内陆城市，为食品出口物流网络体系的合理构建提供可靠基础，并推动内陆各地区域经济的共同发展。

9.2.1 食品物流园区候选城市的筛选

对食品物流园区候选城市进行筛选是以优化国内食品出口供应链布局、完善国内食品出口物流网络为目标，其选择结果将对未来物流网络的运营效率、货物承载能力及所选城市的发展产生影响。

1. 食品物流园区所在地区的确定

在食品出口物流网络中，出口食品货物从货源地出发，货物可直接到达海港，或经由食品物流园区进行集散处理后从园区运输至海港，货物最终从国内海港运输至海外目的地。在“一带一路”背景下，优化食品出口物流网络，充分发挥物流节点与海港的联动，首先需要确定港口经济腹地作为货源地。在确定货源地城市时，优先考虑位于“一带一路”路线及其周边的城市。由于山东省港口腹地范围广阔，全面分析所有城市成本过高，因此需要缩小研究范围，减少待考虑城市的数量。

腹地是港口发展的坚实基石，而港口是腹地对外开放、与世界交流的重要桥梁。腹地经济的稳步发展，不仅能够为港口的建设提供充分支持，更能够推动港口基础设施的完善与升级；港口的繁荣能够进一步拉动腹地经济的快速增长，为腹地带来更多的贸易机会和经济发展空间。港口的腹地可以分为直接腹地和间接腹地。

1）直接腹地

从运输体系的角度分析，青岛－济南－聊城通道可以使得青岛港与山东省大部分地区都建立迅速直接的联系；烟台港能够与山东省北部地区以烟台－东营－滨州－德州的通道相连；日照港则可以通过日照－临沂－济宁－菏泽与山东省的鲁南地区建立联系。王杰等（2017）采用 Huff 模型考察了山东省港口腹地格局的情况，证明在腹地的结构上，就山东省各地市而言，青岛港与日照港的经济腹地呈放射性结构，烟台港的经济腹地呈圈层结构。因此可以确定山东省港口的直接经济腹地为山东省的各地市。

2）间接腹地

《山东沿海港口布局规划修订（2016—2030 年）》指出，山东省沿海港口的直接腹地为山东省全境，传统的间接腹地为河北、河南、山西、陕西这四个省份。随着“一带一路”等的实施及区域合作的不断加深，为了使中西部地区的对外开放程度深化，山东省港口的间接腹地已经逐渐延伸至新疆、甘肃、青海、宁夏、四川等地。在食品物流网络中，可通过建立食品物流园区这一物流关键枢纽实现网络的优化配置，充分发挥其集散能力，同时与目的海港形成联动，从而实现内陆地区与沿海地区的联合发展。

从实际的地理区位方面也可以对上述观点加以佐证。根据 2018 年 7 月到临沂港和烟台港的调研结果，考虑地理和经济因素的影响，从全国的角度来看，山东省的港口拥有更为广阔的间接腹地。中欧班列的建设使得山东省及其港口与内陆的联系更加紧密。山东省现已有青岛—莫斯科、威海—汉堡等多条线路的中欧班列，不仅山东省的资源可以通过中欧班列运往内陆地区甚至欧洲地区，内陆地区优质的货物资源也可以通过铁路方式运输到山东省海港再运往海外。而且，青岛港在郑州、太原、西安、成都、乌鲁木齐、银川、西宁等地均设立了揽货点，烟台港通过德龙烟铁路与河北、山西等地相连，而日照港通过新菏兖日铁路、陇海铁路和瓦日铁路将货物运到河南、陕西、山西、甘肃等地。因此，山西、河南、河北、陕西、新疆、甘肃、四川、青海、宁夏这九个省区均为山东省港口的间接腹地省区。

综上，在筛选食品物流园区候选城市时，考虑山东港口辐射范围内所涵盖的地区包括山东、山西、河南、河北、陕西、新疆、甘肃、四川、青海、宁夏共 10 个省区。基于该备选集合进行食品物流园区候选城市的选择。

2. 筛选城市的标准

为了保证在每个备选省区市中只选择一个合适的城市作为食品物流园区候选城市，将使用以下三重标准。

首先，城市进出口贸易是食品物流中心建设的重要考量因素。我们根据各地市统计年鉴提供的进出口总值情况，将综合排名前三位的城市作为食品物流中心建设的首要考虑对象。

标准 1：进出口总值前三位的城市。

其次，要重点关注“一带一路”倡议中涉及的城市。为顺应“一带一路”倡议，本章选择前面提及的国家级战略节点城市或经济开发区作为研究对象。因此，我们设定标准 2。

标准 2：“一带一路”路线上的战略节点城市或经济开发区。

最后，国家划定的重要流通节点城市具有优越的地理位置，其物流基础设施完善。根据《全国流通节点城市布局规划（2015—2020 年）》，文件中指定的 37 个国家级流通节点城市以及 66 个区域级流通节点城市中，有相当一部分位于“一带一路”的沿线或其附近。结合该规划，我们提出标准 3。

标准 3：国家战略中已指定的国家级流通节点城市。

基于标准 1、标准 2、标准 3，可以在满足“一带一路”的研究背景同时，合理进行食品物流园区候选城市的选择。

3. 筛选过程

为了保证在每个省区中只选择一个合适的城市，采用如下步骤的选择机制。

第一步：优先选择一个省区内同时满足三个标准的城市。

第二步：对于没有符合第一步条件的城市的省区，同时选择满足 2 个标准的城市。优先级为：标准 1&标准 2，标准 1&标准 3，标准 2&标准 3。

第三步：对于没有符合第一步和第二步的城市，选择满足一个标准的城市。优先级为：标准 1，标准 2，标准 3。

表 9.1 是依次通过上述步骤所得到的食品物流园区候选城市筛选结果，最终筛选出的候选城市为济南、太原、郑州、西安、乌鲁木齐、兰州、石家庄、成都、西宁和银川这 10 个城市，即在构建“一带一路”背景下的食品出口物流网络时，以这 10 个城市作为建设食品物流园区的候选城市。

表 9.1　候选城市及选择标准

省区	候选城市	出口总值排名	国家级或区域级	枢纽或经济开发区
山东	济南	1	国家级	是
山西	太原	1	国家级	是
河南	郑州	1	国家级	是
陕西	西安	1	国家级	是
新疆	乌鲁木齐	1	国家级	是
甘肃	兰州	1	国家级	是
河北	石家庄	1	国家级	是
四川	成都	1	国家级	是
青海	西宁	1	国家级	否
宁夏	银川	1	国家级	是

9.2.2　物流网络中城市节点的评价与选择

在确定了食品物流园区候选城市以后，要对 9.2.1 节中得到的 10 个城市进行评价，从而选择合适的城市用于同海港及其腹地共同组成食品出口物流网络。在选择食品物流园区候选城市时，货运承载能力是一个非常重要的指标。参考 Zhao 等（2017）的研究，货运承载能力定义为：从一个城市到其他地区物流基础设施之间的网络连接，其目的在于评估城市对其周边城市潜在的货物运输辐射能力。由复杂网络理论可知，网络是由多个节点所构成的图，所以研究物流网络及其节点的重要性在城市节点的评价中具有十分重要的意义。

1. 物流网络的建立和分析

“一带一路”在我国领土上形成了一个密集的内陆物流枢纽—海港物流网络，主要依靠铁路进行长距离运输，同时结合了公路运输方式形成多式联运体系。该类物流网络具备运程短、速度快以及货运安全性高等诸多优点。我们所研究的物流网络主要聚焦于铁路和公路的集装箱运输方式，因为其他运输方式如空运或水运对于食品物流园区的选择影响相对较小。空运在运输贵重或高价值货物时显得尤为重要，这种情况下，铁路运输可能并非最佳选择。江河运输由于其连接的城市有限，且主要承载大宗货物，所以这两种运输方式并不在重点考虑范围内。因此，采用具有铁路和公路运输方式的内陆物流枢纽—海港物流网络来深入分析网络各个节点的连接，以更好地理解和优化“一带一路”背景下的食品物流网络。

中国的铁路和公路网络构成了一个连接全国各地的典型的、开放的、复杂的大型物流系统。到 2018 年底，运行中的铁路里程总计 131 000 公里，公路里程总计 4.84×10^6 公里。结合复杂网络的基本概念以及 Zhao 等（2017）的研究，在物流网络拓扑模型中，假设物流网络 $G=\{V,E,M\}$ 。$V=\{v_i|i\in I\}$ 为节点的初始城市的集合，其中 $I=\{1,2,\cdots,N\}$ ，N 为给定模式的网络中城市的总个数。$E=\left\{e_{ij}=\left(v_i,v_j\right)\middle|i,j\in I\right\}\subseteq V\times V$ 为节点 i 和 j 之间通过铁路或者公路运输连接城市节点所形成的边的集合。$M=\left(m_{ij}\right)_{n\times n}$ 为网络的邻接矩阵，其中 m_{ij} 定义如下。

如果 $\left(v_i,v_j\right)\in E$ ，则 $m_{ij}=1$ 。

如果 $\left(v_i,v_j\right)\notin E$ ，则 $m_{ij}=0$ 。

也就是说，如果城市 v_i 通过一种给定的运输模式连接到城市 v_j ，m_{ij} 取值为 1，否则为 0。由于两个城市之间可能不仅有一种运输方式，因此分两种情况考虑节点的重要性。

1）铁路网络的构建

从 12306 网站提供的关于铁路的数据中选出 10 个货物铁路货运站以及青岛港、烟台港和日照港，在所选择的城市之间构造连接。由于货运路线大多与除动车高铁以外的其他类列车路线重合，因此选择使用快车的运输数据作为研究对象。在一些省区市，铁路货运火车站并不是坐落于食品物流园区候选城市。即使这些货物还需要通过公路运输进一步地从这些货运站运到候选城市，但是影响不大，因为我们在网络分析中考虑了多式联运的可能性，而且这些公路运输相比较我们宏观的节点之间的运输距离要小得多。

采用上述的近似方法有两个好处。第一个是减少了数据处理的复杂性，因为大部分的货运站位于小城市或小城镇。第二个是这种方法间接证实了内陆物流枢纽的作用，即负责城市周边货物的集散。因此，货运站到候选城市间的距离可以忽略不计。

2）公路网络的构建

根据《中国公路网实用版地图册》提供的数据，共有 7 条首都放射线，9 条南北纵线高速，18 条东西横线高速以及 68 条国道。与铁路研究所不同，由于公路运输具有“门到门”特性，因此在这里主要考虑城市节点之间通过高速公路或国道直接相连的城市。

2. 节点重要性指标

为了科学评估物流节点的重要性，将选择复杂网络理论中的度中心性、接近中心性、中介中心性共三项节点重要性指标以及改进的 K-壳法作为物流枢纽节点的重要性指标。

复杂网络理论中，可以用点的集合与边的集合构成的图来表示网络。其中，点的集合用P表示，边的集合用E表示，那么图V就能够表示为$V=(P,E)$。网络中节点的数量用D来表示，任意节点组合$(i,j)\in D$表示两个点。节点i的度可以用与节点i有联系的点的个数表示。度越大，意味着这个点在网络中的重要性越强。基于复杂网络理论，可以从度的角度拓展出以下三个节点重要性指标。

1）点度中心度

节点i的点度中心度DC_i定义为节点i的点度与整个网络中连接的最大数量之比。反映了给定的节点与其他城市之间连接的数量，因此，DC_i越大，意味着与其他节点之间的联系越多，从而说明该节点比其他DC_i值较小的节点更重要。公式如下：

$$\mathrm{DC}_i=\frac{d_i}{N-1} \tag{9.1}$$

其中，d_i为节点i的点度。

2）接近中心度

对于某个节点而言，其接近中心度CC_i定义为其他节点除以该节点与其他节点的距离之和。CC_i越大，该节点越接近于整个网络的中心，其公式如下：

$$\mathrm{CC}_i=\frac{N-1}{\sum_{j=1}^{N}l_{ij}} \tag{9.2}$$

其中，l_{ij}为节点i到节点j的最短距离。

3）中介中心度

中介中心度BC_i表示了节点i作为两个节点的中介节点的次数。因此，更大的BC_i值表示经过此节点的可能性会更高，其公式如下：

$$\mathrm{BC}_i = \sum_{i \neq j \neq r \in V} \frac{k_{jr}(i)}{k_{jr}} \tag{9.3}$$

其中，k_{jr} 为从节点 j 到节点 r 的所有最短路径的数量；$k_{jr}(i)$ 为从节点 j 到节点 r 的经过节点 i 的最短路径的数量。

第四个重要性指标是节点信息熵 IKS 。通过改进的 K-壳法，可实现对网络中最低的点度的计算，然后去掉所有该点度的节点，并分配给它们一个 IKS 值。假设最初的拓扑物流网络为 G ，第一个 IKS 值（ $\mathrm{IKS}=1$ ）分配给点度最低的节点，去掉这些节点后就产生了一个新的子网络 G_1 。重复上述步骤，直到所有的节点都被去掉。而 IKS 值越大，表明该节点对网络越重要。

因此，基于上述的四个指标，可以从四个方面对节点进行评价。尽管点度中心度、接近中心度和中介中心度以及改进的 K-壳法能够表征物流网络中节点的重要性，但每一个指标仅仅反映了节点重要性的一个方面。为了对“一带一路”背景下的节点城市进行更全面的分析，采用 TOPSIS 进行节点重要性的综合评价。

3. 节点重要性综合评价

1）城市节点的特征矩阵

根据四个节点重要性指标，可以假设矩阵 $F=\{f_1,f_2,f_3,f_4\}=\{\mathrm{DC},\mathrm{CC},\mathrm{BC},\mathrm{IKS}\}$ 代表四个评价指标。以城市节点集 $V=\{V_1,V_2,V_3,\cdots,V_N\}$ 为基础，$V_i(f_j)$ 用来表示城市 i 第 j 个重要的指标。在“一带一路”背景下，山东省的食品出口物流网络中共有 10 个食品物流园区候选城市，每一行代表一个城市的四个指标，每一列代表一个指标。因此，城市节点特征矩阵 P 可以表示为

$$P=\begin{bmatrix} V_1(f_1) & V_1(f_2) & V_1(f_3) & V_1(f_4) \\ V_2(f_1) & V_2(f_2) & V_2(f_3) & V_2(f_4) \\ \vdots & \vdots & \vdots & \vdots \\ V_N(f_1) & V_N(f_2) & V_N(f_3) & V_N(f_4) \end{bmatrix}=\begin{bmatrix} V_1(f_1) & V_1(f_2) & V_1(f_3) & V_1(f_4) \\ V_2(f_1) & V_2(f_2) & V_2(f_3) & V_2(f_4) \\ \vdots & \vdots & \vdots & \vdots \\ V_{10}(f_1) & V_{10}(f_2) & V_{10}(f_3) & V_{10}(f_4) \end{bmatrix}$$

2）矩阵标准化

由于四个指标值的规格不同，节点城市的特征矩阵需要标准化。假设 t_{ij} 是标准化矩阵中第 i 行第 j 列的元素，则有

$$t_{ij}=\frac{V_i(f_j)}{\sqrt{\sum_{i=1}^{N} V_i(f_j)^2}},\ j=1,2,3,4 \tag{9.4}$$

根据式（9.4），我们可以对矩阵 P 的所有元素进行标准化，所得结果为济南等 10 个城市的节点重要性指标标准化矩阵。

3）节点的权重因子矩阵 R

由于点度中心度等四个指标代表了物流网络中城市节点不同的特征，因此需要通过给这些指标不同的权重来进行平衡，从而更好地反映它们的重要性。尤其是在“一带一路”的背景下，不同的决策者对不同指标的评价不同。因此要研究在此背景下，哪些指标相对重要，哪些指标相对不重要。假设，V_j 表示特征矩阵第 j 个权重系数，标准化后节点的权重因子矩阵 R 定义为

$$R=\left(r_{ij}\right)=\left(w_j t_{ij}\right)=\begin{bmatrix} w_1t_{11} & w_2t_{12} & w_3t_{13} & w_4t_{14} \\ w_1t_{21} & w_2t_{22} & w_3t_{23} & w_4t_{24} \\ \vdots & \vdots & \vdots & \vdots \\ w_1t_{N1} & w_2t_{N2} & w_3t_{N3} & w_4t_{N4} \end{bmatrix} \tag{9.5}$$

其中，权重系数矩阵 $W_T=\left[w_{\mathrm{DC}},w_{\mathrm{CC}},w_{\mathrm{BC}},w_{\mathrm{IKS}}\right]$ 可以通过 AHP 得到。这里我们使用两阶段的方法来构建判断矩阵，从而使判断矩阵能够符合一致性的要求。解决此问题的步骤如下。

（1）构造特征判断标度矩阵。

首先，对所有元素进行配对比较，采用三种标度：0，1，2。构造特征比较矩阵来计算元素的等级。这里采用 1～3 的标度而不采用 1～9，可以使专家更容易判断并避免了不一致问题（Zhao et al.，2017）。$H=\left(h_{ij}\right)=\{0,1,2\}$ 是判断标度集，其中，$h_{ij}=0$ 表示特征因子 i 与 j 相比较而言不那么重要，$h_{ij}=1$ 表示特征因子 i 与特征因子 j 同等重要，$h_{ij}=2$ 表示特征因子 i 比特征因子 j 更加重要。

根据复杂网络理论，点度中心度以节点度数值衡量城市重要性，仅反映城市在网络中的位置，无法给出综合评价。因此，与其他指标相比，它是相对而言最不重要的指标。而中介中心度和接近中心度代表了城市之间的联系，其中中介中心度代表经过城市的货物流量，接近中心度代表从一个城市到其他几个城市的距离，两者都可以表达整体的网络特点。

基于“一带一路”食品物流网络建设的目的可知，中介中心度高的城市其货物流通量大的概率更高。选择这类城市建设食品物流园区有助于优化物流网络结构，提高货物集散效率。因此，在研究的网络中，中介中心度比接近中心度更加重要。为了获得比较结果，在提前告知本研究的研究背景下，我们邀请 10 位专家进行评价，结果如表 9.2 所示，其中 B_i 表示行特征值的累积优先级，衡量特征因子 i 的相对重要性。

表 9.2　特征比较矩阵

指标	DC	CC	BC	IKS	B_i
DC	1	0	0	0	1
CC	2	1	0	0	3
BC	2	2	1	0	5
IKS	2	2	2	1	7

（2）构造特征判断矩阵。

在第二阶段，使用极差法（range method）构造判断矩阵。假设是特征因子 i 的重要性与特征因子 j 的重要性之比，那么就是 j 与 i 的比值。根据极差法，$f\left(b_i,b_j\right)=a_{ij}=a_b^{\frac{\left(b_i-b_j\right)}{B}}$，并且 $A=(a_{ij})$ 构成了一致性判断矩阵。这里，a_b 表示配对元素的相对重要性，通常给它分配一个值为 9。$B=\max\left(b_1,b_2,b_3,b_4\right)-\min\left(b_1,b_2,b_3,b_4\right)$ 来表示极差，通过计算可以得出 $B=6$。那么特征判断矩阵为

$$A=\left(a_{ij}\right)=\begin{bmatrix} a & \text{DC} & \text{CC} & \text{BC} & \text{IKS} & M_i & W_i & \overline{W_i} \\ \text{DC} & 1.000 & 0.481 & 0.231 & 0.111 & 0.012 & 0.333 & 0.061 \\ \text{CC} & 2.080 & 2.080 & 0.481 & 0.231 & 0.231 & 0.693 & 0.127 \\ \text{BC} & 4.327 & 2.080 & 1.000 & 0.481 & 4.327 & 1.442 & 0.264 \\ \text{IKS} & 9.000 & 4.327 & 2.080 & 1.000 & 81.000 & 3.000 & 0.548 \end{bmatrix}$$

其中，$M_i=\prod_{j=1}^{4}a_{ij}$；$W_i=\sqrt[4]{M_i}$；$\sum_{i=1}^{4}W_i=5.469$；$\overline{W_i}=\dfrac{W_i}{\sum_{i=1}^{4}W_i}\ (i=1,2,3,4)$；$\sum_{i=1}^{4}\overline{W_i}=1$。

从而，$W_T=\left[0.061,0.127,0.264,0.548\right]$即为考虑“一带一路”的背景求得的权重矩阵。

4）计算城市节点的理想值

TOPSIS 分析强调理想解的重要性，在得到“一带一路”背景下的节点的权重因子矩阵 R 以后，最优解 A^+ 和最劣解 A^- 可以通过权重因子矩阵 R 的最大值与最小值分别进行计算：

$$A^+=\left\{\max_{i\in\{1,2,\cdots,N\}}\{r_{i1}\},\cdots,\max_{i\in\{1,2,\cdots,N\}}\{r_{i4}\}\right\}=\left\{r_1^+,r_2^+,r_3^+,r_4^+\right\}$$

$$A^-=\left\{\min_{i\in\{1,2,\cdots,N\}}\{r_{i1}\},\cdots,\min_{i\in\{1,2,\cdots,N\}}\{r_{i4}\}\right\}=\left\{r_1^-,r_2^-,r_3^-,r_4^-\right\}$$

5）距离计算

计算城市节点 i 与最优解和最劣解之间的距离，我们使用相对熵距离模型：

$$S_i^+ = \left\{ \sum_{j=1}^{4} \left[r_j^+ \log \frac{r_j^+}{r_{ij}} + \left(1 - r_j^+\right) \log \frac{1 - r_j^+}{1 - r_{ij}} \right] \right\}^{\frac{1}{2}}$$

$$S_i^- = \left\{ \sum_{j=1}^{4} \left[r_j^- \log \frac{r_j^-}{r_{ij}} + \left(1 - r_j^-\right) \log \frac{1 - r_j^-}{1 - r_{ij}} \right] \right\}^{\frac{1}{2}}$$

通过该模型，我们可以得到济南等 10 个城市与最优解和最劣解之间的距离。

6）接近中心度计算

使用上述距离计算的结果可以得到城市节点 i 到最优解和最劣解之间的接近度。假设 C_i^* 为节点 i 的重要性程度，那么：

$$C_i^* = \frac{S_i^-}{S_i^+ + S_i^-}, \quad i = 1, 2, \cdots, N$$

C_i^* 的值越大，节点 i 距离最劣解的值越远，也就越接近理想值的最优解。因此，可以用 C_i^* 来综合评价城市的重要性。$C_i^* = 0$ 意味着节点在该网络中较为不重要。相反，当 $C_i^* = 1$ 的时候，表示该节点最为重要。通过此公式，可以得到济南、太原、郑州、西安、乌鲁木齐、兰州、石家庄、成都、西宁和银川这 10 个城市的接近中心度，将它们的接近中心度按照从大到小的顺序进行排列，即可得到这 10 个城市在“一带一路”背景下食品出口物流网络中的重要性排序。

表 9.3 和表 9.4 所示即为铁路与公路网络的分析结果，是通过 Pajek 软件计算后整理汇总的结果，包括了四个指标以及基于 TOPSIS 分析的相对熵距离模型所得到的城市重要性评价的综合指标。

表 9.3　铁路网络指标值

城市	d_i	DC_i	CC_i	BC_i	IKS_i	C_i^*
济南	12	0.92	1.0	0.19	5	1.00
太原	9	0.69	0.8	0.02	2	0.22
郑州	10	0.77	0.86	0.03	3	0.33
西安	11	0.85	0.92	0.03	4	0.42
乌鲁木齐	8	0.62	0.75	0.01	1	0.01
兰州	8	0.62	0.75	0.01	1	0.03
成都	10	0.77	0.86	0.01	3	0.26
西宁	8	0.62	0.75	0.01	1	0.01
石家庄	10	0.77	0.86	0.02	3	0.31
银川	10	0.77	0.86	0.01	3	0.26

表 9.4　公路网络指标值

城市	d_i	DC_i	CC_i	BC_i	IKS_i	C_i^*
济南	4	0.44	0.64	0.01	3	0.33
太原	5	0.56	0.69	0.03	4	0.49
郑州	4	0.44	0.6	0.01	3	0.36
西安	7	0.78	0.82	0.15	6	1.00
乌鲁木齐	3	0.33	0.56	0	2	0.45
兰州	6	0.67	0.75	0.14	5	0.87
成都	4	0.44	0.6	0.01	3	0.33
西宁	1	0.11	0.45	0	1	0
石家庄	6	0.67	0.75	0.09	5	0.75
银川	6	0.67	0.75	0.24	5	0.79

在铁路网络指标值中，济南的接近中心度最高，乌鲁木齐和西宁的接近中心度最低。而在公路网络指标值中西安的接近中心度最高，西宁的接近中心度最低。由于城市铁路和公路接近中心度差异显著（例如，济南铁路接近中心度高、公路接近中心度低；西宁两者均低），需综合考虑两者才能进行合理的城市节点排序。

4. 候选城市节点的综合排序

“一带一路”背景下食品出口物流网络布局具有重要的战略意义。从整体上而言，铁路在连接城市节点之间的作用决定了它比公路在此背景下进行物流网络构建具有更为重要的地位。

通过查阅中国铁路官方网站（www.12306.cn）得到了关于货运率的有关信息。对于铁路运输，有整车运输、零担运输和集装箱运输之分。假设对于集装箱运输而言，最大集装箱装载量符合国际通用集装箱标准，即 20 英尺箱为 22 吨，40 英尺箱为 27 吨。因此，铁路的平均货运率为 0.149 元/（吨・千米）。公路运输的货运率与所运货物有关。沙子、石油、煤灰等货物构成第一等级的分类，木材、水泥和钢铁等构成了第二等级的分类，陶瓷、油漆和石材为第三等级的分类，炸药、雷管、稀释剂和其他危险物品为第四等级的分类，同时第四等级也是铁路运输禁止的。因此只取前三类求平均货运率，为 0.44 元/（吨・千米）。货运率是运输模式选择中最重要指标之一，较低的货运率具有更好的未来发展前景。因此，我们计算两种运输方式货运率的倒数，将这两个得数相加即可得出一个总数，得到铁路和公路网络的权重分别为 0.747 028 862 与 0.252 971 138。表 9.5 为根据此权重计算出排序的最终结果。

表 9.5 综合货运能力排序

城市	排序	综合指标
济南	1	0.830
西安	2	0.560
石家庄	3	0.420
银川	4	0.390
郑州	5	0.340
太原	6	0.280
成都	7	0.270
兰州	8	0.240
乌鲁木齐	9	0.110
西宁	10	0.004

通过构建“一带一路”背景下食品物流园区候选城市的评价模型，利用复杂网络理论与 TOPSIS 结合的方法，综合考虑点度中心度、中介中心度、接近中心度以及改进的 K-壳法，从铁路和公路两个方面对各个城市节点进行评价。最后，对获得的综合指标进行排序，选取排名前五名的城市作为本部分的研究结果。结果发现，在初筛的 10 个城市中，济南、西安、石家庄、银川和郑州适合作为“一带一路”背景下食品出口物流网络的食品物流园区候选城市。

9.3 考虑碳排放的食品出口物流网络多目标优化模型

9.3.1 单海港物流网络模型

基于 9.2 节筛选出的五个食品物流园区候选城市，本部分以山东省的食品出口物流网络为例，构建多目标规划模型并优化物流网络。食品出口物流网络的基本模型如图 9.1 所示。

图 9.1 中第一行代表货源地，第二行代表食品物流园区候选城市，第三行代表山东省的海港。由于本部分的着眼点为“一带一路”的海上丝绸之路和食品出口物流网络，货物的运输方向是从内陆的货源地经由该物流网络到达海港，最终运到海外。在该网络中，考虑两种运输方式：一是货物通过公路运输运到食品物流园区，然后通过铁路运输运往山东省的海港；二是货物直接从货源地通过公路运输到海港。

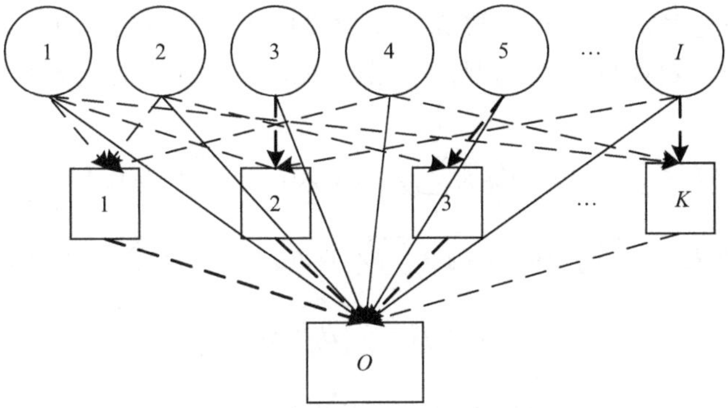

图 9.1 食品出口物流网络模型

1. 目标函数

在货物运输的过程中，第一个必须考虑的要素是运输成本，较低的运输成本往往更能赢得货运人的青睐。因此在该模型中，要求物流成本的最小化，必须考虑到两个方面，一个是货物从货源地运输到海港的运输成本，另一个便是城市拥堵成本。在公路运输的过程中，城市中车辆较多以及运输时间的不合理安排，在到达目的地的过程中会产生经济损失，从而导致额外成本，这便是城市拥堵成本。因此假设在选择运输方式时，采用从货源地直接运输到海港的公路运输，会产生该成本。而采用食品物流园区转运的方式，则其拥堵成本为0。

第二个需要考虑的因素便是碳排放。在“一带一路”倡议中，习近平特别强调了环境保护的重要性。在构建该政策背景下的食品出口物流网络时，运输会不可避免地导致环境的污染，因此必须重点考虑碳排放的问题。碳排放的成本不仅受到运输模式、货运量以及运输距离的影响，还与运输工具的类型有关。我国用于运输货物的火车有两种类型，一种是柴油动力的火车，另一种是电力动力的火车，两者在我国的使用比例不同，在运输过程中均会产生一定程度的碳排放从而产生碳排放成本（Chang et al.，2019）。同时，由于货车的主要动力是汽油或者柴油，因此在货车运输的过程中也会造成一定的环境污染。根据 Chang 等（2015）的研究，不同的运输方式有不同的碳排放成本系数，物流运输的碳排放总量可以通过运输距离和碳排放成本系数计算。

第三个考虑的因素是建设成本。在“一带一路”的背景下，政府的政策支持是各种基础设施建设和维护的保障。为了促进食品物流园区的建设，使城市更好地融入“一带一路”的发展中，许多城市在建设和运营方面都提供了一定程度的优惠政策。因此，在以往研究中所采用的建设成本的基础上，引入了“一带一路”政策的优惠系数，对于出台了相关扶持政策的城市，其建设成本将会有所减少。

综合考虑运输成本、碳排放成本和建设成本，建立食品出口物流网络优化的多目标混合整数线性规划模型，并以运输成本、碳排放成本和建设成本最小为目标：

$$\min f_1 = \sum_i \sum_k v_{ik} c_{ik} d_{ik} + \sum_o \sum_k v_{ko} c_{ko} d_{ko} + \sum_o \sum_i d_{io} v_{io} \left(c_{io} + c_d\right) \tag{9.6}$$

$$\min f_2 = \sum_i \sum_k v_{ik} d_{ik} K_{\text{road}} + \sum_o \sum_k v_{ko} d_{ko} K_{\text{rail}} + \sum_o \sum_i d_{io} v_{io} K_{\text{road}} \tag{9.7}$$

$$\min f_3 = \sum_k B_k b_k x_k \tag{9.8}$$

其中，下标i、o、k分别为货源地、海港和食品物流园区候选城市；d、v、c分别为运输距离、货运量和单位运输成本，下标ik、ko、io分别为从货源地i到食品物流园区候选城市k，从食品物流园区候选城市k到海港o，从货源地i到海港o；b_k为食品物流园区候选城市k的建设成本；K_{road}和K_{rail}分别为公路运输与铁路运输的碳排放成本系数；c_d为公路运输的拥堵成本系数，与碳排放成本系数均为环境约束因素；B_k为补贴系数。

表 9.6 为目标函数中的变量和定义。

表 9.6 模型中用到的变量及其定义

变量名称	定义
集合	
I	货源地集合，用i表示
K	食品物流园区候选城市，用k表示
O	海港，用o表示
参数	
d	运输距离
v	货运量
c	单位运输成本
b_k	食品物流园区候选城市k的建设成本
m_k	食品物流园区k的容量
K_{road}	公路运输的碳排放成本系数
K_{rail}	铁路运输的碳排放成本系数
c_d	公路运输的拥堵成本系数
B_k	补贴系数
决策变量	
x_k	1 表示在k城市建食品物流园区，0 表示不在k城市建食品物流园区

2. 约束条件

模型的约束条件如下

$$\sum_i v_{ik} = \sum_k v_{ko} \tag{9.9}$$

$$\sum_i v_{ik} \leqslant m_k x_k \tag{9.10}$$

$$\sum_o v_{ko} \leqslant m_k x_k \tag{9.11}$$

$$\sum_k v_{ik} + \sum_i v_{io} = v_i \tag{9.12}$$

$$v_{ik},\ v_{kj},\ v_{io} \geqslant 0 \tag{9.13}$$

$$x_k = \{0,1\} \tag{9.14}$$

约束（9.9）规定了食品物流园区候选城市 k 货运量的输入输出关系。约束（9.10）和约束（9.11）规定了食品物流园区候选城市 k 的容量。约束（9.12）表示所有的初始货物运输需求可以被满足。约束（9.13）和（9.14）规定了决策变量的可能取值。

9.3.2　数据收集与参数界定

1. 货源地的确定及距离

货源地选择首先考虑乌鲁木齐、兰州、成都、太原和西宁五个城市，它们虽然并非食品物流园区候选城市的首选，但在各自地区仍是重要的物流节点，具备一定的货物集散能力。其次，根据《全国流通节点城市布局规划(2015—2020 年)》，在山东、河南、河北、陕西、宁夏五个地区中，进一步选择各地区的区域级流通节点城市作为补充货源地。表 9.7 展示了各货源地到食品物流园区候选城市和到山东省三个港口的公路运输距离，表 9.8 记录了各食品物流园区候选城市到各海港的铁路运输距离。

表 9.7　公路运输距离（单位：公里）

货源地	青岛港	烟台港	日照港	济南	西安	石家庄	银川	郑州
乌鲁木齐	3552	3636	3519	3193	2553	2903	2139	3040
兰州	1845	1938	1690	1496	643	1206	441	1118
成都	1941	1941	2084	1627	735	1538	1467	1207

续表

货源地	青岛港	烟台港	日照港	济南	西安	石家庄	银川	郑州
西宁	2051	2051	2139	1697	881	1407	642	1356
太原	863	955	840	514	608	223	703	444
潍坊	165	258	239	213	1110	498	1400	656
临沂	308	466	146	266	934	560	1379	505
咸阳	1236	1380	1074	923	27	824	750	503
唐山	649	719	704	445	1230	434	1333	843
保定	642	714	684	354	946	150	1051	557
秦皇岛	793	865	849	590	1367	571	1463	979
邯郸	614	717	513	262	702	174	1042	256
洛阳	868	1012	706	555	375	522	1093	135
商丘	628	783	469	323	680	558	1296	224
南阳	953	1096	789	639	411	667	1138	274
石嘴山	1617	1698	1582	1255	797	968	79	1182

资料来源：《中国公路物流里程地图集》

表 9.8　食品物流园区候选城市到海港的铁路运输距离（单位：公里）

海港	济南	西安	石家庄	银川	郑州
青岛港	393	1572	607	1644	1061
烟台港	555	1695	841	1770	969
日照港	427	1210	714	1723	710

资料来源：《中华人民共和国铁道部铁路旅客运输规程附件四：铁路客运运价里程表》

2. 货源地的运输需求量

各个货源地的食品出口需求量可以通过式（9.15）进行计算。D 表示集装箱食品出口的需求量，V 表示城市的食品出口总值，K_1 表示集装箱货物所占的百分比，K_2 是一个与集装箱运输有关的系数，γ 为描述出口量增长的系数。通常，K_1、K_2、γ 分别取 80%、0.35、1.3。为方便计算，对所得结果再进行取整。根据所收集的数据，可以计算出各货源地的食品出口需求量，如表 9.9 所示。16 个货源地中，部分城市间运输需求量差距较大，两者在运输需求方面有一定的差距，其他城市在这两者构成的区间内分布。

$$D = K_1 \times K_2 \times \gamma \times V \tag{9.15}$$

表 9.9　货源地的运输需求量（单位：万 TEU）

乌鲁木齐	兰州	成都	西宁	太原	潍坊	临沂	咸阳
2	1	5	1	1	28	21	4
唐山	保定	秦皇岛	邯郸	南阳	洛阳	商丘	石嘴山
4	6	8	2	38	1	2	1

3. 碳排放成本及系数

据《2014 年铁道统计公报》统计，我国使用的柴油火车与电力火车的比例分别为 35.6%和 54.4%。因此，借助柴油火车与电力火车的比例关系可以计算我国铁路运输的碳排放成本系数。而货车使用的是汽油或柴油，与铁路相比，货车在运输过程中会产生较多的碳排放。Hao 等（2015）的研究指出，我国汽油货车和柴油货车所占的比例为 10%与 90%，结合公路运输的能源消耗系数及二氧化碳排放系数，便可以计算出公路的单位碳排放成本。

两种运输方式的能源消耗系数如表 9.10 所示，二氧化碳碳排放系数采用我国二氧化碳排放系数的平均值 0.011 42 吨 · CO_2/（TEU · kWh）。利用式（9.16）可以计算出我国铁路运输的单位碳排放成本和公路运输的单位碳排放成本。

$$K_m = R_m \times E \tag{9.16}$$

其中，K_m 为货运方式 m 的单位碳排放成本；R_m 为货运方式 m 的能源消耗系数；E 为二氧化碳排放系数。

表 9.10　我国不同货运方式的能源消耗系数

指标	铁路运输		公路运输	
	电力火车	柴油火车	汽油货车	柴油货车
	kWh/10^4 ton-km	kg/10^4 ton-km	L/10^2 ton-km	L/10^2 ton-km
能源消耗系数	102.4	26.4	7.6	6.0

4. 建设成本及“一带一路”的政策优惠系数

当食品物流园区的建设地点确定以后，同时需要确定食品物流园区的存储能力，该能力应当与内陆货源地的食品出口需求量相匹配。食品物流园区的存储能力是限制货物从食品物流园区转运以及影响运输路线选择的重要影响因素。基于对临沂港等港口的调研，假设每个食品物流园区有三种运载能力水平，相应地有三种建设成本，如表 9.11 所示。目前为了响应国家“一带一路”倡议，很多城市正在积极投身于“一带一路”倡议重要节点城市的建设中，很多城市为了在发展中获得先机，对于构建食品物流园区给予了很大的政策扶持。根据对各地市政策的分析与整理，假设对于出台了扶持政策的城市，其食品物流园区的平均建设折扣系数为 75%，即在这样的城市建设食品物流园区，其建设成本会有一定的降低。根据有关政策，济南、西安和郑州三个城市分别提出了对“一带一路”的补助政策，因此在这三个城市中建设食品物流园区具有一定的政策优惠。

表 9.11　建设成本

建设规模/万 TEU	建设成本/万元	“一带一路”倡议补贴后成本/万元
10	30 000	22 500
20	65 000	48 750
30	100 000	75 000

5. 其他参数

该研究中用到的其他数据和参数如下：集装箱铁路运输方式下，运输费用为 1.5 元/TEU-km。在集装箱公路运输方式下，运输价格为 6 元/TEU-km。

9.3.3　NSGA-Ⅱ算法应用

选择不同的食品物流园区候选城市会有不同的网络构建方案，而且运量不同，方案也不同。该数学模型采用枚举法求解时运算量庞大，属于典型的 NP-hard 问题，通常无法通过精确方法求解。因此，采用了一种广泛使用的多目标进化算法，即带有精英保留策略的 NSGA-Ⅱ（non-dominated sorting in genetic algorithm Ⅱ，非支配排序遗传算法）（Deb et al.，2002）。

1. 帕累托最优

目标优化方法往往强调帕累托最优的概念，通过在帕累托前沿找到均匀分布的点集而不是单个的最优解来解决多目标优化问题。帕累托最优是资源配置的一种理想状态，在资源总量一定的前提下，从某种分配状态到另一种分配状态的变化过程中，在不使得任何人所分配的资源减少的情况下，使得至少一个人获得的资源更多。帕累托最优解是那些在一个目标上的改进意味着另一个目标恶化的解决方案（Cao et al.，2013），即对于某个解 A 而言，在变量空间中找不到其他的优于 A 的解。因此对于某个多目标规划问题而言，帕累托最优解是方案的可接受解，这样的解可以存在多个，需要决策者根据实际需求进行权衡。

在多目标规划中，当两个解相比较时，其中一个解 A 优于解 B，则可以称解 A 支配解 B。在此基础上，若没有任何一个解能够支配 A，则 A 可以称作此多目标规划的一个非支配解。所有的这些解组成的集合即为帕累托前沿，在帕累托前沿上的解不受其他解的支配。因此在进行方案选择时，这些非支配解与其他解相比，目标的冲突概率较小，通常可以为决策者提供良好的选择空间。

2. 带有精英保留策略的 NSGA-Ⅱ

NSGA-Ⅱ是遗传算法（genetic algorithm，GA）的一种改进，是求解多目标规划问题最有效的方法之一。与 GA 一样，它也是在搜索解空间时模仿自然进化的过程，如突变、选择和交叉。与传统求解多目标规划问题的传统集成算法相比，该算法不采用设定权重的方法，避免了主观性的影响。与 NSGA 相比，它具有更好的排序方法，融合了精英主义，并且不需要选择共享参数。在 NSGA-Ⅱ中，初始化后根据非支配结果对种群进行排序，然后根据每个个体所属的前沿为它们分配适应度值。第一前沿个体的适应度值为 1，第二前沿个体的适应度值为 2，依次类推。为了选择种群中的子集，需要计算每个个体的拥挤距离来作为解的密度的衡量标准。通过非支配排序，拥挤距离和精英主义，NSGA-Ⅱ降低了计算的复杂度并提高了求解效率，使得迭代过程更加合理（Deb et al.，2002；Črepinšek et al.，2013）。考虑到所提出问题的 NP-hard 性，我们选择它作为求解算法，以生成“一带一路”背景下陆港—海港模型的帕累托最优解。下面首先介绍 NSGA-Ⅱ中的重要步骤。

1）快速非支配排序

非支配排序是根据种群中染色体的优劣程度对其进行分组排序，比较各目标函数值来确定每个染色体的支配关系。设 $p*q$ 表示 p 支配 q，p、q 为种群 P 中的个体，S_p 为个体 p 所支配的所有个体，n_p 为支配 p 的个体数量，$n_p=0$，则 $p_{\text{rank}}=1$，将种群分为若干前沿，所有位于第一非支配前沿的解，记其 $n_p=0$。在第一非支配前沿中的所有解都不被其他解支配，即在该种群中没有比它各目标函数更优的解；第二非支配前沿是将种群中已划分进第一前沿的个体排除，继续寻找剩余个体中的非支配解。对于该非支配前沿中的每一个解，寻找它所支配的个体集 S_p 中的每一个成员，并让其支配个体数量减少 1。如果这样做的结果使得它们的 $n_p=0$，那么把这些解放到另一个集合 Q 中，作为第二非支配前沿的解。依此类推，直到种群中所有解都划分进相应的前沿为止。每个前沿的解都能在更高前沿中找到优于它的个体，相同前沿中的解没有优劣之分。

$\forall p\in P$，$\forall q\in P$，$S_p=\varnothing$。若 $p*q$，则 $S_p=S_p\cup\{q\}$；若 $q*p$，则 $n_p=n_p+1$。当 $i=1$ 且 $F_i\neq\varnothing$，$Q=\varnothing$。$\forall p\in F_i$，$q\in S_p$，使得 $n_q=n_q-1$，若 $n_q=0$，则 $q_{\text{rank}}=i+1$，$Q=Q\cup\{q\}$。

2）拥挤度比较

拥挤度是在非支配排序后，衡量相同前沿内各个解之间的优劣程度的比较算子，以该解与周围其他解的密集程度来表示，这个密集程度又被称作拥挤距离。在图 9.2 中，第 i 个解在其非支配前沿（用实心圆标记）中的拥挤度可以用长方体（以虚线框显示）的平均边长表示。拥挤距离的计算需要先根据每个目标函数值按升序对种群个体进行排序。对于每个目标函数的边界解，其拥挤度距离设为无穷大。对其他的解而言，其拥挤度距离等于两个相邻解的目标函数值标准化差的绝对值。下面的算法为计算拥挤距离的基本程序。

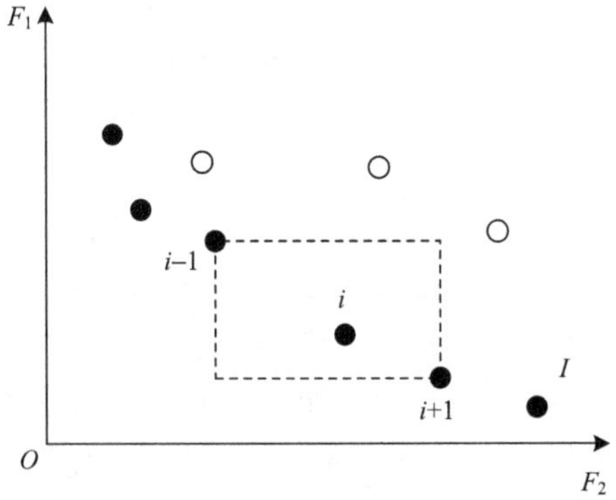

图 9.2　拥挤距离的计算

设 I 中解的个数 $l=|I|$，$\forall i$，设 $I[i]_{\text{distance}}=0$。$\forall\ m$，$I=\text{sort}(I,m)$，$I[\min]_{\text{distance}}=I[\max]_{\text{distance}}=\infty$，$I[i]_{\text{distance}}=I[i]_{\text{distance}}+\left(I[i+1].m-I[i-1].m\right)/\left(f_m^{\max}-f_m^{\min}\right)$。

其中，$I[i].m$ 表示集合 I 中的第 i 个个体的第 m 个目标函数值，参数 $f_m^{\max}$ 和 $f_m^{\min}$ 是第 m 个目标函数值的最大值与最小值。

在得到拥挤距离以后，就可以计算拥挤度，引入拥挤度比较算子。假设种群中每个个体 i 有两个属性，一个是非支配序（i_{rank}），另一个是拥挤距离（i_{distance}），定义偏序 $\prec_n$：当 $i_{\text{rank}}\leqslant j_{\text{rank}}$，$i\prec_n j$ 或者当 $i_{\text{distance}}>j_{\text{distance}}$ 时，$i\prec_n j$。也就是说两个不同非支配序的解，序越低的解越好。或者，当两个解属于同一个非支配前沿时，我们会选择拥挤距离较大的解。

3）精英保留策略

一些改进后的 GA 为避免在遗传过程中流失优秀个体，设立了最优个体保留机制，即父代种群中较优的个体直接复制进入下一代种群中，将其淘汰概率设为

0。在 NSGA-Ⅱ算法中，精英保留策略借鉴了这一机制，将每次遗传过程中处于非支配排序第1等级的个体直接复制进入子代。具体操作流程为：首先随机生成种群规模为W的父代种群，通过交叉、变异等操作生成子代种群，然后将父代与子代中的个体合并，形成新的种群，其种群规模为$2W$。之后对新的种群进行非支配排序和拥挤度比较，由于这个新种群含有父代种群和其子代种群的所有个体，因此在非支配排序后的第1等级中的个体一定是种群中最优的，直接将该等级的个体复制进下一代的父代种群中。在该过程中若进入下一代的第1等级的个体数未满N，则选取第2等级的个体填充进下一代，当添加到某一等级时种群规模数大于N，则对该等级进行拥挤度比较，选取这一等级内较优的个体，使种群规模数等于V。在新一代父代种群生成后，继续上述操作，直到满足迭代条件为止，输出最后一代的第1等级的个体为帕累托最优解集。

3. NSGA-Ⅱ编码步骤

结合基本的算法程序，设计出了具体的编码步骤如下。

步骤1：染色体编码。

解的表示形式会影响算法的效率，参考 Rothlauf（2006），采用实数编码来解决模型中变量的关系。染色体中的数字表示是否要建立食品物流园区以及所需建立食品物流园区的容量级别。例如，[0、1、2、3、0]表示我们选择第二、第三和第四个候选城市建造食品物流园区，容量分别为100 000 TEU、200 000 TEU和300 000 TEU。

步骤2：种群初始化。

随机生成N个可行解作为初始种群$P(t)$，并设迭代次数$t=0$。

步骤3：子代种群的产生。

（1）通过解码获得初始解。

（2）对每个个体的适应度进行评价。

（3）对种群进行非支配排序并计算拥挤距离。

（4）通过锦标赛选择法和拥挤度比较算子选择个体。产生对应种群$N(t)$。

（5）对$N(t)$进行遗传操作并产生后代$S(t)$；此处采用单点交叉和均匀变异策略来产生新的种群。

步骤4：将$P(t)$与$S(t)$进行重组。

步骤5：新子代的产生。

对合并后的种群使用非支配排序，如图9.3所示。目前新形成的种群大小为$2N$，因为$P(t)$与$S(t)$均在这个新的种群中，所以能够保证精英策略的实现。在生成新种群时，应优先保留属于最优非支配前沿的解集 F_1，确保其在新的种群中依然是最优解。如果 F_1 的总数小于 N，那 F_1 中的所有个体都将被选入新的种群 $P(t+1)$ 中。$P(t+1)$ 中剩下的个体来源于下一个非支配前沿。因此，便需要按照 F_2、F_3……的顺序依次筛选，直到 $P(t+1)$ 中解的个数达到 N 为止。假设 F_l 是最后一个能容下的非支配前沿。一般而言，从 F_1 到 F_l 的解的个数会远远大于 N。为了准确选出 N 个个体来组成新的种群，需要用拥挤度来对最后一个非支配前沿进行排序，从而生成新的种群 $P(t+1)$。

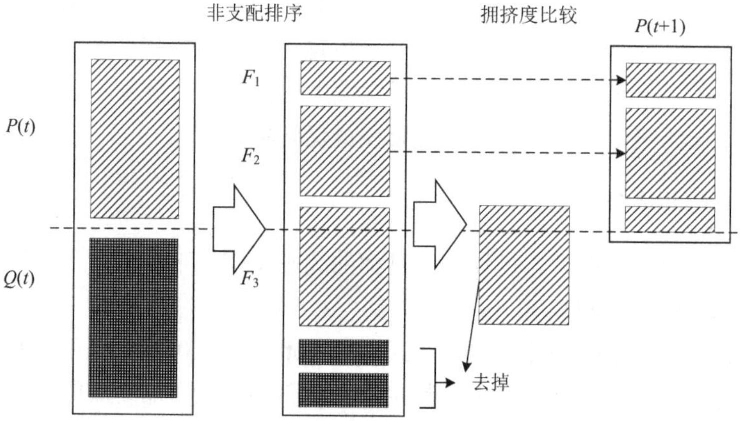

图 9.3　NSGA-Ⅱ的步骤

步骤 6：终止。

当满足终止条件时，算法终止，否则返回步骤 3。

9.3.4　结果及分析

1. 计算结果

基于以上收集的数据，为了对比分析港口整合带来的影响，首先进行单一港口的实证分析，选择青岛港作为目标海港，设置交叉和变异系数分别为 0.5 与 0.4，利用 MATLAB 软件进行计算，进行 100 次迭代，得出帕累托最优解集的分布，如图 9.4 所示。

对于青岛港而言，图 9.4 中的每个点都为一个帕累托最优解，代表了一个物流网络构建的方案，并对应多目标规划中运输成本、碳排放成本和建设成本目标函数值，各个解无优劣之分。

每一个帕累托解集中的解表示一个食品物流园区建设方案，并有相应的内陆货运量的分配方案，结合内陆货源地便可构成食品出口物流网络。处于图 9.4 中右下方的点具有较低的建设成本，表示用于建设食品物流园区的城市较少，但其运输成本和碳排放成本却较高。而位于图 9.4 左上方的点表示有更多食品物流园区的城市和铁路运输参与的物流网络，这样的物流网络具有相对较低的运输成本和碳排放成本，但是建设成本却很高。基于帕累托最优解集，政府决策者和运营者可以根据对物流运输成本、建设成本和碳排放成本的权衡，构建对应的物流网络。

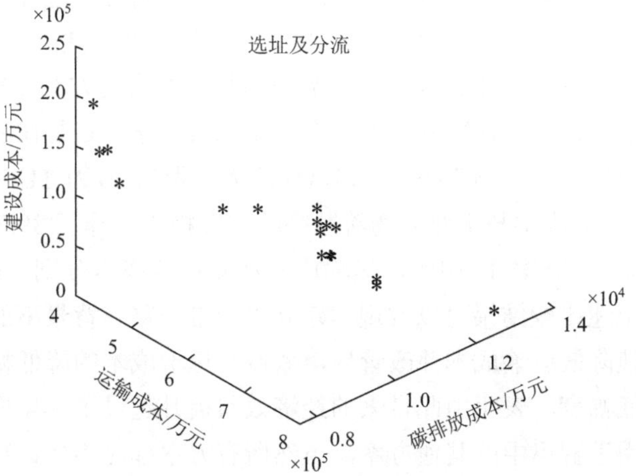

图 9.4 帕累托最优解集分布（一）

结合图 9.4 分析可以发现，运输成本的最小值为 424 020 万元，最大值为 754 418 万元，每年的总建设成本介于 0 元到 21 万元之间，碳排放成本的变化范围为 7618 万～13 136 万元。通过图 9.4 可以直观地看出，随着建设成本的增加，即食品物流园区建设数量越来越多，从整体上而言，运输成本和碳排放成本均呈现下降的趋势。对于青岛港而言，在“一带一路”背景下构建低碳食品出口物流网络，能够降低运输成本与碳排放成本，可以带来一定程度的经济效益，对于减少温室气体排放及环境的改善有一定的帮助作用。

2. 分析讨论

针对得到的 18 个帕累托解，进行进一步讨论。

1）未建立食品出口物流网络的情况

根据图 9.4 的帕累托最优解集，观察到位于图 9.4 右下方有一个点，该点的建设成本为 0，即未考虑构建具有食品物流园区的物流网络。在济南、西安、石家庄、银川和郑州这五个城市都不进行食品物流园区建设的情况下，货物从货源地出发直接运送到青岛港，这样所形成的运输成本为这 18 个方案中的最大值，为 754 418 万元。同时，采用公路运输直达方式的碳排放成本为方案中的最大值，记为 13 136 万元。而其他的方案均构建了低碳食品出口物流网络，使得运输成本或者碳排放成本比该方案低。因此可以看出，建立“一带一路”背景下的食品出口物流网络在降低成本、保护环境方面具有十分重要的作用。

2）构建食品出口物流网络的情况

由于所得解决方案较多，首先选取两个有代表性的方案进行分析，两个方案的具体情况如表 9.12 所示。对于方案 b 而言，只选择西安建立运载能力为 10 万 TEU 的食品物流园区，与不建立低碳食品出口物流网络的方案 a 相比，该方案的运输成本下降了 12.7%，碳排放成本下降了 12.4%。方案 c 是在济南、西安、郑州这三个城市都建立食品物流园区，其运载能力分别为 20 万 TUE、10 万 TEU 和 30 万 TEU。碳排放成本与不建立物流网络的方案相比下降了 39.76%，运输成本下降了 43.80%，与方案 b 相比，运输成本和碳排放成本分别下降了 35.62%与 31.24%。根据上述比较结果可以发现，建立“一带一路”背景下的食品出口物流网络可以有效地降低运输成本并改善环境效益。运输成本的降低幅度显著大于碳排放成本的降低幅度，表明由此带来的经济效益提升超过了环境成本的增加。这一结论同样适用于解集中的其他方案。虽然所有方案都比不建设物流网络的情况增加了建设成本，但这种成本的增加换来了碳排放成本和运输成本的降低。此外，港口数量和容量越大，建设成本也越高。

表 9.12　方案 b 与方案 c 的解及目标函数值

方案	染色体	运输成本/万元	碳排放成本/万元	建设成本/万元
方案 a	[0,0,0,0,0,0,0,0,0,0]	754 418	13 136	0
方案 b	[0,1,0,0,0,0,22500,0,0,0]	658 602	11 508	22 500
方案 c	[2,1,0,0,3,48750,22500,0,0,75000]	424 020	7 913	146 250

从整体上看，运输成本和碳排放成本的减少与建设成本的增加呈反比例关系，但在帕累托解集中仍然存在一定的特例。表 9.13 中所示的两个帕累托最优解具有一定的代表性。方案 d 相对于方案 e 而言，其建设成本增多，碳排放成本增多，但运输成本降低。食品物流园区数量的增加会带来运输工具数量的增加，从而可能导致碳排放成本上升。然而，更多的集散点也能够优化运输路线，减少运输距离和降低运输成本。因此，建设更多高容量的食品物流园区需要在碳排放成本和运输成本之间进行权衡。

表 9.13　方案 d 和方案 e 的解及目标函数值

方案	染色体	运输成本/万元	碳排放成本/万元	建设成本/万元
方案 d	[0,2,0,0,0,0,48750,0,0,0]	607 988	10 903	48 750
方案 e	[2,1,0,0,0,48750,22500,0,0,0]	606 541	11 086	71 250

3. 单海港的食品出口物流网络

由于每一个帕累托解都可以表示一个食品出口物流的网络构建方案，因此选取方案 c 进行分析。表 9.14 展示了方案 c 中货源地的货运量分配情况。方案 c 选择济南、西安、郑州作为与青岛港相联系的食品物流园区候选城市，并分别建立容量为 20 万 TUE、10 万 TEU 和 30 万 TEU 的食品物流园区。根据 MATLAB 的运算结果，可以看出食品物流园区城市的货运量分配情况：洛阳分别将 11 万 TEU 运往济南、27 万 TEU 运往郑州的食品物流园区，之后采用铁路运输的方式运送到海港；而大部分城市的货物不经过食品物流园区进行集散，直接采用公路运输的方式运送到海港，如潍坊、秦皇岛等。

表 9.14　单海港场景下货源地的货运量分配情况（单位：万 TEU）

城市	济南	西安	石家庄	银川	郑州	青岛港
乌鲁木齐	0	2	0	0	0	0
兰州	1	0	0	0	0	0
成都	0	3	0	0	2	0
西宁	0	1	0	0	0	0
太原	0	0	0	0	1	0
潍坊	0	0	0	0	0	28
临沂	0	0	0	0	0	21
咸阳	0	4	0	0	0	0
唐山	0	0	0	0	0	4
保定	0	0	0	0	0	6
秦皇岛	0	0	0	0	0	8
邯郸	2	0	0	0	0	0
洛阳	11	0	0	0	27	0
商丘	1	0	0	0	0	0
南阳	2	0	0	0	0	0
石嘴山	0	0	0	0	0	1

9.3.5 多海港物流网络模型

1. 模型介绍及计算结果

拓展的山东省参与“一带一路”的食品出口物流网络如图 9.5 所示，其中货物在货源地和食品物流园区之间仍然是通过公路运输，货物在食品物流园区和海港之间也仍然是通过铁路运输，或货物直接从货源地通过公路运输到海港。但是与前述模型不同的是，为了表示港口整合带来的影响，这里的海港数量从一个扩展为多个，网络的构建及港口货运量的分配也更加富有多样性，并可以继续拓展为更多的海港，新的模型如图 9.5 所示。

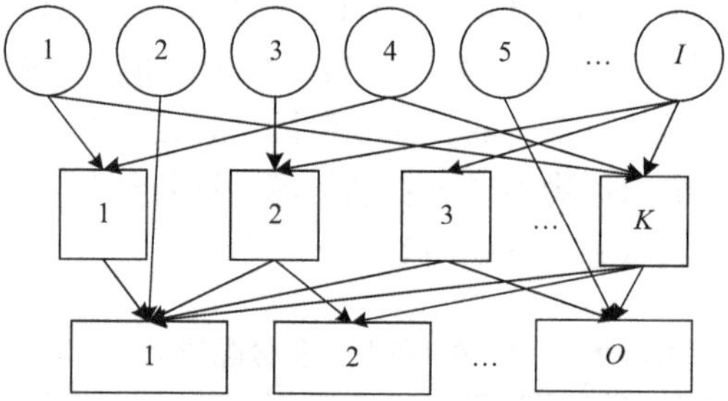

图 9.5　拓展的陆港—海港物流网络模型

根据山东港口整合规划，山东省海港整合后将形成四大港区。青岛港、烟台港和日照港的吞吐量占全省吞吐总量的 90%以上，可以代表全省的货运情况。同时，这三个港口与山东省内及省外的陆港关系密切。因此选择青岛港、日照港和烟台港作为目标海港进行网络构建。利用收集的数据和 MATLAB 软件进行计算，设置交叉系数和变异系数分别为 0.5 与 0.4。经过 100 次迭代，得出帕累托最优解集，分布如图 9.6 所示。每一个帕累托解集中的解表示一个网络的建造方案，并有相应的内陆货运量的分配。位于图 9.6 左下方的点具有较低的建设成本，表示选择建设食品物流园区的城市较少，但其运输成本和碳排放成本却较高。而位于图9.6左上方的点表示有更多食品物流园区候选城市和铁路运输参与的物流网络，其运输成本和碳排放成本较低，但是建设成本却很高。

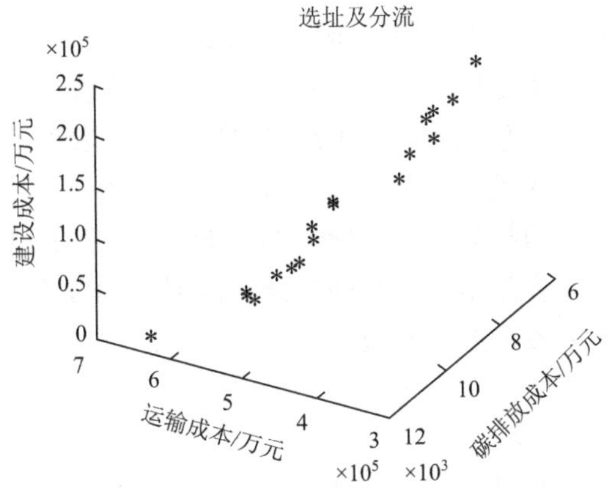

图 9.6　帕累托最优解集分布（二）

对于山东的三个港口——青岛港、烟台港和日照港而言，图中的每个点都为一个帕累托最优解，代表了一个物流网络构建的方案，并对应多目标规划中运输成本、碳排放成本和建设成本目标函数值，各个解无优劣之分。现将解集按照建设成本进行排序，结果如表 9.15 所示。

表 9.15　帕累托最优解集

方案号	方案	运输成本/万元	碳排放成本/万元	建设成本/万元
1	[0,0,0,0,0,0,0,0,0,0]	652 010	11 353	0
2	[0,1,0,0,0,0,22500,0,0,0]	569 641	9 959	22 500
3	[0,1,0,0,0,0,22500,0,0,0]	557 150	10 022	22 500
4	[0,1,0,0,0,0,22500,0,0,0]	570 227	9 959	22 500
5	[0,1,0,0,1,0,22500,0,0,22500]	539 451	9 727	45 000
6	[0,2,0,0,0,0,48750,0,0,0]	526 745	9 488	48 750
7	[0,1,1,0,0,0,22500,30000,0,0]	521 931	9 433	52 500
8	[0,1,1,0,1,0,22500,30000,0,22500]	508 379	9 271	75 000
9	[0,1,2,0,0,0,22500,65000,0,0]	507 129	9 316	87 500
10	[0,1,0,0,3,0,22500,0,0,75000]	495 909	8 779	97 500
11	[0,1,0,0,3,0,22500,0,0,75000]	501 490	8 684	97 500
12	[1,1,0,0,3,22500,22500,0,0,75000]	435 370	8 051	120 000
13	[2,2,0,0,2,48750,48750,0,0,48750]	418 622	8 033	146 250
14	[0,3,0,0,3,0,75000,0,0,75000]	410 236	7 439	150 000
15	[0,0,3,0,3,0,0,100000,0,75000]	406 343	7 793	175 000
16	[1,3,1,0,2,22500,75000,30000,0,48750]	408 586	7 503	176 250
17	[0,2,2,0,3,0,48750,65000,0,75000]	389 942	7 258	188 750
18	[0,2,3,0,3,0,48750,100000,0,75000]	367 757	7 034	223 750

结合表 9.15 进行分析可以发现，运输成本的最小值为 367 757 万元，最大值为 652 010 万元，总建设成本介于 0～23 万元，而碳排放成本的变化范围为 7034 万～11 353 万元。所有的方案是按照建设成本排序的，所以可以通过表 9.15 直观地看出，随着建设成本的增多，即食品物流园区建设数量越来越多，运输成本和碳排放成本均呈现下降的趋势。因此仍然可以得出：对于山东的港口而言，在“一带一路”背景下，构建食品出口物流网络能够降低运输成本与温室气体排放，从而带来经济效益和环境效益的共同改善。

2. 分析讨论

针对得到的 18 个帕累托解集，可以进行进一步讨论。

1）未建立食品出口物流网络的情况

根据图 9.6 的帕累托最优解集，观察到左下方有一个点，该点的建设成本为 0，即未建立食品出口物流网络。在济南、西安、石家庄、银川和郑州这五个城市都不进行食品物流园区建设的情况下，货物从货源地出发直接运送到山东的海港，这样所形成的运输成本为这 18 个解中的最大值，为 652 010 万元，同时，由于采用公路运输直达的方式，其碳排放成本为 11 353 万元，同样也为最大值。而其他的方案均构建了内陆物流枢纽—海港的物流网络，使得运输成本或者碳排放成本比该方案低。因此可以看出，建立“一带一路”背景下的内陆物流枢纽—海港物流网络在降低成本、保护环境方面具有十分重要的作用。

2）构建食品出口物流网络的情况

由于方案较多，选取两个有代表性的方案进行分析，两个方案的具体情况如表 9.16 所示。对于方案 2 而言，只选择西安建立运载能力为 10 万 TEU 的食品物流园区，与不建立物流网络的方案相比，该方案的运输成本下降了 12.6%，碳排放成本下降了 12.3%。方案 12 选择济南、西安和郑州，分别建立运载能力为 10 万 TUE、10 万 TEU 和 30 万 TEU 的食品物流园区。与不建立物流网络的方案相比，碳排放成本下降了 29.1%，运输成本下降了 33.2%。与方案 2 相比，运输成本和碳排放成本分别下降了 23.6%与 19.2%。根据上述比较结果可以发现，建立

表 9.16 方案 2 与方案 12 的解及目标函数值

方案	染色体	运输成本/万元	碳排放成本/万元	建设成本/万元
方案 1	[0,0,0,0,0,0,0,0,0,0]	652 010	11 353	0
方案 2	[0,1,0,0,0,0,22500,0,0,0]	569 641	9 959	22 500
方案 12	[1,1,0,0,3,22500,22500,0,0,75000]	435 370	8 051	120 000

“一带一路”背景下的食品出口物流网络可以有效地降低运输成本并改善环境效益。运输成本的降低幅度显著大于碳排放成本的下降幅度，表明由此带来的经济效益提升超过了环境成本的增加。这一结论同样适用于解集中的其他方案。

从整体上看，运输成本和碳排放成本的减少与建设成本的增加呈反比例关系，但在帕累托解集中仍然存在一定的特例。表 9.17 中所示的两个帕累托最优解具有一定的代表性。方案 16 相对于方案 14 而言，其建设成本增多，碳排放成本也增多，但运输成本降低。

表 9.17　方案 14 和方案 16 的解及目标函数值

方案	染色体	运输成本/万元	碳排放成本/万元	建设成本/万元
方案 14	[0,3,0,0,3,0,75000,0,0,75000]	410 236	7 439	150 000
方案 16	[1,3,1,0,2,22500,75000,30000,0,48750]	408 586	7 504	176 250

3. 多海港的食品出口物流网络

每一个帕累托解都可以表示一个多海港食品出口物流网络构建方案，因此本研究选取方案 16 进行分析。表 9.18 展示了方案 16 中货源地的货运量分配情况。方案 16 选择济南、西安、石家庄和郑州作为与山东港口相联系的食品物流园区候选城市，并分别建立了容量为 10 万 TEU、30 万 TEU、10 万 TEU 和 20 万 TEU 的食品物流园区。根据 MATLAB 的运算结果，可以看出食品物流园区的货运量分配情况：乌鲁木齐将 2 万 TEU 的货运运到西安食品物流园区；而有的城市的货物不经过食品物流园区的运输，直接采用公路运输的方式运送到海港，如兰州、临沂等。

表 9.18　多海港场景下货源地的货运量分配情况（单位：万 TEU）

城市	济南	西安	石家庄	银川	郑州	青岛港	烟台港	日照港
乌鲁木齐	0	2	0	0	0	0	0	0
兰州	0	0	0	0	0	0	0	1
成都	0	5	0	0	0	0	0	0
西宁	0	0	0	0	1	0	0	0
太原	0	0	0	0	0	0	0	1
潍坊	0	0	0	0	0	28	0	0
临沂	0	0	0	0	0	0	0	21
咸阳	0	2	2	0	0	0	0	0
唐山	0	0	0	0	0	4	0	0

续表

城市	济南	西安	石家庄	银川	郑州	青岛港	烟台港	日照港
保定	2	0	4	0	0	0	0	0
秦皇岛	0	0	0	0	0	8	0	0
邯郸	0	0	2	0	0	0	0	0
洛阳	0	20	0	0	18	0	0	0
商丘	0	1	0	0	0	0	0	0
南阳	0	0	2	0	0	0	0	0
石嘴山	0	0	0	0	1	0	0	0

表 9.19 展示的是食品物流园区和海港的货运量分配情况。货物在济南、西安、石家庄和郑州这四个城市整合后，再根据要求分配到山东的海港中，最终经过“21 世纪海上丝绸之路”运送到海外的目的地城市。

表 9.19　食品物流园区对海港的货运量分配情况（单位：万 TEU）

城市	青岛港	烟台港	日照港
济南	2	0	0
西安	0	0	30
石家庄	10	0	0
银川	0	0	0
郑州	0	0	20

9.3.6　模型对比分析

（1）对于单一港口而言，建设食品物流园区的运输成本和碳排放成本要明显高于多个港口的情况。

当目标港口为青岛港时，根据 MATLAB 的结果所示，最高和最低运输成本为 754 418 万元与 424 020 万元，最大和最小碳排放成本为 13 136 万元与 7618 万元。而目标港口为青岛港、烟台港和日照港三个港口的时候，最高和最低运输成本为 652 010 万元和 367 757 万元，最大和最小碳排放成本为 11 353 万元和 7034 万元。可以明显地看出，当海港数量增多的时候，尽管会导致路线增多，但运输成本和碳排放成本并没有增加，反而极大程度地降低了，这说明合理的内陆重要城市—海港物流网络可以大大减少运输费用，降低二氧化碳气体的排放。

此外，上述结果表明，在“一带一路”背景下构建物流网络，不能只依赖单一海港，要从多个海港的角度综合考虑，分离不同港口的货运量，充分利用各个港口的资源。

（2）在单一港口条件下，大多数货源地采用公路运输的方式直接运到海港。而在多个海港的情况下，采用先到食品物流园区再到海港的货源地比例较高。

基于 9.3.4 节和 9.3.5 节中的帕累托最优解示例，在单一目标海港的条件下，有接近 90%的方案是直接采用货源地—海港的方式进行运输；而在三个目标海港的条件下，有 66.67%的方案是采用物流枢纽城市—海港物流网络进行运输的。可见，在“一带一路”背景下，针对不同数量的海港，其运输的方案也有不同。食品物流园区的存在可以合理地分配货运量，减少等待时间，使物流网络运输更为流畅。

9.3.7　发展山东省食品出口物流网络的建议

（1）大力发展山东省食品出口物流网络。计算结果可以说明，在不建立食品出口物流网络的情况下，待出口的货物直接从货源地运输到海港城市，无论目标港口是单一海港还是多个海港，其所花费的运输成本均极高，而且会造成严重的环境污染；同时，所设计的网络构建方案也对货物的分配量进行了说明。从中可以看出，每个方案所选的港口和食品物流园区都承担了货物流通的功能，而仅选择一个城市作为食品物流园区的方案较少，且这些方案通常表现出较差的分配效果。这样一来，有助于优化城市资源配置，缓解交通拥堵，并减少城市间的恶性竞争。

（2）在“一带一路”倡议下，山东省应当构建整体的食品出口物流网络。从对比分析可以看出，在货源地相同的情况下，单一海港的物流网络所耗费的运输成本及碳排放成本均高于多个海港。因此，在“一带一路”背景下，构建山东省的物流网络时，需要综合考虑青岛港、烟台港和日照港三个港口，而不能分割开，这样不仅能够降低运输成本，还可以带来环境的改善。尤其是在当今山东省实行港口整合的环境下，可以将港口之间的同质化竞争转化为新的竞争力，实现港口的共赢。

（3）“一带一路”背景下，山东港口的食品出口物流网络应结合实际需求优化网络。本章结合模型与数据，给出了在新的政策背景下构建网络的多个方案。这些方案是帕累托解集中的解，均能够实现该模型的要求，即运输成本、碳排放成本以及建设成本的最小。在选择网络的构建方案时，应根据实际情况进行权衡和筛选，并考虑成本预算，从而进一步选出符合实际需求的方案。

9.4　本 章 小 结

本章在“一带一路”的政策背景下，基于食品出口业务，提出山东省参与“一带一路”的食品出口物流网络多目标优化模型。该模型由一个或多个海港、五个食品物流园区候选城市和若干个货源地构成，设计的路线满足“一带一路”的政策及网络资源整合的要求，同时还考虑包含运输成本、碳排放成本和建设成本三个目标的帕累托最优，引入了政策的优惠系数。该研究问题从政府决策者和运营者的角度出发，构建评价体系和多目标规划模型来探究在“一带一路”的背景下，山东省如何构建内陆物流枢纽—海港物流网络，从而使山东省更好地参与到“一带一路”的建设中。

第 10 章　总结与展望

10.1　总　　结

本书以低碳食品物流系统为研究对象，从实践中提取科学问题，将食品物流与可持续发展理论相结合，进行食品物流碳足迹核算评价与低碳行为选择，丰富和发展绿色物流的理论内涵，具有理论上的创新性特色，综合运用统计与计量模型、LCA、可拓分析、博弈分析、多属性决策与多目标优化等多种技术和方法进行相关研究，主要内容总结如下。

（1）食品物流碳足迹核算与低碳度评价研究。首先，在食品物流碳足迹核算和低碳度评价的理论工作已基本完成的基础上，完成碳足迹核算和低碳度评价的理论框架。单一指标体系基于 LCA 理论，结合食品物流涉及冷链的特点，评估食品物流系统碳排放。针对食品预冷、运输、装卸、储存、销售和废弃物处理等不同环节，分类开发一套计算方法和换算标准，构建食品物流系统碳足迹的度量模型，对食品物流系统进行基于碳足迹的单指标低碳评价。其次，为了综合评价食品物流系统的低碳化水平，基于 PSR，结合理论分析、专家咨询，确定了食品物流系统低碳指标体系以对食品物流系统进行多指标低碳评价。

（2）中国农产品进出口贸易物流的社会网络分析与国际碳足迹核算。基于 UN Comtrade 与 2015 年中国海关数据库，对贸易物流属性进行了深入分析，运用关联规则揭示了运输方式、企业类型、货物品类及进出口国家间的内在联系。聚焦中国农产品贸易物流伙伴，识别出泰国、印度尼西亚、越南等十国为关键贸易国家。根据社会网络特征与块模型分析，将密切贸易国家分为“贸易往来密切型”（如印度、印度尼西亚等五国）、“贸易潜力型”（新加坡、菲律宾、俄罗斯三国）和“贸易有待发展型”（乌克兰、巴基斯坦两国）。此外，研究还聚焦典型农产品（小麦）国际碳足迹核算，发现运输量与食物里程呈正相关，碳排放呈上升趋势，且不同贸易区域物流的碳排放及食物里程特征各异，亚洲小麦进口渠道有调整迹象，主要体现在进口数量变化上，进口国变化不明显。

（3）食品物流系统低碳行为选择研究。基于对中泰水果物流的分析，以曼谷至广州的水果贸易为例建立了二项 Logit 物流运输方式选择模型，并提出了改善建议。同时，从信任理论和 TPB 出发，构建了拓展 TPB 模型探索中国消费者（特别是山东省和济南市消费者）对短链食品及本地食品的消费偏好，综合考虑了信任、感知质量、感知可持续性等因素对行为意愿的影响，并利用 fsQCA 探索了组合效应。此外，还考虑了消费者的低碳偏好和新鲜度偏好，构建了不同双渠道销售模型下的生鲜食品供应链系统，对比分析了最优减排、保鲜及定价决策，并探讨了消费者低碳偏好系数对供应链最优决策、需求及利润的影响。

（4）食品物流系统低碳物流网络优化研究。本部分构建了多目标优化理论模型，同时考虑成本和环境因素，利用复杂网络理论和 TOPSIS 分析方法在食品配送中心的候选城市中进行初筛。之后，在考虑建设成本、碳排放成本和运输成本的基础上，建立了一个多目标优化模型，重点研究食品物流网络优化，并为选址决策者提供了一种可能的权衡策略。多目标决策以运输成本、碳排放成本和建设成本最低作为目标函数，并引入政策优惠系数，应用 NSGA-Ⅱ寻找帕累托最优解解决此问题。

10.2　展　　望

本书主要对低碳食品物流系统的碳足迹核算与低碳度评价、低碳行为选择及优化配置等问题进行了分析与探讨，由于受各种因素的限制，研究仍存在一些不足，将在今后的研究中进一步展开。

（1）由于食品企业物流数据获取限制，碳足迹核算评价仍处于理论分析阶段，将来可结合企业具体运营数据开展 LCA 评价，研究范围三（供应链）层面的碳足迹核算与分析。

（2）在低碳食品物流系统的研究基础上，后续研究可推广到可持续食品供应链创新领域。以系统思想和可持续发展理论为指导，运用系统分析、实证分析和模型构建等方法，结合可持续中的环境、经济和社会三重底线，研究数据驱动的可持续食品供应链系统。

参考文献

蔡文. 1999. 可拓论及其应用[J]. 科学通报, (7): 673-682.

陈剑. 2012. 低碳供应链管理研究[J]. 系统管理学报, 21(6): 721-728, 735.

陈文辉，谢高地，张昌顺，等. 2016. 北京市消耗食物生态足迹距离[J]. 生态学报，36(4): 904-914.

邓君, 马晓君, 毕强. 2014. 社会网络分析工具 Ucinet 和 Gephi 的比较研究[J]. 情报理论与实践, 37(8): 133-138.

丁志刚, 徐琪. 2013. 低碳供应链战略合作伙伴的评价与选择[J]. 中国流通经济, 27(7):102-106.

杜运周, 贾良定. 2017. 组态视角与定性比较分析（QCA）: 管理学研究的一条新道路[J]. 管理世界, (6): 155-167.

杜志雄, 檀学文. 2009. 食品短链的理念与实践[J]. 农村经济, (6): 3-5.

房亚东, 杨杉, 乔虎, 等. 2020. 基于可拓-灰色关联度的产品可制造性评价[J]. 工业工程与管理, 25(1): 69-78.

高原, 王怀明. 2014. 消费者食品安全信任机制研究: 一个理论分析框架[J]. 宏观经济研究, (11): 107-113.

龚志超, 孙磊. 2014. 中泰水果贸易互补性研究[J]. 经济研究导刊, (10): 236-239.

郭华, 蔡建明, 汪德根. 2012. 大流通背景下北京外埠蔬菜供应时空格局及效应分析[J].经济地理, (3): 96-101.

何进进. 2019. 在线音乐服务的用户使用意愿影响因素研究[D]. 武汉: 武汉大学.

黄经南, 李丹哲, 许琴. 2014. 我国大城市的食物里程及对规划的启示: 以武汉市为例[J]. 国际城市规划, 29(5): 101-106.

惠博文, 刘锐, 李健, 等. 2022. 生命周期视角下食品碳足迹的评估及案例分析[J]. 食品科学, 43(7): 381-390.

吉雪强, 张跃松. 2023. 长江经济带种植业碳排放效率空间关联网络结构及动因[J]. 自然资源学报, 38(3): 675-693.

蒋晓丹, 范厚明, 张琰雪, 等. 2018. 港口与运输方式及陆港联合选择的巢式 Logit 模型[J]. 交通运输系统工程与信息, 18(5): 32-37.

鞠鹏, 周晶, 陈星光, 等. 2016. 基于 TAM 和 TPB 整合模型的汽车共享使用意向研究[J]. 管理现代化, 36(4): 82-85.

劳可夫, 吴佳. 2013. 基于 Ajzen 计划行为理论的绿色消费行为的影响机制[J]. 财经科学, (2): 91-100.

李翠霞, 姜冰. 2015. 情景与品质视角下的乳制品质量安全信任评价: 基于 12 个省份消费者乳制品消费调研数据[J]. 农业经济问题, 36(3): 75-82, 111, 112.

李进. 2015. 基于可信性的低碳物流网络设计多目标模糊规划问题[J]. 系统工程理论与实践, 35(6): 1482-1492.
李凯, 陈浩. 2011. 消费者偏好背景下的买方抗衡势力形成与影响[J]. 管理科学, 24(5): 70-77.
李凯, 苏慧清, 刘智慧. 2016. 基于消费者异质性偏好的零售商抗衡势力研究[J]. 中国管理科学, 24(9): 53-63.
李世辉, 葛玉峰, 王如玉. 2019. 基于改进变权物元可拓模型的碳信息披露质量评价[J]. 统计与决策, 35(21): 57-61.
李蔚, 何海兵. 2015. 定性比较分析方法的研究逻辑及其应用[J]. 上海行政学院学报, 16(5): 92-100.
李媛, 赵道致. 2014. 考虑公平偏好的低碳化供应链两部定价契约协调[J]. 管理评论, 26(1): 159-167.
李媛, 赵道致. 2015. 考虑公平偏好的低碳化供应链契约协调研究[J]. 管理工程学报, 29(1): 156-161.
李子键, 朱战国. 2017. 国内消费者本地食品购买意愿形成机理研究: 基于感知质量和感知价值的视角[J]. 世界农业, (8): 210-216.
林杜娟. 2013. 食品安全危机背景下中国短链食品的发展与前景[J]. 绿色科技, (3): 157-161.
刘晴, 程玲, 邵智, 等. 2017. 融资约束、出口模式与外贸转型升级[J]. 经济研究, (5): 75-88.
刘艳秋, 周星. 2009. 基于食品安全的消费者信任形成机制研究[J]. 现代管理科学, (7): 55-57.
刘洋, 刘晓云, 李玉飞. 2022. 基于改进物元可拓模型的高校突发事件应急管理能力评价[J]. 中国管理科学, 30(11): 299-308.
刘竹, 耿涌, 薛冰, 等. 2011. 城市能源消费碳排放核算方法[J]. 资源科学, 33(7): 1325-1330.
陆雄文. 2013. 管理学大辞典[M]. 上海: 上海辞书出版社.
马述忠, 吴国杰. 2016. 中间品进口、贸易类型与企业出口产品质量: 基于中国企业微观数据的研究[J]. 数量经济技术经济研究, 33(11): 77-93.
穆东. 2015. 物流资源整合及其低碳化研究现状[J]. 中国流通经济, (1): 17-24.
潘友道. 2019. 基于拓展 TPB 模型的消费者短链食品消费行为研究[D]. 济南: 山东大学.
齐军领, 范爱军. 2015. 国际贸易运输方式选择的影响因素分析[J]. 统计与决策, 429(9): 152-155.
齐晔, 李惠民, 徐明. 2008. 中国进出口贸易中的隐含碳估算[J]. 中国人口•资源与环境, 18(3): 8-13.
邱宏亮. 2017. 基于 TPB 拓展模型的出境游客文明旅游行为意向影响机制研究[J]. 旅游学刊, 32(6): 75-85.
商务部国际贸易经济合作研究院课题组, 林梦, 路红艳, 等. 2022. 跨国公司在中国: 全球供应链重塑中的再选择[J]. 国际经济合作, 418(4): 55-66, 94.
邵文玲. 2013. 多渠道环境下网络再购买意向影响因素研究[J]. 现代管理科学, (7): 116-118.
帅传敏, 吕婕, 陈艳. 2011. 食物里程和碳标签对世界农产品贸易影响的初探[J]. 对外经贸实务, (2): 39-41.
宋宝娥, 马天山. 2014. 基于熵权和 TOPSIS 的食品供应链可持续性评价研究[J]. 食品与生物技术学报, 33(7): 770-776.
孙建卫, 陈志刚, 赵荣钦, 等. 2010. 基于投入产出分析的中国碳排放足迹研究[J]. 中国人口·资源与环境, 20(5): 28-34.
檀学文, 杜志雄. 2010. 从可持续食品供应链分析视角看“后现代农业”[J]. 中国农业大学学报（社会科学版）, 27(1): 156-165.
檀学文, 杜志雄. 2015. 食品短链、生态农场与农业永续: 京郊例证[J]. 改革, (5): 102-110.
唐润, 彭洋洋. 2017. 考虑时间和温度因素的生鲜食品双渠道供应链协调[J]. 中国管理科学, 25: 62-71.
王建明. 2011. 可持续消费管制的基本理论问题研究: 内涵界定、目标定位和机制设计[J]. 浙江社会科学, (12): 56-62, 155.
王杰, 陈卓, 王爽. 2017. 山东沿海主要港口腹地的动态演化[J]. 地域研究与开发, 36(5): 1-6.
王静. 2022. 我国制造业全球供应链重构和数字化转型的路径研究[J]. 中国软科学, (4): 23-34.
王七荀. 2020. 我国与“一带一路”沿线国家农产品贸易效率的实证分析[J]. 商业经济研究, (18): 139-142.
王雯静, 干宏程. 2010. 小汽车与轨道交通出行方式选择行为分析[J]. 城市交通, 8(3): 36-40, 6.
王重鸣. 2000. 心理学研究方法[M]. 北京：人民教育出版社.
魏素豪. 2018. 中国与“一带一路”国家农产品贸易: 网络结构、关联特征与策略选择[J]. 农业经济问题, (11): 101-113.
温忠麟, 叶宝娟. 2014. 中介效应分析: 方法和模型发展[J]. 心理科学进展, 22(5): 731-745.
吴昊玥, 黄瀚蛟, 何宇, 等. 2021. 中国农业碳排放效率测度、空间溢出与影响因素[J]. 中国生态农业学报（中英文）, 29(10): 1762-1773.
吴建军, 吕莹. 2022. 全球变局下的管理科学与工程研究[J]. 中国管理科学, 30(5): 21-26.
吴林海, 赵丹, 王晓莉, 等. 2011. 企业碳标签食品生产的决策行为研究[J]. 中国软科学, (6): 87-99.
吴委哲. 2014. 农产品物流系统价值链分析[D]. 西安：长安大学.
吴燕, 王效科, 逯非. 2012. 北京市居民食物消费碳足迹[J]. 生态学报, 32(5): 1570-1577.
吴义生. 2014. 低碳供应链协同运作的演化模型[J]. 运筹与管理, (2): 124-132.
伍星华, 姚珣, 李思寰. 2015. 低碳物流服务供应商选择的 GST-ANP 模型研究[J]. 科技管理研究, (20): 253-258.
谢京辞. 2014a. 亚洲进口小麦的食物里程及碳排放研究[J]. 山东大学学报（哲学社会科学版）, (4): 74-85.
谢京辞. 2014b. 中国粮食国际物流的食物里程测度与碳排放研究[J]. 经济问题, (8): 103-108.
谢京辞, 于浩然, 张志军. 2015. 中国出口农产品物流中的食物里程研究[J]. 经济问题探索, (10): 112-116, 156.
新华社. “一带一路”为中国食品工业走出去提供新机遇[EB/OL]. http://news.youth.cn/jsxw/201705/t20170517_9789773.htm[2017-05-17].
徐德顺, 江楠. 2020. 基于社会网络研究中国与周边国家经贸发展策略[J]. 社会科学, (8): 76-88.
徐丽群. 2013. 低碳供应链构建中的碳减排责任划分与成本分摊[J]. 软科学, (12): 104-108.

徐丽笑, 王亚菲. 2022. 我国城市碳排放核算: 国际统计标准测度与方法构建[J]. 统计研究, 39(7): 12-30.

徐小雨, 董会忠, 庞敏. 2023. 东北三省农业碳排放效率时空演化特征及驱动因素分析[J]. 中国环境管理, 15(2): 86-97.

薛黎明, 刘保康, 郑志学, 等. 2018. 基于理想点-可拓云模型的煤炭资源可持续力评价[J]. 自然资源学报, 33(9): 1657-1665.

薛永基, 白雪珊, 胡煜晗. 2016. 感知价值与预期后悔影响绿色食品购买意向的实证研究[J]. 软科学, 30(1): 131-135.

杨建华, 郭继东, 马书刚. 2014. 城市物流配送系统低碳化博弈研究[J]. 软科学, (7): 130-135.

杨磊, 张琴, 张智勇. 2017. 碳交易机制下供应链渠道选择与减排策略[J]. 管理科学学报, 20: 75-87.

杨旺舟. 2022. 中国农村居民食品消费碳排放的时空格局及其影响因素[J]. 中国环境管理, 14(3): 112-117.

叶田阳, 常志有. 2023. RCEP 成员国农产品出口结构对碳排放影响的空间溢出效应研究[J]. 调研世界, (5): 56-65.

殷戈, 朱战国. 2016. 农户参与食品短链模式影响因素分析: 基于选择实验法的实证[J]. 江苏农业科学, (4): 501-504.

于谨凯, 高磊, 刘曙光. 2008. 基于斯塔克尔伯格模型的港口竞争机制分析: 以环渤海港口竞争为例[J]. 河北经贸大学学报, (6): 69-74.

张宝建, 张晓空, 裴博, 等. 2019. 感知价值、认知过程和行为意向: MOOC 学习行为的构型分析[J]. 中国远程教育, (9): 72-82, 93.

张丹, 成升魁, 高利伟, 等. 2016. 城市餐饮业食物浪费碳足迹: 以北京市为例[J]. 生态学报, 36(18): 5937-5948.

张汉江, 张佳雨, 赖明勇. 2015. 低碳背景下政府行为及供应链合作研发博弈分析[J]. 中国管理科学, 23(10): 57-66.

张倩楠. 2020. 安全信任对国产婴幼儿奶粉购买行为的影响机理研究[M]. 哈尔滨: 东北农业大学.

张一涵, 袁勤俭. 2018. 理性行为理论及其在信息系统研究中的应用与展望[J]. 现代情报, 38(11): 145-153.

张应语, 张梦佳, 王强, 等. 2015. 基于感知收益-感知风险框架的 O2O 模式下生鲜农产品购买意愿研究[J]. 中国软科学, (6): 128-138.

张影. 2009. 博弈论的智慧: 社会万象的博弈解读[M]. 北京: 中国致公出版社.

赵玻, 葛海燕. 2014. 食品供应短链: 流通体系治理机制新视角[J]. 学习与实践, (8): 35-43.

周会敏, 帅传敏, 程欣. 2015. 中国食品产业集群可持续发展潜力的综合评价[J]. 统计与决策, (7): 48-51.

周培勤. 2010. 欧美饮食新文化:“食物里程”[J]. 环境保护, (7): 70-71.

周雄勇, 许志端. 2022. 数字追溯对食品企业可持续发展绩效的影响: 基于动态能力视角[J]. 经济与管理研究, 43(8): 129-144.

根本志保子. 2006. フードマイルズにみる生鮮野菜消費と環境負荷の変化[J]. 生活経済学研究, (22/23): 225-235.

谢京辞, 久保雅義. 2007. アジアにおける小麦の海上輸送システムに関する研究[J]. 海運経済研究, (41): 105-114.

Abeliotis K, Detsis V, Pappia C. 2013. Life cycle assessment of bean production in the Prespa National Park, Greece[J]. Journal of Cleaner Production, 41: 89-96.

Adams D C, Adams A E. 2011. De-placing local at the farmers' market: consumer conceptions of local foods[J]. Journal of Rural Social Sciences, 26(2): 74-100.

Adams D C, Salois M J. 2010. Local versus organic: a turn in consumer preferences and willingness-to-pay[J]. Renewable Agriculture and Food Systems, 25(4): 331-341.

Aggestam V, Fleiß E, Posch A. 2017. Scaling-up short food supply chains? A survey study on the drivers behind the intention of food producers[J]. Journal of Rural Studies, 51: 64-72.

Ajzen I. 1985. From intentions to actions: a theory of planned behavior[M]//Kuhl J, Beckmann J. Action Control. Berlin Heidelberg: Springer Berlin Heidelberg: 11-39.

Ajzen I. 1991. The theory of planned behavior[J]. Organizational Behavior and Human Decision Processes, 50(2): 179-211.

Ajzen I, Albarracin D. 2007. Predicting and Changing Behavior: A Reasoned Action Approach[M]. Mahwah: Lawrence Erlbaum Associates Publishers: 3-21.

Ala-Harja H, Helo P. 2014. Green supply chain decisions-case-based performance analysis from the food industry[J]. Transportation Research Part E-Logistics and Transportation Review, 69: 97-107

Aprile M C, Caputo V, Nayga R M, Jr. 2016. Consumers' preferences and attitudes toward local food products[J]. Journal of Food Products Marketing, 22(1): 19-42.

Arrieta E M, González A D. 2019. Energy and carbon footprints of food: investigating the effect of cooking[J]. Sustainable Production and Consumption, 19: 44-52.

Åsebø K, Jervell A M, Lieblein G, et al. 2007. Farmer and consumer attitudes at farmers markets in Norway[J]. Journal of Sustainable Agriculture, 30(4): 67-93.

Aubert M, Enjolras G. 2016. Do short food supply chains go hand in hand with environment-friendly practices? An analysis of French farms[J]. International Journal of Agricultural Resources Governance and Ecology, 12(2): 189-211.

Aubry C, Kebir L. 2013. Shortening food supply chains: a means for maintaining agriculture close to urban areas? The case of the French metropolitan area of Paris[J]. Food Policy, 41: 85-93.

Avetisyan M, Hertel T, Sampson G. 2014. Is local food more environmentally friendly? The GHG emissions impacts of consuming imported versus domestically produced food[J]. Environmental and Resource Economics, 58(3): 415-462.

Aysoy C, Kirli D H, Tumen S. 2015. How does a shorter supply chain affect pricing of fresh food? Evidence from a natural experiment[J]. Food Policy, 57:104-113.

Baldi L, Trentinaglia M T, Mancuso T, et al. 2021. Attitude toward environmental protection and toward nature: how do they shape consumer behaviour for a sustainable tomato?[J]. Food Quality and Preference, 90: 104175.

Ballingall J, Winchester N. 2010. Food miles: starving the poor?[J]. The World Economy, 33 (10): 1201-1217.

Bangsa A B, Schlegelmilch B B. 2020. Linking sustainable product attributes and consumer decision-making: insights from a systematic review[J]. Journal of Cleaner Production, 245: 118902.

Barlagne C, Bazoche P, Thomas A, et al. 2015. Promoting local foods in small island states: the role of information policies[J]. Food Policy, 57: 62-72.

Basiri Z, Heydari J. 2017. A mathematical model for green supply chain coordination with substitutable products[J]. Journal of Cleaner Production, 145: 232-249.

Beingessner N, Fletcher A J. 2020. "Going local": farmers' perspectives on local food systems in rural Canada[J]. Agriculture and Human Values, 37(1): 129-145.

Bellows A C, Gabriela A V, Hallman W K. 2010. Gender and food, a study of attitudes in the USA towards organic, local, U.S. grown, and GM-free foods[J]. Appetite, 55(3): 540-550.

Ben-Akiva M E, Lerman S R. 2018. Discrete Choice Analysis: Theory and Application to Travel Demand[M]. Cambridge: MIT Press.

Bernardi E, Carlucci S, Cornaro C, et al. 2017. An analysis of the most adopted rating systems for assessing the environmental impact of buildings[J]. Sustainability, 9(7): 1226.

Birch D, Memery J, de Silva Kanakaratne M. 2018. The mindful consumer: balancing egoistic and altruistic motivations to purchase local food[J]. Journal of Retailing and Consumer Services, 40: 221-228.

Birkenberg A, Narjes M E, Weinmann B, et al. 2021. The potential of carbon neutral labeling to engage coffee consumers in climate change mitigation[J]. Journal of Cleaner Production, 278: 123621.

Bojarski A D, Laínez J M, Espuña A, et al. 2009. Incorporating environmental impacts and regulations in a holistic supply chains modeling: an LCA approach[J]. Computers & Chemical Engineering, 33(10): 1747-1759.

Brown C. 2003. Consumers' preferences for locally produced food: a study in southeast Missouri[J]. American Journal of Alternative Agriculture, 18(4): 213-224.

Brune S, Knollenberg W, Stevenson K, et al. 2022. investigating predictors of public-and private-sphere sustainable behaviors in the context of agritourism[J]. Sustainability, 14(2): 663.

Camaréna S. 2020. Artificial intelligence in the design of the transitions to sustainable food systems[J]. Journal of Cleaner Production, 271:122574.

Cao D Z, Murat A, Chinnam R B. 2013. Efficient exact optimization of multi-objective redundancy allocation problems in series-parallel systems[J]. Reliability Engineering & System Safety, 111: 154-163.

Cappelli L, D'Ascenzo F, Ruggieri R, et al. 2022. Is buying local food a sustainable practice? A scoping review of consumers' preference for local food[J]. Sustainability, 14(2): 772.

Caputo V, Nayga R M, Jr, Scarpa R. 2013a. Food miles or carbon emissions? Exploring labelling preference for food transport footprint with a stated choice study[J]. Australian Journal of Agricultural and Resource Economics, 57(4): 465-482.

Caputo V, Vassilopoulos A, Nayga R M, Jr, et al. 2013b. Welfare effects of food miles labels[J]. Journal of Consumer Affairs, 47(2): 311-327.

Carfora V, Cavallo C, Caso D, et al. 2019. Explaining consumer purchase behavior for organic milk: including trust and green self-identity within the theory of planned behavior[J]. Food Quality and Preference, 76: 1-9.

Carpio C E, Isengildina-Massa O. 2009. Consumer willingness to pay for locally grown products: the case of South Carolina[J]. Agribusiness, 25(3): 412-426.

Carroll K, Bernard J C, Pesek J. 2013. Consumer preferences for tomatoes: the influence of local, organic, and state program promotions by purchasing venue[J]. Journal of Agricultural and Resource Economics, 38(3): 379-396.

Caspersen E, Navrud S. 2021. The sharing economy and consumer preferences for environmentally sustainable last mile deliveries[J]. Transportation Research Part D: Transport and Environment, 95: 102863.

Causil O M M, Morais D C. 2023. Food supplier sorting model for strategic supply chain sustainable development[J]. Business Strategy and the Environment, 32(7): 4103-4118.

Chambers S, Lobb A, Butler L, et al. 2007. Local, national and imported foods: a qualitative study[J]. Appetite, 49(1): 208-213.

Chang Z, Notteboom T, Lu J. 2015. A two-phase model for dry port location with an application to the port of Dalian in China[J]. Transportation Planning and Technology, 38(4): 442-464.

Chang Z, Weng J X, Qi Z, et al. 2019. Assess economic and environmental trade-off for inland port location[J]. International Journal of Shipping and Transport Logistics, 11(2/3): 243-261.

Chen L A, Miranda B V, Parcell J L, et al. 2019. The foundations of institutional-based trust in farmers' markets[J]. Agriculture and Human Values, 36(3): 395-410.

Chen X, Zhu X N, Zhou Q J, et al. 2017. Game-theoretic comparison approach for intercontinental container transportation: a case between China and Europe with the B&R initiative[J]. Journal of Advanced Transportation, 2017: 3128372.

Chen X Q, Gao Z F, McFadden B R. 2020. Reveal preference reversal in consumer preference for sustainable food products[J]. Food Quality and Preference, 79: 103754.

Cholette S, Özlük Ö, Özşen L, et al. 2013. Exploring purchasing preferences: local and ecologically labelled foods[J]. Journal of Consumer Marketing, 30(7): 563-572.

Cholette S, Venkat K. 2009. The energy and carbon intensity of wine distribution: a study of logistical options for delivering wine to consumers[J]. Journal of Cleaner Production, 17(16): 1401-1413.

Coley D, Howard M, Winter M. 2009. Local food, food miles and carbon emissions: a comparison of farm shop and mass distribution approaches[J]. Food Policy, 34(2): 150-155.

Coley D, Howard M, Winter M. 2011. Food miles: time for a re-think?[J]. British Food Journal, 113(6/7): 919-934.

Črepinšek M, Liu S H, Mernik M. 2013. Exploration and exploitation in evolutionary algorithms: a survey[J]. Acm Computing Surveys, 45(3):1-33.

D'Amico M, Di Vita G, Chinnici G, et al. 2014. Short food supply chain and locally produced wines: factors affecting consumer behaviour[J]. Italian Journal of Food Science, 26(3) :329-334.

de Bauw M, Franssens S, Vranken L. 2019. What is local food? The case of consumer preferences for local food labeling of tomatoes in Germany[J]. Journal of Cleaner Production, 207: 30-43.

de Bauw M, Franssens S, Vranken L. 2022. Trading off environmental attributes in food consumption choices[J]. Food Policy, 112: 102338.

de Carvalho A M, Verly E, Jr, Marchioni D M, et al. 2021. Measuring sustainable food systems in Brazil: a framework and multidimensional index to evaluate socioeconomic, nutritional, and environmental aspects[J]. World Development, 143: 105470.

de Magistris T, del Giudice T, Verneau F. 2015. The effect of information on willingness to pay for canned tuna fish with different corporate social responsibility (CSR) certification:a pilot study[J]. Journal of Consumer Affairs, 49(2) :457-471.

Deb K, Pratap A, Agarwal S, et al. 2002. A fast and elitist multiobjective genetic algorithm: NSGA-Ⅱ[J]. IEEE Transactions on Evolutionary Computation, 6(2): 182-197.

Denver S, Jensen J D. 2014. Consumer preferences for organically and locally produced apples[J]. Food Quality and Preference, 31: 129-134.

Ding Y L, Veeman M M, Adamowicz W L. 2015. Functional food choices: impacts of trust and health control beliefs on Canadian consumers' choices of canola oil[J]. Food Policy, 52: 92-98.

Djekic I, Smigic N, Glavan R, et al. 2018. Transportation sustainability index in dairy industry-fuzzy logic approach[J]. Journal of Cleaner Production, 180: 107-115.

Dominici A, Boncinelli F, Gerini F, et al. 2021. Determinants of online food purchasing: the impact of socio-demographic and situational factors[J]. Journal of Retailing and Consumer Services, 60. 102473.

Dorce L C, da Silva M C, Mauad J R C, et al. 2021. Extending the theory of planned behavior to understand consumer purchase behavior for organic vegetables in Brazil: the role of perceived health benefits, perceived sustainability benefits and perceived price[J]. Food Quality and Preference, 91: 104191.

Dowd K, Burke K J. 2013. The influence of ethical values and food choice motivations on intentions to purchase sustainably sourced foods[J]. Appetite, 69: 137-144.

Fan X L, Gómez M I, Coles P S. 2019. Willingness to pay, quality perception, and local foods: the case of broccoli[J]. Agricultural and Resource Economics Review, 48(3): 414-432.

Fan Y, de Kleuver C, de Leeuw S, et al. 2021. Trading off cost, emission, and quality in cold chain design: a simulation approach[J]. Computers & Industrial Engineering, 158: 107442.

Farris J, Malone T, Robison L J, et al. 2019. Is "localness" about distance or relationships?

evidence from hard cider[J]. Journal of Wine Economics, 14(3): 252-273.

Feldmann C, Hamm U. 2015. Consumers' perceptions and preferences for local food: a review[J]. Food Quality and Preference, 40: 152-164.

Fishbein M, Ajzen I. 1975. Belief, Attitude, Intention and Behavior: An Introduction to Theory and Research[M]. Reading, MA: Addison-Wesley.

Fishbein M, Ajzen I. 2011. Predicting and Changing Behavior: The Reasoned Action Approach[M]. New York: Psychology Press.

Fiss P C. 2011. Building better causal theories: a fuzzy set approach to typologies in organization research[J]. Academy of Management Journal, 54: 393-420.

Forssell S, Lankoski L. 2015. The sustainability promise of alternative food networks: an examination through "alternative" characteristics[J]. Agriculture and Human Values, 32: 63-75.

Francesco B, Alessandro B, Gianluca N, et al. 2015. The hidden benefits of short food supply chains: farmers' markets density and body mass index in Italy[J]. International Food and Agribusiness Management Review, 18(1): 1-16.

Fujiwara O, Perera U L J S R. 1993. EOQ models for continuously deteriorating products using linear and exponential penalty costs[J]. European Journal of Operational Research, 70(1): 104-114.

Gava O, Galli F, Bartolini F, et al. 2014. Sustainability of local versus global bread supply chains: a literature review[R]. Alghero: Italian Association of Agricultural and Applied Economics (AIEAA): 1-17.

Ghosh D, Shah J. 2012. A comparative analysis of greening policies across supply chain structures[J]. International Journal of Production Economics, 135: 568-583.

Ghosh D, Shah J. 2015. Supply chain analysis under green sensitive consumer demand and cost sharing contract[J]. International Journal of Production Economics, 164: 319-329.

Giampietri E, Finco A, del Giudice T. 2016. Exploring consumers' behaviour towards short food supply chains[J]. British Food Journal, 118: 618-631.

Giampietri E, Verneau F, del Giudice T, et al. 2018. A theory of planned behaviour perspective for investigating the role of trust in consumer purchasing decision related to short food supply chains[J]. Food Quality and Preference, 64: 160-166.

Gokarn S, Choudhary A. 2021. Modeling the key factors influencing the reduction of food loss and waste in fresh produce supply chains[J]. Journal of Environmental Management, 294(1): 113063.

Gómez A G, Valdor P F, Ondiviela B, et al. 2019. Mapping the environmental risk assessment of marinas on water quality: the atlas of the Spanish coast[J]. Marine Pollution Bulletin, 139: 355-365.

Goodman D. 2004. Rural Europe redux? Reflections on alternative agro-food networks and paradigm change[J]. Sociologia Ruralis, 44(1): 3-16.

Gorgitano M T, Sodano V. 2014. Sustainable food consumption: concept and policies[J]. Calitatea, 15(1): 207-212.

Govindan K. 2018. Sustainable consumption and production in the food supply chain: a conceptual framework[J]. International Journal of Production Economics, 195: 419-431.

Govindan K, Jiménez-Parra B, Rubioc S, et al. 2019. Remanufacturing: opportunities and challenges for a sustainable consumption[J]. Resources Conservation and Recycling, 151: 104420.

Gracia A. 2014. Consumers' preferences for a local food product: a real choice experiment[J]. Empirical Economics, 47(1): 111-128.

Gracia A, de-Magistris T. 2016. Consumer preferences for food labeling: what ranks first?[J]. Food Control, 61: 39-46.

Gralton A, Vanclay F. 2009. Artisanality and culture in innovative regional agri-food development: lessons from the Tasmanian artisanal food industry[J]. International Journal of Foresight and Innovation Policy, 5: 193-204.

Granillo-Macías R. 2021. Logistics optimization through a social approach for food distribution[J]. Socio-Economic Planning Sciences, 76: 100972.

Grebitus C, Lusk J L, Nayga R M, Jr. 2013. Effect of distance of transportation on willingness to pay for food[J]. Ecological Economics, 88(4): 67-75.

Grebitus C, Steiner B, Veeman M. 2015. The roles of human values and generalized trust on stated preferences when food is labeled with environmental footprints: insights from Germany[J]. Food Policy, 52: 84-91.

Grunert K G, Hieke S, Wills J. 2014. Sustainability labels on food products: consumer motivation, understanding and use[J]. Food Policy, 44:177-189.

Gu D L, Guo J H, Fan Y R, et al. 2022. Evaluating water-energy-food system of Yellow River Basin based on type-2 fuzzy sets and pressure-state-response model[J]. Agricultural Water Management, 267: 107607.

Haezendonck E. 2008. Transport Project Evaluation：Extending the Social Cost[M]. United Kingdom：Edward Elgar.

Hair J F, Jr, Hult G T M, Ringle C M, et al. 2021. A Primer on Partial Least Squares Structural Equation Modeling (PLS-SEM)[M]. Los Angeles: Sage Publications.

Halbe J, Adamowski J. 2019. Modeling sustainability visions: a case study of multi-scale food systems in Southwestern Ontario[J]. Journal of Environmental Management, 231: 1028-1047.

Han H B, Zhong Z Q, Guo Y, et al. 2018. Coupling and decoupling effects of agricultural carbon emissions in China and their driving factors[J]. Environmental Science and Pollution Research International, 25(25): 25280-25293.

Hao H, Liu Z, Zhao F, et al. 2015. Scenario analysis of energy consumption and greenhouse gas emissions from China's passenger vehicles[J]. Energy, 91: 151-159.

Hartmann M, Klink J, Simons J. 2015. Cause related marketing in the German retail sector: exploring the role of consumers' trust[J]. Food Policy, 52: 108-114.

He B, Gan X H, Yuan K F. 2019. Entry of online presale of fresh produce: a competitive analysis[J]. European Journal of Operational Research, 272: 339-351.

He C Y, Liu R F, Gao Z F, et al. 2021. Does local label bias consumer taste buds and preference? Evidence of a strawberry sensory experiment[J]. Agribusiness, 37(3): 550-568.

He Y X, Dai A Y, Zhu J, et al. 2011. Risk assessment of urban network planning in China based on the matter-element model and extension analysis[J]. International Journal of Electrical Power & Energy Systems, 33(3): 775-782.

Hedberg R C, Zimmerer K S. 2020. What's the market got to do with it? Social-ecological embeddedness and environmental practices in a local food system initiative[J]. Geoforum, 110: 35-45.

Hempel C, Hamm U. 2016a. How important is local food to organic-minded consumers?[J]. Appetite, 96: 309-318.

Hempel C, Hamm U. 2016b. Local and/or organic: a study on consumer preferences for organic food and food from different origins[J]. International Journal of Consumer Studies, 40(6): 732-741.

Henseleit M, Kubitzki S, Teuber R. 2007. Determinants of consumer preferences for regional food[R]. Bologna: European Association of Agricultural Economists (EAAE): 55-67.

Hiroki S, Garnevska E, McLaren S. 2016. Consumer perceptions about local food in New Zealand, and the role of life cycle-based environmental sustainability[J]. Journal of Agricultural and Environmental Ethics, 29(3): 479-505.

Hitchcock T. 2012. Low carbon and green supply chains: the legal drivers and commercial pressures[J]. Supply Chain Management, 17(1): 98-101.

Hoek A C, Luning P A, Stafleu A, et al. 2004. Food-related lifestyle and health attitudes of Dutch vegetarians, non-vegetarian consumers of meat substitutes, and meat consumers[J]. Appetite, 42: 265-272.

Holmes T J, Yan R L. 2012. Predicting consumers' preferences for and likely buying of local and organic produce: results of a choice experiment[J]. Journal of Food Products Marketing, 18(5): 369-384.

Hor R, Ly P, Putra A S, et al. 2021. Estimation of carbon dioxide emissions from a traditional nutrient-rich Cambodian diet food production system using life cycle assessment[J]. Sustainability, 13(7): 3660.

Hu Z H. 2015. Heuristics for solving continuous berth allocation problem considering periodic balancing utilization of cranes[J]. Computers & Industrial Engineering, 85: 216-226.

Hua G W, Cheng T C E, Wang S Y. 2011. Managing carbon footprints in inventory management[J]. International Journal of Production Economics, 132(2): 178-185.

Ilbery B, Maye D. 2005. Food supply chains and sustainability: evidence from specialist food producers in the Scottish/English borders[J]. Land Use Policy, 22(4): 331-344.

Illichmann R, Abdulai A. 2013. Analysis of consumer preferences and willingness-to-pay for organic food products in Germany[R]. Washington: Association of Agricultural Economists: 1-24.

Indrawan D, Christy A, Hogeveen H. 2021. Improving poultry meat and sales channels to address food safety concerns: consumers' preferences on poultry meat attributes[J]. British Food Journal,

123(13): 529-546.
Jagtap S, Garcia-Garcia G, Rahimifard S. 2021. Optimisation of the resource efficiency of food manufacturing via the Internet of Things[J]. Computers in Industry, 127: 103397.
Jouzdani J, Govindan K. 2021. On the sustainable perishable food supply chain network design: a dairy products case to achieve sustainable development goals[J]. Journal of Cleaner Production, 278: 123060.
Joya K, Ramli N N, Shamsudin M N, et al. 2022. Consumers' willingness to pay for food safety attributes of tomato[J]. British Food Journal, 124(3): 701-717.
Jung S E, Shin Y H, Dougherty R. 2020. A multi theory-based investigation of college students' underlying beliefs about local food consumption[J]. Journal of Nutrition Education and Behavior, 52: 907-917.
Kalábová J, Mokrý S, Turčínková J. 2013. Regional differences of consumer preferences when shopping for regional products[J]. Acta Universitatis Agriculturae et Silviculturae Mendelianae Brunensis, 61: 2255-2259.
Kallas Z, Alba M F, Casellas K, et al. 2019. The development of short food supply chain for locally produced honey: understanding consumers' opinions and willingness to pay in Argentina[J]. British Food Journal, 123(5): 1664-1680.
Kamble S S, Gunasekaran A, Gawankar S A. 2020. Achieving sustainable performance in a data-driven agriculture supply chain: a review for research and applications[J]. International Journal of Production Economics, 219: 179-194.
Kemp K, Insch A, Holdsworth D K, et al. 2010. Food miles: do UK consumers actually care?[J]. Food Policy, 35(6): 504-513.
Kim H G, Choi C Y, Woo J W, et al. 2011. Efficiency of the modal shift and environmental policy on the Korean railroad[J]. Stochastic Environmental Research and Risk Assessment, 25(3): 305-322.
Kissinger M. 2012. International trade related food miles: the case of Canada[J]. Food Policy, (37):171-178.
Koppelman F S, Bhat C. 2006. A self instructing course in mode choice modeling: multinomial and nested logit models[R]. U.S.: Derpartment of Transportation.
Kreidenweis U, Lautenbach S, Koellner T. 2016. Regional or global? The question of low-emission food sourcing addressed with spatial optimization modelling[J]. Environmental Modelling & Software, 82: 128-141.
Krejcie R V, Morgan D W. 1970. Determining sample size for research activities[J]. Educational and Psychological Measurement, 30(3): 607-610.
Krishnan R, Yen P, Agarwal R, et al. 2021. Collaborative innovation and sustainability in the food supply chain-evidence from farmer producer organisations[J]. Resources Conservation and Recycling, 168: 105253.
Kumar A, Smith S. 2018. Understanding local food consumers: theory of planned behavior and

segmentation approach[J]. Journal of Food Products Marketing, 24(2): 196-215.

Kumar M, Raut R D, Sharma M, et al. 2022. Enablers for resilience and pandemic preparedness in food supply chain[J]. Operations Management Research, 15(3/4): 1198-1223.

Lang M, Stanton J, Qu Y D. 2014. Consumers' evolving definition and expectations for local foods[J]. British Food Journal, 116(11): 1808-1820.

Lang T, Colin H. 1993. The new protectionism: protecting the future against free trade[J]. International Affairs, 70(2): 331.

Lassoued R, Hobbs J E. 2015. Consumer confidence in credence attributes: the role of brand trust[J]. Food Policy, 52: 99-107.

Latino M E, Corallo A, Menegoli M, et al. 2021. Agriculture 4.0 as enabler of sustainable agri-food: a proposed taxonomy[J]. IEEE Transactions on Engineering Management, 70(10): 3678-3696.

Leandro G M, Inmaculada M Z, Delia P M. 2004. Determinants of mode choice between road and shipping for freight transport[J]. Journal of Transport Economics and Policy, 38 (3): 447-466.

Lee J Y, Han D B, Nayga R M, et al. 2014. Assessing Korean consumers' valuation for domestic, Chinese, and US rice: importance of country of origin and food miles information[J]. China Agricultural Economic Review, 6(1):125-138.

Li B, Zhu M Y, Jiang Y S, et al. 2016. Pricing policies of a competitive dual-channel green supply chain[J]. Journal of Cleaner Production, 112: 2029-2042.

Li D, Wang X J, Chan H K, et al. 2014. Sustainable food supply chain management[J]. International Journal of Production Economics, 152: 1-8.

Li Z, Li J D. 2022. The influence mechanism and spatial effect of carbon emission intensity in the agricultural sustainable supply: evidence from China's grain production[J]. Environmental Science and Pollution Research International, 29(29): 44442-44460.

Lin W, Nayga R M. 2022. Green identity labeling, environmental information, and pro-environmental food choices[J]. Food Policy, 106: 102187.

López L A, Cadarso M A, Gómez N, et al. 2015. Food miles, carbon footprint and global value chains for Spanish agriculture: assessing the impact of a carbon border tax[J]. Journal of Cleaner Production, 103: 423-436.

Loureiro M L, Umberger W J. 2003. Estimating consumer willingness to pay for country-of-origin labeling[J]. Journal of Agricultural and Resource Economics, 28(2): 287-301.

Lovec M. 2016. European Union's Common Agricultural Policy Reforms[M]. London: Palgrave Macmillan.

Luigi M, Davide M, Aurora C, et al. 2015. Exploring the role of farmers in short food supply chains: the case of Italy[J]. International Food and Agribusiness Management Review, 18(2): 109-129.

Ma L H, Chen H, Yan H Z, et al. 2018. Post evaluation of distributed energy generation combining the attribute hierarchical model and matter-element extension theory[J]. Journal of Cleaner Production, 184: 503-510.

MacDiarmid J I. 2014. Seasonality and dietary requirements: will eating seasonal food contribute to health and environmental sustainability?[J]. Proceedings of the Nutrition Society, 73(3): 368-375.

Mangla S K, Kazancoglu Y, Ekinci E, et al. 2021. Using system dynamics to analyze the societal impacts of blockchain technology in milk supply chainsrefer[J]. Transportation Research Part E: Logistics and Transportation Review, 149: 102289.

Marletto G, Sillig C. 2014. Environmental impact of Italian canned tomato logistics: national vs.regional supply chains[J]. Journal of Transport Geography, 34: 131-141.

Marsden T, Banks J, Bristow G. 2000. Food supply chain approaches: exploring their role in rural development[J]. Sociologia Ruralis, 40: 424-438.

Martinez S. 2010. Local Food Systems: Concepts, Impacts, and Issues[M]. Pennsylvania: Diane Publishing.

Mastronardi L, Giaccio V, Giannelli A, et al. 2015. Is agritourism eco-friendly? A comparison between agritourism and other farms in Italy using farm accountancy data network dataset[J]. SpringerPlus, 4: 590.

Mayton H, Beal T, Rubin J, et al. 2020. Conceptualizing sustainable diets in Vietnam: minimum metrics and potential leverage points[J]. Food Policy, 91: 101836.

Mazzocchi C, Corsi S, Ruggeri G. 2020. The coexistence of local and global food supply chains: the Lombardy Region case study[J]. Agriculture, 10(11): 540.

Mazzocchi M, Lobb A, Traill W B, et al. 2008. Food scares and trust: a European study[J]. Journal of Agricultural Economics, 59: 2-24.

Melkonyan A, Gruchmann T, Lohmar F, et al. 2020. Sustainability assessment of last-mile logistics and distribution strategies: the case of local food networks[J]. International Journal of Production Economics, 228: 107746.

Meneghetti A, Monti L. 2015. Greening the food supply chain: an optimisation model for sustainable design of refrigerated automated warehouses[J]. International Journal of Production Research, 53(21): 6567-6587.

Menozzi D, Halawany-Darson R, Mora C, et al. 2015. Motives towards traceable food choice: a comparison between French and Italian consumers[J]. Food Control, 49: 40-48.

Miguel A, Luis A, Claudia V. 2018. Critical success factors in short food supply chains: case studies with milk and dairy producers from Italy and Brazil[J]. Journal of Cleaner Production, 170: 1361-1368.

Mirosa M, Lawson R. 2012. Revealing the lifestyles of local food consumers[J]. British Food Journal, 114(6): 816-825.

Mkedder N, Bakır M, Lachachi A. 2021. Investigating the antecedents of purchase intention toward local dairy products: an empirical study based on the SOR model[J]. Central European Management Journal, 29(4): 124-148.

Mogale D G, Cheikhrouhou N, Tiwari M K. 2020. Modelling of sustainable food grain supply chain distribution system: a bi-objective approach[J]. International Journal of Production Research,

58(18): 5521-5544.

Moreno-Miranda C, Dries L. 2022. Integrating coordination mechanisms in the sustainability assessment of agri-food chains: from a structured literature review to a comprehensive framework[J]. Ecological Economics, 192: 107265.

Morris C, Buller H. 2003. The local food sector: a preliminary assessment of its form and impact in Gloucester[J]. British Food Journal, 105(8):559-566.

Mundler P, Laughrea S. 2016. The contributions of short food supply chains to territorial development: a study of three Quebec territories[J]. Journal of Rural Studies, 45: 218-229.

Nicholson C F, Gómez M I, Gao O H. 2011. The costs of increased localization for a multiple-product food supply chain: dairy in the United States[J]. Food Policy, 36: 300-310.

Nijdam D, Rood T, Westhoek H. 2012. The price of protein: review of land use and carbon footprints from life cycle assessments of animal food products and their substitutes[J]. Food Policy, 37(6): 760-770.

Notarnicola B, Sala S, Anton A, et al. 2017. The role of life cycle assessment in supporting sustainable agri-food systems: a review of the challenges[J]. Journal of Cleaner Production, 140: 399-409.

O'Neill K. 2014. Localized food systems-what role does place play?[J]. Regional Studies, Regional Science, 1(1): 82-87.

OECD. 2002. Towards Sustainable Household Consumption? Trends and Policies in OECD Countries[M]. Paris: OECD Publications Service.

Onken K A, Bernard J C. 2010. Catching the "local" bug: a look at state agricultural marketing programs[J]. Agricultural and Applied Economics Association, 25: 1-7.

Onozaka Y, Nurse G A, Thilmany D D. 2010. Local food consumers: how motivations and perceptions translate to buying behavior[J]. Agricultural and Applied Economics Association, 25(1): 1-6.

Oravecz T, Mucha L, Magda R, et al. 2020. Consumers' preferences for locally produced honey in Hungary[J]. Acta Universitatis Agriculturae et Silviculturae Mendelianae Brunensis, 68(2): 407-418.

Osman M, Schwartz P, Wodak S. 2021. Sustainable consumption: what works best, carbon taxes, subsidies and/or nudges?[J]. Basic and Applied Social Psychology, 43 (3):169-194.

Pachar N, Darbari J D, Govindan K, et al. 2022. Sustainable performance measurement of Indian retail chain using two-stage network DEA[J]. Annals of Operations Research, 315(2): 1477-1515.

Paciarotti C, Mazzuto G, Torregiani F, et al. 2022. Locally produced food for restaurants: a theoretical approach for the supply chain network design[J]. International Journal of Retail & Distribution Management, 50(13): 164-183.

Palau-Saumell R, Matute J, Derqui B, et al. 2021. The impact of the perceived risk of COVID-19 on consumers' attitude and behavior toward locally produced food[J]. British Food Journal, 123:

281-301.

Panico T, Verneau F, Capone V, et al. 2017. Antecedents of intention and behavior towards fair trade products: a study on values and attitudes in Italy[J]. International Journal on Food System Dynamics, 8(2): 96-105.

Pappas I O, Papavlasopoulou S, Mikalef P, et al. 2020. Identifying the combinations of motivations and emotions for creating satisfied users in SNSs: an fsQCA approach[J]. International Journal of Information Management, 53: 102128.

Parashar S, Sood G, Agrawal N. 2020. Modelling the enablers of food supply chain for reduction in carbon footprint[J]. Journal of Cleaner Production, 275: 122932.

Paxton A. 1994. The Food Miles Report: the Dangers of Long Distance Food Transport[M]. London : S.A.F.E. Alliance.

Pelletier J E, Laska M N, Neumark-Sztainer D, et al. 2013a. Positive attitudes toward organic, local, and sustainable foods are associated with higher dietary quality among young adults[J]. Journal of the Academy of Nutrition and Dietetics, 113(1): 127-132.

Pelletier N, Ibarburu M, Xin H W. 2013b. A carbon footprint analysis of egg production and processing supply chains in the Midwestern United States[J]. Journal of Cleaner Production, 54: 108-114.

Peng B H, Chen H, Elahi E, et al. 2020. Study on the spatial differentiation of environmental governance performance of Yangtze River urban agglomeration in Jiangsu province of China[J]. Land Use Policy, 99: 105063.

Pícha K, Skořepa L. 2018. Preference to food with a regional brand[J]. Calitatea, 19(162): 134-139.

Pirog R, van Pelt T, Enshayan K, et al. 2001. Food, fuel, and freeways: an iowa perspective on how far food travels, fuel usage, and greenhouse gas emissions[R]. Iowa: Leopold Center for Sustainable Agriculture.

Pohlmann C R, Scavarda A J, Alves M B, et al. 2020. The role of the focal company in sustainable development goals: a Brazilian food poultry supply chain case study[J]. Journal of Cleaner Production, 245: 118798.

Poore J, Nemecek T. 2018. Reducing food's environmental impacts through producers and consumers[J]. Science, 360(6392): 987-992.

Pretty J N, Ball A S, Lang T, et al. 2005. Farm costs and food miles: an assessment of the full cost of the UK weekly food basket[J]. Food Policy, 30(1): 1-19.

Printezis I, Grebitus C. 2018. Marketing channels for local food[J]. Ecological Economics, 152: 161-171.

Qi X, Ploeger A. 2019. Explaining consumers' intentions towards purchasing green food in Qingdao, China: the amendment and extension of the theory of planned behavior[J]. Appetite, 133: 414-422.

Ragin C. 2008. Redesigning Social Inquiry: Fuzzy Sets and Beyond[M]. Chicago: The University of Chicago Press: 5-9.

Ramirez-Contreras N E, Faaij A P C. 2018. A review of key international biomass and bioenergy sustainability frameworks and certification systems and their application and implications in Colombia[J]. Renewable and Sustainable Energy Reviews, 96: 460-478.

Ranjan A, Jha J K. 2019. Pricing and coordination strategies of a dual-channel supply chain considering green quality and sales effort[J]. Journal of Cleaner Production, 218: 409-424.

Renting H, Marsden T, Banks J. 2003. Understanding alternative food networks:exploring the role of short food supply chains in rural development[J]. Environment and Planning, 35(3): 393-411.

Ribal J, Estruch V, Clemente G, et al. 2019. Assessing variability in carbon footprint throughout the food supply chain: a case study of Valencian oranges[J]. The International Journal of Life Cycle Assessment, 24(8): 1515-1532.

Rikkonen P, Kotro J, Koistinen L, et al. 2013. Opportunities for local food suppliers to use locality as a competitive advantage: a mixed survey methods approach[J]. Acta Agriculturae Scandinavica Section B-Soil & Plant Science, 63(sup1): 29-37.

Rizet C, Browne M, Cornelis E, et al. 2012. Assessing carbon footprint and energy efficiency in competing supply chains: review-case studies and benchmarking[J]. Transportation Research Part D: Transport and Environment, 17(4): 293-300.

Rohmer S U K, Gerdessen J C, Claassen G D H. 2019. Sustainable supply chain design in the food system with dietary considerations: a multi-objective analysis[J]. European Journal of Operational Research, 273(3): 1149-1164.

Roininen K, Arvola A, Lähteenmäki L. 2006. Exploring consumers' perceptions of local food with two different qualitative techniques: laddering and word association[J]. Food Quality and Preference, 17(1/2): 20-30.

Rothlauf F. 2006. Representations for Genetic and Evolutionary Algorithms[M]. 2nd ed. Heidelberg: Springer.

Ryu K, Lee H R, Kim W. 2012. The influence of the quality of the physical environment, food, and service on restaurant image, customer perceived value, customer satisfaction, and behavioral intentions[J]. International Journal of Contemporary Hospitality Management, 24: 200-223.

Schneider C Q, Wagemann C. 2010. Standards of good practice in qualitative comparative analysis (QCA) and fuzzy-sets[J]. Comparative Sociology, 9: 397-418.

Schneider C Q, Wagemann C. 2012. Set-Theoretic Methods for the Social Sciences: A Guide to Qualitative Comparative Analysis[M]. Cambridge: Cambridge University Press.

Scozzafava G, Casini L, Contini C. 2014. Analysis of Italian consumer preferences for beef[J]. New Medit, 13(1): 66-72.

Sellitto M A, Vial L A M, Viegas C V. 2018. Critical success factors in short food supply chains: case studies with milk and dairy producers from Italy and Brazil[J]. Journal of Cleaner Production, 170: 1361-1368.

Shan C J, Dong Z C, Lu D B, et al. 2021. Study on river health assessment based on a fuzzy matter-element extension model[J]. Ecological Indicators, 127: 107742.

Shen G Q, Wang J H. 2012. A freight mode choice analysis using a binary logit model and GIS: the case of cereal grains transportation in the United States[J]. Journal of Transportation Technologies, 2(2): 175-188.

Sirieix L, Grolleau G, Schaer B. 2008. Do consumers care about food miles? An empirical analysis in France[J]. International Journal of Consumer Studies, 32(5): 508-515.

Sjostrom C, Bakens W. 1999. CIB Agenda 21 for sustainable construction: why, how and what[J]. Building Research & Information, 27(6): 347-353.

Skallerud K, Wien A H. 2019. Preference for local food as a matter of helping behaviour: insights from Norway[J]. Journal of Rural Studies, 67: 79-88.

Smith A, Watkiss P, Tweddle G, et al. 2005. The Validity of Food Miles as an Indicator of Sustainable Development[M]. Harwell: AEA Technology.

Smith B G. 2008. Developing sustainable food supply chains[J]. Philosophical Transactions of the Royal Society of London Series B: Biological Sciences, 363(1492): 849-861.

Son E A, Lim S S. 2013. The food miles effect of the Korea-China free trade agreement[J]. Journal of Rural Development, 36(4): 135-153.

Song J N, Li K X, Ren J Z, et al. 2020. Holistic suitability for regional biomass power generation development in China: an application of matter-element extension model[J]. Journal of Environmental Management, 276: 111294.

Sonntag W I, Lemken D, Spiller A, et al. 2023. Welcome to the (label) jungle? Analyzing how consumers deal with intra-sustainability label trade-offs on food[J]. Food Quality and Preference, 104: 104746.

Stranieri S, Orsi L, Banterle A, et al. 2019. Sustainable development and supply chain coordination: the impact of corporate social responsibility rules in the European Union food industry[J]. Corporate Social Responsibility and Environmental Management, 26(2): 481-491.

Sun B D, Tang J C, Yu D H, et al. 2019. Ecosystem health assessment: a PSR analysis combining AHP and FCE methods for Jiaozhou Bay, China[J]. Ocean & Coastal Management, 168: 41-50.

Sundarakani B, de Souza R, Goh M, et al. 2010. Modeling carbon footprints across the supply chain[J]. International Journal of Production Economics, 128(1): 43-50.

Suryawanshi P, Dutta P, Varun L, et al. 2021. Sustainable and resilience planning for the supply chain of online hyperlocal grocery services[J]. Sustainable Production and Consumption, 28: 496-518.

Svanes E, Aronsson A K S. 2013. Carbon footprint of a Cavendish banana supply chain[J]. The International Journal of Life Cycle Assessment, 18(8): 1450-1464.

Tang S L, Wang W J, Yan H, et al. 2015. Low carbon logistics: reducing shipment frequency to cut carbon emissions[J]. International Journal of Production Economics, 164: 339-350.

Ting S L, Tse Y K, Ho G T S, et al. 2014. Mining logistics data to assure the quality in a sustainable food supply chain: a case in the red wine industry[J]. International Journal of Production Economics, 152: 200-209.

Tregear A, Arfini F, Belletti G, et al. 2007. Regional foods and rural development: the role of product qualification[J]. Journal of Rural Studies, 23(1): 12-22.

Valdez-Vazquez I, del Rosario Sánchez Gastelum C, Escalante A E. 2017. Proposal for a sustainability evaluation framework for bioenergy production systems using the MESMIS methodology[J]. Renewable and Sustainable Energy Reviews, 68: 360-369.

van Passel S. 2013. Food miles to assess sustainability: a revision[J]. Sustainable Development, 21(1): 1-17.

Verbeke W, Vermeir I, Brunsø K. 2007. Consumer evaluation of fish quality as basis for fish market segmentation[J]. Food Quality and Preference, 18: 651-661.

Verhaegen I, van Huylenbroeck G. 2001. Costs and benefits for farmers participating in innovative marketing channels for quality food products[J]. Journal of Rural Studies, 17(4): 443-456.

Vermeir I, Verbeke W. 2008. Sustainable food consumption among young adults in Belgium: theory of planned behaviour and the role of confidence and values[J]. Ecological Economics, 64: 542-553.

Verneau F, Caracciolo F, Coppola A, et al. 2014. Consumer fears and familiarity of processed food, the value of information provided by the FTNS[J]. Appetite, 73: 140-146.

Virtanen Y, Kurppa S, Saarinen M, et al. 2011. Carbon footprint of food-approaches from national input-output statistics and a LCA of a food portion[J]. Journal of Cleaner Production, 19(16): 1849-1856.

Wang H, Zhan S L, Ng C T, et al. 2019. Coordinating quality, time, and carbon emissions in perishable food production: a new technology integrating GERT and the Bayesian approach[J]. International Journal of Production Economics, 225: 107570.

Wang Q, Li S Q, He G, et al. 2018. Evaluating sustainability of water-energy-food (WEF) nexus using an improved matter-element extension model: a case study of China[J]. Journal of Cleaner Production, 202: 1097-1106.

Wang Q Y, Li S Q, Li R R. 2020. Evaluating water resource sustainability in Beijing, China: combining PSR model and matter-element extension method[J]. Journal of Cleaner Production, 206: 171-179.

Wang R X, Chen J C, Li M H. 2022. Coupling and coordinating relationship between agricultural eco-efficiency and food security system in China[J]. International Journal of Environmental Research and Public Health, 20(1): 431.

Wang S Y, Choi S H. 2020. Pareto-efficient coordination of the contract-based MTO supply chain under flexible cap-and-trade emission constraint[J]. Journal of Cleaner Production, 250: 119571.

Wang Y N, Fang X L, Yin S W, et al. 2021. Low-carbon development quality of cities in China: evaluation and obstacle analysis[J]. Sustainable Cities and Society, 64: 102553.

Wang Z P, Yao D Q, Yue X H. 2017. E-business system investment for fresh agricultural food industry in China[J]. Annals of Operations Research, 257: 379-394.

Weber C L, Matthews H S. 2008. Food-Miles and the relative climate impacts of food choices in the United States[J]. Environmental Science & Technology, 42(10): 3508-3513.

Wiedmann T, Minx J C. 2008. A definition of carbon footprint[J]. Durham: Ecological Economics